utb 3081

Eine Arbeitsgemeinschaft der Verlage

Böhlau Verlag · Wien · Köln · Weimar
Verlag Barbara Budrich · Opladen · Toronto
facultas · Wien
Wilhelm Fink · Paderborn
A. Francke Verlag · Tübingen
Haupt Verlag · Bern
Verlag Julius Klinkhardt · Bad Heilbrunn
Mohr Siebeck · Tübingen
Nomos Verlagsgesellschaft · Baden-Baden
Ernst Reinhardt Verlag · München · Basel
Ferdinand Schöningh · Paderborn
Eugen Ulmer Verlag · Stuttgart
UVK Verlagsgesellschaft · Konstanz, mit UVK/Lucius · München
Vandenhoeck & Ruprecht · Göttingen · Bristol
Waxmann · Münster · New York

basics

Jens Bartels
Hartmut Blum
Jörg Fündling

Die Antike

Grundzüge der griechischen
und römischen Geschichte

UVK Verlagsgesellschaft mbH · Konstanz
mit UVK/Lucius · München

Die Autoren

Dr. Jens Bartels ist wissenschaftlicher Oberassistent am Historischen Seminar der Universität Zürich. Seine Arbeitsschwerpunkte sind die Geschichte der Hellenistischen Monarchien sowie die Gesellschaften und epigraphischen Kulturen der römischen Provinzen.

Dr. Hartmut Blum ist Akademischer Oberrat an der Universität Tübingen und lehrt Alte Geschichte. Zu seinen Arbeitsschwerpunkten gehören die Griechische Geschichte und die historische Landeskunde des antiken Kleinasiens.

Dr. Jörg Fündling ist als Mitarbeiter am Lehrstuhl für Alte Geschichte der Universität Aachen tätig. Im Zentrum seiner Forschung stehen die antike Quellenkunde, die Politische und Kulturgeschichte des Prinzipats und die literarische Rezeption der Antike.

Umschlagmotiv: Alexander der Große in einer Schlacht gegen die Perser unter Darius III. 333 v. Chr. Ausschnitt aus einem römischen Mosaik der Kaiserzeit.
Foto: ullstein bild

Bibliografische Informationen der Deutschen Bibliothek
Die Deutsche Bibliothek verzeichnet diese Publikation
in der Deutschen Nationalbibliografie; detaillierte bibliografische
Daten sind im Internet über http://dnb.d-nb.de abrufbar

© UVK Verlagsgesellschaft mbH, Konstanz und München 2015

Redaktion: form & inhalt verlagsservice
Martin H. Bredol, Marburg
Gestaltung: Atelier Reichert, Stuttgart
Prepress: schreiberVIS, Bickenbach
Druck: CPI – Ebner & Spiegel, Ulm

UVK Verlagsgesellschaft mbH
Schützenstraße 24 · D-78462 Konstanz
Tel.: 07531-9053-0 · Fax 07531-9053-98
www.uvk.de

UTB-Band Nr. 3081
ISBN 978-3-8252-3081-4

Inhalt

Vorwort 7

1. Die Antike als Epoche 9
1.1 Epochen sind Interpretation 9
1.2 Die Antike als griechisch-römisches Altertum 10
1.3 Die Einheit der griechisch-römischen Antike
    und ihre Grenzen in Zeit und Raum 12

2. Die Anfänge der griechischen Geschichte 15
2.1 Der historische Rahmen 15
2.2 Mythen, Fakten, Theorien – der Beginn der griechischen Geschichte 19
2.3 Die ägäische Bronzezeit: minoische Paläste und mykenische Burgen 23
2.4 Die späte Bronzezeit im östlichen Mittelmeerraum und ihr Ende 29
2.5 Homer und die ‚dunklen Jahrhunderte' 36

3. Griechische Geschichte von der archaischen bis zur hellenistischen Zeit 44
3.1 Der Neuanfang im 8. Jahrhundert – die griechische ‚Renaissance' 46
3.2 Griechenland in archaischer Zeit 57
3.3 Das klassische Griechenland im Kampf um Freiheit und Hegemonie 75
3.4 Makedonien und sein Aufstieg unter Philipp II. 118
3.5 Der Hellenismus – ein neues Zeitalter? 129

4 Die Anfänge Roms und die Republik 143
4.1 Der historische Rahmen 143
4.2 Die Frühzeit: Gründermythen und moderne Rekonstruktionen 148
4.3 Gesellschaft und Verfassung der römischen Republik .. 160
4.4 Der Aufstieg Roms zur ‚Weltherrschaft' 173
4.5 Die Last der römischen Herrschaft 187
4.6 Der Weg in die Bürgerkriege 193
4.7 Der Untergang der römischen Republik 204

5. Die römische Kaiserzeit 218
5.1 Der historische Rahmen 218
5.2 Augustus und die frühe Kaiserzeit 222
5.3 Imperium und Monarchie in den ersten zwei Jahrhunderten 233
5.4 Die Integrationsleistung des Römischen Reichs 245
5.5 Die Umbruchzeit des 3. Jh. n. Chr. und die
    diokletianisch-konstantinischen Reformen 252
5.6 Das christliche Kaiserreich 276
5.7 Das Ende der Antike 282

Inhalt

Literaturempfehlungen 296

Glossar 298

Bildnachweis 306

Register 307

Vorwort

Dieses Buch hat ungeplanter Weise eine ganz eigene Geschichte bekommen. Zwar reichen die Verlagsplanungen, neben *Alte Geschichte studieren* von Hartmut Blum und Reinhard Wolters (2006, 2.A. 2011) einen Durchgang durch die althistorischen Epochen zu setzen, schon weit zurück. Doch haben sich zwischen die gute Absicht und das fertige Manuskript mit eindrucksvoller Gewalt die Realitäten des universitären Alltags geschoben: Noch nie ist darin soviel geschrieben worden wie heute, nur erreicht der Anteil von Förderungsanträgen, Projektentwürfen, Strategiepapieren und deren Vorversionen am „Werk" des oder der Einzelnen längst einen Anteil jenseits der 80 %.

Über mehrere Jahre hinweg eine beträchtliche Portion der nichtbürokratischen Schreibzeit (Tendenz: sinkend) für ein Buchprojekt zu versprechen ist zusehends weniger, als sich auch beim besten Willen einhalten lässt. Hinzu kommt, dass ein Studienbuch seine eigenen Tücken hat: Es soll flüssiger lesbar sein als ein Handbuch, aber konzentrierter, „harte Fakten" anbieten, ohne das Vieldiskutierte wegzulassen, erlaubt jedoch nur ein Minimum an Belegen oder Verweisen. Anfangs hoffen die Autoren in innovativer Morgenfrische, das Rad neu zu erfinden, dann erweist sich die „Teststrecke" der Entstehungsphase als Straße der zerbrochenen Träume...

Dank einer Kombination halbwegs günstiger Umstände und persönlicher Energie war es Hartmut Blum (Tübingen) möglich, den Großteil der Kapitel zur griechischen Geschichte wie geplant sukzessive zu erarbeiten. Nach einiger Zeit zeichnete sich allerdings ab, dass die Fertigstellung am ehesten als Gemeinschaftsleistung glücken würde. Für die römischen Kapitel wurden seit 2009 Koautoren gesucht, gefunden – und mehr als einmal zum Schaden des Themas an die Härten des Universitätslebens verloren. Im Sommer 2011 übernahm Jörg Fündling (Aachen) die Erarbeitung der römischen Abschnitte. Kurz darauf stand für Hartmut Blum fest, dass er aus Zeitnot die Abfassung des Kapitels zum Hellenismus und die Endredaktion der vorausgehenden Teile nicht mehr würde leisten können. Für diese Aufgabe konnte Anfang 2012 Jens Bartels (Zürich) gewonnen werden. Alles, was fortan dem zügigen Abschluss des Projekts noch im Weg stand, war eine Kombination aus persönlichen Rückschlägen (wie dem Umzug eines Co-Autors in eine Wohnung, in der das Wasser irrtümlich aus der Steckdose kam) und dem Tagesgeschäft des Wissenschaftlers im – seit Max Weber sprichwörtlichen, inzwischen um Konkurrenzelemente verfeinerten – „stahlharten Gehäuse der Hörigkeit".

Vorwort

Die Hoffnung aller Beteiligten ist es, dass aus dem Zusammenspiel ihrer persönlichen Herangehensweisen und Gewichtungen zu guter Letzt kein „Gehäuse" und schon gar keins, das hörig macht, entstanden ist, sondern ein offenes, tragfähiges Gerüst: die Kletterhilfe in eine Epoche. Es soll den Leserinnen und Nutzern dieses Buches als Verankerung für ihre Studienschwerpunkte dienen, weist auf Verbindungen und Parallelentwicklungen hin, sucht die kompakten Fachbegriffe transparent zu machen, will die (begründete) Zuversicht stärken, dass sich im Lauf des Studiums immer mehr Zusammenhänge und vertiefende Wiederbegegnungen ergeben – und es möchte ganz nebenbei Sorgen zerstreuen, die Antike wäre für ein „normales" Geschichtsstudium zu entlegen oder unverständlich, um mit ihr vertraut zu werden.

Im Rahmen der Arbeit an diesem Buch haben wir verschiedene Dankespflichten angehäuft. Zu danken haben wir zu allererst Martin Bredol für sein geduldiges Arbeiten mit unseren stets zu langen Texten und das seelsorgerische Feingefühl gegenüber unseren Schreckreaktionen, wenn die Kürze wie so oft ihr Recht verlangte. Zudem sind wir ihm für die Beschaffung der Abbildungen sehr verpflichtet.

Weiterhin gilt unser Dank dem Verlag UVK und hier besonders Uta Preimesser für den langen Atem und die Geduld, mit der sie auf die Fertigstellung dieses Buches gewartet haben.

Schließlich möchten wir uns bei Anke Bohne, Ursula Kunnert und Ingrid Molitor für Hinweise und Kritik bedanken.

Aachen, Tübingen und Zürich, im Juni 2015

Jens Bartels
Hartmut Blum
Jörg Fündling

Die Antike als Epoche | 1

Überblick

Was meinen wir überhaupt, wenn wir von der Antike sprechen? Wann fängt sie an? Wann endet sie, welche Bereiche gehören nicht zur Antike, und wie wird dies begründet? – Das Einführungskapitel versucht, dieses Problemfeld in der gebotenen Knappheit auszumessen, um so in einer Art Vorgriff den zeitlichen und räumlichen Horizont der folgenden Darstellung abzustecken. Zuvor müssen allerdings einige grundsätzliche Feststellungen über die Natur von Epochengrenzen und Periodisierungen getroffen werden.

Epochen sind Interpretation | 1.1

Die Antike als Epoche hat einen festen Platz in unserem Bild davon, wie die Geschichte aufgebaut ist. Die Dreiteilung in **Altertum**, **Mittelalter** und **Neuzeit** ist uns von Kindesbeinen an bestens vertraut: Die meisten Bücher, die sich mit Geschichte befassen, orientieren sich an ihr, die Lehrpläne der Schulen sind entsprechend strukturiert, und auch die Universitätsstudiengänge weichen nur selten von diesem Gliederungsprinzip ab. Und doch handelt es sich dabei nur um eine **Gewohnheit**. Ein Blick in die Vergangenheit zeigt, dass die Unterscheidung der drei Großepochen ihrerseits ein Produkt der Geschichte ist und dass man verschiedene Ansichten darüber haben kann, was denn zum Altertum dazugehört und wie sich dessen zeitliche und räumliche Ausdehnung genau gestaltet.

Dies hat damit zu tun, dass **Epochengrenzen** keine ‚objektiven' Sachverhalte sind: Epochen stehen nicht im Kalender, sondern existieren nur in den Köpfen der Menschen, die sich mit Geschichte beschäftigen. Um die Vergangenheit sinnvoll zu ordnen, fasst man Zeiträume, die zusammengehörig erscheinen, als Einheiten auf und setzt diese wiederum ab von anderen solchen Bereichen. So entstehen im kleinen Maßstab Periodisierungen, und im großen letztlich die Epochen. Insofern ist es unabdingbar, zunächst zu klären, was wir denn überhaupt meinen, wenn wir von ‚der Antike' sprechen.

1.2 | Die Antike als griechisch-römisches Altertum

ANTIKE, von lat. *antiquus* = alt; Altertum.

Wenn man von ‚der' **ANTIKE** spricht, versteht man darunter in der Regel nur das klassische, das griechische und römische Altertum im engeren Sinne. Dieser Konvention folgt auch das vorliegende Buch; die hier behandelte Geschichte ‚der Antike' ist die Geschichte der griechischen und römischen Kultur des Altertums, so wie sie an den Universitäten im deutschen Sprachraum als ‚Alte Geschichte' in Forschung und Lehre betrieben wird. Damit haben wir unseren Gegenstand freilich gleich zweifach begrenzt: zum einen kulturell, und zum anderen auf eine Weise,

ONTOLOGIE, vom griech. Partizip für *einai* = sein und *logos* = Wort, Lehre; Lehre vom Wesen der Dinge.

die man als **ONTOLOGISCH** bezeichnen könnte. Die kulturelle Einschränkung klammert die Geschichte aller anderen Völker und Kulturen des Altertums aus, die ontologische Einschränkung verweist auf das, was man als das Wesen der Antike ansieht, und grenzt die Alte Geschichte dadurch gegenüber dem Mittelalter ab. Beide Punkte sollen im Folgenden diskutiert werden.

Die Beschränkung der Althistorie auf die griechisch-römische Geschichte wird häufig begründet mit der **inneren Einheit** und Geschlossenheit dieses Bereiches, und gleichzeitig mit seiner besonderen Bedeutung als **Ursprung unserer westlich-abendländischen Zivilisation**. Dies hat insofern seine Berechtigung, als die europäische Geistesgeschichte diesen Standpunkt so lange Zeit propagierte, dass er schon dadurch eine Art Eigenleben gewonnen hat – unabhängig davon, ob er zutrifft oder nicht. Bereits ab der frühen Neuzeit betrachtete man die griechisch-römische Antike als eigenständige Epoche und als Wiege der europäischen Kultur.

Doch auch nach heutigem Verständnis wird die ‚alte' Geschichte bestimmter Völker ignoriert, weil es keine oder nur ganz marginale Verbindungen zwischen diesen und der griechisch-römischen Welt gibt (z. B. China). In Bezug auf andere Nachbarn der Griechen und Römer kann man das allerdings keineswegs behaupten, und an dieser Stelle treten tatsächlich **Abgrenzungsprobleme** auf: Müsste die Geschichte der Kelten und Germanen nicht ebenfalls berücksichtigt werden? Wie steht es mit Etruskern, Phöniziern und Persern? Und was ist mit der Geschichte des Alten Orients und des Alten Ägyptens, bei denen interdisziplinäre Forschungen immer deutlicher werden lassen, wie stark ihr Einfluss vor allem auf das frühe Griechenland war?

In der Tat ist eine strikte Abtrennung der Geschichte dieser Nachbar- und Vorgängerkulturen von der griechisch-römischen Geschichte aus inhaltlichen Gründen nicht völlig plausibel zu machen. Dass sie nicht von Anfang an in die Alte Geschichte einbezogen waren, hat hauptsächlich **forschungsgeschichtliche Ursachen**; teilweise wusste man nämlich nur sehr wenig von den Nachbarn des klassischen Altertums, als man in Europa begann, sich für die Antike zu interessieren. Teilweise übernahm die Altertumswissenschaft aber auch ungeprüft die **ETHNOZENTRISCHE Selbstwahrnehmung der Griechen und Römer**, wonach sie mit dem Orient so gut wie nichts gemein hätten und es sich bei Kelten und Germanen lediglich um ein unzivilisiertes Randphänomen handle, das keine größere Aufmerksamkeit benötige. Solche Einschätzungen vertritt heute jedoch niemand mehr, denn je mehr wir wissen, desto klarer tritt zutage, wie intensiv und vielfältig die Kontakte zwischen den Völkern und Kulturen der antiken Welt waren.

ETHNOZENTRISMUS, von griech. *ethnos* = Volk; Haltung, die die eigene Kultur zum Maßstab der Bewertung anderer erhebt.

Dennoch erscheint es nicht ratsam, den traditionellen Fokus der Alten Geschichte zu verändern und ihren Gegenstand im obigen Sinne zu erweitern. Eine umfassende Altertumswissenschaft würde nämlich mit einem **Quellenmaterial** konfrontiert, das eine so differenzierte Methodenkompetenz erfordert (etwa die Kenntnis altorientalischer Sprachen und Skripte), dass nur wenige Gelehrte allen Facetten des Faches gleichermaßen gerecht werden könnten. Vor diesem Hintergrund ist es weitaus sinnvoller, bestehende Fächergrenzen unangetastet zu lassen und stattdessen mit den jeweiligen Nachbarfächern zu kooperieren.

Ein weiteres Problem stellt die **Abgrenzung der Antike vom Mittelalter** dar, denn sie hantiert mit einer eher diffusen Größe: dem Wesen des Altertums. Es geht um etwas, was für die Antike typisch war und das irgendwann verschwindet, womit dann die Epochenwende zum Mittelalter markiert wäre. Worin aber besteht dieses ominöse Etwas? Fast schon erwartungsgemäß gehen die Meinungen hierzu weit auseinander. Entsprechend gibt es eine Vielzahl von Vorschlägen für die Grenzziehung, die meist zwischen 312 und 565 n. Chr. schwanken (→ s. Kap. 4.1.2). Es hat sich deshalb eingebürgert, die antike Kultur als ein größeres, alle Lebensbereiche umgreifendes Ganzes aufzufassen und eine längere Übergangsphase zu postulieren, statt nach einzelnen symbolträchtigen Scheidelinien Ausschau zu halten, die regelmäßig mehr Kritik als Zustimmung finden. Man kann daher die griechisch-römische Welt als eine um das Mittelmeer blühende städtische Zivilisation beschreiben und ihr Ende mit dem Zeitpunkt verbinden, ab dem der urbane Lebensstil nicht mehr gepflegt wurde und gleichzeitig das Meer seine Funktion als zentrale Verkehrsachse verlor.

Dabei dürfte allerdings die **politische Fragmentierung des römischen Westens** durch die neu gegründeten Germanenreiche der Völkerwanderungszeit eine wesentliche Rolle gespielt haben. Da insgesamt, um mit Alexander Demandt zu sprechen, „im 7. Jahrhundert n. Chr. doch wohl mehr Fäden abgerissen (sind) als in irgendeinem anderen Jahrhundert der europäischen Geschichte", sollte dies Grund genug sein, trotz aller Kontinuitäten, die über diese Schwelle hinausreichen, das Ende des Altertums in die Zeit zwischen 500 und 600 n. Chr. zu platzieren.

1.3 | Die Einheit der griechisch-römischen Antike und ihre Grenzen in Zeit und Raum

Ein letzter Punkt bleibt zu besprechen, denn die Einheit der antiken Geschichte als Geschichte sowohl der Griechen als auch der Römer hatten wir bisher lediglich vorausgesetzt.

Die Beziehung zwischen Griechen und Römern war aber wohl zu keinem Zeitpunkt ihrer gemeinsamen Geschichte vollkommen spannungsfrei. So arbeiteten sich römische Autoren am Gefühl der kulturellen Unterlegenheit ab, während griechische Stimmen sich schwer mit der Herrschaft Roms abfanden.

Dennoch gehören beide Bereiche unzweifelhaft zusammen. Wir dürfen aber weder das Bewusstsein von der jeweiligen Eigenständigkeit noch die wechselseitigen Vorurteile übereinander aus dem Blick verlieren. Vor allem jedoch ist die Verbindung zwischen griechischer und römischer Welt in der Anfangszeit nicht sehr eng gewesen; es lassen sich lediglich zeitweilige Berührungen nachzeichnen, Kultureinflüsse, die zumeist von der griechischen Seite ausgingen und von den Römern rezipiert wurden. Die Ursprünge Griechenlands und Roms sind sogar vollkommen voneinander zu trennen, die griechische und die römische Geschichte fließen aus zwei unabhängigen Quellen zusammen. Deswegen werden sie im Folgenden auch zunächst zweigeteilt behandelt, mit einem zeitlichen Rücksprung zwischen den Kapiteln 3 und 4. Dies mag unelegant wirken; ein streng chronologisches Vorgehen im Sinne einer synchronen Darstellung der griechischen und römischen Geschichte von Anfang an führt, wie entsprechende Experimente gezeigt haben, nicht sonderlich weiter.

Mit diesen Bemerkungen erscheint der Gegenstand der vorliegenden Darstellung ausreichend skizziert. Obgleich die Antike als Epoche dadurch eher reduziert wurde, bleibt immer noch genügend an zeitlicher und räumlicher Ausdehnung. Über das **Ende** um 500/600 n.Chr. wurde schon gesprochen, der **Beginn** der griechisch-römischen Geschichte wird hier nach der wissenschaftlichen Konvention angesetzt, dass sich die

Geschichtsforschung im engeren Sinne **nur mit Schriftkulturen** beschäftigt und die schriftlose Vergangenheit der Prähistorie überlässt. Hinzu kommt, dass man üblicherweise den Ursprung der späteren historischen Akteure so weit zurückverfolgt, wie man ihre Präsenz im jeweiligen Geschichtsraum fassen zu können glaubt; dies führt bei den altitalischen Völkerschaften an das Ende der Bronzezeit um 1200 v. Chr., und im Falle der **PROTOGRIECHEN** nach traditioneller Auffassung gar in die Zeit ca. 2000 v. Chr. Damit umspannt die griechisch-römische Antike stolze zweieinhalb Jahrtausende! Natürlich muss man von diesem Maximum in der Praxis einige Abstriche vornehmen, denn gerade die Frühzeit ist so lückenhaft dokumentiert, dass die Geschichte bis etwa 750 v. Chr. keinesfalls so intensiv erforscht werden kann wie die darauffolgenden Jahrhunderte.

PROTOGRIECHEN, von griech. *protos* = der erste, früheste; Frühgriechen.

Eine vergleichbare Aufteilung in Kernbereiche und Randzonen lässt sich für den **geographischen Horizont** des griechisch-römischen Altertums vornehmen. Am Anfang der Alten Geschichte stehen zwei separate Zentren: das griechische Mutterland und die Ägäis einerseits und die italische Halbinsel andererseits. Griechen wie Römer expandierten im Laufe der Zeit, ihre Gesichtskreise überlappten sich dabei schon früh, und letztlich wuchsen der Raum der griechischen Geschichte und der Raum der römischen Geschichte zu einem einzigen Geschichtsraum zusammen. Betrachtet man die äußersten Enden dieses Gebietes, das heißt die Regionen, die wenigstens von einer der beiden Kulturen – und sei es nur kurzzeitig – berührt wurden, so ergibt sich hierbei eine imposante Ausdehnung vom heutigen Afghanistan im Osten bis an die Atlantikküste im Westen, und von Schottland im Norden bis zum Atlasgebirge und nach Oberägypten im Süden. Auch hier schält sich jedoch ein eindeutiger Schwerpunkt heraus, nämlich das Mittelmeergebiet, das sowohl in **DEMOGRAPHISCHER** als auch in wirtschaftlicher, politischer und kultureller Hinsicht zweifellos als Kernraum der Antike anzusehen ist.

DEMOGRAPHIE, von griech. *demos* = Volk und *graphein* = schreiben; Bevölkerungskunde.

Wenn man so will, ist die Geschichte des griechisch-römischen Altertums also im Wesentlichen die Geschichte der Mittelmeerwelt

Aufgaben zum Selbsttest

- Legen Sie dar, wieso verschiedene Betrachter zu unterschiedlichen Epochengrenzen kommen.
- Definieren Sie den Epochenbegriff ‚Antike'.
- Nennen Sie Gründe für die Beschränkung der Antike auf die Geschichte der griechisch-römischen Kultur.
- Skizzieren Sie die zeitliche und räumliche Ausdehnung des griechisch-römischen Altertums.

PERIPHERIE, von griech. *peri* = um ... herum und *pherein* = tragen; Umkreis, Randgebiet.

von 750 v. Chr. bis 500 n. Chr., allerdings unter Einbeziehung ihrer Vorgeschichte(n) und PERIPHERIEN, und als Gegenstand über weite Strecken keineswegs so homogen, wie man sich dies von der Materie eines Geschichtsbuches wünschen würde.

Literatur

Zum Periodisierungsproblem allgemein
E. Boshof / K. Düwell / H. Kloft, **Grundlagen des Studiums der Geschichte**, 4. Aufl., Köln u. a. 1994.
E. H. Carr, **Was ist Geschichte?**, 4. Aufl., Stuttgart u. a. 1974.
Zur Abgrenzung der Antike vom Alten Orient und von der Prähistorie
H. Bengtson, **Einführung in die Alte Geschichte**, 8. Aufl., München 1979.
E. Wirbelauer (Hg.), **Antike**, Oldenbourg Geschichte Lehrbuch, 3. Aufl., München 2010.
Zur Grenze zwischen Antike und Mittelalter
H. Pirenne, **Mahomet et Charlemagne**, Paris / Brüssel 1936.
A. Demandt, **Der Fall Roms. Die Auflösung des römischen Reiches im Urteil der Nachwelt**, erw. und aktualisierte Neuaufl., München 2014.
A. Demandt, **Die Spätantike**, HdA III 6, 2. Aufl., München 2007.
Zu Zeit und Raum der Alten Geschichte
H. Blum / R. Wolters, **Alte Geschichte studieren**, 2., überarb. Aufl., Konstanz 2011.
H. Leppin, **Einführung in die Alte Geschichte**, 2., aktualisierte Aufl., München 2014.

Die Anfänge der griechischen Geschichte | 2

Überblick

Dieses Kapitel befasst sich mit der griechischen Geschichte vor der eigentlichen griechischen Geschichte. Gemeint ist damit die Zeit vor der (Wieder-)Einführung einer Schrift in Griechenland im 8. Jh. v. Chr. und der gleichzeitigen Herausbildung der griechischen Polis. Was können wir über die dunkle Zeit davor sagen, welche Verbindungen reichen bis in die Bronzezeit zurück, und wann beginnt diese frühe griechische Geschichte? Bevor auf diese Fragen eingegangen wird, soll zunächst der historische Rahmen skizziert und die Quellenlage zur griechischen Geschichte dargestellt werden.

Der historische Rahmen | 2.1

Die Perioden der griechischen Geschichte | 2.1.1

Ausgangspunkt der Binnenperiodisierung der griechischen Geschichte ist die sogenannte ‚klassische griechische Zeit'. Damit meint man die knapp anderthalb bis zwei Jahrhunderte zwischen den Perserkriegen und Alexander dem Großen, also die Zeitspanne von etwa 500 bis 340/300 v. Chr. Die Bezeichnung **KLASSISCH** bedeutet in diesem Zusammenhang, dass man eine Epoche für vorbildhaft, weil formvollendet, hält, und sie wird für den betreffenden Abschnitt der griechischen Geschichte seit der Mitte des 19. Jh. verwendet. Der Gedanke, dass die Griechen in dieser Zeit Mustergültiges geleistet haben, ist jedoch älter, er erhielt in Deutschland seine entscheidende Ausformung durch **Johann Joachim Winckelmann** (1717–1768) und **Wilhelm von Humboldt** (1767–1835). Winckelmann erkannte vor allem in der Kunst des klassischen Griechentums eine ästhetische Vollkommenheit, Humboldt übertrug diese Auf-

KLASSISCH, von lat. *classicus* = einer (Steuer-)Klasse (classis) zugehörig; hier: erstklassig, erstrangig.

Abb. 1

Wilhelm von Humboldt, Gelehrter und Politiker (1767–1835)

Abb. 2

Johann Joachim Winckelmann (1717–1768), Begründer der Klassischen Archäologie und der wissenschaftlichen Kunstgeschichte

fassung auf die klassische Geisteskultur insgesamt und erhob sie zum Bildungsmaßstab des neuhumanistischen Gymnasiums, in dem die klassische griechische Literatur eine zentrale Rolle spielte.

Die Epoche von Alexander dem Großen bis zur Eingliederung der auf seine Eroberungen zurückgehenden makedonischen Reiche in das Imperium Romanum hat lange Zeit über nur wenig Interesse geweckt. Man empfand die Jahrhunderte zwischen ca. 340 und 30 v. Chr. als eine Periode des Niedergangs und Verfalls, um die sich niemand recht kümmern mochte, und nicht zufällig gab es für diesen Zeitraum eigentlich keine eigenständige Epochenbezeichnung. Dies änderte sich mit **Johann Gustav Droysen** (1808–1884), der in seinen Darstellungen zu Alexander (1833) und zu der von ihm so getauften auf Alexander folgenden „hellenistischen" Welt (1836) eine vollkommen anders geartete Sicht formulierte. Demzufolge habe Alexander eine Verschmelzung des Griechentums mit den orientalischen Traditionen eingeleitet, die als unabdingbare Voraussetzung für das transkulturelle geistige Milieu des frühen Christentums angesehen werden müsse und somit als Wegbereiterin des nachmaligen Siegeszuges der christlichen Religion. Durch diese **GESCHICHTSTELEOLOGISCHE** Deutung verlieh Droysen der nachklassischen Periode gewissermaßen einen ‚Sinn', und die so entstandene eigene Dignität der Zeit schlug sich bei ihm nicht zuletzt in einem eigenen Epochennamen nieder, nämlich in der Bezeichnung **HELLENISMUS**. Ironischerweise drückt die Vokabel in ihrer wörtlichen Bedeutung jedoch eine einseitige Angleichung an das griechische Vorbild aus. Da die neuere historische Forschung aber gerade darin ein wesentliches Kennzeichen der Epoche sieht, wird Droysens Epochenbegriff heute immer noch verwendet.

Mit der Unterscheidung einer klassischen und einer darauf folgenden hellenistischen Phase war die auch heute noch geläufige Dreiteilung der eigentlichen griechischen Geschichte geschaffen, denn die vorklassische Zeit war bereits von Winckelmann als zusammengehörig gedeutet worden. Der für diese Periode gebräuchliche Begriff **ARCHAIK** oder **ARCHAI-**

GESCHICHTS-TELEOLOGISCH, von griech. *telos* = Ziel, Zweck, *logos* = Wort, Lehre; Vorstellung, dass die Entwicklung der Geschichte einen Zweck habe.

HELLENISMUS, von griech. *hellenizein* = griechisch sprechen, jemanden (sprachlich) zum Griechen machen.

SCHE Zeit kam allerdings erst ab der Mitte des 19. Jh. auf und bezeichnete zunächst lediglich einen Abschnitt der Kunstgeschichte. Die Erweiterung seines Sinngehaltes zum Namen für eine allgemeingeschichtliche Epoche erfolgte einige Jahrzehnte später. Seither versteht man unter der archaischen Zeit die Jahrhunderte zwischen der Abfassung der homerischen Gedichte und den Perserkriegen, also die Zeit zwischen ungefähr 800 und 500 v. Chr.

Bis zum Ende des 19. Jh. galt der Beginn der archaischen Zeit zugleich als Anfang der griechischen Geschichte überhaupt. Über die vorausgegangene Periode war praktisch nichts bekannt, und deshalb rechnete man sie der Prähistorie zu (→ vgl. 1.2). Dies änderte sich schlagartig mit den Ausgrabungen von **Heinrich Schliemann** (1822–1890) ab 1871 in Hisarlık (Troia), Mykene und Tiryns sowie denen von **Arthur Evans** (1851–1941) ab 1900 in Knossos auf Kreta. Durch diese Funde und die Entdeckung, dass die sogenannte mykenische Kultur griechischsprachig war, wurde klar, dass die griechische Geschichte bis in die **Bronzezeit** zurückreichte.

Die Jahrhunderte zwischen dem Ende der mykenischen Kultur um 1200 v. Chr. und dem Beginn der archaischen Periode ließen sich hingegen nicht oder nur sehr mühsam mit neuen historischen Erkenntnissen füllen. In Anlehnung an den englischen Sprachgebrauch, der für diese ‚Zwischenzeit' von ca. 1200 bis 800 v. Chr. den Begriff „**Dark Ages**" prägte, hat sich in der deutschen Forschung eingebürgert, von den „Dunklen Jahrhunderten" zu reden. Diese sind vor allem gekennzeichnet durch den Verlust der Schriftkultur. Ob der Begriff angesichts neuer Ausgrabungsergebnisse heutzutage noch berechtigt ist, wird mittlerweile jedoch kontrovers diskutiert (→ vgl. 2.5).

▶ Für die griechische Geschichte ergibt sich eine Binnengliederung in fünf verschiedene Teilepochen:
2000–1200 v. Chr.: Ägäische Bronzezeit   500–340/300 v. Chr.: Klassische Zeit
1200–800 v. Chr.: Dunkle Jahrhunderte   340/300–30 v. Chr.: Hellenistische Zeit
800/750–500 v. Chr.: Archaische Zeit

> **Info**
>
> Die Binnenperiodisierung der griechischen Geschichte

Die Quellen

2.1.2

In den einzelnen Unterepochen der griechischen Geschichte gestaltet sich die Quellenlage sehr unterschiedlich. Nicht in jeder stehen alle althistorischen Quellengattungen zur Verfügung.

So stehen für die **Bronzezeit** und die **Dunklen Jahrhunderte** nur archäologische und mit den spätmykenischen Tontäfelchen (→ s. o. S. 26 f.) vereinzelt dokumentarische Quellen zur Verfügung. Entsprechend lassen sich hier fast nur Einsichten in die materielle Kultur sowie in administrative Strukturen gewinnen.

In der **Archaischen Zeit** treten literarische Quellen (v. a. Dichtung) sowie die ersten Inschriften (überwiegend religiösen Inhalts) und Münzen hinzu. In dieser Quellenlage sind nun auch Erkenntnisse über soziale Strukturen und Deutungszusammenhänge möglich, weniger dagegen über administrative Prozesse.

Für die **Klassische Zeit** stehen insgesamt deutlich mehr Quellen zur Verfügung. Münzen und Inschriften werden zahlreicher, bei Letzteren erweitert sich auch das Themenspektrum. Inschriften bieten nun auch Informationen zu administrativen und politischen Prozessen und Strukturen. Auch das Spektrum der literarischen Quellen erweitert sich deutlich. Vor allem die **HISTORIOGRAPHISCHEN** Texte unter ihnen ermöglichen nun auch – allerdings stark von der Perspektive der jeweiligen Verfasser geprägte – Einsichten in Ereigniszusammenhänge.

Im **Hellenismus** intensivierten sich Münzprägung, Inschriftenaufstellung und literarische Produktion gegenüber der Klassik noch einmal deutlich. Allerdings ist nur ein Bruchteil der literarischen Werke, und dieser oft nur sehr fragmentarisch erhalten. In Ägypten tritt mit den Papyri zudem noch eine neue Quellengattung hinzu, die vor allem für administrative Prozesse und Strukturen wichtig wird.

HISTORIOGRAPHIE, von griech. *historia* = das Erforschen und *graphein* = schreiben; Geschichtsschreibung.

Aufgaben zum Selbsttest

- Definieren Sie den Begriff „klassisch" und die klassische griechische Zeit.
- Definieren Sie das heutige Verständnis des Epochenbegriffs „Hellenismus".
- Nennen Sie jeweils eine Quellengattung, die in den verschiedenen Teilepochen der griechischen Geschichte neu zur Verfügung steht.
- Erläutern Sie, wie sich die jeweils in einer Teilepoche verfügbaren Quellengattungen auf die Erkenntnismöglichkeiten auswirken.

Literatur

Zur Binnenperiodisierung der griechischen Geschichte
B. Bäbler/A. Demandt/P. Kuhlmann, DNP 13, 1999, 996–1015 s. v. **Epochenbegriffe**.
H.-J. Gehrke, **Geschichte des Hellenismus**, OGG 1a, 4. Aufl., München 2008.
Zu Quellen und Aussagemöglichkeiten im Bereich der griechischen Geschichte
H. Blum/R. Wolters, **Alte Geschichte studieren**, 2. Aufl., Konstanz 2011, 39–122.
O. Murray, **Das frühe Griechenland**, 4. Aufl., München 1995.
W. Schuller, **Griechische Geschichte**, OGG 1, 6. Aufl., München 2008.
I. Weiler, **Griechische Geschichte: Einführung, Quellenkunde, Bibliographie**, 2. Aufl., Darmstadt 1988.

2.2 Mythen, Fakten, Theorien – der Beginn der griechischen Geschichte

2.2.1 Die antiken Vorstellungen

Quelle

▶ „Es ergibt sich nämlich, dass, was heute Hellas heißt, nicht von alters her fest besiedelt gewesen ist, sondern dass es Völkerwanderungen gab früher und die einzelnen Stämme leicht ihre Sitze verließen unter dem Druck der jeweiligen Übermacht. (...) Je besser aber das Land, desto häufiger wechselte es die Besitzer, so das heutige Thessalien, Boiotien, die meisten Teile der Peloponnes außer Arkadien, und wo sonst ein Landstrich vorzüglich war. (...) Wenigstens ist Attika, weil es mit seinem kargen Boden die längste Zeit von Parteihader frei war, immer von denselben Menschen besiedelt gewesen." (Thukydides I 2; Übersetzung G.P. Landmann)

Diese Passage des griechischen Historikers **Thukydides** ist ein gutes Beispiel für die Art, wie die Griechen selbst über ihre Ursprünge dachten. Sie zeigt, dass Thukydides hier zwei ganz gegensätzliche Ideen miteinander verbindet. Bei diesen handelt es sich um die beiden einander idealtypisch entgegengesetzten Antworten, die man auf die **Frage nach der Herkunft** eines Volkes überhaupt haben kann: Entweder ist ein Volk eingewandert (**MIGRATION**), oder es lebte eben schon immer in seiner Heimat (**AUTOCHTHONIE**). Die Behauptung, dass die meisten Griechen von außerhalb ins Land kamen, während die Bewohner Attikas alteingesessen sind, hat sich Thukydides im Übrigen nicht selbst ausgedacht. Er griff in diesem Zusammenhang vielmehr auf **Ursprungslegenden** und Mythen zurück, die zu seiner Zeit in Umlauf waren, etwa die Sage von der ‚Rückkehr der Herakliden' und der damit verbundenen Einwanderung der dorischen Griechen auf die Peloponnes oder die Tradition von der sogenannten ionischen Wanderung, der Besiedelung der ägäischen Inseln und der kleinasiatischen Westküste von Athen aus. Allerdings besitzen diese Überlieferungen keinerlei Wert als Quelle, denn es ist unmöglich, dass sich über mehrere Jahrhunderte hinweg, in denen es keine Schrifttradition gab, authentische Informationen hätten erhalten können (→ vgl. unten 2.4 und 2.5). Weder Thukydides noch seine Gewährsleute konnten also wirklich etwas wissen über die Anfänge Griechenlands.

Interessant ist bei der von Thukydides wiedergegebenen Konstruktion deren mutmaßlich jüngstes Element, die Idee von der athenischen Autochthonie. Diese Vorstellung diente eindeutig den (tages)politischen Interessen des damaligen Athen. Durch ihre Autochthonie vermochten sich die Athener nämlich positiv abzusetzen von den ‚dahergelaufenen'

MIGRATION, von lat. *migrare* = wandern; hier: Völkerwanderung.

AUTOCHTHON, von griech. *autos* = selbst; *chthon* = Erde, Gegend; aus dem Lande selbst hervorgegangen, eingeboren.

Peloponnesiern und Böotern, den Gegnern im peloponnesischen Krieg. Zum anderen zementierten die Autochthonie und die daraus abgeleitete alte Tradition natürlich den schon durch den Mythos von der ionischen Wanderung gegebenen Vorrang Attikas vor Ionien und halfen dadurch, die athenische Herrschaft über die westkleinasiatischen Seebündner zu legitimieren (→ vgl. unten 3.3). Man sieht: Derlei Konstruktionen sagen viel mehr aus über die Zeit, in der sie entstanden sind, als über die Zeit, die sie zu erklären vorgeben. Aus Fällen wie diesem wurde in der neueren Forschung das Konzept der „**intentionalen Geschichte**" entwickelt, das davon ausgeht, dass jegliche Beschäftigung mit der Vergangenheit einem unmittelbar gegenwartsorientierten Zweck unterliegt, und dass es bei der geschichtswissenschaftlichen Analyse vor allem darauf ankommt, solche Intentionen aufzudecken.

2.2.2 Das alte Modell: Migration

Die moderne Forschung hat sich schon früh für die Migration entschieden. Dafür sprechen insbesondere linguistische Erwägungen: In Griechenland und auf den ägäischen Inseln gibt es eine Reihe von antiken **Ortsnamen**, die nichtgriechisch klingen und für die sich andererseits Entsprechungen vor allem in Kleinasien finden. Das bekannteste Beispiel für dieses Phänomen ist „Knos(s)os" (nichtgriechisch ist das intervokalische -ss-/-s-, das auch im südwestanatolischen „Halikarnassos" vorliegt). Man hielt diese Ortsnamen für die sprachlichen Überreste einer nichtgriechischen Vorbevölkerung, die den Ägäisraum vor Ankunft der Griechen bewohnt habe.

Weiter wurde angeführt, dass die griechische Sprache zur indoeuropäischen oder **indogermanischen Sprachfamilie** gehört. Nach einem gängigen Erklärungsmodell entstand die indogermanische Sprachfamilie nämlich dadurch, dass sich von einem sogenannten Urvolk, das in einer Urheimat lebte und dort die Ursprache pflegte, immer wieder Gruppen abspalteten und auswanderten. Durch die geographische Trennung hätten sich dann nach und nach die einzelnen Teilsprachen entwickelt. Je nachdem, wo man die Urheimat vermutet, müssen die indogermanischen Sprachen in alle anderen Gebiete folglich durch Einwanderung gelangt sein, also auch das Griechische nach Griechenland. Wenn man die Stammbaumtheorie bis zu diesem Punkt akzeptiert, fragt sich freilich immer noch, woher die Frühgriechen kamen und wann sie einwanderten. Hier gehen die Meinungen weit auseinander. Die Mehrheit der Sprachwissenschaftler vermutet die Urheimat in der südrussischen und ukrainischen Steppe. Das bedeutet für die Vorfahren der Griechen, dass sie über den Balkan nach Griechenland eingewandert sein dürften, nach

Lage der Dinge irgendwann vor 1600 v. Chr., als sich die von Griechen getragene mykenische Kultur herausbildete.

Die ältere historische Forschung nahm nun die Tatsache, dass wir in der Zeit ab 800 v. Chr. vier verschiedene **Dialektgruppen** in Griechenland antreffen (→ s. u. 2.4), zum Anlass, eine Einwanderung der Griechen in mehreren Wellen zu jeweils unterschiedlichen Zeitpunkten anzunehmen. Die Migration selbst stellte man sich vor als eine Art ‚Treck' großer homogener Verbände, die gewissermaßen den Entschluss fassen, aus der alten in die – bereits bekannte – neue Heimat zu ziehen, und sich dann auf geradlinigem Wege dorthin begeben.

Als Zeitpunkt der ersten frühgriechischen Einwanderungswelle wurde von Historikern bereits am Ende des 19. Jahrhunderts das Ende des 3. vorchristlichen Jahrtausends vermutet. Trotz der eher spekulativen Festsetzung des Datums hat sich die Jahreszahl von ca. 2000 v. Chr. für den **Beginn der griechischen Geschichte** letztlich durchgesetzt und wird zum Teil auch heute noch vertreten.

Die neue Sicht: Überlagerung, Integration und Ethnogenese | 2.2.3

Die Popularität dieses Datums überrascht indes, denn es findet keine wirkliche Bestätigung im **archäologischen Befund**, der sich vielmehr uneinheitlich präsentiert. Nach traditioneller Auffassung müssten sich Wanderungsbewegungen, die so groß sind wie hier angenommen, aber eindeutig im archäologischen Befund abbilden, etwa in Form von weitverbreiteten sogenannten Zerstörungshorizonten oder durch einen umfassenden Wechsel in der materiellen Kultur. Zwar werden wir unten sehen, dass die dahinterstehende Annahme, es sei möglich, Völkerwanderungen auszugraben, nicht unproblematisch ist (→ s. u. 2.4.3 und 4.2.1). Dennoch bleibt festzuhalten, dass die Archäologie gar kein klares ‚Ereignis' für die Zeit um 2000 v. Chr. liefert, es gibt allenfalls ‚Teilereignisse' 2300/2200 v. Chr. sowie 2000/1900 v. Chr. Selbst wenn man also die Prämissen der älteren Forschung teilt, können Zweifel an der Richtigkeit des eben dargestellten Migrationsmodells aufkommen.

Diese Zweifel verstärken sich, wenn man die Argumente würdigt, die innerhalb der **Sprachwissenschaft** gegen die oben erwähnte Stammbaumtheorie geltend gemacht werden. Die indogermanische Sprachverwandtschaft, die im Migrationsmodell ja eine tragende Rolle spielt, kann nämlich auch ganz anders erklärt werden. So zeigt ein Vergleich mit historisch nachvollziehbaren Fällen, dass der Ausgangspunkt einer Gruppe verwandter Sprachen oder Dialekte häufig nicht eine einzelne (Ur-)Sprache ist, sondern eine Pluralität zusammengehöriger Sprachen und Dialekte. Die deutschen Dialekte etwa stammen von verschiedenen westgermanischen Idiomen ab, und nicht von einer Art ‚Urdeutsch'. Wie das Beispiel der romanischen Sprachen zeigt, spaltet sich eine Ausgangssprache, wenn es sie denn gibt, auch nicht schematisch und in exakten Rhythmen auf. Die entsprechenden Entwicklungen sind weitaus vielschichtiger und von Wechselwirkungen gekennzeichnet. Schon früh wurde außerdem erkannt, dass sich Sprachphänomene auch ausbreiten können, ohne dass unbedingt Sprecher ‚mitwandern' müssen, einfach durch eine Angleichung von Sprechweisen. Sprachkontakt und Sprachassimilation können sogar dazu führen, dass ursprünglich nicht miteinander verwandte Sprachen strukturelle Gemeinsamkeiten entwickeln. Solch einen ‚Sprachbund' bilden beispielsweise die sogenannten ‚Balkansprachen' Griechisch, Bulgarisch, Albanisch, Rumänisch und Serbokroatisch.

Insgesamt folgt daraus, dass die indogermanische Sprachfamilie auf eine multidimensionale Weise entstanden sein dürfte, und dies relativiert natürlich die oben angesprochenen historischen Schlussfolgerungen erheblich. Die meisten Wanderungsbewegungen, die sich beobachten lassen, entsprechen zudem keineswegs dem Muster großer Wanderverbände; viel öfter sind es heterogene und relativ kleine Gruppen, die gewissermaßen ‚chaotisch' umherziehen, und es versteht sich fast von selbst, dass solche Bewegungen nicht notwendigerweise durch das archäologische Material reflektiert werden. Letztlich geben nicht einmal die nichtgriechischen Ortsnamen ein zwingendes Argument für eine Einwanderung der Frühgriechen ab: Es könnte sich hierbei nämlich, statt um ein älteres **SUBSTRAT,** um ein jüngeres **ADSTRAT** handeln, also um sprachliche Überreste späterer nichtgriechischer Einwanderer, die ansonsten in einer älteren griechischen Vorbevölkerung keine oder kaum Spuren hinterließen; ein Vergleichsfall hierfür wären die skandinavischen Ortsnamen in England (Derby, York).

Versucht man, aus den vorgenannten Zweifeln und Einschränkungen die Summe zu ziehen, dann wird klar, dass sich der Beginn der griechischen Geschichte sehr viel komplexer abgespielt haben wird als gemeinhin angenommen. Wir müssen mit kleinteiliger Migration rechnen, mit Vermischung und mit Neubildung – Letzteres gerade an dem Punkt, an dem man die Frage nach der **ethnischen Identität** berührt, die Frage nach dem griechischen Volk, um das es in der griechischen Geschichte an sich ja gehen soll. Aus dieser Perspektive werden die Schwächen der Migrationsthese besonders deutlich: Nach allem, was man darüber ermitteln kann, haben sich die Griechen nicht vor dem 8. Jh. v. Chr. als eine ethnische Einheit gefühlt; Teile der Forschung glauben sogar, dass dies erheblich später der Fall gewesen ist. Das Volk der Hellenen, wie die Eigenbezeichnung der alten Griechen lautet, ist offenbar über einen länge-

---

SUBSTRAT, ADSTRAT, von lat. *stratum* = Schicht; ein Substrat ist eine darunterliegende, also ältere Schicht, ein Adstrat eine Anlagerung.

DIE ÄGÄISCHE BRONZEZEIT: MINOISCHE PALÄSTE UND MYKENISCHE BURGEN

ren Zeitraum hinweg zusammengewachsen, und zwar in Griechenland selbst, und es tritt erst verhältnismäßig spät in das Licht der Geschichte. Vor dem Hintergrund eines derartigen Prozesses der **ETHNOGENESE** kann man jedoch nicht mehr davon sprechen, dass die Griechen eingewandert sind.

ETHNOGENESE, von griech. *ethnos* = Volk; *genesis* = Entstehung, Werdung; Prozess der Formierung eines Volkes.

Aufgaben zum Selbsttest

- Erläutern Sie, was die Griechen selbst über ihre Ursprünge gedacht haben und wie man diese Berichte heute einstufen muss.
- Vergleichen Sie das ältere und das neuere Erklärungsmodell für die Anfänge der griechischen Geschichte, indem Sie die Hauptthesen und deren Begründungen gegenüberstellen.

Literatur

Zu den griechischen Gründungsmythen
F. Prinz, **Gründungsmythen und Sagenchronologie**, München 1979.
Zum Konzept der „intentionalen Geschichte"
L. Foxhall/H.-J. Gehrke/N. Luraghi (Hgg.), **Intentional History. Spinning Time in Ancient Greece**, Stuttgart 2010.
Zur indogermanischen Sprachverwandtschaft und den davon abgeleiteten Theorien
C. Renfrew, **Archaeology and language: the puzzle of Indo-European origins**, London 1987.
K. Strunk, DNP 15/3, 2003, 228–251 s. v. **Sprachwissenschaft**.
O. Szemerényi, **Einführung in die vergleichende Sprachwissenschaft**, 4. Aufl., Darmstadt 1990.
Zu antiken und modernen Vorstellungen über den Beginn der griechischen Geschichte
J. M. Hall, **Ethnic identity in Greek antiquity**, Cambridge 1997.
J. M. Hall, **Hellenicity: between ethnicity and culture**, Chicago 2002.

Die ägäische Bronzezeit: minoische Paläste und mykenische Burgen | 2.3

Das minoische Kreta | 2.3.1

Um 2000 v. Chr. entstanden auf der Insel Kreta Großsiedlungen und mehrere ansehnliche und prachtvolle Palastkomplexe, zuerst in Knossos und Phaistos, etwas später in Mallia und Kato Zakros. Die Erbauer dieser Anlagen sind uns heute als ‚**Minoer**' bekannt, doch wissen wir nicht, wie sich diese Menschen selbst nannten. Die Bezeichnung ‚Minoer/minoisch' ist nämlich modern, sie stammt von **Arthur Evans** (1851–1941), dem Entdecker und Ausgräber des Palastes von Knossos. Evans griff hierbei auf die griechische Mythologie zurück, die von einem **König Minos** auf Kreta berichtet.

Ob die Minoer zu einer uns bekannten Völker- oder Sprachfamilie gehörten, entzieht sich unserer Kenntnis. Die Forschung ist sich wenigstens darin einig, dass die Träger der frühen kretischen Palastzivilisation keine Griechen waren; andernfalls wäre es wohl gelungen, die dem mykenischen Linear B zugrunde liegende minoische Schrift (Linear A) ebenfalls zu entschlüsseln.

So dunkel wie die Ursprünge der Minoer selbst bleiben auch die Umstände der Entstehung ihrer Zivilisation. Ohne dass man die genauen Wege der Beeinflussung nachzeichnen könnte, gilt es indes als ausgemacht, dass die Bewohner Kretas die zivilisatorischen Anregungen von außen empfangen haben, aus dem Vorderen Orient und aus Ägypten.

Das herausragende **Kennzeichen** der minoischen Kultur sind die ausgedehnten **Palastanlagen** in den genannten vier Hauptorten. Diese sogenannten ‚alten' Paläste fielen um 1750 v. Chr. einer Zerstörung anheim, höchstwahrscheinlich durch ein großes Erdbeben, denn sie wurden ohne eine erkennbare Verzögerung rasch wieder aufgebaut. In der nachfolgenden Zeit, der ‚Neupalastzeit', scheint Knossos das wichtigste Zentrum der Minoer gewesen zu sein, möglicherweise wurde Kreta von dort aus beherrscht. Der Palast von Knossos wurde jetzt jedenfalls größer und prächtiger errichtet als Phaistos, Mallia und Kato Zakros, und sein Grundriss erscheint so kompliziert und verwinkelt, dass manche glauben, er sei das Vorbild für die Sage vom Labyrinth des Minotaurus gewesen.

Es liegt nahe, die imposanten minoischen Bauten mit einer entsprechenden wirtschaftlichen, gesellschaftlichen und politischen Organisationsstruktur zu verknüpfen. Vergleichsbeispiele für eine solche Palastwirtschaft und -gesellschaft (→ s. o. S. 27) gibt es – früher und zeitgleich – im Orient, und vor allen Dingen etwas später in der mykenischen Welt. Wenn die minoische Kultur auch nur in groben Zügen diesen Parallelen gleichkam, dann handelte es sich bei ihr um ein streng **hierarchisiertes System** mit einer monarchischen Spitze und einer **zentralisierten Ressourcenverwaltung**. Dass es sich in der Tat so verhalten hat, dafür sprechen zum Beispiel der berühmte Alabasterthron, den man in Knossos fand, die Magazinräume in den Palästen mit den dort befindlichen großen Vorratsbehältern, den sogenannten Pithoi, oder auch einfach die Existenz von Schrifttafeln, die eine Buchhaltung belegen. Ein sicheres Zeichen für das Vorhandensein einer Palast-Bürokratie sind darüber hinaus die zahllosen Siegel, die man gefunden hat.

Weitere Merkmale der minoischen Kultur sind ihre typische Keramik, die sogenannte Kamaresware, daneben Steingefäße, Edelmetallschmuck, viele kleinere Figuren und Statuetten sowie eine teilweise spektakuläre Freskomalerei. Auffällig ist, wie selten im Fundspektrum Waffen vor-

| Abb. 3

Schnabelkrug im Kamares-Stil, um 1850/1700 v. Chr., aus dem Alten Palast von Phaistos, Höhe 27 cm

kommen, vor allem im Vergleich zur darauffolgenden, geradezu ‚waffenstarrenden' mykenischen Epoche. Dieser Eindruck – und dazu das Fehlen jeglicher Befestigungsarchitektur – hat Teile der Forschung an eine besondere Friedfertigkeit der Minoer glauben lassen. Die Mehrheit der Forschung erklärt das Fehlen von Mauern damit, dass die Insel politisch unter der Führung von Knossos vereint gewesen sei und durch ihre Marine das Meer beherrscht habe, sodass man keinerlei Feinde habe fürchten müssen. Diese Seeherrschaft, die viel zitierte **THALASSOKRATIE**, ist aber eine unbewiesene und stark umstrittene Vorstellung. An dieser Stelle ist es ratsam, sich auf die Quellenlage zu besinnen und daran zu erinnern, dass eine rein archäologische Materialbasis detailliertere Aussagen zu gesellschaftlichen und politischen Verhältnissen nicht gestattet (→ s. o. 2.1).

THALASSOKRATIE, von griech. *thalassa* = Meer, *kratein* = stark, mächtig sein; herrschen; Seeherrschaft.

Fest steht jedoch, dass sich die Minoer über Kreta hinaus ausgebreitet haben. Minoische Niederlassungen gab es im späteren Milet an der kleinasiatischen Westküste, sowie auf einigen ägäischen Inseln, darunter Rhodos, Kythera und Thera, wo in der Siedlung von Akrotiri großartige Fresken nach Art der kretischen entdeckt wurden. Eine **kulturelle Ausstrahlung** der minoischen Zivilisation lässt sich feststellen auf der Peloponnes und in Mittelgriechenland; dort bildete sich unter ihrem Einfluss die mykenische Kultur (→ s. u. 2.3.2). Darüber hinausgehende Kontakte bestanden zweifellos mit Ägypten und dem Vorderen Orient; dies ergibt sich aus den Belegen in ägyptischen Quellen und aus minoischen Funden und Malereien im minoischen Stil, die man vom Nil und von der Levante kennt, zum Beispiel aus der syrischen Residenz Qatna, deren Palast 1999 gefunden wurde.

Um 1450 v. Chr. kam es auf Kreta erneut zu Zerstörungen, die letztlich das Ende der minoischen Kultur bedeuteten. Lange Zeit vermutete man, wie für die Zäsur um 1750 v. Chr., eine gigantische Naturkatastrophe als Ursache für den Untergang der Minoer. Ein naturwissenschaftlich nachweisbarer verheerender Vulkanausbruch auf Thera und eine (hypothetische) dadurch ausgelöste riesige Flutwelle hätten ganz Kreta verwüstet, so meinte man. In der Zwischenzeit konnte der Vulkanausbruch jedoch exakter datiert werden, er ereignete sich wohl um 1600 v. Chr., auf jeden Fall aber zu früh, um die Krise der neuen Paläste zu erklären. Im Palast von **Knossos**, der als einziger weiter bewohnt wurde, lebten spätestens ab 1375 v. Chr. **mykenische Griechen**, denn dort wurde nunmehr die Linear B-Schrift verwendet. Haben die Mykener daher, wie vielfach angenommen wird, in einem generalstabsmäßig geplanten und ausgeführten Unternehmen die Insel Kreta erobert und damit die Zivilisation ihrer minoischen Lehrmeister vernichtet? Oder waren sie lediglich, wie andere sagen, die Nutznießer innerer Probleme, an denen die minoische

Kultur krankte und dann schließlich zerbrach? – Diese Fragen werden sich wohl nie beantworten lassen.

2.3.2 Die mykenische Kultur

Wenden wir uns nun den Mykenern zu. Diese Kultur wurde nach dem Ort benannt, an dem sie entdeckt wurde:1876 stieß **Heinrich Schliemann** (1822–1890), der kurz zuvor in Hisarlık (Troia) frühgeschichtliche Ruinen ans Tageslicht gebracht hatte, bei Grabungen in **Mykene** auf das sogenannte Gräberrund A mit spektakulären Funden, unter anderem der berühmten ‚Goldmaske des Agamemnon'. Für diese zum damaligen Zeitpunkt völlig unbekannte bronzezeitliche Zivilisation prägte Schliemann den Begriff ‚mykenische Kultur'.

Anders als bei den Minoern ist die Frage nach dem Ursprung der mykenischen Hochkultur einfach zu beantworten: Das Vorbild für den zivilisatorischen Aufbruch in Griechenland war eindeutig das minoische Kreta, was sich bereits daran zeigt, dass die Mykener die minoische Schrift leicht abgewandelt übernahmen. Aus der frühmykenischen Zeit **ab etwa 1700/1600 v. Chr.** kennt man hauptsächlich **Gräber** mit kostbaren Beigaben. In solchen Bauten lässt sich eine Elite bestatten, und der für ihre Errichtung erforderliche Arbeitsaufwand setzt ein erhebliches Maß an Organisation voraus.

Ab etwa 1450 v. Chr. entstanden dann an verschiedenen Orten **befestigte Herrensitze**. Charakteristisch sind daneben die starken Mauern, die bisweilen überdimensioniert wirken und teilweise aus so großen Steinen bestehen, dass die späteren Griechen sie für das Werk sagenhafter Riesen, der Kyklopen, hielten.

Außer in Mykene, Tiryns und Mideia in der Argolis gab es mykenische Burgen auch in Thessalien (Iolkos), in Böotien (Theben, Orchomenos und Gla), auf der Akropolis in Athen, im messenischen Pylos und vielleicht in Lakonien. Insgesamt entsteht der Eindruck, als sei die mykenische Kultur sehr kriegerisch gewesen. Hinweise darauf geben nicht nur die imposanten Verteidigungsbollwerke, sondern, wie oben angedeutet, auch zahlreiche Waffenfunde wie Schwerter, Lanzen und Helme.

Bei der Erforschung der **inneren Strukturen** der mykenischen Welt sind wir nicht mehr ausschließlich auf Ausgrabungsergebnisse angewiesen. Die Entzifferung der mykenischen Linear B-Schrift bedeutete nämlich neben dem klaren Nachweis, dass wir hier eine frühe griechische Kultur vor uns haben, auch eine deutliche Verbesserung unserer Quellenlage. Vieles, was wir für das minoische Kreta nur vermuten können, wird uns im Falle der Mykener auf den Linear B-Täfelchen überliefert.

| Abb. 4

Tontafel mit Text in Linear B aus dem Archiv des Nestor-Palastes in Pylos, 13. Jh. v. Chr. (12,4 × 7,9 cm)

Die Ägäische Bronzezeit: Minoische Paläste und mykenische Burgen

> **Info**
>
> **Die Entzifferung der Linear B-Schrift**

▶ Eine unbekannte Schrift zu entschlüsseln, mit der eine unbekannte Sprache wiedergegeben wird, ist eigentlich unmöglich. Die Engländer **Michael Ventris** (1922–1956) und **John Chadwick** (1920–1998) mussten also einige Vorannahmen machen, als sie sich anschickten, Linear B zu entziffern. Sie gingen deshalb davon aus, dass es sich bei den Schriftzeichen nicht nur um Ideogramme, sondern auch um Lautzeichen handelte, und sie gingen davon aus, dass Linear B eine Sprache schriftlich fixierte, die wenigstens in ihren Grundzügen bekannt war. Nur so würde es gelingen, durch Experimentieren mit verschiedenen Lautbelegungen für die einzelnen Zeichen einen Lösungsvorschlag zu erarbeiten, bei dem alle Texte einen Sinn ergeben würden. Dabei stellte sich heraus, dass eine Deutung der Sprache der Tafeln als Griechisch am sinnvollsten war. Als Ventris und Chadwick ihre diesbezüglichen Ergebnisse in den 1950er-Jahren vorstellten, wurden diese vielfach bezweifelt und als willkürlich abgelehnt. In der Zwischenzeit sind jedoch so viele Neufunde überzeugend gelesen worden, dass die Entzifferung als geglückt gilt.

Die Linear B-Tafeln zeichnen für uns das Bild einer zentralistisch aufgebauten **Palastwirtschaft und -gesellschaft**. Ganz oben stand der „wa-na-ka", den man sprachlich mit dem homerischen „*anax* = Fürst, Herr" zusammenbringt, der ursprünglich einmal „wanax" geheißen haben muss. Unter dem *wanax* rangierte der „ra-wa-qe-ta", was in dem uns vertrauten jüngeren Griechisch wohl als „lawagetas" zu verstehen ist, das heißt „Anführer des *laos* (= Kriegsvolk)". Daneben begegnen uns die Bezeichnungen „qa-si-re-u" (= *basileus*; das spätere griechische Wort für König), „e-qe-ta" (= *hepetas*; Gefolgsmann) sowie „da-mo" (= *damos, demos*; Volk). Alles in allem erkennt man eine **hierarchische Schichtung** der Gesellschaft und eine **monarchische Spitze**, die nach Ausweis der Täfelchen auch sakrale Funktionen innehatte; die mykenischen Könige waren also vielleicht Priesterkönige. Der vornehmliche Inhalt der Tontafeln betraf freilich die Palastverwaltung. Offenbar lieferte das jeweilige Umland seine Produkte im Herrschaftszentrum ab, wo über die Vorräte dann genau Buch geführt wurde. Wichtig ist in diesem Zusammenhang, dass die Überschüsse nicht nur der Elite vorbehalten waren, sondern auch verteilt wurden an andere Kreise der Bevölkerung, zum Beispiel an Handwerker. Man nennt ein solches System der Kanalisierung und Lenkung der Erzeugnisse **REDISTRIBUTIV**. Wir wissen nicht, ob damals ganz Griechenland auf diese Art und Weise erfasst war. Fernab der Palast-Zentren existierte, wie Grabungsbefunde zeigen, eine ländliche Welt der Dörfer und Gehöfte, die möglicherweise außerhalb der Hochkultur stand. Daraus ergibt sich die Frage nach den übergeordneten politischen Verhältnissen in der mykenischen Zeit: Gab es ein großes einheitliches ‚Reich von Mykene'?

> **REDISTRIBUTION**, von lat. *distribuere* = zuteilen, verteilen; hier: die Wiederverteilung zuvor eingezogener Güter und Waren.

Oder haben wir uns eine Vielzahl kleinerer Potentaten zu denken, neben denen es dann auch noch egalitäre bäuerliche Gemeinschaften gab? – Klar entscheiden lässt sich das Problem vorläufig nicht, auch nicht unter Zuhilfenahme außergriechischer Quellen, obwohl diese nach Ansicht eines Teils der Forschung durchaus neue Erkenntnisse zur mykenischen Kultur und zu deren Ende liefern.

Aufgaben zum Selbsttest

- Erläutern Sie, woher die minoische Kultur ihren Namen hat.
- Legen Sie dar, wann und wie die minoische Kultur entstanden ist.
- Nennen Sie materielle Kennzeichen der minoischen Kultur, und erläutern Sie die sich daraus ergebenden Schlüsse auf ihre innere Struktur.
- Erläutern Sie, wann und wie die minoische Kultur endete.
- Legen Sie dar, wann und wie die mykenische Kultur entstanden ist.
- Nennen Sie die materiellen Kennzeichen der mykenischen Kultur und erläutern Sie, worin sie sich von der minoischen unterscheidet.
- Beschreiben Sie die wirtschaftliche, gesellschaftliche und politische Ordnung der mykenischen Welt.

Literatur

Übergreifend
H.-G. Buchholz, **Ägäische Bronzezeit**. Unter Mitwirkung zahlreicher Fachgelehrter des In- und Auslandes, Darmstadt 1987.
H.-G. Buchholz/V. Karageorghis, **Altägäis und Altkypros**, Tübingen 1971.
Zum minoischen Kreta
R. Hägg/N. Marinatos (Hgg.), **The Minoan Thalassocracy. Myth and Reality**, Stockholm 1984.
R. Hägg/N. Marinatos (Hgg.), **The Function of the Minoan Palaces**, Stockholm 1987.
O. Krzyszkowska/L. Nixon (Hgg.), **Minoan Society**, Bristol 1983.
B. Otto, **König Minos und sein Volk: das Leben im Alten Kreta**, Düsseldorf 1997.
Zur mykenischen Kultur
J. Chadwick, **Die mykenische Welt**, Stuttgart 1979.
S. Deger-Jalkotzy/St. Hiller/O. Panagl (Hgg.), **Floreant Studia Mycenaea**, 2 Bde., Wien 1999.
St. Hiller/O. Panagl (Hgg.), **Die frühgriechischen Texte aus mykenischer Zeit**, 2. Aufl., Darmstadt 1986.
J.T. Hooker, **Mycenaean Greece**, London 1976.
M. Ventris/J. Chadwick, **Documents in Mycenaean Greek**, 2. Aufl., Cambridge 1973.

Die späte Bronzezeit im östlichen Mittelmeerraum und ihr Ende | 2.4

Die spätbronzezeitliche Staatenwelt des Alten Orients | 2.4.1

Die Staatenwelt des östlichen Mittelmeerraumes bewegte sich in der späten Bronzezeit, also ab etwa 1550 v. Chr., zwischen zwei großen Polen, dem **Hethiterreich** in Zentralanatolien und dem **Pharaonenreich** in Ägypten. In Ägypten hatten die Herrscher der 18. Dynastie in der Mitte des 16. Jh. v. Chr. ein mächtiges Reich mit der Hauptstadt Theben in Oberägypten errichtet, das sogenannte ‚Neue Reich'. Zu Beginn des 15. Jh. v. Chr. erstreckte es sich von Nubien im Süden bis an den mittleren Euphrat im Norden. Wenig später gelang es dem Hethiter-König Suppiluliuma I. (1355 – 1320 v. Chr.), das Mitanni-Reich im nördlichen Mesopotamien zu zerschlagen. Dies führte zu einem handfesten Konflikt um Nordsyrien, wo sich nun die Interessensphären der beiden Reiche berührten. Im Jahre 1274 v. Chr. kam es deswegen bei Kadesch in Syrien zu einer Schlacht, die aber ohne Sieger blieb. Infolgedessen schloss Ramses II. (1279 – 1212 v. Chr.) mit dem Hethiter Hattusili III.

| Abb. 5

Die späte Bronzezeit

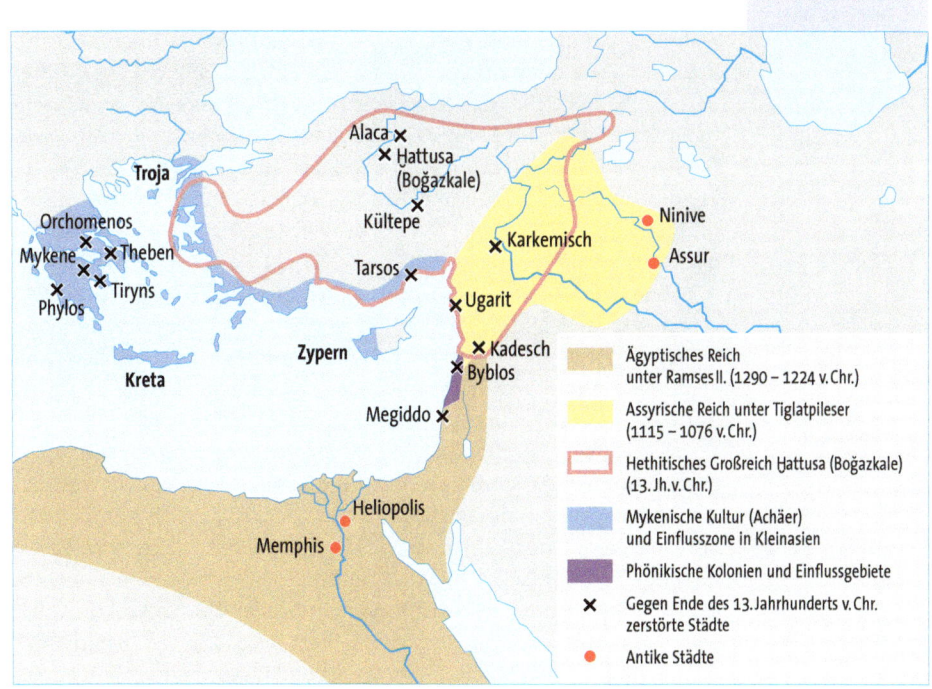

(1265–1240 v. Chr.) 1259 v. Chr. den ältesten uns bekannten Friedensvertrag der Weltgeschichte – ein Schritt, der die politische Situation im östlichen Mittelmeer freilich nur kurzzeitig stabilisieren sollte (→ s. u. 2.4.2).

Wie passen nun unsere ägäischen Hochkulturen in dieses Bild? Oben wurde bereits erwähnt, dass es unzweifelhaft Kontakte sowohl der Minoer als auch besonders der Mykener mit dem östlichen Mittelmeerraum gegeben hat. Dies wird belegt durch zahlreiche Fundobjekte: einige ägyptische Grabdarstellungen, auf denen Gesandtschaften abgebildet sind, die man Kreta zuordnet, und nicht zuletzt durch Schriftzeugnisse, die sicher oder höchstwahrscheinlich den Ägäisraum betreffen. So nannte eine ägyptische Inschrift unter anderem die Länder *Kaftu* (Kreta, vgl. das Kaphtor des Alten Testaments) und *Tanaju* (die Peloponnes?), denen jeweils mehrere Ortsnamen gegenübergestellt werden. Von diesen lassen sich eine ganze Reihe mit später bezeugten griechischen Namen gleichsetzen – so vor allem *Mukanu*, bei dem es sich sicher um Mykene handelt, sowie *Kunusa*, mit dem Knossos gemeint sein dürfte.

Weitaus interessanter als diese bloßen Erwähnungen sind jedoch die Texte aus dem Staatsarchiv der hethitischen Hauptstadt Ḫattusa (heute: Boğazkale, ehem. Boğazköy). In den Texten, die sich mit den hethitischen Aktivitäten im Westen befassen, taucht immer wieder das Land **Achijawa** auf. Dabei muss es sich um ein größeres politisches Gebilde gehandelt haben, denn Achijawa wurde von einem König regiert, den der hethitische Herrscher nahezu gleichrangig behandelte. Als einen wichtigen Stützpunkt des Königs von Achijawa erwähnen die hethitischen Quellen Millawanda. Im 13. Jh. v. Chr. spielte Achijawa im Westen Kleinasiens weiterhin eine prominente Rolle, und die hethitischen Könige bemühten sich bis zum Ende ihres Großreiches um gute Beziehungen zu dieser Macht, freilich nicht immer erfolgreich.

Schon bald nach dem Bekanntwerden dieser sogenannten „Achijawa-Urkunden" aus dem Archiv von Ḫattusa wurde in der Forschung die Meinung geäußert, das Land Achijawa sei mit dem mykenischen Griechenland gleichzusetzen. Dafür spricht die Ähnlichkeit dieses Namens mit den „Achaioi", einer der Bezeichnungen, die Homer in Ilias und Odyssee für die Griechen in ihrer Gesamtheit verwendet. Dafür sprechen aber auch die geographische Lage Achijawas irgendwo westlich des hethitischen Einflussgebietes (das um 1300 v. Chr. bis zur kleinasiatischen Westküste reichte), sowie mehrere griechisch klingende Personennamen, die in den Achijawa-Urkunden verzeichnet sind. Einhellig akzeptiert ist ferner die Identifikation des Achijawa-Stützpunktes Millawanda mit Milet, das laut archäologischem Befund in der späten Bronzezeit zunächst von Minoern und dann von Mykenern bewohnt wurde.

Info

Die Troia-Kontroverse

▶ Im Sommer 2001 ging es als eine kleine Sensation durch die deutschen Medien: Ein altertumswissenschaftlicher Forschungsstreit um die Bedeutung Troias in der Spätbronzezeit war entbrannt. Für einen Moment schien es so, als stünden sich ganze Fachbereiche gegenüber. Was war geschehen? Das Ausgrabungsteam von Hisarlik (Troia) um den inzwischen verstorbenen Prähistoriker **Manfred Korfmann** hatte im Jahre 2001 in einer großen Ausstellung ein Bild Troias in die Öffentlichkeit getragen, wonach es sich bei dem Fundplatz um eine große Residenz- und Handelsstadt mit mindestens 10.000 Bewohnern gehandelt habe. Behauptet wurde ferner eine weitgehende Übereinstimmung von Grabungsbefund, spätbronzezeitlichen Texten und der homerischen Ilias. Dagegen erhob sich lautstarker Protest, der sich um den Althistoriker **Frank Kolb** formierte. Auch wenn die Kontroverse nicht einvernehmlich beigelegt werden konnte, so steht doch fest: Man hat in Hisarlik keinen bronzezeitlichen Palast gefunden, es gibt dort kaum Häuser aus dieser Zeit und nur wenige Objekte, die als Handelsgüter angesprochen werden können. Da der Ort in griechisch-römischer Zeit überbaut und umgestaltet wurde, könnte solches bronzezeitliches Material freilich schon damals abgetragen worden sein, und genau dahin gehend argumentierte das Grabungsteam. Auf einer so schmalen Grundlage eine derart weitgehende Rekonstruktion vorzunehmen, erscheint aber methodisch nicht vertretbar – ohne Funde oder sonstige Anhaltspunkte kann man nicht einfach von der Existenz einer großen Stadt ausgehen. Die homerische Ilias schließlich hilft hier auch nicht weiter, denn nur weil ein Gedicht bedeutend ist, muss sein (mutmaßlicher) Schauplatz noch längst nicht bedeutend gewesen sein.

Sollten die hethitischen Achijawa-Urkunden also der Beweis dafür sein, dass es damals ein großes einheitliches Reich von Mykene gab (→ s. o. 2.3.2)? Einige Gelehrte gehen noch weiter. Ihrer Ansicht nach belegen die hethitischen Texte sogar die Historizität des von Homer besungenen troianischen Krieges.

Dies ist freilich problematisch. Ein bronzezeitlicher historischer Kern der homerischen Epen ist nicht zuletzt aus quellenkritischen Erwägungen unwahrscheinlich: Auf welche Weise hätte ein Dichter im 8. Jh. v. Chr. wirklich authentische Informationen über die Zeit um 1200 v. Chr. bekommen können? Und auch die Annahme, es handle sich bei dem Achijawa der hethitischen Texte um ein einheitliches mykenisches Reich, das das gesamte bronzezeitliche Griechenland umfasst habe, ist nicht zwingend. Hinter dem Land Achijawa könnte sich nach dem, was die hethitischen Quellen darüber verraten, ebenso gut ein mykenisches Teilreich verbergen, vielleicht sogar lediglich eine Koalition der großen Inseln mit Milet. Am Ende reicht also der bisherige Quellenbestand nicht zu weitergehenden Aussagen.

2.4.2 Das Ende der Bronzezeit: Seevölker, dorische und ionische Wanderung?

Um 1200 v. Chr. geriet die altorientalische Staatenwelt in turbulentes Fahrwasser: Die hethitische Hauptstadt **Hattusa** wurde teilweise zerstört und scheint daraufhin verlassen worden zu sein. Offenbar hörte das hethitische Großreich auf zu existieren, und mit dem Verstummen der hethitischen Nachrichten erfahren wir auch nichts mehr über die Lage in West- und Südkleinasien. An der Levanteküste bietet sich ein ähnliches Bild: Die dortigen Ausgrabungen haben einen relativ einheitlichen Zerstörungshorizont zutage gefördert, der sich von Ugarit in Nordsyrien bis nach Askalon kurz vor den Toren Ägyptens erstreckt.

Diese Befunde werden üblicherweise mit einer Reihe von ägyptischen Texten in Zusammenhang gebracht, in denen die Rede ist von sogenannten ‚**Seevölkern**', die zu Beginn des 12. Jh. v. Chr. das Nildelta zu Lande und zu Wasser angriffen.

Die ägyptischen Quellen vermitteln den Eindruck, als hätte damals eine ganze Völkerkoalition weiträumige Plünderungs- und Raubzüge unternommen, denen fast alle spätbronzezeitlichen Staaten im östlichen Mittelmeerraum zum Opfer fielen. Dass dann im 1. Jahrtausend v. Chr. in den betreffenden Gebieten auch noch mehrere Völker anzutreffen sind, die man aus der vorangegangenen Zeit nicht kennt – vor allem die **Philister** an der kanaanitischen Küste und die **Phryger** in Zentralanatolien – dies brachte die ältere Forschung endgültig zu der Vorstellung, dass sich um 1200 v. Chr. eine umfassende Völkerwanderung abgespielt habe: Zu diesem Zeitpunkt sei höchstwahrscheinlich auf dem Balkan eine Völkerlawine in Bewegung gesetzt worden, die im Osten über Kleinasien hinweg in einer kombinierten Land- und Seeoperation bis nach Ägypten vorstieß und deren Ausläufer im Westen vor allem Italien überrollten (→ s. u 4.2.1).

Dazu passt es, dass zur gleichen Zeit Griechenland und die Ägäis ebenfalls in Unruhe versetzt wurden: Die meisten mykenischen Herrschaftszentren wurden um 1200 v. Chr. zerstört; insgesamt kann man durchaus davon sprechen, dass das **Ende der Hochkultur** gekommen war, auch wenn immer wieder zu Recht betont wird, dass der Bruch nicht abrupt eintrat und ebenso wenig vollständig war. Immerhin aber ging die **Schrift** verloren, die Bevölkerung nahm auch außerhalb der Kerngebiete deutlich ab, und die **Palastökonomie** wurde dort, wo es sie gegeben hatte, nicht mehr weitergeführt. Vor dem Hintergrund der postulierten überregionalen Völkerwanderung lag es nun nahe, auch den Zusammenbruch der mykenischen Zivilisation auf eine Invasion von Wanderverbänden zurückzuführen. Dieser Schluss bot sich nicht zuletzt deswegen an, weil die griechische Tradition, wie oben im Zusammenhang mit der Frage nach den Anfängen der griechischen Geschichte bereits kurz erwähnt wurde, ja ebenfalls über frühe Migrationsvorgänge zu erzählen weiß. Sie unterscheidet eine Einwanderung der Dorier aus Nordwestgriechenland auf die Peloponnes (sog. ‚**dorische Wanderung**') und eine Auswanderung der von dort vertriebenen Ionier über Athen auf die ägäischen Inseln und nach Westkleinasien (sog. ‚**ionische Wanderung**' oder ‚erste Kolonisation'). Die einschlägigen Berichte (Herodot I 145; Thukydides I 2; I 12) kannte man natürlich schon lange, nur waren sie von der kritischen Wissenschaft des 19. Jh. in das Reich der Legende verwiesen worden. Nach der Entdeckung der spätbronzezeitlichen Welt und ihres Endes fügten sich die dorische und die ionische Wanderung plötzlich wieder gut in den Gesamtzusammenhang ein, und bei manchen wuchs die Zuversicht, in der sagenhaften Überlieferung vielleicht doch ein Körnchen Wahrheit finden zu können.

Eine letzte Bestätigung dafür, dass es die dorische und die ionische Wanderung wirklich gegeben hat, sah man schließlich in der geographischen Verteilung der **griechischen Dialekte**. Ein Blick auf die Karte zeigt nämlich nicht nur, dass sich das Dorische von Nordwesten nach Südosten und das Ionisch-Attische in west-östliche Richtung, nach Kleinasien, ausgebreitet haben könnte. Weit wichtiger erscheint der Umstand, dass das mykenische Griechisch der Linear B-Tafeln eng verwandt ist mit dem Arkado-Kyprischen und an zweiter Stelle mit dem Ionisch-Attischen, nicht aber mit dem dorischen Dialekt. Ausgerechnet in den Gebieten, in denen sich im 2. Jahrtausend v. Chr. die Zentren der mykenischen Kultur befanden – in der Argolis, in Messenien und auf Kreta – wurde im 1. Jahrtausend jedoch Dorisch gesprochen. Dies spricht auf den ersten Blick für eine Abdrängung der mykenischen Griechen aus ihrem Stammland in das Innere der Peloponnes (Arkadien), und über die Inseln nach Westkleinasien und Zypern.

Die Theorie, die aus den bisher dargestellten Indizien entwickelt und bis vor Kurzem nahezu einhellig vertreten wurde, betrachtet die Dorier daher entweder selbst als die Zerstörer der mykenischen Kultur, oder aber als später eingewanderte Nutznießer einer Vernichtung der Mykener durch die Seevölker oder wenigstens Teile derselben, die sich gewissermaßen ‚auf der Durchreise' befunden hätten. In jedem Fall geht man davon aus, dass die dorische Wanderung ein Teil der Großen Wanderung war, und dass sie ihrerseits die ionische Wanderung als eine Art ‚Ausweichbewegung' nach sich gezogen hat.

2.4.3 Neuere Forschungsdiskussionen

In den letzten Jahren wurden gegen diese Vorstellung von einer historischen dorischen Wanderung als Teil eines Seevölkersturms verschiedenste Bedenken angemeldet. In der Tat sind die einzelnen Stützen der eben skizzierten Argumentation für sich genommen allesamt nicht zwingend. Das schwächste Glied in dieser Kette sind die bei Herodot und Thukydides greifbaren sagenhaften Berichte. Es stellt sich nämlich die Frage, auf welche Weise geschichtliche **Erinnerung** über mehrere **schriftlose Jahrhunderte** hinweg bewahrt worden sein soll. Anthropologische Untersuchungen zu vergleichbaren Gesellschaften zeigen, dass eine rein mündliche Überlieferung nicht in der Lage ist, länger als etwa drei Generationen zuverlässige Informationen zu transportieren. Alles, was älter als etwa 90 Jahre ist, verschwimmt bis zur Unkenntlichkeit. Dabei ‚wandert' dieser Bereich des Nichtwissens mit dem Voranschreiten der Zeit, es sind in der schriftlosen Kultur immer nur die jeweils letzten 90 Jahre, die einigermaßen zutreffend wiedergegeben werden können, da durch den Generationswechsel Fakten, die früher einmal gewusst wurden, verloren gehen. Man spricht aus diesem Grunde auch von einer ‚**floating gap**', die in der **ORALEN** Tradition berücksichtigt werden müsse. Unter bestimmten Umständen kann es von dieser Regel möglicherweise Ausnahmen geben (→ vgl. unten 2.5.2). Gerade bei den Ursprungslegenden spricht aber alles dafür, dass es sich um spätere Erklärungsversuche handelt, die die Frage nach der eigenen Herkunft beantworten sollen.

ORAL, von lat. *os* = Mund; mündlich.

Vor dem Hintergrund dieser Kritikpunkte wurde von verschiedenen Wissenschaftlern erwogen, den Untergang der mykenischen Kultur und die Zerstörung der Herrschaftszentren auf **innere Probleme** zurückzuführen, auf eine Revolution oder eine Art ‚Systemkollaps': Die Palastökonomie sei letztlich so kompliziert gewesen, dass schon kleinste Krisenerscheinungen wie beispielsweise eine Folge von Missernten oder der Ausfall eines Handelspartners zu ihrem Zusammenbruch hätten führen können, und genau dies sei um 1200 v. Chr. eben eingetreten.

Es ist kein Zufall, dass gleichzeitig zu diesen Bestrebungen, die dorische Wanderung als eine Fiktion zu erweisen, auch der überregionale Rahmen einer ostmediterranen oder gar noch größeren Völkerwanderung bezweifelt wurde. Die Kritiker der ‚Großen Wanderung' halten die aus den ägyptischen Quellen (→ s. o. S. 32) abgeleiteten Schlussfolgerungen für vollkommen überzogen. Einer sehr schmalen Quellenbasis stehe eine doch viel zu weitreichende Rekonstruktion gegenüber, und zudem hätten diese Texte als dramatisierende Übertreibungen zu gelten. Die Zerstörungen im Grabungsbefund vor allem an der Levanteküste seien demgegenüber besonders in ihrer Datierung längst nicht so einheitlich, dass man wirklich einen zielgerichteten Wanderzug daran ablesen könnte, und so manche Brandspur dürfte nur deswegen als Indiz für den Seevölkersturm gewertet worden sein, weil man das Gesamtbild bereits im Kopf hatte, also die Stimmigkeit der Interpretation schon voraussetzte. Die Hethitologie vertritt demzufolge mittlerweile überwiegend die Auffassung, das hethitische Großreich sei an dynastischen Problemen zugrunde gegangen, die man nicht mehr zu lösen vermochte – eine etwas andere Variante des Systemzusammenbruchs.

Allerdings ergibt sich auch so ein etwas **unplausibles Gesamtbild**: Eine Häufung von systembedingten Zusammenbrüchen in derselben Region ohne erkennbaren Zusammenhang erscheint ebenfalls nicht sehr überzeugend. Man sollte daher durchaus auch weiter mit dem Einfluss von Wanderungsbewegungen bei der Zerstörung der spätbronzezeitlichen Staatenwelt rechnen. Was damals tatsächlich im Einzelnen geschehen ist, wird sich wohl nicht mehr klären lassen.

Aufgaben zum Selbsttest

- Legen Sie dar, wie sich die mykenische Kultur in die spätbronzezeitliche Staatenwelt einfügt.
- Diskutieren Sie die Argumente der unterschiedlichen Erklärungsmodelle für das Ende der spätbronzezeitlichen Staatenwelt im östlichen Mittelmeerraum.

Literatur

Zum östlichen Mittelmeerraum in der späten Bronzezeit
M. Bietak, **Nahostpolitik: Fremdherrschaft und Expansion**, in: S. Petschel/M. v. Falck (Hgg.), Pharao siegt immer – Krieg und Frieden im Alten Ägypten (Ausstellungskatalog Hamm 21.3.-31.10. 2004), Bönen 2004, 140–144.
T. Bryce, **The Kingdom of the Hittites**, Oxford 2005.
T. Bryce, **The Trojans and their neighbours**, Routledge 2006.
H.-G. Buchholz, **Ugarit, Zypern und die Ägäis. Kulturbeziehungen im zweiten Jahrtausend v. Chr.**, Alter Orient und Altes Testament, Münster 1999.
W. Helck, **Die Beziehungen Ägyptens und Vorderasiens zur Ägäis bis ins 7. Jahrhundert v. Chr.**, 2. Aufl., Darmstadt 1995.
F. Kolb, **War Troia eine Stadt?** In: C. Ulf (Hg.), Der neue Streit um Troia. Eine Bilanz, München 2003, 120–145.
J. Latacz, **Troia und Homer. Der Weg zur Lösung eines alten Rätsels**, 5. Aufl., Leipzig 2005.
W.-D. Niemeier/S. Deger-Jalkotzy, DNP 1, 1996, 143–156 s. v. Ägäische Koine.

Zum Ende der Bronzezeit
R. Drews, **The End of the Bronze Age**, Princeton 1993.
G. A. Lehmann, **Umbrüche und Zäsuren im östlichen Mittelmeerraum und Vorderasien zur Zeit der „Seevölker"-Invasionen um und nach 1200 v. Chr.**, HZ 262, 1996, 1–38.
E. D. Oren, **The Sea peoples and their World**, Philadelphia 2000.

2.5 | Homer und die ‚dunklen Jahrhunderte'

2.5.1 | Was wissen wir über die ‚dunklen Jahrhunderte'?

Das Ende der mykenischen Kultur bedeutete einen tiefen Einschnitt in fast allen Lebensbereichen. Mit der **Palastökonomie** verschwand auch die **Schrift**, denn man benötigte sie nicht mehr. Das **materielle Lebensniveau** wurde insgesamt deutlich bescheidener. Vor allem aber kam es, soweit wir etwas darüber sagen können, zu einem drastischen Rückgang der **Bevölkerung**. Die Zahl der Siedlungsbefunde, die aus dieser Zeit stammen, ist vergleichsweise gering, und die Siedlungen selbst sind klein. Manche Orte, die in der Bronzezeit bewohnt waren, wurden anschließend aufgegeben. Obwohl es daneben auch Siedlungskontinuität gab, so zum Beispiel in Athen, entsteht aufs Ganze gesehen der Eindruck, als habe eine erhebliche Unruhe geherrscht. Dabei werden die dörflichen Strukturen, die jetzt die Regel waren, an die oben erwähnte ‚ländliche Welt' der mykenischen Zeit angeknüpft haben (→ s. o. 2.3.2). Man kann sich daher die Gesellschaft der ‚dunklen Jahrhunderte' gewissermaßen als ‚Rumpfkultur' vorstellen, die nach dem Zusammenbruch des ‚**PALATIALEN** Überbaus' übrig blieb. Ab der Mitte des 11. Jh. v. Chr. wurden dann nach und nach die ägäischen Inseln und die kleinasiatische Westküste besiedelt – ein Vorgang, den die ältere Forschung als eine Ausweichbewegung vor den eingedrungenen Doriern deutete (→ s. o. 2.4.2). Wir haben aber bereits gesehen, dass diese Interpretation die Vorgänge zu schematisch und letztlich ohne methodische Basis einordnet (→ 2.4.3); an der Siedlungsbewegung selbst, die weitaus komplizierter verlaufen sein dürfte und bei der es sich teilweise um eine Wiederbesiedlung handelte, ist indessen nicht zu zweifeln.

Durch eine intensive Ausgrabungstätigkeit konnte unser Kenntnisstand über den Zeitabschnitt von 1200 bis 800 v. Chr. in den letzten Jahrzehnten erheblich ergänzt und differenziert werden. Wichtig sind in diesem Zusammenhang insbesondere die Plätze **Nichoria** in Messenien, **Lefkandi** auf Euböa, **Zagora** auf Andros, **Emporion** auf Chios und **Alt-Smyrna** bei Izmir. Die Bevölkerungszahl dieser Siedlungen war recht gering: In Nichoria beispielsweise lebten um 900 v. Chr. nur rund 40 Familien, also etwa 200 Personen; in den ca. 50 Häusern von Emporion waren es zur gleichen Zeit vielleicht 300 Menschen. Etwas größere Siedlungen gab es offenbar in Westkleinasien, was möglicherweise daran lag, dass sich die Siedler dort als ‚fremde Kolonisten' in einer potenziell feindlichen Umgebung stärker zusammenschließen mussten. Die ‚rustikale' Stadtmauer von Alt-Smyrna, die im 9. Jh. v. Chr. errichtet wurde, unterstützt diese Sicht der Dinge jedenfalls.

PALATIAL, von lat. *palatium* = Palast.

> Das griechische Alphabet ist von einer nahöstlichen Alphabetschrift abgeleitet. Die Frage, wann dies geschah, ist nicht so klar zu beantworten. Möglich ist eine Übernahme realistischerweise ab vielleicht 1000 v. Chr. Die Forschung favorisiert indes mehrheitlich einen späten Zeitpunkt um 800 v. Chr., da die griechischen Buchstaben denen des damaligen phönizischen Alphabetes am ähnlichsten sind. Dafür spricht auch, dass just aus dieser Zeit, um 750 v. Chr., die ältesten Zeugnisse für die Alphabetschrift stammen. Es handelt sich dabei um Graffiti auf Gefäßen. Die kreative Leistung der Griechen bestand in diesem Zusammenhang übrigens in der Idee, auch Vokale durch Buchstaben auszudrücken (die semitischen Alphabete sind reine Konsonantenschriften). Wo sich diese Entwicklung abgespielt hat, muss völlig offen bleiben. In Betracht kommen alle Gebiete, wo sich Griechen und Phönizier treffen konnten – von Nordsyrien über Zypern, Kreta und den Ägäisraum bis sogar in den westlichen Mittelmeerraum hinein.

Info

Das griechische Alphabet

alpha	A α	A a	ny	N ν	N n
beta	B β	B b	xi	Ξ ξ	X x
gamma	Γ γ	G g	omikron	O o	O o
delta	Δ δ	D d	pi	Π π	P p
epsilon	E ε	E e	rho	P ρ	R r
zeta	Z ζ	Z z	sigma	Σ σ	S s
eta	H η	E e	tau	T τ	T t
theta	Θ θ	Th th	ypsilon	Υ υ	Y y
iota	I ι	I i	phi	Φ φ	Ph ph
kappa	K κ	K k	chi	X χ	Ch ch
lambda	Λ λ	L l	psi	Ψ ψ	Ps ps
my	M μ	M m	omega	Ω ω	O o

Abb. 6

Das griechische Alphabet

Auch die ausgegrabenen Gebäude fügen sich größtenteils ein in dieses Bild der recht kleinen und einfach strukturierten Gemeinschaften. Ganz aus Stein errichtete Häuser gab es nicht; man baute ‚Einraumgebäude', also Hütten, auf einem steinernen Fundament mit Wänden aus Flechtwerk und Lehm und Dächern aus Stroh. Zugleich jedoch belegt die Architektur bei aller Bescheidenheit eine gesellschaftliche Schichtung; zumindest werden die relativ großen Haupthäuser, die man in Nichoria und in Emporion gefunden hat, als ‚Herrensitze' interpretiert. Dass diese Deutung sicher in die richtige Richtung geht, ergibt sich vor allem aus den Beigaben der Bestattung im sogenannten Heroon von Lefkandi, einem 45 mal 10 Meter messenden Gebäude, in dessen Innerem um 950 v. Chr. ein Mann und eine Frau beigesetzt wurden. Dort wurden unter anderem kostbare Goldarbeiten und Fayenceschmuck entdeckt, und viele Fundstücke stammen aus Ägypten und von der Levanteküste. Ganz offensichtlich haben wir hier ein Fürstenpaar vor uns, das Kontakte in den östlichen Mittelmeerraum unterhalten hat. Es war in den ‚dunklen Jahrhunderten‘ also nicht alles ‚primitiv‘, wie man früher immer gemeint hat. Auch Phänomene wie die Verbreitung der **Eisennutzung**, die sich nach 1200 v. Chr. im griechischen Raum durchsetzte, sind ja durchaus als technologischer Fortschritt zu werten.

Da wir aus den dunklen Jahrhunderten keinerlei schriftliche Zeugnisse besitzen, bleiben uns ganze Lebensbereiche vollkommen verschlossen (→ s. o. 2.1.2).

Umso wichtiger ist es, dass schon kurze Zeit nach der (Wieder-)Einführung der Schrift im 8. Jh. v. Chr. mit den homerischen Epen „Ilias" und „Odyssee" zwei monumentale Werke verfasst wurden, denen man eine historische Aussagekraft auch für die vorangegangenen Jahrhunderte zubilligt.

2.5.2 Die homerischen Gedichte und ihre Aussagekraft

PHILOLOGIE, von griech. *philos* = Freund und *logos* = Wort; Sprach- und Literaturwissenschaft.

EPOS, von griech. *eipein* = sagen; Heldengedicht.

Niemand weiß, ob es wirklich einen Dichter namens **Homer** gegeben hat. Sprachliche Unterschiede zwischen Ilias und Odyssee machen es wahrscheinlicher, dass die beiden Gedichte nicht von ein und derselben Person geschrieben wurden, und viele **PHILOLOGEN** sagen sogar, dass man nicht einmal von einer einheitlichen Autorenschaft innerhalb des jeweiligen **EPOS** ausgehen dürfe. Wenn im Folgenden gleichwohl hin und wieder von ‚Homer' gesprochen wird, dann ist dies daher eine Sprachgewohnheit und meint eigentlich das homerische Werk. Diesem nähert man sich am besten über seinen Inhalt.

Die **Ilias** behandelt eine Episode aus dem sogenannten troianischen Krieg, der nach der mythischen Tradition ausgebrochen war, weil der troianische Königssohn Paris die schöne Helena aus Sparta geraubt hatte. Daraufhin machten sich Kämpfer aus ganz Griechenland auf und segelten nach Troia. Erst nach einem zähen zehnjährigen Ringen, an dem auf beiden Seiten Götter teilnahmen, gelang den Griechen die Einnahme der Stadt, und sie schafften dies nur mithilfe einer List: Die Griechen täuschten ihren Abzug vor und hinterließen ein großes hölzernes Pferd, in dessen Bauch sich Krieger versteckt hatten. Die Troianer schleppten dieses sprichwörtlich gewordene troianische Pferd in ihre Stadt, und in der Nacht konnten die griechischen Kämpfer, die nicht bemerkt worden waren, aus der Konstruktion aussteigen und dem inzwischen zurückgekehrten griechischen Heer die Tore öffnen. – Die Ilias spielt indes noch vor diesem Ende Troias; sie beschreibt in 24 Gesängen mit etwa 16 000 Versen insgesamt 51 Tage des letzten Kriegsjahres. Dabei geht es darum, dass sich Achill, der stärkste Krieger der Griechen, mit Agamemnon, dem griechischen Anführer, entzweit hat und nicht mehr an den Kämpfen teilnimmt. Dies bringt die Griechen an den Rand einer Niederlage, und erst als Patroklos, der Gefährte des Achill, vom trojanischen Königssohn Hektor getötet wird, greift Achill wieder in das Kampfgeschehen ein: Er besiegt Hektor im Zweikampf und schändet dessen Leiche. Am Ende des Gedichts löst Priamos, der Herrscher Troias, den Leichnam seines Sohnes für die Bestattung aus, und obwohl noch weitere Kämpfe folgen, ist der Untergang der Troianer bei den Göttern beschlossene Sache.

Die **Odyssee** schildert in ebenfalls 24 Gesängen und etwas mehr als 12 000 Versen die Endphase der Irrfahrten des Odysseus. Der Hintergrund dafür ist, dass nach der Zerstörung Troias diejenigen der Götter, die auf der Seite der Troianer gestanden hatten, die Heimkehr der griechischen Kontingente mit aller Macht behinderten. Odysseus benötigte sogar zehn Jahre, in denen er allerlei Abenteuer erlebte. Auf seiner Heimatinsel Ithaka hielt man ihn unterdessen für tot und versuchte, seine Gattin Penelope dazu zu zwingen, sich wieder zu verheiraten. Um dem Nachdruck zu verleihen, quartierten sich die zahlreichen Freier im Haus des Odysseus ein und begannen, seine Habe aufzuzehren. – Hier setzt die Handlung der Odyssee ein: Odysseus' minderjähriger Sohn Telemachos beginnt, nach dem Vater zu suchen, bleibt aber ohne Erfolg. Odysseus wird zeitgleich auf die sagenhafte Insel der Phaiaken verschlagen, wo er freundliche Aufnahme findet und von seinen Irrfahrten erzählt. Die Phaiaken eskortieren ihn dann nach Ithaka zurück. Dort findet er unter falscher Identität Aufnahme in seinem eigenen Haus. Schließlich gibt er sich zu erkennen, tötet zusammen mit Telemachos die Freier und deren Helfer und nimmt wieder seinen angestammten Platz als Herr des Hauses ein.

Für die späteren Griechen war klar, dass die homerische Dichtung am Beginn ihrer Literatur steht. In der Tat waren die Epen bereits in früharchaischer Zeit weithin bekannt, während Homer seinerseits keine anderen Autoren erwähnt. Wenn man nun mit der Mehrheit der Forschung davon ausgeht, dass die Alphabetschrift von den Griechen zu Beginn des 8. Jh. v. Chr. übernommen wurde (→ s. o. Infokasten), dann ergibt sich für die Abfassung der Ilias, die das ältere der beiden Gedichte zu sein scheint, ein Zeitfenster von etwa 750 bis 720 v. Chr. und für die Odyssee eine **Datierung** um 700 v. Chr. Dies sind freilich bloße Näherungswerte, die sich nicht zwingend begründen lassen, genauso, wie auch das allgemein angenommene zeitliche Verhältnis zwischen den beiden Epen eher auf Indizien ruht als auf unumstößlichen Beweisen. Es gibt daher Wissenschaftler, die glauben, dass die Ilias erst nach 680 v. Chr. entstanden ist, und die Odyssee entsprechend später. Für die frühe Datierung spricht aber, dass sie gut erklären kann, dass Ilias und Odyssee deutliche Spuren einer mündlichen Überlieferung aufweisen. Eine solche Mischung aus Mündlichkeit und Schriftlichkeit passt nämlich am besten in eine Phase wie das 8. Jh. v. Chr., als die Schriftkultur noch ganz neu war und deswegen gewissermaßen durch eine orale Tradition ‚flankiert' wurde.

Worin aber besteht denn nun diese ‚mündliche Dimension' der homerischen Epen? Es ist eine ganz besondere Formelsprache, die jedem sofort ins Auge springt, der Ilias oder Odyssee liest. So wird Achill oft als „der schnelle Läufer" bezeichnet, und die Morgenröte wird ständig mit dem Adjektiv „rosenfingrig" verbunden. Solche festen Beiwörter und formelhaften Wendungen sind mehr als eine stilistische Geschmackssache. Sie erfüllen eine ganz spezifische Funktion, die damit zu tun hat, dass die homerischen Epen keine formlose Prosa sind, sondern gebundene Sprache. Genauer gesagt sind Ilias und Odyssee im Versmaß des sogenannten **HEXAMETERS** gedichtet, also in einer relativ streng festgelegten sprachlichen Form, die in der Regel je Vers sechs **DAKTYLEN** vorsieht.

In dieser Art von Dichtung ist ein **Repertoire an Versatzstücken**, die dem Versschema entsprechen, sehr nützlich, vor allem dann, wenn man keine Zeit zum Überlegen hat, wie beim mündlichen Vortrag aus dem Stegreif! Die bei Homer so auffällige Formelsprache dient also dazu, in einer mündlichen Dichtung die feste Form einhalten zu können, ohne ins Stocken zu kommen oder gar aus dem Versmaß zu fallen. Die betreffenden Wendungen müssen deshalb ein **Relikt** aus einer Phase sein, in der Ilias und Odyssee mündlich tradiert wurden. Dies bedeutet, dass Ilias und Odyssee als das Resultat einer längeren mündlichen Überlieferung zu gelten haben. Das eröffnet wiederum die Möglichkeit, dass in den Gedichten eine historische Erinnerung transportiert wird, die weiter zurückreicht als die Abfassungszeit des 8. Jh. v. Chr. Die entscheidende Frage lautet nun, wie weit diese orale Tradition zurückgeht.

An dieser Stelle gehen die Meinungen weit auseinander. Ein Teil der Forschung verweist auf die oben erwähnten Vergleichsstudien und geht demzufolge davon aus, dass auch die homerischen Gedichte nur Informationen enthalten können, die höchstens drei Generationen umspannen (→ s. o. 2.4.3). Andere Wissenschaftler halten es dagegen für möglich, dass wesentliche Bestandteile der Epen aus der Bronzezeit stammen. Sie betonen, dass Heldensagen von einem ‚Wiedererkennungseffekt' leben und dass besonders die formelhaften Wendungen der homerischen

---

HEXAMETER, von griech. *hex* = sechs und *metron* = Maß; Versmaß, das aus sechs Versfüßen besteht, in der Regel aus sechs Daktylen.

DAKTYLUS, von griech. *daktylos* = Finger; Plural: Daktylen; ein Versfuß, der aus einem langen (betonten) und zwei kurzen (unbetonten) Teilen besteht.

Hexameter-Dichtung nicht nur sprachliche Form, sondern auch historischen Inhalt konserviert hätten.

Vergleicht man die in Ilias und Odyssee entworfene Lebenswelt mit unserem Wissen über die Bronzezeit, ergeben sich relativ wenige Übereinstimmungen: Es gibt bei Homer keine wirklich großen Paläste, es gibt keine wirklich mächtigen Könige, es gibt keine Schrift, es gibt keine Bürokratie, und ebenso wenig gibt es eine zentralisierte Palastökonomie. Was bleibt, sind eher punktuelle Entsprechungen wie die Verwendung von Bronzewaffen und Streitwagen, der berühmte Eberzahnhelm (→ s.o. 2.3.2) sowie Orte und Namen. Die Bronzezeit als historisches Vorbild für Ilias und Odyssee fällt also wohl aus, und manche vermuten daher, dass es eine andere Art von gemeingriechischem Zug in Richtung Kleinasien gewesen sei, der hier Pate gestanden habe, nämlich die Besiedlung der Inseln und der westkleinasiatischen Küste im Rahmen der ‚ionischen Wanderung' (11. Jh. v. Chr.). Auch diese Annahme ist jedoch nur eine Möglichkeit von mehreren, und man kann streng genommen noch nicht einmal davon ausgehen, dass es wirklich ein einzelnes Ereignis war, das die Bildung der Legende initiierte.

Vor diesem Hintergrund ist es lohnender, das Augenmerk auf die in den Gedichten dargestellten Strukturen zu richten, und das heißt auf die homerische Gesellschaft und Wirtschaft. In diesem Zusammenhang herrscht jedoch weitgehende Einigkeit. Auch diejenigen, die in Bezug auf Handlung und Personen auf einem Wiedererkennungseffekt beharren, erkennen an, dass für die gesellschaftlichen und wirtschaftlichen Verhältnisse, die gewissermaßen als ‚Ambiente' geschildert werden, eine solche Notwendigkeit nicht besteht – im Gegenteil. Man geht davon aus, dass eine mündliche Tradierung in dieser Hinsicht vielmehr zu einer beständigen Aktualisierung tendiert, schon um dem Publikum eine realistische Erzählung zu bieten, aber natürlich auch, weil der Dichter ja ebenfalls keine andere Lebenswelt kennt als diejenige seiner Gegenwart.

Es müsste folglich die Welt des 9. und 8. Jh. v. Chr. sein, die die Kulissen für Ilias und Odyssee geliefert hat, und nach allem, was wir über diese Zeit aus der Archäologie wissen, passt das ganz gut zusammen: Wir haben im materiellen Befund der dunklen Jahrhunderte genau das bescheidene Lebensniveau, das an vielen Stellen in den Gedichten zugrunde gelegt ist (→ s. o. 2.5.1).

Das aber heißt umgekehrt, dass wir mithilfe der homerischen Gedichte wenigstens ein paar der Wissenslücken schließen können, die oben im Zusammenhang mit der eingeschränkten Quellenlage der dunklen Jahrhunderte beklagt worden sind: Wir dürfen Ilias und Odyssee mit vollem Recht als Quellen für die gesellschaftliche und politische Organisation der Zeit um 800/700 v. Chr. auswerten. Die Gesellschaft, die sich nach diesen Maßgaben rekonstruieren lässt, ist durchaus in **verschiedene Schichten** differenziert, auch wenn es zwischen den einzelnen Gruppen keine unüberbrückbare Kluft gibt. An der Spitze stehen eine Handvoll **Aristokraten**, die *basileis* (eigentlich ,Könige', doch führt diese Übersetzung hier in die Irre). Deren soziale und politische Führungsstellung stützt sich auf ihre kriegerische Tüchtigkeit sowie auf einen Grundbesitz, der dauerhaft Überschüsse erwirtschaftet und damit die ökonomische Unabhängigkeit sichert. Einen wirklich mächtigen Herrscher haben diese ,starken Männer' nicht über sich, weshalb man hier auch von einer **,big-men society'** spricht, im Unterschied zum ,chieftainship'. Die *basileis* beschäftigen **Knechte und Diener** (*thetes* und *dmoes*), die zum Teil unfrei sind; doch die Masse der Bevölkerung, des *laos* (dt.: ,Volksmenge'), sind **freie Bauern**, die mehr oder weniger am Rande des Existenzminimums Ackerbau und Viehzucht betreiben. Daneben gibt es wenige spezialisierte Handwerker und Künstler, beispielsweise Metallhandwerker, und die **Wirtschaft** wirkt insgesamt wenig entwickelt. Umstritten ist in der Forschung, ob bei Homer bereits Handelsaktivitäten mitgedacht sind (die Nennung der betrügerischen Phönizier in der Odyssee spricht für diese Annahme) oder ob der Güteraustausch stattfand in Form von Ehrengeschenken, die zwischen den *basileis* ausgetauscht wurden.

An **politischen Institutionen** kennen Ilias und Odyssee die Primärversammlung des *laos*, die freilich selten zusammentritt, sowie die Ratsversammlung der *basileis*, die regelmäßig tagt. Die Rotation der politischen Leitung im Kreise der Aristokraten findet sich dagegen nicht im Epos, und ohne richtige Amtsträger kann man wohl auch noch nicht von einer voll entwickelten Polis sprechen. Die Konflikte innerhalb der Aristokratie, die die Handlung beider Gedichte wesentlich mitbestimmen (z. B. Achill gegen Agamemnon, Odysseus gegen die Freier), können allerdings gedeutet werden als ein Reflex der Spannungen, zu denen es im Verlauf der Polisbildung gekommen ist, und so darf Homer auch für diesen wichtigen Aspekt der griechischen Geschichte als einschlägig gelten (→ s. u. 3.1 und 3.2).

Aufgaben zum Selbsttest

- Erklären Sie, wie es zu der Bezeichnung ,Dunkle Jahrhunderte' kommt.
- Erläutern Sie die Datierung und Entstehung von Ilias und Odyssee.
- Vergleichen Sie die Positionen zu der Frage, wie weit die ,Erinnerung' der homerischen Gedichte zurückreicht?
- Beschreiben Sie die „homerische Gesellschaft".

Literatur

Zu den ‚Dunklen Jahrhunderten'
P. Blome, **Die dunklen Jahrhunderte – aufgehellt**, in: J. Latacz (Hg.), Zweihundert Jahre Homer-Forschung, Colloquium Rauricum 2, Stuttgart/Leipzig 1991, 45–60.
J. Boardman, **Kolonien und Handel der Griechen**, München 1981.
J. N. Coldstream, **Geometric Greece**, London 1977.
V. R. d'A. Desborough, **The Greek Dark Ages**, New York 1972.
B. Hildebrandt, **Damos und Basileus. Überlegungen zu Sozialstrukturen in den Dunklen Jahrhunderten Griechenlands**, München 2007.
A. M. Snodgrass, **The Dark Ages of Greece. An Archaeological Survey of the Eleventh to the Tenth Centuries B. C.**, Edinburgh 1971.
E. Stein-Hölkeskamp, **Das archaische Griechenland**, München 2015, 31–51.

Zu den homerischen Gedichten und ihrer historischen Aussagekraft
W. Blümer, **Interpretation archaischer Dichtung**, 2 Bde., Münster 2001.
H.-G. Buchholz u. a. (Hgg.), **Archaeologia Homerica: Die Denkmäler und das frühgriechische Epos**, Göttingen 1967 ff.
W. Gauer, Überlegungen **zum Mythos vom Krieg um Troia und zur Heimat Homers**, Gymnasium 103, 1996, 507–534.
J. Latacz, **Troia und Homer. Der Weg zur Lösung eines alten Rätsels**, 6. Aufl., Leipzig 2010.
B. Patzek, **Homer und Mykene**, München 1992.
E. Stein-Hölkeskamp, **Das archaische Griechenland**, München 2015, 52–95.
C. Ulf, **Die homerische Gesellschaft**, München 1990.

3 | Griechische Geschichte von der archaischen bis zur hellenistischen Zeit

Überblick

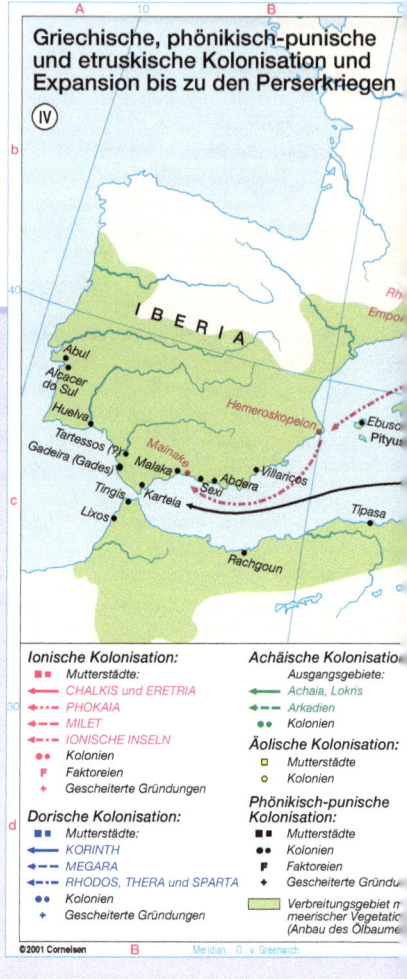

Am Beginn der archaischen Zeit steht eine weiträumige Expansionsbewegung, die sogenannte große Kolonisation, in der sich die Griechen vor allem im westlichen Mittelmeer und im Schwarzmeerraum ausbreiteten. Als um 500 v. Chr. in Griechenland eine langsame Beruhigung einkehrte, brach der fast aussichtslose Krieg mit der Großmacht Persien aus. Dass die Griechen hier Sieger blieben, hat ihre Mentalität tief greifend verändert und leitete eine kulturelle Blüte auf den verschiedensten Gebieten ein. Politisch war die klassische Zeit freilich geprägt von einem lähmenden Kampf der führenden Staaten Athen, Sparta, Theben und Korinth um die Vorherrschaft. Davon profitierten andere: Philipp II. von Makedonien gelang es, bis 338 v. Chr. ganz Griechenland zu unterwerfen. Sein Sohn Alexander aber veränderte die Welt: In wenigen Jahren eroberte er das Perserreich, zog bis nach Indien und öffnete so den Osten für die griechische Kultur. Nach Alexanders frühem Tod zerfiel sein Reich zwar rasch; die daraus entstandene hellenistische Staatenwelt

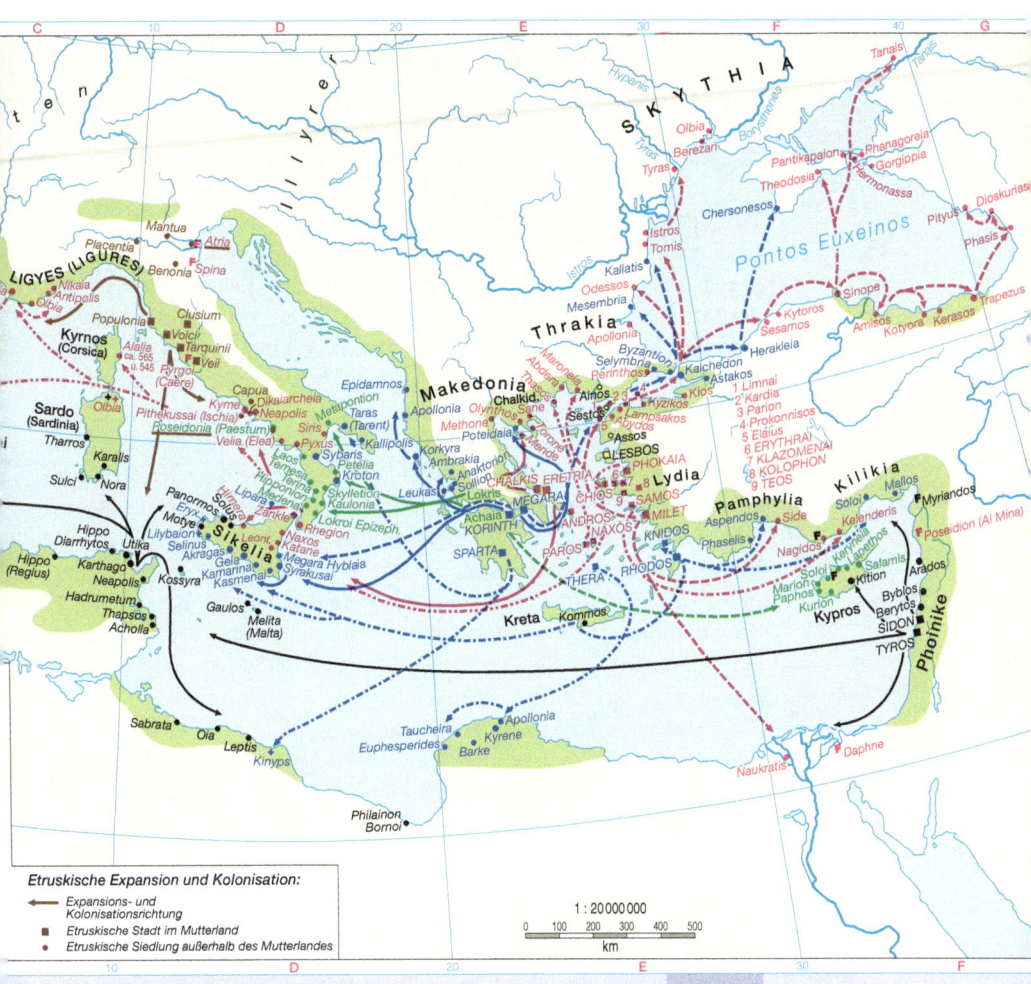

Abb. 7

Griechische und phönikische Kolonisation bis zu den Perserkriegen

aber konnte sich noch über einhundert Jahre lang behaupten, bis sie schließlich den Römern zum Opfer fiel.

Bevor diese Ereignisse im folgenden Kapitel ausführlicher zur Sprache kommen, soll jedoch zunächst die grundlegende Bezugsgröße vorgestellt werden, die das staatliche Denken und Handeln der Griechen über lange Zeit hinweg bestimmte: die griechische Polis.

3.1 Der Neuanfang im 8. Jahrhundert – die griechische ‚Renaissance'

3.1.1 Die Entstehung der Polis

Das 8. Jh. v. Chr. brachte für die Griechen einschneidende Veränderungen in beinahe allen Lebensbereichen mit sich. Man spricht in diesem Zusammenhang auch von der sogenannten griechischen ‚Renaissance', und in der Tat vermittelt unsere Überlieferung den Eindruck, als sei es damals zu einer regelrechten kulturellen Wiedergeburt gekommen. Die Übernahme der **Alphabetschrift**, die sehr wahrscheinlich in diese Zeit fällt, wurde begleitet von neuen Formen in der **Architektur** und in der bildenden Kunst; gleichzeitig machte sich ein deutlicher **wirtschaftlicher Aufschwung** bemerkbar, und vor allen Dingen nahm die Bevölkerung zu. Letzteres spiegelt sich unter anderem im Siedlungsbild wider: Viele Ortschaften wuchsen, andere entstanden neu. Interessant ist aber, dass daneben manche Siedlungen auch aufgegeben wurden, wie etwa Lefkandi auf Euböa und eine Reihe von Fundplätzen in Attika, was darauf hindeutet, dass mit dem demographischen Wachstum eine **Siedlungskonzentration** einherging. Dies hat, wie wir noch sehen werden, mit der Entstehung der griechischen **Polis** (Plural: Poleis) zu tun, die ebenfalls in das 8. Jh. v. Chr. gehört.

Die Polis ist ein zentrales Phänomen der griechischen Geschichte: Sie bildet den organisatorischen Rahmen, innerhalb dessen sich wesentliche politische und gesellschaftliche Entwicklungen der archaischen und klassischen Epoche abspielten, und auch nachdem mit Philipp II. und Alexander dem Großen die Tage ihrer Unabhängigkeit gezählt waren, war die Polis in den hellenistischen Monarchien und im römischen Reich durchaus noch wichtig – als Verwaltungseinheit, und letztlich als Trägerin der antiken Kultur. Diese große Bedeutung rechtfertigt es, die chronologische Darstellung hier zu unterbrechen und auf die Frage einzugehen, was eine Polis denn eigentlich ist.

Üblicherweise wird das Wort „Polis" im Deutschen mit „Stadtstaat" wiedergegeben, und im Englischen und Französischen findet man ähnliche Übersetzungen („city-state"; „cité"). Dieses Verständnis geht jedoch weitgehend an dem vorbei, was die antiken Griechen selbst an der Polis für wesentlich hielten. Für sie war die Polis keineswegs mit einer bestimmten Siedlungsform verknüpft, sondern zunächst einmal eine Gemeinschaft von Menschen, und zwar, wie Aristoteles (384–322 v. Chr.) in seiner ‚Politik' betont, eine Gemeinschaft von freien und gleichen Menschen. Man kann die Polis also eher als einen Personen- oder genauer: einen **Bürgerverband** beschreiben, wobei die Zugehörigkeit, wie dies etwa spätere Bürgerrechtsgesetze zeigen, auf der Basis der Abstammungsgemeinschaft geregelt war. Es ist hervorzuheben, dass für die Griechen (und in deren Nachfolge auch für die Römer) der Staat letztlich die Summe seiner Bürger war, die Polis aus den Politen bestand.

Die Übersetzung „Stadtstaat" für Polis ist freilich noch aus einem anderen Grund problematisch, denn sie hantiert mit dem Begriff „Stadt", und dieser wiederum ist nicht nur in den Altertumswissenschaften äußerst umstritten.

Info

Was ist eine Stadt?

▶ Die meisten von uns haben eine recht klare Vorstellung davon, was man unter einer Stadt verstehen sollte. Diese Eindeutigkeit verschwimmt aber, sobald man versucht, die Unterscheidung zwischen Stadt und ländlicher Siedlung über verschiedene Epochen hinweg zu treffen: Ist es nicht so, dass manche dörfliche Gemeinde der Jetztzeit im Mittelalter eine Stadt gewesen wäre? Und wären nicht manche antiken Städte nach unserem Empfinden heute bloße Dörfer? Frank Kolb plädierte 1984 dafür, eine solche Relativierung zu vermeiden und eine Definition von Stadt zu finden, die für das moderne New York ebenso passt wie für das ‚siebentorige Theben' der alten Griechen. Im Einzelnen schlägt Kolb sechs Kriterien vor, die erfüllt sein müssen, damit wir eine Siedlung als Stadt bezeichnen können. Dies sind:
(1) topographische und administrative Geschlossenheit der Siedlung
(2) Bevölkerungszahl von mehreren Tausend Einwohnern als Voraussetzung für
(3) ausgeprägte Arbeitsteilung und soziale Differenzierung
(4) Mannigfaltigkeit der Bausubstanz
(5) urbanen Lebensstil
(6) Funktion der Siedlung als Zentralort für ein Umland.
(F. Kolb, Die Stadt im Altertum, München 1984, 15.)

Legt man etwa Frank Kolbs Kriterien für die Bezeichnung einer Siedlung als Stadt zugrunde, so wird ganz klar, weshalb die griechische Polis nicht als ‚Stadtstaat' verstanden werden kann. Demnach gab es nämlich Poleis, auf deren Gebiet mehrere Städte lagen, wie etwa die Polis Athen in klassischer Zeit, die mit dem Hauptort Athen und dem Hafenort Piräus über wenigstens zwei urbane Zentren verfügte. Daneben findet man Poleis ganz ohne Stadt, zum Beispiel das archaische und klassische Sparta, das ein Zusammenschluss von fünf Dörfern war.

Das Beste ist, im Zusammenhang mit der Polis auf den Begriff Stadtstaat gänzlich zu verzichten und das griechische Wort anders zu übersetzen. Um den personalen Aspekt zu treffen, bietet es sich an, stattdessen von ‚Bürgergemeinde' zu sprechen.

Die Polis ist freilich nicht irgendein beliebiger Personenverband. Die Griechen konnten sie sich nur verhältnismäßig kleinräumig vorstellen, aber nicht zu klein. Für Aristoteles etwa (Aristoteles, Politik VII 4, 1326a35 – 1326b7) war die ideale Polis groß genug, um in ihrer Grundversorgung unabhängig zu sein (**AUTARKIE**), aber immer noch so überschaubar, dass sich ihre Angehörigen selbst organisieren können sollten (**AUTONOMIE**). Man hat diese beiden Forderungen dahin gehend kombiniert, dass es sich um eine Gemeinschaft handeln müsse, in der sich die Vollmitglieder, d. h. nach Lage der Dinge die Familienväter, wenigstens vom Sehen her alle kennen. Dies wird in der Anthropologie als „face-to-face-society" bezeichnet, und man rechnet, dass eine solche Gruppe nicht mehr als 10.000 erwachsene Männer und damit eine Gesamtbevölkerung von etwa 30.000 bis 50.000 Menschen umfassen kann. Dass Aristoteles genau in diesen Dimensionen gedacht haben dürfte, ergibt sich nicht zuletzt daraus, dass wir nur wenige Poleis kennen, die eine größere Einwohnerschaft hatten.

Die Polis ist also die sich selbst genügende und sich selbst verwaltende Bürgergemeinde. Als solche ist sie gekennzeichnet durch eine Reihe ganz spezifischer Institutionen und Untergliederungen. Alle Poleis verfügten über drei Kategorien **politischer Institutionen**: über eine Primärversammlung, die sich auf einem freien Platz, der sogenannten **AGORA**, traf, über ein oder mehrere Ratsgremien und über Amtsträger, die die tatsächliche Herrschaft ausübten. Diese tatsächliche Herrschaftsausübung geschah in Form einer doppelten Aufteilung; zum einen nach Kompetenzen, d. h. es gab, soweit wir sehen, von Anfang an mehrere Amtsträger mit unterschiedlichen Aufgabenbereichen; zum anderen impliziert das Amt *per definitionem* die zeitliche Beschränkung, also eine Aufteilung nach dem Rotationsprinzip. Dass Macht und Herrschaft in der Polis auf diese Weise aufgeteilt wurden, ist allerdings ein Indiz dafür, dass die Polis als das Resultat eines Integrationsprozesses anzusehen ist. Kleinere Einheiten schlossen sich zusammen und stellten durch Aufgabenteilung und Rotation einen politischen Ausgleich her.

Dabei ging man früher davon aus, dass es Sippenverbände waren, die im 8. Jh. v. Chr. zur Polis zusammenwuchsen. Diese Annahme berief sich an erster Stelle auf die Beobachtung, dass praktisch alle Poleis in sogenannte **PHYLEN** und **PHRATRIEN**, auf Deutsch: in Stämme und Bruderschaften, untergliedert sind. Diese Strukturen nun wurden für die Überreste einer ursprünglichen Stammes- und Sippenordnung gehalten. Im Zuge des historischen Fortschritts sei diese sogenannte **GENTILGESELLSCHAFT** schließlich zerfallen und durch den Staat ersetzt worden, der in seiner frühen Erscheinungsform aber noch Spuren seiner Entstehung aufweise, im Falle der griechischen Polis eben die Phylen und Phratrien.

Diese Argumentation wird heute aus vielerlei Gründen abgelehnt; vor allem gibt es keinen wirklich zwingenden Grund für die Ansicht, alle

---

AUTARKIE, von griech. *autarkeia* = Selbstgenügsamkeit.

AUTONOMIE, von griech. *autos* = selbst und *nomos* = Gesetz; Selbstbestimmung, politische Unabhängigkeit.

AGORA, griech. = Versammlung, Versammlungsplatz, Markt.

PHYLE, von griech. *phyein* = (er)zeugen, wachsen lassen; Stamm.

PHRATRIE, von indogerm. *bráther* = Bruder; Bruderschaft.

GENTIL, GENTILIZISCH, von lat. *gens* = Sippe, Geschlecht; hier: die Strukturierung einer Gesellschaft nach Sippenverbänden.

Der Neuanfang im 8. Jahrhundert – die griechische ‚Renaissance'

vorstaatlichen Gesellschaften seien in Form von Sippenverbänden verfasst gewesen. Es fehlen dafür jegliche Belege: Wie bereits erwähnt, gibt es selbst in unseren ältesten Quellen, der Ilias und der Odyssee, keine Hinweise auf Sippenverbände; die Basis der homerischen Gesellschaft ist vielmehr der sogenannte **OIKOS**, d. h. die Kleinfamilie als landwirtschaftliche Produktionseinheit (Haus, Hof, Kernfamilie und gegebenenfalls Gesinde).

OIKOS, griech. = Haus.

All die genannten Schwierigkeiten verschwinden jedoch, wenn man, wie dies mittlerweile mehrheitlich getan wird, Phylen und Phratrien nicht für etwas Uraltes hält, sondern für gesellschaftliche Untergliederungen, die erst im Zuge und aufgrund der Entstehung der Polis neu geschaffen wurden. Die Verwendung von Verwandtschaftsnamen wie ‚Stamm' und ‚Bruderschaft' für diese neuen Einheiten ist wohl eher zu deuten als ein programmatischer Versuch, in den noch jungen Polis-Zusammenschlüssen ein Gemeinschaftsgefühl zu stiften. Die Verwandtschaft ist an dieser Stelle also nur eine vorgebliche.

Selbstverständlich erschöpfte sich der Zweck der Phylen und Phratrien nicht darin, innerhalb der Polis eine emotionale Verbundenheit zu erzeugen. Sie hatten auch ganz bestimmte organisatorische Aufgaben: So gibt der greise Nestor in der Ilias Agamemnon den Rat, das Heer der Griechen nach Phylen und Phratrien aufzustellen, da dies die Kampfkraft steigere, und noch im klassischen Athen wurden die Schwerbewaffneten phylenweise mobilisiert (→ vgl. unten 3.3.3 die kleisthenische Phylenreform). Die athenischen Phratrien wiederum waren der Ort, an dem im Rahmen des sogenannten Apaturienfestes die Aufnahme der Kinder in den Bürgerverband feierlich vollzogen wurde, und der „aphretor" ist bei Homer der aus der Gemeinschaft ausgestoßene Mensch. Phylen und Phratrien dienten also nicht zuletzt dazu, die Zugehörigkeit zur Bürgerschaft zu regeln und insbesondere die Gemeinde militärisch zu erfassen. Diese militärische Funktion ist im Übrigen ein weiterer Beleg dafür, die Phylen und Phratrien für Neuerungen zu halten, die mit der Polisbildung zu tun haben, denn wie sich noch zeigen wird, war es gerade in der Frühphase der Polis außerordentlich wichtig, bei Bedarf möglichst schnell möglichst viele Bürger unter Waffen aufbieten zu können, denn die frühen Poleis mussten häufig Kriege um Ackerland führen.

An dieser Stelle müssen wir zurückkehren zur chronologischen Darstellung und damit zur griechischen Renaissance am Beginn der archaischen Epoche. Dabei soll zunächst noch einmal präzisiert werden, mit welcher Berechtigung man die Entstehung der Polis in diese Zeit datiert. Wie wir mittlerweile gesehen haben, kennen die **homerischen Gedichte**, die in diesem Zusammenhang ja als Quelle für das 8. Jh. v. Chr. zu gelten haben (→ 2.5.2), bereits wesentliche Bestandteile der Polisordnung. Es gibt Phylen, es gibt Phratrien, es gibt Ratsgremien, und es gibt Primärversammlungen. Was bei Homer fehlt, ist die Institutionalisierung von Macht und Herrschaft in Form fester Ämter, und ob der um 700 v. Chr. schreibende **Hesiod** diese schon kannte, geht aus seiner Dichtung nicht klar hervor. Trotzdem ist es sehr wahrscheinlich, die Herausbildung von Ämtern wenigstens für die Jahrhundertwende vom 8. zum 7. Jh. v. Chr. anzusetzen. Ein inschriftlich überliefertes **Gesetz von Dreros** auf Kreta, bei dem es sich um eines der frühesten Zeugnisse für Ämter handelt, ist zwar etwa 50 Jahre jünger; da wir hier aber schon eine genauere Regelung der Amtsführung vor uns haben, müssen wir eine etwas längere Vorgeschichte der Sache selbst einkalkulieren.

Auf der Suche nach den Faktoren, die zur Herausbildung der Polisordnung beigetragen haben, kommen wir an der demographischen Entwicklung nicht vorbei. Mehr Menschen bedeuten nämlich fast immer einen erhöhten Regelungsbedarf – allein schon deswegen, weil es meistens mehr Streitigkeiten gibt. In einer agrarisch strukturierten Gesellschaft wie der frühgriechischen ist dabei in erster Linie an Streit um Land zu denken, und nicht zufällig wird uns genau dies durch unsere Quellen bestätigt: In der Ilias wird das Kampfgeschehen an einer Stelle verglichen mit dem Streit zweier Bauern um Ackerbegrenzungssteine (Hom. Il. XII 420 ff.), und Hesiod klagt darüber, beim Erbstreit mit seinem Bruder um den Landbesitz des Vaters übervorteilt worden zu sein (Hesiod, Werke und Tage 36 ff.). Letztlich gehören auch mehrere kriegerische Konflikte, über die wir nur sehr lückenhaft unterrichtet sind, in diesen Zusammenhang, wie etwa der sogenannte Lelantische Krieg zwischen den euböischen Gemeinden Eretria und Chalkis, der im 8. oder 7. Jh. v. Chr. stattgefunden haben soll und bei dem es um die fruchtbare Ebene zwischen den beiden Poleis ging, oder auch die messenischen Kriege Spartas, die in das 7. Jh. v. Chr. datiert werden.

Streitigkeiten dieser Art kann man dadurch lösen, dass man sich mit seinem Nachbarn gütlich einigt; dies wiederum kann der Beginn einer weitergehenden Kooperation sein. Eine andere Möglichkeit ist der gewaltsame Austrag, und auch in diesem Falle ist es natürlich von Vorteil, Mitglied einer größeren Gemeinschaft zu sein. Am Ende führen beide Varianten zu einem Zusammenschluss, und zwar, wie sich aus dem bislang Dargestellten mit großer Wahrscheinlichkeit ergibt, zu einem **Zusammenschluss bäuerlicher Nachbarschaftsverbände**. Mit anderen Worten: Wir müssen davon ausgehen, dass es die Dorfgemeinschaften der dunklen Jahrhunderte waren, die ländlichen Strukturen, die den Zusammenbruch der mykenischen Kultur überstanden haben, aus denen sich unter einem akuten demographischen Druck ab dem 8. Jh. v. Chr. die neuen Poleis formierten (→ s. o. 2.5.1).

Der Neuanfang im 8. Jahrhundert – die griechische ‚Renaissance'

Wieso sich diese und jene Dorfgemeinschaft zusammenschlossen und gegen andere Nachbarn wiederum abgrenzten, entzieht sich weitgehend unserer Kenntnis. Es ist aber zu vermuten, dass sich die Grenzen der späteren Poleis an bereits bestehenden Scheidelinien orientierten, d. h., dass es schon vorher Zusammengehörigkeitsgefühl über das einzelne Dorf hinaus gab. Dies mag eine ethnische Identität nach Art einer Stammesgemeinschaft gewesen sein, oder aber, wie von der Forschung favorisiert, eine kultisch-religiöse Zusammengehörigkeit etwa in Form eines Sakralbundes. Freilich dürfte in dieser Zeit die ethnische Gruppe oft mit der kultischen deckungsgleich gewesen sein. Abgesehen davon wird die Bedeutung des religiösen Aspektes zweifellos dadurch unterstrichen, dass von nun an immer mehr und immer prächtigere Sakralbauten errichtet wurden, und es liegt nahe, darin den Ausbau von Zentralheiligtümern zu sehen, deren Kultgemeinden jetzt auch politisch zusammengeschlossen waren. Interessant ist in diesem Zusammenhang immerhin, dass die Polis Athen ihren Ursprung später auf einen Integrationsvorgang dieser Art zurückführte, nämlich auf den unter dem sagenhaften König Theseus vorgenommenen SYNOIKISMOS, der gewiss nicht zufällig Anlass gab für ein jährlich begangenes religiöses Fest zu Ehren der Schutzgöttin Athene (Thukydides II 15).

Nicht überall in Griechenland entwickelten sich Poleis. Das Phänomen gruppiert sich zunächst um die Ägäis herum. Vor Beginn der großen Kolonisation beschränkte es sich also auf die südöstlichen Gebiete des Mutterlandes, auf die ägäischen Inseln selbst samt Kreta, sowie auf Westkleinasien und den griechischen Teil Zyperns. Überall dort und auch in den Regionen, in denen die Griechen später Poleis gegründet haben, blieb die Polis für lange Zeit die oberste Ebene der staatlichen

SYNOIKISMOS, von griech. *syn* = mit, zusammen und *oikos* = Haus; Siedlungszusammenlegung.

Info

Die Entstehung einer Adelskultur

▶ Im Kampf um Macht und Einfluss innerhalb der Polis scharten die Aristokraten größere Anhängerschaften um sich, sogenannte HETAIRIEN. In diesen Gruppen wurde ein luxuriöser, repräsentativer Lebensstil gepflegt, um die Außenstehenden durch Reichtum zu beeindrucken und dabei gleichzeitig die eigenen Gefolgsleute einzubinden. Neben feiner Kleidung, prächtigen Waffen und importierten Luxusgütern aller Art spielten aber vor allem soziale Praktiken eine große Rolle. Ein zentrales Element war das Gastmahl (griech.: SYMPOSION), bei dem die Hetairoi den Wein aus kostbaren, aufwendig bemalten Keramikgefäßen tranken. Dazu gehörte es dann auch, selbst verfasste Dichtung vorzutragen, die nicht selten aktuelle politische Fragen zum Inhalt hatte. Ein großer Teil der schriftlichen Überlieferung aus archaischer Zeit besteht aus solcher symposiastischer Lyrik; zu denken ist zum Beispiel an Archilochos von Paros, Alkaios von Mytilene oder Kallinos von Ephesos (alle 7. Jh. v. Chr.). Über die Polisgrenzen hinweg knüpften die Aristokraten Beziehungen in Form von

HETAIRIE, von griech. *hetairos* = Gefährte; Gefolgschaft.

SYMPOSION, von griech. *syn* = mit, zusammen und *pinein* = trinken; Zechgelage.

> **Info**
>
> **Die Entstehung einer Adelskultur**
>
> **AGON**, griech. = Wettkampf.
>
> **ARETE**, griech. = Tugend, Tauglichkeit.
>
> **OLYMPIONIKE**, von griech. *nike* = Sieg; Sieger beim Wettkampf in Olympia.

Heiratsverbindungen und Gastfreundschaften, und in regelmäßigen Abständen trafen sie sich bei den panhellenischen Heiligtümern, wo anlässlich der großen religiösen Feste sportliche und musische Wettkämpfe (griech.: **AGON**) stattfanden. Dort konnte der einzelne Aristokrat seine Leistungsfähigkeit (griech.: **ARETE**) einer breiteren Öffentlichkeit vorführen und im Erfolgsfall, etwa als **OLYMPIONIKE**, auch sein Ansehen zu Hause enorm steigern. Dabei dürfte es alles andere als ein Zufall sein, dass sich ausgerechnet diese Männer in genau dem Moment über die Grenzen ihrer Gemeinden hinaus orientierten, in dem die Nachbarschaftsverbände, deren Anführer sie ja waren, zu Poleis zusammenwuchsen. Vor allem für die Aristokraten nämlich bedeutete der Zusammenschluss zur Polis nicht nur Vorteile, sondern erzeugte zugleich eine Konkurrenzsituation, denn nun musste mit anderen geteilt werden, worauf man zuvor in den kleineren Dorfgemeinschaften noch einen unbestrittenen Anspruch gehabt hatte: Macht, Ansehen und Einfluss.

Einen wertvollen Einblick in die Mentalität der damaligen Aristokraten und in die Welt der Agone geben die Dichtungen des Pindar (um 480 v. Chr.).

Organisation. Ab wann es daneben zumindest ein übergeordnetes gemeingriechisches Nationalbewusstsein gab, ist in der Forschung stark umstritten. Während man früher die Existenz einer hellenischen Identität spätestens für das 8. Jh. v. Chr. voraussetzte, findet sich in jüngsten Publikationen die Meinung, diese sei nicht vor dem 6. Jh. v. Chr. entstanden. Da es ohne ausführliche Textzeugnisse zu diesem Thema und aus dieser Zeit jedoch fast unmöglich ist, diese Frage aufzuklären, müssen wir sie hier auf sich beruhen lassen.

3.1.2 Die große Kolonisation

Ein weiterer wichtiger Aspekt der griechischen Renaissance des 8. Jh. v. Chr. ist die merkliche Intensivierung der Kontakte zwischen dem Ägäisraum und dem Nahen Osten. Zahlreiche archäologische Funde belegen, dass wir ab nun von einem regelmäßigen Seeverkehr ausgehen sollten. So tauchen in Griechenland vermehrt kostbare Gold- und Bronzearbeiten nahöstlicher Machart auf, die als Grabbeigaben und als Weihgeschenke in Tempeln Verwendung fanden. Dabei ist es recht wahrscheinlich, dass ein Teil dieser Objekte an Ort und Stelle angefertigt wurde von orientalischen Künstlern und Handwerkern, die sich im Westen aufhielten. An der Levanteküste wurden umgekehrt größere Mengen griechischer sogenannter ‚geometrischer' Keramik ausgegraben, und dies bringt man für gewöhnlich mit einer dauerhaften Präsenz griechischer Händler in den vorderorientalischen Umschlagplätzen zusammen. Dazu passt, dass

Der Neuanfang im 8. Jahrhundert – die griechische ‚Renaissance'

das griechische **Alphabet** mit sehr großer Wahrscheinlichkeit um etwa 800 v. Chr. in Anlehnung an die phönizische Buchstabenschrift entstand (→ vgl. 2.5.1). Vor diesem Hintergrund ist es wenig überraschend, dass die Phönizier in der Odyssee als Kaufleute in Erscheinung treten.

Möglicherweise fanden die ersten derartigen Begegnungen zwischen Griechen und Phöniziern im Ägäisraum statt, was bedeuten würde, dass die Aufnahme der Beziehungen vom Nahen Osten ausging. Wir haben hiervon jedoch keine klaren Spuren mehr. Im 9. Jh. v. Chr. bildete sich dann eine Kontaktzone auf Zypern aus, wo die phönizischen Tyrer die Stadt Kition unter ihre Kontrolle brachten; spätestens ab jetzt waren die beiden Kulturkreise dort unmittelbare Nachbarn. In den folgenden Jahrzehnten entstand mit Phaselis, Side, Nagidos und Kelenderis schließlich eine Reihe griechischer Stützpunkte an der südanatolischen Küste, die ganz offensichtlich als Anlaufstationen für die Schiffe dienten, welche sich auf dem Rückweg von der Levante befanden. Man kann daran erkennen, wie die Griechen den **Ost-West-Verkehr** nach und nach immer stärker in die eigenen Hände nahmen.

Klar ist, dass im Zentrum der griechisch-orientalischen Kontakte der Austausch von Waren stand, und es ist ebenso deutlich zu sehen, dass dies untrennbar verbunden ist mit der gleichzeitigen Herausbildung der Polis in Griechenland: Der damit einhergehende demographische und wirtschaftliche Aufschwung muss die Nachfrage nach Rohstoffen, vor allem nach Roheisen, enorm gesteigert haben, und die aristokratische Führungsschicht benötigte für ihren aufwendigen Lebensstil zunehmend prestigeträchtige Luxusgüter.

Info
Die Phönizier und ihre Kolonisation im Westen

▶ Unter den Phöniziern versteht man die Bewohner des Küstenstreifens zwischen Tyros im Süden und Arados im Norden. Ihr Siedlungsgebiet gehört heute zu den modernen Staaten Libanon und Syrien. In der Bibel werden die Menschen, die dort lebten, als Kanaaniter bezeichnet, die Griechen nannten sie „Phoinikes" – ein Wort, dessen genaue Herkunft und Bedeutung unklar ist und von dem unsere Bezeichnung ‚Phönizier' stammt. Die Phönizier bildeten keine politische und, soweit wir dies wissen, wohl auch keine ethnische Einheit. Sie verstanden sich vielmehr als Einwohner ihrer jeweiligen Städte, also als Tyrer, Sidonier usw.
Auf der Suche nach Metallen waren die Phönizier möglicherweise schon im 11. Jh. v. Chr. bis nach Südspanien vorgestoßen, doch zweifelsfreie Belege für ihre Präsenz im westlichen Mittelmeerraum setzen erst ab etwa 900/800 v. Chr. ein. Dass sie damit aber immer noch etwas früher dorthin gelangt sind als die Griechen, ist heute nahezu unbestritten. In der Folgezeit entstanden phönizische Gründungen in Spanien (z. B. Gades), auf Sardinien und Sizilien (u. a. Sulcis und Motya) und insbesondere in Nordafrika (Utica und Karthago).

Um 770 oder 750 v. Chr. gründeten Griechen aus Euböa eine erste Siedlung auf der Insel Pithekussai vor der kampanischen Küste (heute Ischia). Von dort aus griffen sie nur wenig später auf das gegenüberliegende Festland aus, wo der Ort Kyme entstand. Der nächste Schritt der Euböer bestand darin, den Seeweg nach Kampanien zu sichern; zu diesem Zweck legten sie in den darauffolgenden Jahren bis etwa 700 v. Chr. eine ganze Reihe von **KOLONIEN** im Osten Siziliens (Naxos, Leontinoi, Katane ca. 735 – 730 v. Chr.) und zu beiden Seiten der Straße von Messina an (Zankle, Rhegion, Mylai, ca. 730 – 720 v. Chr.). Damit war das Signal für andere griechische Poleis gegeben, ebenfalls Expeditionen nach Italien und Sizilien zu schicken, und nun gab es einen wahren Wettlauf um Städtegründungen (griechisch: **APOIKIEN**), an dem sich schon bald neben den Gemeinden des Mutterlandes auch die älteren Tochterstädte selbst beteiligten. 733 v. Chr. wurde von Korinth aus Syrakus besiedelt, auf Sizilien folgten in den 720er-Jahren von Megara aus Megara Hyblaia und kurz nach 700 v. Chr. das kretisch-rhodische Gela. Nach bescheidenen Anfängen war auf diese Weise eine große Auswanderungsbewegung in Gang gekommen, die dazu führte, dass man die neuen Gebiete schließlich als einen Teil Griechenlands betrachtete: Für Unteritalien bürgerte sich sogar die Bezeichnung „**Großgriechenland**" ein, manchmal war Sizilien dabei mitgemeint (*Megale Hellas*, auf Lateinisch: *Magna Graecia*).

Unteritalien und Sizilien waren freilich nicht die einzigen Regionen, in die griechische Kolonisten zwischen 750 und 550 v. Chr. vorstießen:

Die **am weitesten im Westen** gegründeten Kolonien waren Massilia (heute: Marseille) in Südfrankreich und Emporiai (heute: Ampurias) in Spanien. Während in **Nordafrika** die einzige nennenswerte Kolonie Kyrene blieb, entstanden ab ca. 650 v. Chr. eine Vielzahl weiterer Kolonien am **Marmarameer** und ringsum das **Schwarze Meer**.

Fragt man nach den **Ursachen und Rahmenbedingungen** dieser Expansionsbewegung, dann steht an erster Stelle der bereits oben diskutierte Bevölkerungszuwachs, der für Griechenland ab dem 8. Jh. v. Chr. belegt ist (→ vgl. 3.1.1). Wie schon angedeutet, führte das demographische Wachstum zu einer Knappheit an Ackerboden, jedenfalls für die weniger wohlhabenden Teile der Bevölkerung, und das bedeutet, dass die Zahl der Armen zunahm. Damit gab es im archaischen Griechenland offenbar eine große Zahl von Menschen, die bereit waren, ihre Heimat zu verlassen. Hinzu kamen aber auch Angehörige der aristokratischen Elite. Dies war die Folge der erwähnten Konkurrenzsituation, in der sich die einzelnen Aristokraten innerhalb ihrer Polis befanden. So konnte es für Männer, die zu Hause politisch ins Hintertreffen geraten waren, sehr verlockend erscheinen, sich an die Spitze eines Auswandererzuges zu stellen und als erfolgreiche Städtegründer (griechisch: *oikistes*) in der neuen Apoikie eine

---

KOLONIE, von lat. *colere* = (be)bauen, pflegen; *colonia* = Pflanzstadt im Sinne von Neugründung;.

APOIKIE, von griech. *apo* = von ... weg und *oikos* = Haus; Niederlassung fern der Heimat, Auswanderersiedlung.

führende Position einzunehmen. Wir dürfen daher davon ausgehen, dass nicht wenige Koloniegründungen auf Initiative solcher Aristokraten zustande kamen, und nicht vonseiten der bedürftigen Bauernsiedler. Bei Herodot und Thukydides kann man des Weiteren nachlesen, dass die Kolonisten oft aus mehreren Poleis stammten. Dies illustriert den gemeingriechischen Charakter der großen Kolonisation und spricht dafür, dass sich spätestens im 8. Jh. v. Chr. ein übergreifendes hellenisches „**Nationalbewusstsein**" herausbildete. Dabei wurde dieser Prozess der Ethnogenese vielleicht nicht zuletzt dadurch befördert, dass man die Neuankömmlinge in den Kolonisationsgebieten natürlich nicht in erster Linie als Euböer oder Korinther etc. wahrgenommen haben wird, sondern dass sie in den Augen der Einheimischen höchstwahrscheinlich alle Griechen waren.

Die griechischen Apoikien konzentrierten sich auf wenige **Kernräume**. Insbesondere fällt auf, dass der Süden und Osten des Mittelmeeres fast gänzlich ausgespart blieb. Daran kann man sehen, dass die Überbevölkerung sowie die genannten politischen Motive, das Mutterland zu verlassen, nicht ausreichen, um den Gesamtvorgang in allen seinen Facetten zu erfassen. Das geographische Muster der großen Kolonisation zeigt nämlich, dass die Griechen schon von Anfang an wussten, wohin die Reise gehen sollte, und vor allem: wohin man nicht auswandern konnte. Nicht zufällig wurden die Regionen gemieden, von denen bekannt war, dass dort politisch und militärisch ebenbürtige, wenn nicht sogar überlegene Völker lebten: So wurde nicht einmal der Versuch unternommen, in der Einflusssphäre des mächtigen neuassyrischen Reiches, das im 7. Jh. v. Chr. Vorderasien und Ägypten beherrschte, Siedlungen zu gründen; und die Regionen, in denen sich bereits die Phönizier niedergelassen hatten, vor allem Nordafrika, waren ebenso tabu.

In den **Zielgebieten**, vor allem in Italien, löste die Ankunft der Griechen einen ersten deutlichen **Hellenisierungsschub** aus, der sich unter anderem in der Übernahme der Alphabetschrift und dem Entstehen polisähnlicher Gemeinwesen manifestiert (→ vgl. 4.2.1).

Die massenhafte Planung und Anlage neuer Poleis wirkte freilich auch auf **Griechenland** selbst zurück. Sie erlaubte es, städtebauliche Erfahrungen zu sammeln, und sie ermöglichte es vor allem, politische Institutionen als abstrakte Kategorien zu denken. Auf diese Weise war die Kolonisation ein wichtiger Ansatzpunkt für das verfassungspolitische Denken, das in dieser Zeit langsam entstand, und ganz allgemein erweiterte sie den Horizont der Griechen beträchtlich. Dies trug ohne Zweifel dazu bei, dass im 6. Jh. v. Chr. schließlich die Anfänge einer kritisch-rationalen Wissenschaft liegen, und zwar zunächst in Form der sogenannten ,**Naturphilosophie**'. Damals traten Männer wie Thales von Milet (ca. 585 v. Chr.), Pythagoras von Samos (um 540 v. Chr.) und Heraklit von

Ephesos (ca. 550–480 v. Chr.) auf, die nicht mehr an die noch von Hesiod kolportierten Göttergeschichten über die Entstehung der Welt glauben mochten, sondern die stattdessen eine vernünftige Erklärung für den Urgrund aller Dinge suchten. Die vielen fremden Völker jedoch, auf die man im Verlauf der kolonialen Expansion gestoßen war, gaben nun – mitsamt ihren andersartigen Sitten – den Gegenstand ab für eine neue Länder- und Völkerkunde: die Geographie, aus der sich im 5. Jh. v. Chr. dann die griechische Geschichtsschreibung entwickelte.

Aufgaben zum Selbsttest

- Definieren Sie die Polis, und nennen Sie ihre Institutionen und Unterabteilungen.
- Beschreiben Sie die Entstehung der Polis unter Einschluss der Faktoren, die zu diesem Prozess führten.
- Nennen Sie die Ursachen und Voraussetzungen der großen Kolonisation.
- Nennen Sie die Regionen, in die die Griechen damals vorstießen, sowie mögliche Gründe für die Wahl der Zielgebiete.
- Nennen Sie die Konsequenzen der Kolonisation im griechischen Mutterland sowie für die Völker, mit denen die Griechen in Kontakt kamen.

Literatur

Zu den Begriffen ‚Polis', ‚Stadt' und ‚Stadtstaat'
V. Ehrenberg, **Der Staat der Griechen**, 2. Aufl. Zürich/Stuttgart 1965.
F. Kolb, **Die Stadt im Altertum**, München 1984.
K.-W. Welwei, **Die griechische Polis**, 2. Aufl. Stuttgart 1998.
Zur Entstehung der Polis
M. H. Hansen (Hg.), **The Ancient Greek City-State**, Kopenhagen 1993.
W. Schmitz, **Nachbarschaft und Dorfgemeinschaft im archaischen und klassischen Griechenland**, Berlin 2004.
T. Schneider, **Félix Bourriots „Recherches sur la nature du génos" und Denis Roussels „Tribu et Cité" in der althistorischen Forschung der Jahre 1977–1989**, Boreas 14/15, 1991/92, 15–31.
M. Stahl, **Gesellschaft und Staat bei den Griechen: Archaische Zeit**, Paderborn u. a. 2003.
E. Stein-Hölkeskamp, **Adelskultur und Polisgesellschaft**, Stuttgart 1989.
Zur großen Kolonisation und ihren Voraussetzungen
F. Bernstein, **Konflikt und Migration: Studien zu griechischen Fluchtbewegungen im Zeitalter der sogenannten Großen Kolonisation**, St. Katharinen 2004.
J. Boardman, **Kolonien und Handel der Griechen**, München 1981.
T. Miller, **Die griechische Kolonisation im Spiegel literarischer Zeugnisse**, Tübingen 1997.
H. G. Niemeyer, **Die frühe phönizische Expansion im Mittelmeer**, Saeculum 50, 1990, 153–175.
E. Stein-Hölkeskamp, **Das archaische Griechenland**, München 2015, 97–121.
G. R. Tsetskhladze/F. De Angelis (Hgg.), **The Archaeology of Greek Colonization**, Oxford 1994.

Griechenland in archaischer Zeit | 3.2

Die ‚Krise' der Polis | 3.2.1

Wie bereits angedeutet, sorgten die Faktoren, die zur Herausbildung der Polis und zur großen Kolonisation führten, gleichzeitig für **soziale und politische Spannungen**. Allenthalben sind für das 7. und 6. Jh. v. Chr. erhebliche Erschütterungen der Polisgesellschaften zu verzeichnen, und insbesondere hören wir immer wieder von Besitzverschiebungen. Natürlich spielten in diesem Zusammenhang der **Bevölkerungsdruck** und die damit zusammenhängende **Landknappheit**, die also durch die Kolonisation nicht vollständig beseitigt werden konnten, eine zentrale Rolle. Verschärfend kamen die häufigen Machtkämpfe und **Rivalitäten** innerhalb der Poleis hinzu. Diese mündeten nämlich nicht selten in eine richtiggehende Bürgerkriegssituation, griechisch gesprochen: in eine **STASIS**. Das Resultat war in der Regel die Vertreibung und Enteignung der unterlegenen Gruppe.

> **STASIS**, von griech. *histasthai* = stellen, aufstellen, sich hinstellen; Aufstand, Parteienstreit.

Besonders dynamisch wirkte sich jedoch der **Seehandel** aus, der zwar große Risiken barg, zugleich aber auch große Chancen: Wer eine Schiffsladung verlor, war ruiniert, doch wenn die Geschäfte gut gingen, war er ein gemachter Mann. Dass die griechischen Poleis in dieser Zeit damit begannen, **Münzgeld** zu prägen, hat das ökonomische Geschehen zweifellos enorm beschleunigt; nach gegenwärtigem Forschungsstand war es aber nicht so, dass die Erfindung des Geldes den Handel erst richtig in Gang gebracht hätte.

Bei näherem Hinsehen ergibt sich ein gemischtes Bild von den sozialen und wirtschaftlichen Entwicklungen der archaischen Zeit: Am unteren Ende der gesellschaftlichen Pyramide vermehrte sich die Zahl derer, die nichts oder nur sehr wenig besaßen. Dies kann man vor allem daran ablesen, dass unter den Bauern die **Schuldknechtschaft** um sich griff (→ s. dazu 3.2.2). Das Problem der Erbteilung und die chronische Landknappheit hatten sich seit Hesiods Zeiten nicht entspannt. Allerdings muss es gleichzeitig nicht wenigen gelungen sein, ihren Besitz zu vermehren, sei es durch geschickte Heiratsverbindungen, sei es durch Intensivierung der agrarischen Produktion oder auch durch eine erfolgreiche Beteiligung an Handelsgeschäften. Die Existenz einer solchen breiten Schicht wohlhabender Bauern und Gewerbetreibender wird dadurch bezeugt, dass sich im 7. Jh. v. Chr. in den griechischen Poleis die sogenannte **HOPLITENPHALANX** durchsetzte. Dabei handelt es sich um eine Militärtaktik, in der die Hauptlast des Kampfes von schwer bewaffneten Fußsoldaten getragen wird, eben den Hopliten. Die griechischen Hopliten waren mit

> **HOPLITENPHALANX**, von griech. *hoplon* = Rüstung und *phalanx* = Reihe, Block: Schlachtreihe der Schwerbewaffneten.

Helm, Brustpanzer, Beinschienen, Schild und Speer ausgerüstet. Die klassische Phalanxtaktik bestand darin, dass sie in dicht geschlossenen und tief gestaffelten Reihen gegeneinander anstürmten. Sieger war, wer die gegnerische Schlachtreihe durch die Wucht des eigenen Angriffs zersprengen und in die Flucht schlagen konnte. Wichtig ist an dieser Stelle, dass das Aufkommen der Phalanxtaktik nun nicht etwa, wie man früher dachte, eine Folge der waffentechnischen Entwicklung war. Wie archäologische Funde zeigen, gab es die schwere Bewaffnung schon um einiges früher als die Schlachtreihe, die erstmals eindeutig belegt wird durch Abbildungen wie auf der **Chigi-Kanne** oder durch die Gedichte des **Tyrtaois** (ca. 650 v. Chr.). Auch eine präzise Lektüre der homerischen Ilias unterstützt dies, denn diese kennt zwar die Hoplitenbewaffnung, doch gekämpft wird – bis auf wenige Ausnahmen – zumeist in einem ungeordneten Schlachtenknäuel. Wenn die Phalanx jedoch später eingeführt wurde als die Hoplitenrüstung, muss man konsequenterweise davon ausgehen, dass diese militärische Innovation von nicht militärischen Voraussetzungen abhing. Zu denken ist dabei in erster Linie an die schiere Zahl der Kämpfer, die man auf diese Weise bewaffnet ins Feld stellen konnte. Wenn nur kleine Gruppen kämpfen, wird man nämlich kaum auf den Gedanken verfallen, eine geschlossene Reihe zu bilden; eine geordnete Aufstellung hingegen entfaltet erst bei größeren Heeren ihre ganze Wirkungskraft. Das aber bedeutet, dass die Phalanx nicht vor der Herausbildung der Polis entwickelt werden konnte: Erst die Polis vermochte genügend große Aufgebote zu organisieren, und zwar sowohl durch die größere Zahl an Menschen, über die man jetzt verfügen konnte, als auch aufgrund des höheren Mobilisierungsgrades, den die neuartigen Kriege um Ackerland mit sich brachten. Nicht vergessen werden darf in diesem Zusammenhang, dass all dies aber auch davon abhängt, ob es genügend Kämpfer gibt, die sich eine Hoplitenrüstung leisten können. Für die Anschaffung einer solchen Rüstung musste man über einen gewissen Wohlstand verfügen; dafür war sicherlich kein überbordender Reichtum erforderlich, wohl aber eine stabile und krisenfeste Existenz. Insofern ist die Phalanxtaktik ein untrügliches Indiz für eine breite ‚**Mittelschicht**' im archaischen Griechenland. Im Übrigen bedeutete die Tatsache, dass es nun in den Poleis eine große Gruppe von Männern gab, die ein kriegsentscheidendes Gewicht besaßen, natürlich, dass sich im innenpolitischen Machtkampf vollkommen neue Möglichkeiten eröffneten. Wer die Hopliten hinter sich brachte – oder wenigstens eine Mehrheit von ihnen –, der konnte seine Rivalen leicht aus dem Feld schlagen.

Damit ist bereits die **Elite** angesprochen, vor der die wirtschaftlichen und gesellschaftlichen Umwälzungen ebenso wenig Halt machten. Eine wichtige Quelle stellen in diesem Zusammenhang die Gedichte dar, die

Abb. 8

Auf der sog. Chigi-Kanne sind einander angreifende Hopliten in Phalanx dargestellt; Mitte 7. Jh. v. Chr., Fundort: Familiengut der Chigi bei Veii in der Nähe von Rom; Höhe 26 cm.

unter dem Namen **Theognis** von Megara überliefert wurden und aus dem 7. bis 5. Jh. v. Chr. stammen. Dort zeigt sich die gesamte Bandbreite einer aus den Fugen geratenden Ordnung, es ist die Rede von sozialen Aufsteigern, die es durch ihr neu erworbenes Vermögen geschafft haben, in die Aristokratie vorzustoßen, während auf der anderen Seite Personen aus gutem Hause stehen, die einen sozialen Abstieg hinnehmen mussten. Zu diesen gesellt sich freilich noch eine weitere Gruppe, nämlich einige wenige Aristokraten, die ihren Reichtum derart steigerten, dass sie in ihren Poleis eine beinahe übermächtige Stellung erreichten. Wir treffen diese Männer beispielsweise in der solonischen Klasseneinteilung als sogenannte ‚Fünfhundertscheffler' (→ s. u. 3.2.2), und die herausragenden Protagonisten des 7. und 6. Jh. v. Chr. stammen, soweit sich dies ermitteln lässt, aus ihren Reihen.

Nur wenn man diese Krisenerscheinungen berücksichtigt, versteht man, weshalb sich zwischen ca. 650 und 500 v. Chr. in vielen Poleis zwei Phänomene häufen, die sich gegenseitig bedingten und beinahe als die beiden Seiten einer Medaille zu bezeichnen sind: das Auftreten von Gesetzgebern und Tyrannen.

Gesetzgeber und Tyrannen

3.2.2

Die Führungseliten der einzelnen Poleis reagierten auf die Herausforderungen, mit denen sie im Zuge der dargestellten gesellschaftlichen und wirtschaftlichen Verwerfungen konfrontiert wurden, uneinheitlich. Der **Legitimationsverlust** der Polisordnung führte vielerorts zunächst dazu, dass man die ungeschriebenen Regeln und Normen, nach denen das politische Miteinander ablief, in Form von **Rechtskodifikationen** veröffentlichte. Die oben erwähnte Inschrift mit dem **Verfassungsgesetz von Dreros** auf Kreta (→ vgl. 3.1.1) gehört zweifellos in diesen Zusammenhang. Es zeigt, dass in diesem Prozess nicht nur das bislang Gültige einfach aufgezeichnet wurde, sondern dass die Verschriftlichung darüber hinaus zu Präzisierungen und verfassungstechnischen Neuerungen verhalf. Derartige Gesetzeswerke werden von unseren Quellen in den meisten Fällen mit überragenden Persönlichkeiten verbunden, die im Auftrag der Bürgerschaft als Schiedsrichter (griech.: *aisymnetes*) oder Versöhner (griech.: *diallaktes*) die Zügel in die Hand nahmen und durch ein großes Verfassungswerk die politischen und sozialen Verhältnisse ihrer Heimatstadt neu ordneten. Auch heute noch kennt man beispielsweise den Spartaner **Lykurg**, der schon im 8. Jh. v. Chr. oder sogar noch früher die berühmte spartanische Verfassung, den sogenannten Kosmos, in Form eines Orakelspruches aus Delphi nach Lakonien gebracht haben soll (→ vgl. unten 3.2.3). Nicht minder sprichwörtlich wurde **Drakon** von Athen, der in den 620ern v. Chr. die athenische Strafgerichtsbarkeit reformierte. Bei der berüchtigten ‚drakonischen Strenge', die seinen diesbezüglichen Maßnahmen nachgesagt wurde, dürfte es sich allerdings um eine spätere Deutung handeln, die nicht mehr erkennen konnte, dass Drakons Gesetz für seine eigene Zeit fortschrittlich gewesen sein dürfte. Kurz nach 600 v. Chr. wurde Pittakos von Mytilene auf Lesbos zum Aisymnet bestimmt, und etwa gleichzeitig oder wenig später sollen in Unteritalien und auf Sizilien Zaleukos von Lokroi und Charondas von Katane gewirkt haben.

Mit Abstand am meisten wissen wir über **Solon** aus Athen. Das rührt unter anderem daher, dass er selbst schriftstellerisch tätig war – er verfasste nämlich Gedichte –, und dadurch wird Solon für uns zur wichtigsten Figur im Rahmen der archaischen Gesetzgebergestalten. Nach der Darstellung, die wir später bei Aristoteles und Plutarch finden, übernahm Solon im Jahre 594/593 v. Chr. die athenische Polis in einem Zustand tiefster innerer Zerrüttung, da die Mehrheit der Bevölkerung von **SCHULDKNECHTSCHAFT** betroffen war (Aristoteles, Staat der Athener 5ff.; Plutarch, Solon 13–16). Dass diese Berichte die Ausgangssituation auf dramatisierende Art verzerrt haben, steht außer Frage. Angesichts des Aufkommens der Phalanxtaktik ist es schlechterdings nicht vorstellbar, dass um 600 v. Chr. fast alle athenischen Bürger verarmt gewesen sein sollen. Dennoch muss die Lage ernst gewesen sein, denn an der Tatsache, dass Solon eine Schiedsrichterfunktion übertragen wurde, ist nicht zu zweifeln. Vor diesem Hintergrund ist es nun bezeichnend, dass Solon sich nicht etwa damit begnügte, die gesellschaftliche und wirtschaftliche Schieflage zu korrigieren, indem alle Schulden erlassen wurden und

SCHULDKNECHTSCHAFT, sklavereiähnliches Abhängigkeitsverhältnis eines zahlungsunfähigen Schuldners; entweder fußend auf einem Gerichtsurteil oder auf der freiwilligen Verpflichtung des Schuldners.

für die Zukunft die Verpfändung der eigenen Person verboten war. Der Kern der solonischen Maßnahmen war vielmehr politisch. Solon teilte die Bevölkerung Attikas in vier **Steuerklassen** ein und verknüpfte damit jeweils unterschiedliche politische Mitwirkungsrechte. In der Forschung wird eine solche Verfassung, die die politische Teilhabe nach Vermögen abstuft, als **TIMOKRATIE** bezeichnet. Dabei fällt auf, dass – anders als dies von den Quellen behauptet wird – zumindest die Gruppe der Reichsten erst von Solon neu konstituiert worden sein dürfte; dafür spricht ihre künstliche Benennung nach dem Ernteertrag („**Fünfhundertscheffler**"; demgegenüber scheinen die anderen Gruppen traditionelle Namen zu führen), und ein solcher Akt würde bestens in eine Zeit passen, in der es einigen Angehörigen der Oberschicht vor Kurzem gelungen war, durch spektakuläre wirtschaftliche Erfolge ihre ‚Standesgenossen' weit hinter sich zu lassen. Das würde dann bedeuten, dass Solons Timokratie zum einen als der Versuch zu werten ist, der Entstehung einer ‚Super-Aristokratie' an der Spitze von Gesellschaft und Staat Rechnung zu tragen. Die Fünfhundertscheffler und die **Ritter** der solonischen Klasseneinteilung entsprachen also der bisherigen Aristokratie.

Wir dürfen davon ausgehen, dass zuvor nur die Aristokraten, also die nachmaligen ersten beiden Vermögensklassen, politisch eine Rolle spiel-

> **TIMOKRATIE**, von griech. *time* = Ehre, Preis, Vermögen und *kratein* = stark sein, herrschen: Herrschaft nach Vermögen.

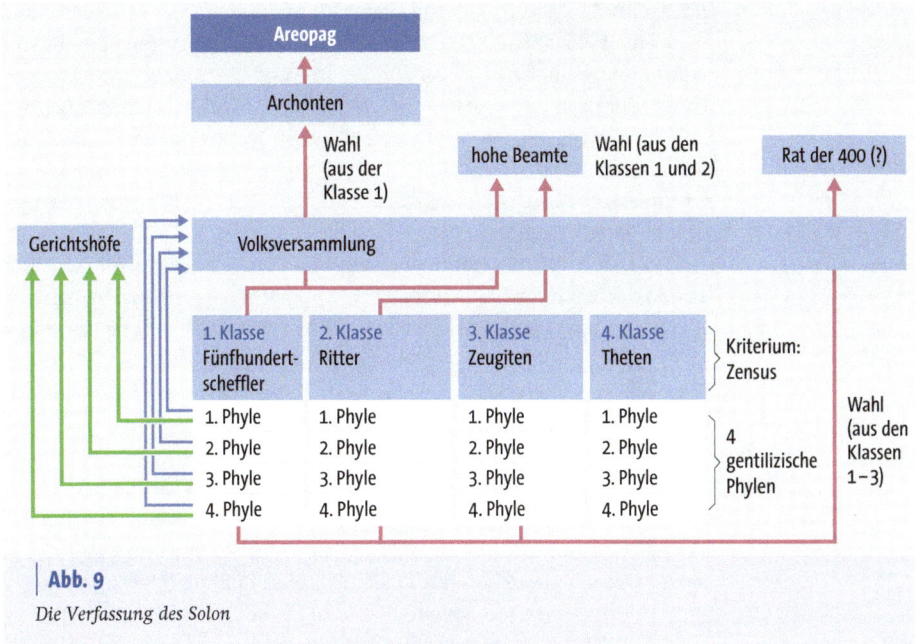

| Abb. 9
Die Verfassung des Solon

ten. Das eigentlich Neue an Solons Verfassung bestand daher darin, dass nun auch die **Zeugiten** als dritte Gruppe mitbestimmen sollten. In diesen Zeugiten können wir die Angehörigen der Hoplitenschicht sehen. Wenn man bedenkt, dass Solon mit seinen Reformen in erster Linie eine stärkere Partizipation der Hopliten bewirken wollte, um diese besser in die Polis einzubinden, dann versteht man auch das ansonsten etwas kryptische Gesetz zum Parteienstreit, wonach sich alle Bürger an innenpolitischen Streitigkeiten mit Waffengewalt beteiligen sollten. Nicht der blutige Bürgerkrieg war dabei Solons Ziel, sondern eine stabile Polisordnung, für deren Erhalt die militärisch entscheidende Gruppe der Schwerbewaffneten bereit war, notfalls zu kämpfen, weil sie an dieser Ordnung teilhaben durfte. Solon verbreitete die Gruppe der politisch berechtigten Bürger also nicht aus Menschenfreundlichkeit; er wollte dadurch ein Phänomen von Athen fernhalten, das ihm nur allzu bekannt war und das auch wir gut kennen: den in der vorliegenden Darlegung bislang noch nicht angesprochenen Fall, in dem ein ‚Super-Aristokrat' in seiner Polis gewaltsam die Macht an sich riss und, im Sprachgebrauch der archaischen Zeit, eine **Tyrannis** errichtete.

Woher die Vokabeln „Tyrannis" und „Tyrann" stammen, ist auch heute noch nach wie vor ungeklärt. Wahrscheinlich ist ein nicht griechischer, möglicherweise kleinasiatischer Ursprung. Die Begrifflichkeit taucht im 7. Jh. v. Chr. auf und meint Männer, die eine Alleinherrschaft über eine Polis aufrichteten. Dabei ist das Wort von Anfang an negativ konnotiert, keiner nannte sich selbst so, sondern man wurde stets nur von anderen und zur Verunglimpfung als Tyrann bezeichnet. Bemerkenswerterweise haben es die griechischen Tyrannen der archaischen Zeit allesamt nicht vermocht (und wohl auch nicht versucht), einen Titel zu finden, der ihre monarchische Stellung neutral oder positiv ausgedrückt hätte – doch dazu später.

Die ersten Tyrannenherrschaften, von denen wir erfahren, wurden auf der Peloponnes begründet. Um 650 v. Chr. ergriff in Korinth ein Mann namens **Kypselos** die Macht, und in etwa gleichzeitig gelang dies einem gewissen **Orthagoras** in der benachbarten Polis Sikyon. Beide vermochten ihre Herrschaft so zu sichern, dass sie über mehrere Generationen in der Familie blieb.

Bei diesen und anderen Tyrannen dieser Zeit ist es entweder glaubhaft verbürgt, oder doch zumindest wahrscheinlich, dass sie aus der aristokratischen Oberschicht ihrer jeweiligen Polis stammten. Sie ergriffen die Macht oft mithilfe bewaffneter Gefolgschaften, der oben im Zusammenhang mit der archaischen Adelskultur bereits erwähnten Hetairien (→ vgl. 3.1.1), und nicht zufällig spielte der Erfolg bei den Olympischen Spielen eine große Rolle, denn er verlieh den Siegern ein enormes Ansehen. Ab dem 6. Jh. v. Chr. häuften sich dann die Fälle, in denen ausländische Söldner bei der Machtergreifung eingesetzt wurden, was sicherlich damit zu tun hat, dass in dieser Zeit die Geldwirtschaft aufkam. Im Übrigen profitierten Tyrannen und solche, die dies werden wollten, als Angehörige der griechischen Aristokratie auch von den Gastfreundschaften und Heiratsverbindungen, die – wie wir gesehen haben – diese Gruppe weit über die eigene Polis hinaus untereinander vernetzte, und so nimmt es nicht wunder, dass man sich nicht selten gegenseitig unterstützte.

In Athen kam es in den 630er-Jahren v. Chr. zu einem gewaltsamen Umsturzversuch, der genau diesem Muster entspricht: **Kylon**, der Anführer der Hetairie, die damals mit Waffengewalt die Akropolis besetzte, hatte – wahrscheinlich 640 v. Chr. – einen Olympiasieg errungen. Außerdem war er der Schwiegersohn des Tyrannen Theagenes von Megara, der ihm für sein Vorhaben Soldaten zur Verfügung stellte. Trotz dieser Hilfestellung scheiterte Kylon, was laut Thukydides jedoch nicht so sehr einem entschlossenen Handeln der gesamten athenischen Bürgerschaft zu verdanken gewesen sei, als vielmehr der heftigen Gegenwehr einiger Aristokraten mit ihren Gefolgschaftsaufgeboten. Insbesondere tat sich in diesem Zusammenhang der **ARCHON** Megakles hervor. Nach längerer Belagerung mussten die Umstürzler schließlich aufgeben. Viele von ihnen wurden danach unter zweifelhaften Umständen getötet. Man lockte nämlich die Männer, die sich in Tempel und zu Götterstatuen geflüchtet hatten, wo sie nach damaligem Verständnis heiligen Schutz genossen, unter der Zusicherung heraus, dass ihr Leben geschont würde, richtete sie dann aber allesamt hin. Dieses Vorgehen wurde als ein Frevel gegen die Götter gewertet und stellte für die Familie des Megakles, die sogenannten **Alkmaioniden** (d. h. die Nachfahren des Alkmaion), noch lange Zeit eine erhebliche politische Belastung dar.

ARCHON, von griech. *archein* = herrschen; hier: athenischer Oberbeamter.

Solon wusste also, worum es ging, als er rund dreißig Jahre später die athenische Polis zu reformieren versuchte. Schließlich wäre die kylonische Verschwörung beinahe geglückt. Für die Zukunft stand Ähnliches zu befürchten, wenn es nicht gelingen würde, die Unterstützung der Gesamtheit der Hopliten zu gewinnen. Hierin aber ist Solon auf ganzer Linie gescheitert! Nur eine Generation nach seinen Reformen, in den 560er-Jahren v. Chr., befand sich Athen in einem innenpolitischen Streit, in dem drei annähernd gleich große aristokratische Gefolgschaften um die Macht rangen. **Peisistratos**, einem Aristokraten aus dem Osten Attikas, gelang es im weiteren Verlauf, nachdem er zwischenzeitlich ins Exil geflohen war, mithilfe von auswärtigen Söldnern, Athen in seine Gewalt zu bringen.

Die genauen Umstände dieser schließlich dauerhaft erfolgreichen dritten Machtergreifung des Peisistratos machen freilich deutlich, wie wenig sich die meisten Athener dafür interessierten, wer in ihrer Polis das Sagen hatte. Es gab nämlich kaum organisierte Gegenwehr – im Gegenteil. Nach dem ersten Scharmützel, in dem das Aufgebot der Polis überrascht und in die Flucht geschlagen wurde, ließen sich die Politen vielmehr dazu „überreden", nach Hause zu gehen und die Sache auf sich beruhen zu lassen.

Der auf diese Weise an die Macht gekommene Peisistratos beherrschte Athen noch fast zwanzig Jahre lang, und interessanterweise wurde seine Tyrannis in späteren Quellen durchaus positiv beurteilt. Als Peisistratos 528 oder 526 v. Chr. starb, ging seine Machtstellung dementsprechend reibungslos auf seine Söhne Hippias und Hipparchos über. Die peisistratidische Tyrannis konnte erst 511/510 v. Chr. und nur durch die militärische Intervention der Spartaner beseitigt werden (→ vgl. unten 3.2.3). Gleichwohl machte sich bereits ab 520 v. Chr. eine Opposition bemerkbar, und im Jahre 514 v. Chr. fiel Hipparchos dann einem Mordanschlag zum Opfer. Diese Tat hatte offenbar einen rein persönlichen Hintergrund (Thukydides VI 54–59), doch wurden die **Tyrannenmörder** Harmodios und Aristogeiton, die im Zuge des Attentats ebenfalls ums Leben kamen, noch vor 500 v. Chr. als Freiheitshelden gefeiert. Dies zeigt, wie unbeliebt die Herrschaft der Söhne des Peisistratos geworden war und dass ihr Sturz am Ende des 6. Jh. v. Chr. letztlich in der Luft lag. Hippias versuchte nach der Ermordung seines Bruders vergeblich, durch hartes Durchgreifen an der Macht zu bleiben; er konnte sich nur noch einige wenige Jahre halten.

Damit entsprach die athenische Entwicklung dem allgemeinen Trend, denn auch andernorts in Griechenland war die Tyrannis ab etwa 550 v. Chr. auf dem Rückzug. Insgesamt lässt sich feststellen, dass bis 500 v. Chr. die Tyrannenherrschaften im griechischen Mutterland und in der Ägäis wieder vollständig verschwunden waren; nur auf Sizilien und in Unteritalien sowie im persischen Einflussbereich in Westkleinasien konnte sich die Tyrannis länger behaupten (→ s. u 3.3.1).

Diese **Kurzlebigkeit der Tyrannenherrschaften** verlangt nach einer Erklärung: Alle neueren Versuche, die archaische Tyrannis als Phänomen zu erklären und historisch einzuordnen, gehen daher von einer in Bewegung geratenen Gesellschaft und einer noch wenig entwickelten Staatlichkeit aus. Wenn man dies tut, dann ist der Dreh- und Angelpunkt aller Erklärungen die eingangs dieses Kapitels skizzierte Legitimationskrise, in die die Polisordnungen im 7. und 6. Jh. v. Chr. aufgrund der demographischen und wirtschaftlichen Entwicklungen gerieten. Wie wir gesehen hatten, war es die Legitimationsproblematik, die von den Tyrannen ausgenutzt wurde. Dieselbe Legitimationsproblematik brachte aber auch einen Prozess der **Verrechtlichung** in Gang, in dessen Verlauf aristokratische Reformer die Hopliten immer stärker an der Macht beteiligten. Die Tyrannen hatten diesem mehr und mehr um sich greifenden ‚legalistischen' Denken offensichtlich nichts entgegenzusetzen, sie hatten keine ‚Vision' von ihrer monarchischen Stellung, denn wir können noch nicht einmal den Versuch beobachten, sich in irgendeiner Weise zu legitimieren – ein Umstand, der im Übrigen dadurch am deutlichsten reflektiert wird, dass man, wie erwähnt, niemals einen positiv konnotierten Begriff für die eigene Position einführte. Am Ende dieses Verrechtlichungsprozesses, zwischen 550 und 500 v. Chr., war kein Platz mehr für die Alleinherrschaft im verfassungspolitischen Denken der Griechen. Da dieser Prozess durch die Tyrannis zwar nicht angestoßen, wohl aber wesentlich beschleunigt wurde, kann man in der Tat sagen, dass sich die Tyrannis in gewisser Weise selbst abgeschafft hat!

▶ Nach den Perserkriegen verstärkte sich die Abneigung der Griechen gegen die Alleinherrschaft. Dies hängt mit der Art und Weise zusammen, wie sich die Griechen ihren überraschenden Erfolg gegen das riesige Achämenidenreich erklärten (→ s. u. 3.3.1): Man ging davon aus, dass die Untertanen des Großkönigs letztlich nichts anderes als Sklaven seien, die nicht richtig kämpfen, da sie ihr Leben für fremde Interessen – nämlich die ihres Herren – riskieren. Die Griechen seien siegreich geblieben, weil sie im Gegensatz dazu für ihre Freiheit fochten und daher, so die Theorie, über die bessere Kampfmoral verfügten. Aus diesem Erklärungsmuster entwickelte sich dann die Überzeugung, dass die Freiheit eigentlich etwas typisch Griechisches sei und dass die Nichtgriechen, die sogenannten Barbaren, von Natur aus Sklaven seien. Dementsprechend galt für Griechen von nun an jegliche Form der Alleinherrschaft als unangemessen, weil widernatürlich, der Perserkönig wurde zum Inbegriff des Tyrannen stilisiert, und die bis dahin noch positiv konnotierten mythischen Könige nahmen in den Tragödien des 5. Jh. v. Chr. die grausamen Züge von Gewaltherrschern an. Es kam also zu einer Gleichsetzung von Monarchie und Tyrannis, und diese Gleichsetzung wirkte sich schließlich auch terminologisch aus. Meinte das Wort ‚Tyrann' in archaischer Zeit eigentlich nur einen Mann, der auf ungesetzliche Weise an die Macht gekommen war und ohne verfassungsmäßige Verankerung herrschte, so war jetzt die Alleinherrschaft an sich tyrannisch. Dies ermöglichte im Folgenden einen noch weitergehenden Bedeutungswandel des Begriffs: Ab dem 4. Jh. v. Chr. vertraten griechische Staatsdenker wie Platon oder Aristoteles wieder die Ansicht, dass es auch positive Formen der Monarchie gebe. Der Gradmesser für die Güte einer Herrschaft war hierbei allerdings die Art und Weise, wie sie ausgeübt wurde, und dies führte dazu, dass man unter einer Tyrannis, was ja inzwischen so viel bedeutete wie ‚negative Alleinherrschaft', in erster Linie eine Herrschaft verstand, die einen schlechten Charakter hatte, weil sie willkürlich und ungerecht war. Damit hatte das Wort ‚Tyrann' die Bedeutung gewonnen, in der wir es auch heute noch verwenden; es wurde jetzt denkbar, dass sich ein und derselbe Herrscher vom guten König in einen schrecklichen Tyrannen verwandelte.

Info

Der Bedeutungswandel des Wortes Tyrannis

3.2.3 Sparta als Sonderfall

Die Polis Sparta im Süden der Peloponnes nahm schon im Altertum eine Sonderstellung für sich in Anspruch, und auch die moderne Geschichtswissenschaft ist sich überwiegend darin einig, dass Sparta in vielen Punkten als Ausnahmefall zu gelten habe. Unseren Quellen zufolge war es vor allem ihre besondere Staats- und Gesellschaftsordnung, durch die sich die Spartaner von allen anderen unterschieden: der sogenannte spartanische **KOSMOS**. Im Rahmen dieser Ordnung teilte sich die Bevölkerung der Landschaft Lakonien, die von Sparta aus beherrscht wurde, in die drei **Bevölkerungsgruppen** der Heloten, Periöken und Spartiaten auf.

Die **Heloten** siedelten im unteren Eurotastal, zwischen Sparta und der Meeresküste. Über ihren genauen Rechtsstatus wissen wir nur sehr wenig. Sicher ist, dass es sich bei den Heloten um eine abhängige bäuerliche Bevölkerung handelte, die das Land der Spartiaten bearbeitete und ihnen erhebliche Abgaben zu entrichten hatte. Welche darüber hinausgehenden Rechte und Pflichten die Heloten hatten, und wie genau sie von den Spartiaten abhingen, ist hingegen unklar. Immerhin besteht weitgehend Konsens darüber, dass die Heloten wohl nicht mit ‚normalen' Kaufsklaven verglichen werden können, wie man sie zum Beispiel aus Athen kennt. Es gibt nämlich keine Belege dafür, dass einzelne Spartiaten einzelne Heloten als Privatbesitz behandelt hätten, sie also z. B. verkauft oder freigelassen hätten. Helotenbefreiungen als solche gab es, wenn auch selten; sie wurden in Sparta stets von Staats wegen vorgenommen, etwa im peloponnesischen Krieg, wo größere Gruppen von Heloten als Soldaten dienten und dafür mit der Freiheit belohnt wurden, zum Teil als sogenannte **NEODAMODEN**. Man begreift die Heloten als abgabenpflichtige und deswegen schollengebundene Bauern, deren Unfreiheit nicht genau definiert war, weil sie historisch gewachsen war. – Nachdem die Spartaner die im Westen liegende Nachbarlandschaft Messenien im sogenannten zweiten messenischen Krieg (um 650 v. Chr.) unterworfen hatten, wurden deren Einwohner ebenfalls zu Heloten, sodass es ab dieser Zeit zwei große Gruppen gab, die diesen Status innehatten: die lakonischen und die messenischen Heloten.

Die **PERIÖKEN** bildeten gemeinsam mit den **Spartiaten** die **Lakedaimonier**, also die Bürger der Polis Lakedaimon, wie das spartanische Gemeinwesen im Altertum üblicherweise genannt wurde. Diese Einteilung der freien Bewohner Lakoniens in Spartiaten und Periöken geht nach Angaben der Überlieferung auf den berühmten spartanischen Gesetzgeber Lykurg zurück, von dem allerdings schon Plutarch bemerkte, dass man über ihn „schlechthin nichts sagen [könne], das nicht umstritten wäre" (Plutarch, Lykurg 1,1).

KOSMOS, griech. = Ordnung, Schmuck, Welt(ordnung); hier: Aufbau von Staat und Gesellschaft.

NEODAMODEN, von griech. *neos* = neu und dorisch: *damos* = Volk; Neubürger.

PERIÖKEN, von griech. *peri* = um ... herum und *oikein* = wohnen; Umwohner.

Nach dieser Tradition führte Lykurg eine Bodenreform durch, in der ganz Lakonien in Landlose, sogenannte ‚Klaroi' (singular: Klaros), aufgeteilt wurde; danach soll es insgesamt 9.000 Lose für die Spartiaten und 30.000 Periökenlose gegeben haben. Natürlich sind diese Zahlen mit größter Vorsicht zu genießen, aber das quantitative Verhältnis zwischen Spartiaten und Periöken, das sich darin ausdrückt, dürfte die tatsächlichen Verhältnisse korrekt wiedergeben. Die Periöken wohnten in eigenen Siedlungen an den Grenzen Lakoniens, im Norden und Westen, aber auch an der Küste. In den Quellen ist in diesem Zusammenhang die Rede von einhundert Periökenstädten, doch auch diese Zahl ist unsicher, und es wird sich bei diesen ‚Städten' wohl kaum um etwas anderes als Dörfer gehandelt haben (zum Stadtbegriff → vgl. oben 3.1.1). Aus der Verbindung der Periöken mit Landlosen ergibt sich eindeutig, dass die meisten von ihnen Bauern gewesen sein müssen; zweifellos dürfen wir jedoch auch Händler und Handwerker in ihren Reihen vermuten, zumal diese Tätigkeitsfelder den Spartiaten von Lykurg verboten worden sein sollen. Wichtig ist, dass die Periöken zusammen mit den Spartiaten im lakedaimonischen Heer kämpften. Diese Heeresfolge ist das deutlichste Zeichen dafür, dass die Periöken teilweise den Status von Bürgern einnahmen, denn die militärische Dienstpflicht im Bürgeraufgebot gehört, wie oben dargelegt, zu den Punkten, um die es bei der Herausbildung der Polis letztendlich ging (→ vgl. 3.1.1). Auf der anderen Seite waren die Periöken zu den Entscheidungsgremien der Polis Sparta nicht zugelassen. Es stimmt zwar, dass sie in ihren Dörfern eine gewisse Selbstverwaltung ausüben konnten, aber sie waren gegenüber den spartanischen Behörden hierbei in keiner Weise unabhängig. Mit anderen Worten: Während die wichtigsten Bürgerpflichten auch für die Periöken galten, blieben ihnen die entsprechenden Bürgerrechte verwehrt.

Vollbürger in dem Sinne, wie wir dies aus anderen griechischen Poleis kennen, waren im Staat der Lakedaimonier daher nur die **Spartiaten**, die Einwohner Spartas. In Sparta zu wohnen bedeutete konkret, in einem der fünf benachbarten Dörfer Limnai, Kynosura, Mesoa, Pitane und Amyklai zu leben, aus denen sich Sparta zusammensetzte. Ein urbanes Zentrum, also eine ‚Stadt' Sparta, entwickelte sich auf dem Gebiet dieser fünf Ortschaften erst ab der hellenistischen Zeit. Die Spartiaten lebten also nicht auf ihren Besitzungen, dem von den Heloten bestellten Land, das vor der Eroberung Messeniens die Eurotasebene südlich von Sparta umfasste. Gleichwohl war das uneingeschränkte spartanische Bürgerrecht zwingend an den Besitz eines solchen Spartiaten-Klaros geknüpft, und zwar aus Gründen, die gleich unten im Zusammenhang mit der typischen spartanischen Lebensweise behandelt werden. Umstritten ist in der Forschung diesbezüglich, ob die spartanischen Klaroi, wie die Überlieferung zu Lykurg es will, dabei letztlich im Eigentum der Gemeinde verblieben, und damit unteilbar und unveräußerlich waren, oder ob dies eine nostalgische Rückprojektion unserer Quellen ist. Spätestens um 400 v. Chr. zumindest konnten Klaroi allem Anschein nach wie Privateigentum behandelt werden; man konnte sie verkaufen oder wenigstens verschenken, und man konnte sie unter mehrere Erben aufteilen oder als Mitgift einsetzen. Danach erfahren wir jedenfalls von Besitzkonzentrationen einerseits und von der Entstehung einer Gruppe verarmter ehemaliger Spartiaten andererseits. Nach traditioneller Vorstellung aber waren die Klaroi zumindest ursprünglich alle gleich groß gewesen, und nicht zuletzt deswegen bezeichneten sich die Spartiaten voller Stolz als die „Homoioi", auf Deutsch: die Gleichen.

Lykurg galt auch als Architekt der politischen Verfassung Spartas. Zu diesem Zweck soll er in Delphi einen Orakelspruch erfragt haben, die sogenannte große **RHETRA**, und dieses Dokument, das Plutarch im Wortlaut zitiert (Plutarch, Lykurg 6), wird – nicht zuletzt aufgrund seiner altertümlichen Sprache – für authentisch gehalten.

> **RHETRA**, von griech. *eirein* = sagen, reden; Vertrag, Gesetz.

Dabei ist die Datierung der großen Rhetra nicht eindeutig festzulegen. Bereits Plutarch brachte jedoch die Rhetra mit einem Tyrtaios-Fragment in Verbindung, welches ihren Inhalt vorauszusetzen scheint, und in diesem Fall gehört sie in die Zeit um 650 v. Chr. oder früher. – An **politischen Institutionen** nennt der Text die beiden spartanischen Könige (hier als Archagetai, also Anführer, bezeichnet), die sogenannte Gerusia, also den Ältestenrat, sowie die Volksversammlung, die in Sparta Apella hieß.

Die **Volksversammlung** trat zumindest in späterer Zeit regelmäßig einmal im Monat zusammen. Teilnahmeberechtigt waren nur die Spartiaten, und zwar vermutlich ab einem Alter von 20 Jahren, obwohl man unter 30 angeblich gehalten war, die Agora zu meiden. Entschieden wurde auf den Sitzungen über alle Fragen von größerem politischen Belang, also etwa über Bündnisse, Kriegserklärungen oder Friedensschlüsse. Außerdem bestimmte die Apella die wichtigsten Funktionsträger. Trotz dieser auf den ersten Blick gewichtigen Kompetenzen waren die tatsächlichen Mitwirkungsmöglichkeiten in der Apella für die meisten Spartiaten sehr begrenzt, denn anders als etwa in Athen gab es in der Versammlung kein allgemeines Rede- und Antragsrecht, das Volk durfte also nur abstimmen über das, was man ihm zur Entscheidung vorlegte.

Solche Beschlussvorlagen wurden zum einen eingespeist von der **Gerusia**. Diese setzte sich zusammen aus den beiden Königen sowie 28 Männern im Alter von über 60 Jahren, die von der Apella auf Lebenszeit gewählt waren. Eine solche Wahl zum Geronten („Greis') verlief im Übrigen nach einem recht altertümlichen Modus. Es wurden nämlich keine Stimmen ausgezählt, sondern nach der Lautstärke des zustimmenden Ge-

Griechenland in archaischer Zeit

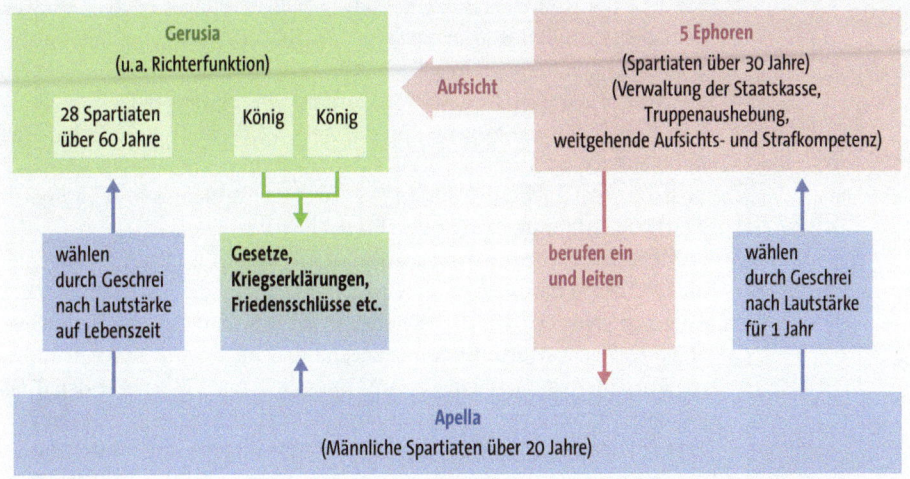

Abb. 10

Die Verfassung Spartas

schreis entschieden – man könnte also sagen *per acclamationem* gewählt. Weiterhin nahm die Gerusia auch richterliche Funktionen wahr, und sie soll sogar eine Art Vetorecht gegen Volksbeschlüsse besessen haben. All dies zusammengenommen deutet darauf hin, dass die Gerusia sehr mächtig war: Das Wahlprinzip begünstigt es – wenigstens in kleineren Gemeinschaften wie einer Polis – nämlich grundsätzlich, dass eher die gesellschaftliche Elite zum Zug kommt, denn nur diese kann ja die für den Wahlerfolg erforderliche Anhängerschaft aufbieten. Wenn dann solche mächtigen Männer ihre politische Tätigkeit auf Lebenszeit ausüben, häufen sie einen Vorsprung an Wissen und Erfahrung an, gegen den von außerhalb nur noch schwer anzukommen ist (→ vgl. auch unten 3.3.3 zur athenischen Demokratie). Diese Zusammenhänge in Verbindung mit dem großen Einfluss, den die Geronten auf die Entscheidungen der Apella nehmen konnten, lassen den spartanischen Ältestenrat als eine Art Adelsgremium erscheinen.

Das **Doppelkönigtum** ist wohl eines der eigentümlichsten Kennzeichen des spartanischen Kosmos. In Sparta gab es zwei Königsdynastien: Ein König stammte stets aus der Familie der Agiaden, den zweiten König stellten die Eurypontiden. Obwohl die beiden Könige formell völlig gleichberechtigt waren, nahmen die Agiaden traditionell einen Ehrenvorrang vor den Eurypontiden ein. Die wichtigste Aufgabe der beiden Könige bestand darin, dass sie das lakedaimonische Heer anführten und im Felde den unumschränkten Oberbefehl hatten. Daneben übten sie auch priesterliche Funktionen aus, und in einigen genau festgelegten Angelegenheiten verfügten die Könige über richterliche Befugnisse. Besondere politische Privilegien – oder gar Herrschaftsrechte – wurden den spartanischen Königen dagegen nicht zugestanden; alles, was sie in dieser Hinsicht an Gestaltungsmöglichkeiten besaßen, erklärt sich durch ihre Zugehörigkeit zum Ältestenrat. Wir haben jedoch gesehen, dass dies nicht wenig war, und das heißt, dass auch die Könige eine maßgebliche Rolle in der Politik spielen konnten, zumal man als König in Sparta verschiedene traditionelle Ehrenrechte genoss sowie außerordentliche Einkünfte bezog und also reich war.

Mit keinem Wort erwähnt werden in der großen Rhetra hingegen die **Ephoren**. So nannte man die fünf Oberbeamten, die jedes Jahr von der Apella gewählt wurden und die eine ganze Fülle von Aufgabenbereichen zu verwalten hatten. Für das Ephorenamt kam jeder Vollbürger in Betracht, doch man durfte dieses Amt nur ein einziges Mal bekleiden. Dies machte es natürlich unmöglich, durch das Ephorat dauerhaften Einfluss aufzubauen, und auch der ständige Wechsel sorgte zweifellos dafür, dass zumeist Personen ohne große ‚Hausmacht' in das Amt gelangten. In einem gewissen Gegensatz zu diesem Mangel an gesellschaftlicher Macht der Ephoren stehen daher die zahlreichen Kompetenzen, die man für sie nachweisen kann: So waren auch die Ephoren wesentlich an der Planung und Leitung der Volksversammlung beteiligt und hatten damit einen ähnlichen Einfluss auf das, was dort vor sich ging, wie die Geronten und Könige. Diesen standen die Ephoren beratend zur Seite, erledigten die laufenden Staatsgeschäfte im Inneren und nach außen und übten eine allgemeine Aufsicht im Staat aus. Im Rahmen dieser Kontrollfunktion konnten die Ephoren beispielsweise beliebige Amtsträger der Polis absetzen und anklagen, und die Könige mussten jeden Monat vor ihnen einen Eid auf die Gesetze schwören. Daneben waren die Ephoren auch Richter, und soweit sich dies überblicken lässt, fanden die meisten und wichtigsten Prozesse vor ihnen statt. Die Ephoren hatten die Staatskasse in der Hand, nahmen die Truppenaushebungen vor und besaßen eine gewisse Polizeigewalt – kurzum: Von den Verantwortlichkeiten her gesehen waren sie das entscheidende Gremium in der spartanischen Politik.

Da das Ephorat in der großen Rhetra nicht auftaucht, war man schon im Altertum der Ansicht, dass dieses Amt eine spätere Erfindung sei. Dagegen spricht nun, dass die Ephoren durch denselben archaischen Wahlmodus bestellt wurden wie die Geronten, und vor diesem Hintergrund geht mittlerweile die Mehrzahl der Forscher davon aus, dass es sich beim Ephorat durchaus um ein altes Amt handelt, das allerdings erst im Laufe der Zeit politische Bedeutung erlangte und ursprünglich vielleicht ein Priesteramt war. Diese Rekonstruktion wird unterstützt durch die Beobachtung, dass es mannigfaltige Kompetenzüberschneidungen und

-doppelungen zwischen dem Ephorat und anderen Institutionen wie der Gerusia oder den Königen gibt, so, als ob die Ephoren nach und nach Aufgaben zusätzlich übernehmen mussten, für die es bereits Zuständigkeiten gab – sei es, um eine etablierte, aber überforderte Ordnung zu ergänzen, sei es in Konkurrenz zu ihr, um sie zu kontrollieren. In beiden Fällen wären die Ephoren möglicherweise als Vertreter der Hopliten zu verstehen, deren zunehmendes Gewicht auch in Sparta die Umstrukturierung einer älteren aristokratischen Verfassung erforderlich gemacht haben dürfte.

Am Ende unseres Überblicks über den spartanischen Kosmos steht die berühmte spartanische Lebensweise. Diese hängt damit zusammen, dass sich die Spartiaten nicht nur in Bezug auf den Besitz als ‚Homoioi', als Gleiche, verstanden, sondern ganz grundsätzlich. Deshalb unterwarf man den Alltag und das Privatleben der Bürger vielerlei Reglementierungen, die dafür sorgen sollten, dass niemand zu sehr aus der Reihe tanzte. Dreh- und Angelpunkt hierbei war ein stark korporatives Leben: Jeder erwachsene Spartaner gehörte zu einer **Speisegemeinschaft** mit etwa 15 Mitgliedern, die sich allabendlich zum Gemeinschaftsmahl (griech.: Syssition oder Phidition) traf und mit der er sein ganzes Leben verbunden blieb. Von den jungen Männern zwischen 20 und 30 wurde sogar erwartet, dass sie dort übernachteten, selbst wenn sie bereits verheiratet waren, sodass für sie die Speisegemeinschaft zugleich eine ‚Zelt'gemeinschaft war (griech.: **SYSKENION**). Die Beiträge zu den Mahlzeiten wurden von den Tischgenossen aufgebracht, und daraus erklärt sich die schon oben angesprochene Verknüpfung des Vollbürgerstatus mit dem Besitz eines Klaros. Wer seinen Besitz verloren hatte und daher keine Beiträge zu den Syssitien mehr beisteuern konnte, musste die Speisegemeinschaft verlassen und war dann kein vollwertiger Spartiate mehr.

Zum korporativen Leben gehörte ein ständiger militärischer Drill, und diesem war man in Sparta schon von Kindesbeinen an ausgesetzt. Im Rahmen der sogenannten **AGOGE**, der Knabenerziehung, wurden die Jungen ab dem Alter von sieben Jahren zu Ausdauer und Härte erzogen. Dabei durchliefen sie mehrere Altersstufen, bis sie mit 20 volljährig waren. Für antike Verhältnisse außergewöhnlich ist daran, dass diese Erziehung von den Polis-Behörden organisiert wurde und verpflichtenden Charakter hatte, also, wenn man so will, staatlich war. Noch außergewöhnlicher ist, dass in Sparta bis zu einem gewissen Grad Mädchen und junge Frauen in diese Erziehung miteinbezogen waren, vor allem dadurch, dass sie Sport trieben, und zwar, den damaligen Gepflogenheiten entsprechend, nackt! Dies hat nicht nur die Fantasie der zeitgenössischen Männerwelt in anderen griechischen Gemeinden beflügelt; auch

SYSKENION, von griech. *syn* = zusammen, mit und *skene* = Zelt, Behausung; Zeltgemeinschaft.

AGOGE, von griech. *agein* = ziehen führen; hier: Erziehung.

die moderne Forschung hat immer wieder versucht, sich einen Reim auf die Besonderheiten des spartanischen Kosmos zu machen.

Wichtig ist an dieser Stelle die Beobachtung, dass es deutliche Parallelen gibt zwischen dem spartanischen Kosmos, wie er im 7. und 6. Jh. v. Chr. existiert haben soll, und den Idealstaatsvorstellungen, wie sie ab dem 4. Jh. v. Chr. von der griechischen Philosophie formuliert wurden. Im 4. und 3. Jh. v. Chr. konnte man jedoch nicht mehr überprüfen, wie die Realität im archaischen Sparta tatsächlich aussah. Daher könnte ein Teil dessen, was uns als spartanischer Kosmos überliefert wird, in Wirklichkeit aus der **politischen Utopie** stammen.

Man sollte also etwas vorsichtig sein mit dem spartanischen Kosmos und stets mit Übertreibungen, Verzerrungen und Erfindungen rechnen. Gleichwohl ist sicher nicht alles, was im Vorigen geschildert wurde, als Fiktion anzusehen, und wir sind daher nicht der Pflicht enthoben, darüber nachzudenken, auf welche Weise die besondere spartanische Staats- und Gesellschaftsordnung entstanden sein könnte.

Die heutige Forschung geht davon aus, dass es am Ende der Bronzezeit und in den dunklen Jahrhunderten immer wieder zu eher kleinteiligen und komplizierten Migrations- und Integrationsprozessen kam. Am Ende dieser Vorgänge stand im 8. Jh. v. Chr. in Sparta sicherlich die Herausbildung einer Polisordnung, wobei man gerade das Doppelkönigtum als ein Relikt der vorherigen kleineren Einheiten interpretieren kann, die sich nun zusammenschlossen. Vor diesem Hintergrund lässt sich die Existenz einer Gruppe von Periöken als Resultat einer Polisbildung verstehen, die unvollendet blieb. Wir besitzen durchaus Anhaltspunkte dafür, dass es eine derart auf halbem Wege stehen gebliebene Integration nicht nur in Sparta gab. In Bezug auf die Heloten muss betont werden, dass sie als Gruppe erst im Zusammenhang mit den messenischen Kriegen in der Überlieferung deutlich erkennbar werden. Möglicherweise wurde die Helotie als Rechtskategorie also überhaupt erst nach dem zweiten messenischen Krieg erfunden, als man mit der Frage konfrontiert war, was mit den besiegten Messeniern geschehen sollte.

Nach dem Ende dieses Kriegs begann der außenpolitische Aufstieg Spartas: In der Mitte des 6. Jh. v. Chr. wurde das benachbarte Argos besiegt (546 v. Chr.), und etwa gleichzeitig rang man die Arkadier, die im Inneren der Peloponnes lebten, nieder. Damit war der Grundstein für den sogenannten ‚Peloponnesischen Bund' gelegt. Dieses von Sparta beherrschte Bündnissystem umfasste um 500 v. Chr. schließlich alle Poleis der Peloponnes mit Ausnahme von Argos sowie der Landschaft Achaia.

Eine Reputation erwarben sich die Spartaner im 6. Jh. v. Chr. nicht zuletzt als Tyrannenfeinde. Aus Gründen, die wir heute nicht mehr nachvollziehen können, wurde nicht nur, wie oben erwähnt, die Tyrannis

▶ In den Quellen wird der peloponnesische Bund bezeichnet als „die Lakedaimonier und ihre Kampfgefährten" (*hoi Lakedaimonioi kai hoi symmachoi*), und schon in diesem Namen drückt sich aus, dass der hauptsächliche Zweck dieses Bündnisses kriegerischer Natur war. Die Verbündeten verpflichteten sich wohl vertraglich, die gleichen Freunde und Feinde wie Sparta zu haben, und soweit wir wissen, unternahmen sie von sich aus keine Feldzüge, ohne zuvor die Spartaner konsultiert zu haben. Über gemeinsame Aktionen wurde auf unregelmäßig stattfindenden Bundesversammlungen beschlossen, bei denen jede Polis eine Stimme hatte und nach dem Mehrheitsprinzip entschieden wurde. Im Bündnisfall führten die Spartaner den Oberbefehl über die gemeinsamen Kontingente. Obwohl theoretisch alle Verbündeten gleichberechtigt waren, war der Bund doch ein Machtinstrument Spartas, denn die Spartaner besaßen das größte Gewicht, und sie konnten auf den Versammlungen mittelgroße Poleis wie Korinth leicht überstimmen, indem sie die vielen kleinen Mitglieder mobilisierten, die von ihnen abhängig waren. Faktisch war Sparta also der *Hegemon*, der Anführer des Bundes, und deshalb wird der peloponnesische Bund in der Forschung auch als ‚HEGEMONIALE SYMMACHIE' bezeichnet.

Info
Der peloponnesische Bund
HEGEMON, von griech. *hegeisthai* = anführen, befehligen; Anführer.
SYMMACHIE, von griech. *syn* = zusammen, mit und *machesthai* = kämpfen; Waffenbündnis.

in Athen mit spartanischer Unterstützung beendet; Ähnliches ereignete sich zum Beispiel in Sikyon und auf Naxos. Herodot überliefert, dass Sparta ab 550 v. Chr. auch zum begehrten Bündnispartner selbst für außergriechische Mächte wie z. B. Lydien (Herodot I,82–83) wurde. In dieser Zeit sind außerdem mehrfach Flottenexpeditionen der Spartaner überliefert, sodass die traditionelle Gelehrtenmeinung, Sparta sei eine typische Landmacht, für diese Phase der spartanischen Geschichte überhaupt nicht zutrifft. Die überaus weitgespannte Außenpolitik Spartas veränderte sich erst unter dem Einfluss des Agiadenkönigs **Kleomenes I.** (ca. 520–490 v. Chr.). Kleomenes beschränkte den Aktionsradius der Spartaner konsequent auf das griechische Festland. Dabei war seine Politik in den nun als Interessensphäre abgesteckten Gebieten durchaus von Großmachtambitionen geprägt. In Bezug auf Athen führte dies zu einem Zerwürfnis zwischen den beiden Poleis: Kleomenes war zwar maßgeblich am Sturz des Hippias im Jahre 510 v. Chr. beteiligt, doch als danach in Athen erneut ein Parteienstreit ausbrach, setzte er auf das ‚falsche Pferd'. Er unterstützte nämlich den athenischen Aristokraten Isagoras gegen den Alkmaioniden Kleisthenes, der seinerseits jedoch durch politische Reformmaßnahmen die Mehrheit der Bürger hinter sich versammeln konnte (→ 3.3.3). Damit aber sah es plötzlich so aus, als würden sich die Spartaner auf die Seite der Feinde des athenischen Volkes stellen, und obwohl Kleomenes seine Einmischungsversuche recht bald aufgab, wirkte dieser ungute Eindruck noch lange nach.

Aufgaben zum Selbsttest

- Nennen Sie die Ursachen der krisenhaften Veränderungen der Gesellschaft des 7. und 6. Jh. v. Chr.
- Beschreiben Sie die Veränderung der aristokratischen Elite.
- Erklären Sie das Phänomen der Gesetzgeber vor dem Hintergrund der ‚Krise der Polis'.
- Nennen Sie das Hauptanliegen der solonischen Reformen.
- Definieren Sie ‚Tyrann' und legen Sie dar, wie die sogenannte ältere Tyrannis entstand.
- Nennen und beschreiben Sie die verschiedenen Bevölkerungsgruppen in Lakonien.
- Legen Sie dar, wie die Quellen die politische und gesellschaftliche Ordnung Spartas beschreiben.
- Beschreiben Sie die Stellung Spartas in Griechenland um 500 v. Chr. und die Entwicklung dahin.

Literatur

Zur ‚Krise' der Polis
R. Rollinger / C. Ulf (Hgg.), **Das archaische Griechenland**, Berlin 2003.
M. Stahl, **Gesellschaft und Staat bei den Griechen: Archaische Zeit**, Paderborn u. a. 2003.
E. Stein-Hölkeskamp, **Adelskultur und Polisgesellschaft**, Stuttgart 1989.
U. Walter, **An der Polis teilhaben**, Stuttgart 1992.

Zu Gesetzgebern und Tyrannen
H. Berve, **Die Tyrannis bei den Griechen**, 2 Bde., München 1967.
J. H. Blok, **Solon of Athens**, Leiden u. a. 2006.
K.-J. Hölkeskamp, **Schiedsrichter, Gesetzgeber und Gesetzgebung im archaischen Griechenland**, Stuttgart 1999.
L. De Libero, **Die archaische Tyrannis**, Stuttgart 1996.
M. Stahl, **Aristokraten und Tyrannen im archaischen Athen**, Stuttgart 1987.

Zu Sparta
S. Link, **Der Kosmos Sparta**, Darmstadt 1994.
M. Meier, **Aristokraten und Damoden: Untersuchungen zur inneren Entwicklung Spartas im 7. Jahrhundert v. Chr.**, Stuttgart 1999.
N. M. Kennell, **The Gymnasium of Virtue. Education and Culture in Ancient Sparta**, Chapel Hill / London 1995.
W. Schmitz, **Die geschorene Braut. Kommunitäre Lebensformen in Sparta?**, HZ 274, 2002, 561–602.
K.-W. Welwei, **Sparta: Aufstieg und Niedergang einer antiken Großmacht**, Stuttgart 2004.

Das klassische Griechenland im Kampf um Freiheit und Hegemonie | 3.3

Die Perserkriege und ihre Vorgeschichte | 3.3.1

Nach dem Fall des Neuassyrischen Reiches 605 v. Chr. entstand im Nahen Osten eine Art ‚Staatensystem'. Der Haupterbe in diesem Zusammenhang war das von Nabopolassar begründete **neubabylonische Reich**, das sich unter der Herrschaft seines Sohnes Nebukadnezar II. (604–562 v. Chr.) vom persischen Golf über Syrien bis nach Palästina und an die Grenzen Ägyptens erstreckte. Auch die Babylonier hatten dies nicht auf friedlichem Wege bewerkstelligt. Wichtigster Gegner der Babylonier war Ägypten, das eine rege diplomatische Aktivität im östlichen Mittelmeerraum entfaltete. So verbündete sich Psammetich I. (664–610 v. Chr.) mit den Lydern, sein Enkel Psammetich II. (595–589 v. Chr.) knüpfte Beziehungen zu dem Tyrannen Periander von Korinth, und Amasis (570–526 v. Chr.) nahm erneut zu Lydien Kontakt auf, sowie zu den Spartanern, zu Athen und zu Polykrates von Samos. Auffällig ist hier die starke Orientierung in Richtung Ägäisraum, auch wenn dies nicht die einzige Region war, an der die ägyptischen Herrscher ein diplomatisches Interesse hatten.

In Kleinasien war es im 7. Jh. v. Chr. zu einer Verschiebung der Gewichte gekommen, ohne dass wir dies im Einzelnen nachzeichnen könnten. Mit vielen Fragen behaftet ist dabei die Geschichte der in Zentralanatolien beheimateten **Phryger**, die in den homerischen Epen auftauchen und möglicherweise mit den ‚Muschki' der assyrischen Quellen zu identifizieren sind. Wenn diese Gleichsetzung zutrifft, dann gab es um 750 v. Chr. in der Gegend des heutigen Ankara ein großes phrygisches Reich unter einem Herrscher mit dem Titel oder Namen Mita, der in diesem Falle als das historische Vorbild des sagenhaften Midas der Mythentradition anzusehen wäre.

Die spätere griechische Historiographie überliefert, dass Midas im Kampf gegen die Kimmerier umkam, ein Reitervolk, das aus dem Kaukasus nach Kleinasien einfiel. Dies soll zugleich das Ende des Phrygerreiches gewesen sein. Fest steht, dass ab etwa 650 v. Chr. das westkleinasiatische **Lyderreich** zunehmend an Bedeutung gewann. Der erste Lyderkönig, von dem wir sichere Kunde haben, ist Gyges, der von ca. 680 bis 644 v. Chr. regierte. Seine Nachfolger versuchten mit wechselhaftem Erfolg, die griechischen Poleis der westkleinasiatischen Küste unter ihre Kontrolle zu bringen, was zu der nun einsetzenden Schwarzmeerkolonisation, die ja hauptsächlich von Ionien ausging, beigetragen haben dürfte. Einen Durchbruch erreichten dann schließlich Alyattes (ca. 610–560 v. Chr.) und sein Sohn Kroisos (ca. 560–546 v. Chr.), dessen Name noch heute für sprichwörtlichen Reichtum steht; ihnen gelang es, die griechischen Küstenbewohner zu unterwerfen, und im Osten schoben sie die Grenze des Lyderreiches bis an den Halys in Zentralanatolien vor. Dort trafen sie auf die **Meder**, die aus dem iranischen Hochland nach Kleinasien eingedrungen waren. Berühmt ist die Schlacht zwischen Lydern und Medern, die wegen einer Sonnenfinsternis abgebrochen wurde; dies eröffnete den Weg für Friedensverhandlungen und führte schließlich zu einem Abkommen, in dem der Halys als Grenze zwischen beiden Mächten festgeschrieben wurde. – Über die Meder ihrerseits ist nicht viel bekannt. Die griechischen Schriftsteller von Herodot bis Xenophon hielten die **Perser** durchweg für Vasallen eines mächtigen Mederreiches, während die Forschung heute aufgrund keilschriftlicher Quellen eher von einer Stammesföderation ausgeht.

Diese gesamte vorderasiatische Staatenwelt der ersten Hälfte des 6. Jh. v. Chr. wurde dann innerhalb kürzester Zeit von den Persern unter ihrem Herrscher **Kyros II.**, dem Großen (ca. 558–530 v. Chr.) unterworfen. Über die Vorgeschichte der Perser sind wir nur dürftig unterrichtet. Ab dem 7. Jh. v. Chr. scheinen die Perser dann von einem einheimischen Fürstenhaus regiert worden zu sein; dass sie, wie die griechischen Quellen behaupten, vor 550 v. Chr. Untertanen der Meder waren, wird von einem Teil der neueren Forschung bezweifelt. Sicher ist, dass Kyros II. um 550 v. Chr. den Meder Astyages schlug, und dies war der Auftakt zu einer bis dahin beispiellosen Serie von Eroberungen. Zunächst war Kyros allerdings nicht der Angreifer, sondern der Angegriffene: Um sich aus der Konkursmasse des Mederreiches zu bedienen, marschierte der Lyderkönig Kroisos zu Beginn der 540er-Jahre v. Chr. über den Halys nach Kappadokien ein. Kroisos erlitt eine vollständige Niederlage und verlor dabei auch höchstwahrscheinlich sein Leben, die Berichte widersprechen sich in diesem Punkt. Das Ergebnis seines missglückten Expansionsversuches war, dass die Perser im Jahre 546 v. Chr. im Westen an der kleinasiatischen Ägäisküste standen. Nun wandte sich Kyros in die entgegengesetzte Richtung und unterwarf in nur sechs Jahren das riesige Gebiet bis zum Indus im Osten und dem Jaxartes, dem heutigen Syrdarja, im Norden. Im Anschluss daran eröffnete er den Krieg gegen das neubabylonische Reich, dessen Armee 539 v. Chr. bei Opis unweit von Babylon besiegt wurde. Per Erlass hob Kyros dann das babylonische Exil der von Nebukadnezar verschleppten Juden auf, die damit nach rund einem halben Jahrhundert in der Fremde nach Palästina zurückkehren durften. Kyros war es in nur wenig mehr als einem Jahrzehnt gelungen, die gesamte vorderasiatische Welt in einem Imperium von noch nie dagewesenen Ausmaßen zu vereinigen. Da Kyros in einer Schlacht gegen Steppenvölker am Ostrand seines Reiches getötet wurde (ca. 530 v. Chr.), blieb es seinem Sohn **Kambyses** (530–522 v. Chr.) überlassen, Ägypten zu erobern (525 v. Chr.). Nur wenige Jahre nach diesem Triumph versank das persische Reich indes in inneren Wirren: Während sich Kambyses in Ägypten aufhielt, kam es in Persien zu einer Rebellion gegen seine Herrschaft, und als er dorthin zurückeilte, starb er auf dem Weg. Nach dem Tod des Kambyses brach innerhalb der persischen Elite ein Machtkampf aus, den schließlich ein Adliger namens **Dareios** aus der Familie der Achaimeniden für sich entscheiden konnte (522/521 v. Chr.). Obgleich es sowohl bei Herodot als auch in persischen Quellen heißt, dass Dareios ein naher Verwandter des großen Kyros gewesen sei, ist es der Forschung nicht gelungen, die verschiedenen überlieferten Stammbäume beider Geschlechter widerspruchsfrei miteinander zu kombinieren. Aus diesem Grunde geht man heute überwiegend davon aus, dass Dareios eine genealogische Fiktion in Umlauf setzte, um die Tatsache zu verschleiern, dass er letzten Endes ein Usurpator war. Der starke Widerstand, auf den er zunächst überall im Reich stieß, deutet in die gleiche Richtung, und insgesamt wird man sagen können, dass damals die Existenz des noch jungen persischen Reiches ernsthaft auf dem Spiel stand. In dieser Krisensituation schaffte es Dareios mit Härte und politischem Talent, die Eroberungen seiner beiden Vorgänger in einen stabilen Herrschaftsverband zu verwandeln: Nachdem er seine Gegner niedergeworfen hatte, machte er sich daran, die Territorialverwaltung und das Abgabenwesen zu reorganisieren, und im Verlauf einer fast vierzigjährigen Herrschaft – Dareios verstarb 486 v. Chr. – erweiterte er sogar nochmals die Grenzen des ohnehin schon riesenhaften Reiches, wenn auch nur geringfügig.

Das auf diese Weise entstandene persische Reich kann als das erste wirkliche **Weltreich** der Geschichte bezeichnet werden, und man würde es heutzutage als Vielvölkerstaat klassifizieren: Auf einem Gebiet, das vom Hindukusch bis an den Bosporus und vom Aralsee bis nach Oberägypten reichte, lebten zahllose Stämme und Völkerschaften, die in sogenannten **SATRAPIEN** unter zumeist persischen Statthaltern zusammengefasst waren und die dem persischen Herrscher, der sich jetzt nach altem orientalischen Brauch ‚**König der Könige**' nennen ließ, regelmäßige Tribute und Steuern entrichteten. Die Tatsache, dass es ein solches Machtgebilde bis dato noch nicht gegeben hatte, wirft dabei natürlich unweigerlich die Frage auf, wie es die Perser geschafft haben, all dies in so kurzer Zeit zustande zu bringen.

Leider ist das Geheimnis des persischen Erfolges für uns nicht mehr richtig nachvollziehbar. Zweifelsohne muss bei den Vorgängen eine deutliche militärische Überlegenheit der Perser mit im Spiel gewesen sein, und wir dürfen wohl ebenfalls davon ausgehen, dass Kyros ein mi-

SATRAPIE, von griech. *satrapeia* = Amtsbereich eines Satrapen.

litärisches Genie war. Gleichzeitig kann man aber sehen, dass es auch die politischen Strukturen der altorientalischen Staatenwelt waren, die einem Haudegen wie Kyros in die Hände spielten, denn oft war nach nur einer oder zwei Schlachten bereits alles vorbei und die Herrschaft über nicht unbeträchtliche Gebiete gewonnen; Derartiges lässt sich gerade in der Antike häufig dann beobachten, wenn große, monarchisch verfasste Flächenstaaten in Kriege verwickelt sind. In diesen Fällen kämpfen immer wieder nur verhältnismäßig kleine Gruppen gegeneinander, eine angreifende Elite gegen eine regierende Elite, die ihren Status zu verteidigen sucht und die, wenn sie unterliegt, gewissermaßen ‚ausgetauscht' wird, ohne dass die große Masse der als Untertanen behandelten Reichsbevölkerung daran irgendeinen Anteil nimmt.

Daneben spielte möglicherweise noch ein weiterer Punkt eine Rolle beim Siegeszug der Perser. Sie vermochten es nämlich offenbar von Anfang an, die jeweils unterworfenen Völker in ihre Herrschaft einzubinden und sie dann auch für sich kämpfen zu lassen, wie man etwa am Ägyptenfeldzug des Kambyses deutlich erkennt oder am Zug des Xerxes nach Griechenland, von dem weiter unten noch ausführlicher die Rede sein wird.

Kyros selbst war eine herausragende Eroberergestalt wie später Alexander, und wie dieser hat er durch sein Vorbild seine Nachfolger zu persönlicher militärischer Leistung verpflichtet.

Die griechische Welt stand mit den Persern seit 546 v. Chr. in Kontakt. Natürlich war der unerwartete Zusammenbruch der lydischen Herrschaft ein Schock gewesen, und zunächst versuchten die ionischen Städte, den fremden Eroberern Widerstand entgegenzusetzen. Dieser Widerstand war aber rasch beseitigt, und danach fanden sich die Griechen sehr schnell in die neuen Machtverhältnisse hinein – ob sie nun Untertanen der Perser waren, wie dies für die Bewohner der kleinasiatischen Westküste und der vorgelagerten Inseln der Fall war, oder ob es einfach um gute Nachbarschaft ging, wie bei den festländischen Griechen. Allenthalben hören wir von Kooperation zwischen Griechen und Persern. Dabei waren die persischen **SATRAPEN** naturgemäß vor allen Dingen an guten Beziehungen zur politischen Führungsschicht Griechenlands interessiert, und dementsprechend sind es immer wieder einzelne **griechische Aristokraten**, die in den Quellen als Berater, Helfer und auch Gastfreunde der persischen Würdenträger genannt werden. Für ihre loyalen Dienste wurden die Griechen vom Großkönig generös belohnt, in Form von Reichtümern, aber auch dadurch, dass er ihnen Macht und Einfluss über ihre Landsleute verschaffte. Als Dareios I. 513 v. Chr. einen Feldzug gegen die Skythen in der Ukraine unternahm, wird ein gutes Dutzend griechischer Aristokraten namentlich erwähnt, die von ihm als Herrscher

---

SATRAP von griech. *satrapes* aus altpersisch *ḫšaçapāvan* = Reichs- oder Herrschaftsschützer.

über im persischen Machtbereich gelegene Poleis eingesetzt worden waren – darunter auch der Athener Miltiades, der spätere Held von Marathon (s. u.), der damals ein kleineres Gebiet auf der europäischen Seite des Hellesponts regierte, aber später wieder nach Athen zurückkehrte. Derartige ‚**Vasallentyrannen**' dürfte es in Ionien und auf den Inseln auch schon zuvor gegeben haben, denn die Perser folgten damit dem von ihnen reichsweit praktizierten Prinzip, die Untertanenvölker sich weitgehend selbst verwalten zu lassen. Wir dürfen ferner davon ausgehen, dass es nicht ihre Idee war, in den griechischen Poleis Alleinherrschaften einzurichten, sondern dass dies den Wünschen ihrer griechischen Parteigänger entsprach, die sich, wie wir aus Herodot wissen, solche Machtstellungen immer wieder als Belohnung erbaten.

Aus persischer Sicht tat man also alles dafür, mit den Griechen gut auszukommen, und deshalb muss es für die Perser wie aus heiterem Himmel gekommen sein, als im Jahre 500 v. Chr. in Ionien ein schwerer **Aufstand** ausbrach. In der Tat liest sich der Hergang der Ereignisse bei Herodot auf den ersten Blick so, als sei diese Rebellion das Resultat einer Verkettung unglücklicher Umstände und von Intrigenspielen gewesen: Danach fing alles damit an, dass **Aristagoras** von Milet, einer der Vasallentyrannen des Großkönigs, den persischen Satrapen Artaphernes zu einer Flottenexpedition gegen Naxos überredete. Diese Unternehmung schlug jedoch fehl, und weil Aristagoras fürchten musste, bestraft zu werden, entschloss er sich zur Flucht nach vorne und propagierte plötzlich den Abfall von Persien. Angeblich war hierbei noch eine geheime Botschaft seines Vetters und Vorgängers Histiaios im Spiel, den Dareios, um seinen übergroßen Ehrgeiz zu bremsen, in Susa festgesetzt hatte und der nun Aristagoras ebenfalls zum Aufstand ermunterte, weil er gehofft haben soll, in einer solchen Situation wieder nach Ionien geschickt zu werden (was dann später tatsächlich auch so kam). Der Aufruf des Aristagoras erfuhr jedenfalls eine große Resonanz. Überall in den ionischen Griechenstädten wurden die Tyrannen von persischen Gnaden vertrieben, und im Anschluss daran gelang es den Aufständischen sogar, den Satrapensitz **Sardeis**, die frühere lydische Hauptstadt, einzunehmen und niederzubrennen (498 v. Chr.). Dieser spektakuläre Erfolg, bei dem die Ionier **Unterstützung aus dem Mutterland**, aus Athen und aus Eretria auf Euböa, erhalten hatten, löste eine wahre Lawine aus: Große Teile Westkleinasiens und auch die Insel **Zypern** schlossen sich jetzt der Revolte an.

Der Gegenschlag der Reichszentrale erfolgte umfassend und planmäßig: Zunächst wurde Zypern zurückerobert (497 v. Chr.), danach besetzten die Perser die Meerengen an Hellespont und Bosporus und griffen zugleich im Südwesten Kleinasiens an, sodass sich die Schlinge um die

| Abb. 11
Perserkönig Dareios I. sitzt bei einer Audienz auf dem Thron; Kronprinz Xerxes, Wächter und Bedienstete stehen hinter ihm; Relief im Schatzhaus in Persepolis, ca. Ende 6. Jh. v. Chr.

Ionier immer enger zuzog. Im Jahre 494 v. Chr. brachte die persische Flotte den griechischen Schiffen bei der Insel Lade eine vernichtende Niederlage bei, und nur kurze Zeit später wurde das Zentrum der Rebellion, das nahe gelegene Milet, erobert. Die Einwohner der Stadt deportierte man an den Persischen Golf.

Wenn man sich diesen Verlauf und vor allem die Dimensionen des ionischen Aufstandes vergegenwärtigt, wird klar, dass man auf der Suche nach den Ursachen für dieses Ereignis nicht bei der Rolle, die Einzelpersonen wie Aristagoras oder Artaphernes dabei spielten, stehen bleiben kann. Die massenhafte Beteiligung zuerst der kleinasiatischen Griechen und dann der übrigen Untertanenvölker Westanatoliens macht deutlich, dass es dort um 500 v. Chr. eine weitverbreitete Unzufriedenheit mit der persischen Herrschaft gab. Wie aber war es dazu gekommen? Denn schließlich kann es rund 50 Jahre nach der Eroberung des Lyderreiches durch die Perser nicht mehr um die Fremdherrschaft an sich gegangen sein. Ein Blick auf die Regelungen, die die Perser in Ionien nach der Niederschlagung des Aufstandes trafen, ist hier aufschlussreich.

Die wichtigste Quelle hierzu ist der Bericht Herodots zum Ionischen Aufstand (Herodot VI 42–43). Es sind vor allem zwei Punkte aus seiner Schilderung der persischen Maßnahmen nach der Seeschlacht bei Lade, die unsere Aufmerksamkeit verdienen. Zum einen untersagte Artaphernes den Ioniern, gegeneinander Krieg zu führen und Plünderungen zu veranstalten, was interessanterweise in einem Atemzug mit einer

Bestandsaufnahme des Ackerlandes berichtet wird, und zum anderen schaffte Mardonios in den griechischen Poleis die Vasallentyrannen ab und ersetzte sie durch angeblich demokratische Verfassungen. Vermutlich wollten die Perser durch derartige Handlungen Missstände beseitigen, die wenigstens ihrer Meinung nach für den Ausbruch der Rebellion verantwortlich waren. Daher kann man in Bezug auf die vorherige Situation in Ionien den Rückschluss wagen, dass sie erstens durch eine sehr explosive Grundstimmung geprägt war und dass zweitens diese Situation offenbar dadurch verschärft wurde, dass sich die Perser bei der lokalen Selbstverwaltung auf Tyrannenherrschaften stützten. Dabei legt es der Hinweis auf die Ausmessung des Landes nahe, dass sich diese Spannungen erklären lassen durch die wirtschaftlichen, sozialen und politischen Schwierigkeiten, die oben unter dem Stichwort der ‚Krise der Polis' abgehandelt wurden und die es damals überall in Griechenland gab (→ s. o. 3.2.1). Die Tyrannenherrschaften aber müssen den Persern bis dahin als unproblematisch erschienen sein, denn aus ihrer Sicht waren sie hierdurch ja den Wünschen der Griechen selbst entgegengekommen. Dass sie nicht erkannten, dass sich just in den Jahren zwischen 550 und 500 v. Chr. eine Entwicklung Bahn brach, die der Tyrannis jegliche Legitimität raubte (→ vgl. 3.2.2), stellte sich letzten Endes als verhängnisvoll heraus und verleiht dem ionischen Aufstand den Charakter eines kulturellen Missverständnisses.

Dass sich aber auch andere Völker gegen die Perser erhoben, deutet an, dass nach einem halben Jahrhundert persischer Herrschaft auch andere Untertanen des Großkönigs mit den politischen Verhältnissen unzufrieden waren. Was genau dahintersteckt, entzieht sich unserer Kenntnis; vielleicht hängen die ab diesem Zeitpunkt vermehrt auftretenden zentrifugalen Tendenzen mit den administrativen und fiskalischen Reformen zusammen, die Dareios durchführte und die sicherlich zu einer **Intensivierung von Herrschaft** und Verwaltung beigetragen haben. Es könnte durchaus sein, dass das nun stärker spürbare persische Joch als drückend empfunden wurde, doch letztlich wissen wir zu wenig, um über bloße Vermutungen hinauszukommen.

Jedenfalls sollte nun **an den Griechen ein Exempel** statuiert werden, und das bedeutete auch, Athen und Eretria dafür zur Rechenschaft zu ziehen, dass sie die Ionier unterstützt hatten. Das Ergebnis fiel jedoch alles andere als erwartet aus: In mehreren Etappen gelang es den Griechen bis 479 v. Chr., die Perser zu besiegen – eine echte Sensation! Dabei waren die ersten Schritte aus persischer Sicht noch einigermaßen planmäßig verlaufen. Nachdem Mardonios, ein Schwiegersohn des Dareios, 492 v. Chr. mit einem Heer und einer Flotte Thrakien und Makedonien gesichert hatte, stieß 490 v. Chr. ein Expeditionskorps unter Datis und

Artaphernes quer durch die Ägäis auf Euböa und Attika vor. Eretria, das als Erstes an der Reihe war, wurde rasch erobert und seine Bewohner nach bewährter Manier ins Innere des Perserreiches verschleppt; die Athener aber vermochten unter der Führung des oben erwähnten Miltiades das persische Heer in einer **Schlacht bei Marathon** an der Ostküste Attikas zu schlagen. Angeblich schickten sie danach einen Boten in voller Rüstung nach Athen, der die über 40 km von Marathon im Dauerlauf zurückgelegt haben soll, um die Nachricht vom Siege zu überbringen. Dieser erste Marathonlauf der Geschichte, nach dem der besagte Bote tot zusammengebrochen sein soll, ist jedoch wahrscheinlich nur eine Legende aus späterer Zeit.

Auf den Rückschlag bei Marathon reagierte das Perserreich nicht sofort; dies dürfte damit zusammenhängen, dass Dareios wenig später starb und dass nach seinem Tode Aufstände in Ägypten und Babylonien ausbrachen (486 v. Chr.). **Xerxes**, der Sohn und Nachfolger des Dareios, war dafür umso mehr daran interessiert, seine Herrschaft mit einem grandiosen Eroberungszug zu beginnen und sich auf diese Weise seiner Vorgänger als würdig zu erweisen. Ab 483 v. Chr. bereitete er daher die vollständige Unterwerfung Griechenlands durch eine groß dimensionierte Land- und Seeexpedition vor, die durch allerlei diplomatische Aktivitäten flankiert wurde. Die Mehrheit der griechischen Poleis und auch das prestigeträchtige Heiligtum in Delphi unterwarfen sich im Vorfeld, nur Athen, das ohnehin nicht mehr auf Schonung hoffen durfte, sowie Sparta als traditionelle Vormacht widersetzten sich, unterstützt durch die spartanischen Verbündeten und wenige andere Gemeinden. Die sizilischen Griechen waren durch eine gleichzeitige Offensive der Karthager gebunden. So schien einem Erfolg nichts mehr im Wege zu stehen, als Xerxes im Sommer 480 v. Chr. mit Heer und Flotte in Griechenland einmarschierte. Sparta versuchte, durch mehrere Sperrstellungen den persischen Vormarsch zu Lande aufzuhalten, während die Athener in der Zwischenzeit auf Betreiben des Themistokles eine starke Flotte gebaut hatten. Der berühmt gewordene Kampf zwischen Persern und Griechen bei den **Thermopylen** in Mittelgriechenland, in dem sich eine kleine Abteilung von Spartanern und Thespiern unter König Leonidas drei Tage lang halten konnte, war jedoch allenfalls ein Achtungserfolg. Danach musste Athen evakuiert werden, Xerxes' Männer richteten dort und anderswo Verwüstungen an, und die verbündeten Griechen igelten sich am Isthmos von Korinth ein. Der entscheidende Umschwung zugunsten des Hellenenbündnisses kam erst mit der **Seeschlacht** bei der Athen vorgelagerten Insel **Salamis**, wo die griechische Flotte die Perserflotte vernichtend besiegte. Xerxes zog daraufhin seine Truppen nach Thessalien zurück und unterstellte sie dem Kommando des Mardonios.

Er selbst reiste ab nach Sardeis und sah sich schon kurze Zeit später mit einem erneuten Aufstand in Babylonien konfrontiert. Mardonios hingegen rückte im darauffolgenden Jahr noch einmal nach Süden vor, wo es schließlich bei **Plataiai** in Böotien zu einer großen Schlacht kam, in der das persische Heer erneut unterlag. In dieser Schlacht wurden viele vornehme Perser getötet, auch Mardonios fiel. Mit dieser katastrophalen Niederlage war der Versuch des Xerxes, Griechenland zu erobern, kläglich gescheitert.

Die griechischen Erfolge bei Marathon, Salamis und Plataiai kamen nicht nur damals für alle Beteiligten völlig unerwartet, sie überraschen auch heute noch. Es ist daher kein Wunder, dass man schon kurze Zeit später aufseiten der Sieger nach einer Antwort auf die Frage suchte, wie es denn möglich gewesen war, das Riesenreich des Großkönigs in die Knie zu zwingen. Die Grundstruktur der Erklärung, auf die man in diesem Zusammenhang verfiel, war denkbar einfach: Die Griechen seien eben besser als die Perser, sie hätten gewissermaßen ihre quantitative Unterlegenheit durch eine qualitative Überlegenheit ausgeglichen. Umso wichtiger wurden die Punkte, in denen man diese Überlegenheit begründet sah, denn sie bildeten sehr rasch den Kern einer Ideologie, die noch lange nachwirken sollte. Wir erfahren erstmals etwas darüber in der Tragödie „Die Perser" des athenischen Dramendichters Aischylos, die im Jahre 472 v. Chr. uraufgeführt wurde. Dort wird an verschiedenen Stellen betont, dass es der **Kampf für die eigene (politische) Freiheit** gewesen sei, der die Griechen in die Lage versetzt habe, der Übermacht der Angreifer Paroli zu bieten. Daraus entwickelte sich schon bald die Vorstellung, dass es eine Besonderheit der Griechen sei, in freiheitlichen Verhältnissen zu leben. Die Untertanen des Perserkönigs betrachtete man demgegenüber als unfrei, als dessen Sklaven, und das mochte – auch wenn dies bei Aischylos noch nicht deutlich ausgesprochen wird – zur Genüge erklären, weshalb sie schwächer waren: Sie kämpften für die schwächere Sache. Insgesamt war damit das Schlagwort von der ‚Freiheit der Griechen' geboren. Wie oben bereits erwähnt, waren monarchische Polisverfassungen nunmehr für lange Zeit diskreditiert (→ s. o. 3.2.2). Zugleich erschien es ab diesem Moment als grundsätzlich inakzeptabel, wenn eine griechische Polis einer **Fremdherrschaft** unterworfen war, egal ob diese von anderen Griechen oder von Nichtgriechen ausgeübt wurde. Diese Haltung erschwerte natürlich Machtbildungen oder Herrschaftsstrukturen, die über den Rahmen der einzelnen Polis hinausgingen, und dies belastete nicht nur die griechische Geschichte des 5. und 4. Jh. v. Chr.; die ‚Freiheit der Griechen' prägte noch die hellenistischen Monarchen und deren ‚Erben', die Römer, ganz nachhaltig in ihrem Umgang mit den griechischen Poleis. Es musste eben immer wieder Rücksicht auf deren Sensibilitäten in diesem Bereich genommen werden. Wenn wir heute, unabhängig von diesem antiken Diskurs, nach einer Erklärung für den Sieg der Griechen in den Perserkriegen suchen, empfiehlt es sich, die militärische Seite noch einmal eingehender unter die Lupe zu nehmen. Die **Kräfteverhältnisse** können nämlich allein aus logistischen Gründen nicht so unterschiedlich gewesen sein, wie von den Quellen hinterher dargestellt. Es ist einfach nicht möglich, dass die persische Streitmacht bei Marathon 600.000 Soldaten zählte, wie der kaiserzeitliche Schriftsteller Justin berichtet, oder dass das Heer des Xerxes mehr als fünf Millionen Mann stark war, wie Herodot behauptete. Nüchterne Schätzungen gehen davon aus, dass bei Marathon um die 20.000 Perser ungefähr 10.000 athenischen Hopliten gegenüberstanden, und bei Plataiai kämpften vielleicht 50.000 Perser gegen rund 30.000 Griechen. Das sind zwar immerhin noch jeweils etwa doppelt so viele Kombattanten auf persischer Seite wie auf der Seite der griechischen Verteidiger, aber es handelt sich natürlich nicht mehr um militärisch aussichtslose Situationen! Das Ergebnis der Perserkriege ist, zumindest was die Schlachten von Marathon und Plataiai anbetrifft, also eher als ein Beleg für die **Effektivität der Phalanxtaktik** der Griechen zu interpretieren. Jedenfalls vermochten die Perser nichts gegen diese Kampfweise auszurichten. Das fand man aber erst durch die Perserkriegsgefechte selbst heraus, und das erklärt, weshalb alle Beteiligten so verblüfft waren. Die Griechen waren sich ihrer militärischen Stärke einfach noch nicht bewusst, ebenso wenig, wie die Perser schon ihre Defizite hätten kennen können. Der Sieg in der Seeschlacht bei Salamis, in deren Verlauf angeblich 1200 persische Schiffe von 300 griechischen Schiffen vernichtet wurden, war demgegenüber vielleicht einfach nur Glück oder günstigen Umständen geschuldet.

Über die Konsequenzen, die die Perserkriege für das Denken der Griechen hatten, wurde oben bereits gesprochen, die politischen Auswirkungen werden im folgenden Unterkapitel behandelt. Indessen bedeutete dieser Konflikt auch eine einschneidende Zäsur für Persien: Die Niederlage des Xerxes markierte nämlich für alle Zeiten das **Ende der achämenidischen Expansion** und leitete eine neue Phase in der Außenpolitik der Großkönige ein, von der unten noch die Rede sein wird (→ s. u. 3.3.4). Die Griechen vermochten sich indes auch im Westen gegen ihre Gegner zu behaupten: Der syrakusanische Tyrann Gelon besiegte die Karthager 480 v. Chr. bei Himera auf Sizilien, angeblich am selben Tag, an dem die Schlacht bei Salamis geschlagen wurde (dies ist der sogenannte **SYNCHRONISMUS** von 480), und dies leitete einen **Aufschwung der Westgriechen** ein. Dessen nächste Etappe war der Sieg über die Karthager und die Etrusker in der Seeschlacht vor dem campanischen Kyme 474 v. Chr.

SYNCHRONISMUS, von griech. *syn* = mit, zusammen und *chronos* = Zeit; Gleichzeitigkeit zweier Ereignisse.

Der Aufstieg Athens

| 3.3.2

Es war **Thukydides** (ca. 460 bis nach 404 v. Chr.), der große Historiker des peloponnesischen Krieges, der für den Zeitraum von der Niederlage des Xerxes bis zum Beginn der großen Auseinandersetzung zwischen Sparta und Athen die Bezeichnung „die fünfzig Jahre" prägte (griechisch: die **PENTEKONTAETIE**). Er wollte auf diese Weise Ordnung schaffen in einem ansonsten eher unübersichtlichen Ereignisablauf, und er tat dies in erster Linie natürlich, indem er die einzelnen Feldzüge ab 431 v. Chr. zu einem großen einheitlichen Ganzen zusammenfasste und so gewissermaßen ‚den' peloponnesischen Krieg überhaupt erst ,erschuf' (→ vgl. dazu unten 3.3.4). Die gestalterische Hand des Thukydides zeigt sich zweifellos aber auch darin, dass er die Jahre davor als eine Zeit begriff, die ganz im Hinblick auf das Folgende zu betrachten sei. Die Pentekontaetie wird damit zu einer Art **Vorbereitungsphase des großen Krieges**, in der sich die machtpolitische Rivalität der beiden Kontrahenten immer stärker bemerkbar machte, bis dann das Unvermeidliche geschah und die Gegensätze gewalttätig ausgetragen wurden. Nun ist diese Sicht der Dinge vertretbar, aber sie suggeriert eine Zwangsläufigkeit des Geschehens, die schon aus grundsätzlichen Erwägungen heraus unwahrscheinlich ist und die durch die Einzelheiten dessen, was sich von 479 bis 431 v. Chr. zutrug, letztlich nicht bestätigt werden kann.

Es kam allerdings schon sehr bald nach der Schlacht bei Plataiai zu ersten **Verstimmungen im athenisch-spartanischen Verhältnis**. Dies hatte zunächst damit zu tun, dass man sich in Athen auf Anraten des Themistokles dazu entschlossen hatte, ein groß angelegtes **Mauerbauprojekt** in Angriff zu nehmen. Athen sollte nicht mehr so leicht wie beim Zug des Xerxes in feindliche Hände fallen, und obgleich der Mauerbau daher durchaus in die bisherige – antipersische und prospartanische – Politik der Stadt eingebettet werden konnte, fasste man ihn in Sparta als einen unfreundlichen Akt auf und versuchte, freilich erfolglos (→ vgl. 3.3.4), die Athener davon abzubringen (Winter 479/478 v. Chr.). Etwa zur gleichen Zeit traten in der Koalition der griechischen Poleis, die gegen die Perser gekämpft hatten, immer deutlicher fundamentale Interessenkonflikte hervor, die schließlich zu einer Spaltung in zwei Lager führten. Dies hing damit zusammen, dass die Griechen unmittelbar nach dem Sieg über Mardonios mit ihrer Flotte nach Ionien vorgestoßen waren und noch 479 v. Chr. das persische Schiffslager am Vorgebirge **Mykale** (zwischen Ephesos und Milet) vernichtet hatten. Nun war die Vertreibung der Perser aus den griechischen Gebieten Westkleinasiens zum Greifen nahe, und die Ionier baten folgerichtig darum, in das Bündnis aufgenommen zu werden. Die Spartaner lehnten dies jedoch ab; sie waren

PENTEKONTAETIE, von griech. *pentekonta* = fünfzig, und *etos* = das Jahr; Zeitraum von fünfzig Jahren.

offensichtlich nicht bereit, die neue Zielsetzung, die dieser Schritt für sie bedeutet hätte, auf sich zu nehmen: In ihren Augen war es in erster Linie um die Verteidigung des griechischen Festlandes gegangen, und nicht um eine offensive Fortführung des Krieges in der Ägäis und Westkleinasien. Als Kompromiss wurden die Bewohner der ägäischen Inseln in die Allianz eingegliedert, doch das kleinasiatische Festland blieb außen vor.

Die Gründe für diese Haltung sind unschwer zu erkennen; Sparta bestätigte damit im Prinzip lediglich die außenpolitischen Weichenstellungen, die Kleomenes I. etwa eine Generation früher vorgenommen hatte (→ vgl. oben 3.2.3). Das Resultat aber war, dass sich die **ionischen Poleis** nun an **Athen** wandten, das gerne bereit war, für ihre Sicherheit zu sorgen und bilaterale Verträge mit ihnen abschloss. Im Winter 478/477 v. Chr. kam es bei der Belagerung von Byzantion zum endgültigen Bruch. Angeblich fühlten sich die Ionier durch ein zu selbstherrliches Auftreten des spartanischen Regenten Pausanias, der vor Byzanz den Oberbefehl führte, provoziert, doch ob diese Geschichte so stimmt, ist in der Forschung umstritten. Sicher ist hingegen, dass die ägäischen und kleinasiatischen Griechen in dieser Situation den Athenern das Kommando antrugen und dass sich Sparta mit seinen Verbündeten zurückzog. Dies war die **Geburtsstunde des delisch-attischen Seebundes**, der sich in kürzester Zeit zu einem Machtinstrument ersten Ranges für die athenische Außenpolitik entwickelte und auf diese Weise zum Grundstein dafür wurde, dass Athen in den Jahrzehnten nach den Perserkriegen zur zweiten Großmacht Griechenlands neben Sparta aufstieg.

Info

Der delisch-attische Seebund

▶ Der delisch-attische Seebund lässt sich, wie der peloponnesische Bund auch (→ s. o. 3.2.3), als eine **hegemoniale Symmachie** beschreiben. Er entstand 478 v. Chr. dadurch, dass sich Teile der antipersischen Allianz von Sparta lösten und unter die Führung Athens stellten. In seinem Kern umfasste das Bündnis neben Attika und dessen Nachbarinsel Euböa die meisten ägäischen Inseln sowie die griechischen Poleis an der Nordküste der Ägäis und an der Westküste Kleinasiens. Auf dem Höhepunkt der athenischen Machtstellung in den 450er-Jahren v. Chr. gehörten allerdings auch weite Teile Mittelgriechenlands und der südanatolischen Küste dazu. Aufgrund der maritimen Ausrichtung des Bündnisses war das zentrale Element des Seebundes die **gemeinsame Flotte**. Da die Ausrüstung eigener Flottenkontingente die meisten kleineren Seebundmitglieder überforderte, wurde diese Flotte sehr bald dahin gehend organisiert, dass die Verbündeten – bis auf wenige Ausnahmen wie etwa Samos oder Lesbos – nur noch **finanzielle Beiträge** leisteten, mit deren Hilfe die Athener dann Schiffe bauten und bemannten. Die Seebundflot-

Info
Der delisch-attische Seebund

te war also eigentlich eine von den Bündnern bezahlte athenische Flotte. Dadurch konnten die Bundesgenossen hier noch weniger mitbestimmen als im peloponnesischen Bund, wo man sich im Extremfall immerhin der Heeresfolge verweigern konnte. In dem Maße, in dem Athen eine immer eigenmächtigere Politik betrieb, verwandelten sich die Bündnisbeiträge in den Augen der athenischen Verbündeten immer mehr in *Tributzahlungen* und das Bündnis immer mehr in einen Herrschaftsverband, in dem sie die Untertanen darstellten. – Die Bundesversammlung, die von Athen dominiert wurde, fand auf der Insel Delos statt (daher die in der Forschung übliche Bezeichnung als *delisch*-attischer Seebund), und dort war zunächst auch der Sitz der Bundeskasse, die freilich schon von Beginn an von athenischen Beamten kontrolliert wurde und die man 454 v. Chr. dann endgültig nach Athen brachte.

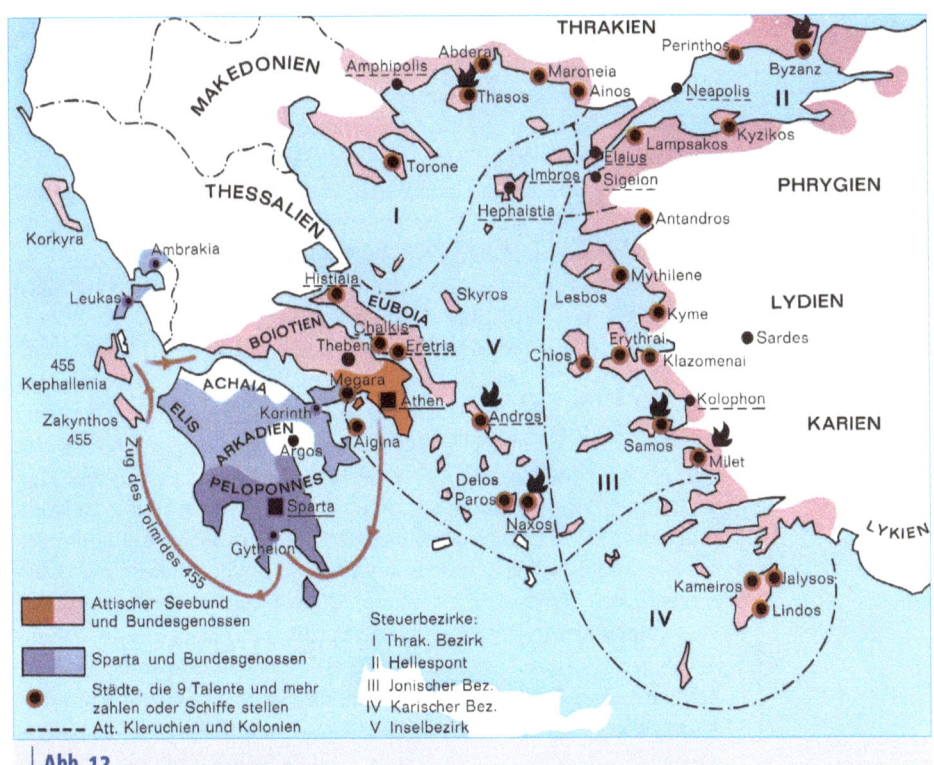

| Abb. 12

Der delisch-attische Seebund

In einer ersten Phase, von ca. 476 bis Mitte/Ende der 460er-Jahre v. Chr., kann von einem Machtgegensatz zwischen Athen und Sparta jedoch noch keine Rede sein. Damals sah es vielmehr so aus, als würden sich beide Mächte aus dem Weg gehen, indem sie sich auf jeweils unterschiedliche Interessensphären konzentrierten. Sparta betrieb eine vor allem auf die Peloponnes fokussierte Politik. Das ist nicht zuletzt darauf zurückzuführen, dass sich in Messenien Freiheitsbestrebungen zu Wort meldeten und diese Unruhe von den alten Widersachern in Argos, Elis und Arkadien aufgegriffen wurde. Die Athener hielten sich derweil vom Festland fern und setzten ihre Offensive gegen das Perserreich fort. Für diese Politik stand **Kimon** (ca. 510–449 v. Chr.), der Sohn des Perserkriegshelden Miltiades. Unter seiner Führung vertrieb man die Perser zuerst aus dem thrakischen Raum und besiegte sie dann, irgendwann zwischen 469 und 466 v. Chr., in einer großen Land- und Seeschlacht an der Mündung des Flusses Eurymedon in der südanatolischen Landschaft Pamphylien. Dieser Erfolg machte deutlich, dass die persische **Bedrohung nicht mehr akut** war. So ist es kein Zufall, dass sich just an diesem Punkt erste **Auflösungserscheinungen** im Seebund zeigen. Nicht alle Bündnispartner waren jetzt noch gewillt, den Athenern die Beiträge zu bezahlen. Ein Austritt aber war im Seebund nicht vorgesehen und wurde von den Athenern hart bestraft. Gleichzeitig wurde in Athen immer häufiger Sparta und nicht mehr Persien als eigentlicher Gegner angesehen. Diese Meinung gewann in Athen auch deswegen an Boden, weil die Spartaner ihrerseits mehr oder weniger offen mit aufständischen Seebündnern sympathisierten.

In der zweiten Hälfte der 460er-Jahre v. Chr. eskalierte die Lage schließlich. Um 464 v. Chr. wurde Sparta von einem schweren Erdbeben heimgesucht, das viele Menschenleben forderte. Dies war für die Messenier der Startschuss für eine groß angelegte Revolte, den sogenannten **dritten messenischen Krieg**. Nur mit äußerster Mühe konnten die Spartaner Messenien zurückgewinnen, und darin wird auch der Grund dafür zu sehen sein, dass sie ein Hilfegesuch ausgerechnet an Athen richteten. Gegen schwere innere Widerstände konnte Kimon in der athenischen Volksversammlung durchsetzen, dass er mit einem Hoplitenaufgebot auf die Peloponnes entsandt wurde, doch damit war das Maß voll. In Kimons Abwesenheit kam es in Athen zu einem regelrechten Umsturz. Seine innenpolitischen Kontrahenten ergriffen die Macht und setzten die **radikale Demokratie** durch (462/461 v. Chr., → vgl. unten 3.3.3). Kimon selbst wurde von den Spartanern, die den Athenern nun offenbar doch nicht mehr so recht trauen mochten, unverrichteter Dinge zurückgeschickt.

Sein Gegner **Ephialtes**, über dessen Person man so gut wie nichts weiß, fiel indessen schon wenig später einem Mordanschlag zum Opfer, sodass es sein politischer Ziehsohn **Perikles** war, der in den nächsten Jahren zur bestimmenden Figur in der athenischen Politik aufstieg. Perikles stammte mütterlicherseits aus der Familie der Alkmaioniden und gehörte daher, wie Miltiades, Kimon oder Themistokles, zur alten aristokratischen Führungsschicht der Polis. Athen verfolgte außenpolitisch zunächst eine Doppelstrategie: Auf der einen Seite wurde der Kampf gegen Persien fortgesetzt. Ab 460 v. Chr. kämpfte ein starkes athenisches **Expeditionskorps in Ägypten**, wo sich einheimische Fürsten vom persischen Großkönig Artaxerxes I. (465–425/424 v. Chr.) losgesagt hatten. Auf der anderen Seite begann in Griechenland etwa gleichzeitig eine Reihe von Auseinandersetzungen, die von Teilen der Forschung als „**erster peloponnesischer Krieg**" bezeichnet werden. Zwar erlitten die Athener dabei 457 v. Chr. in der Schlacht bei Tanagra in Böotien eine Niederlage gegen die spartanische Phalanx; doch schon zwei Monate darauf siegten sie beim nahe gelegenen Oinophyta über die Böoter selbst. Als Resultat beherrschten die Athener nun ganz Mittelgriechenland, Ägina musste ein Jahr später dem Seebund beitreten, und 455 v. Chr. auch noch Thessalien. Argos und Megara waren zuvor schon zu den Athenern übergewechselt, und ebenfalls 455 v. Chr. gelang es ihnen sogar, den Nordwesten der Peloponnes zu gewinnen – Athen war auf dem Höhepunkt seiner Macht angekommen.

Doch nun wendete sich das Blatt: In Ägypten wurde die Streitmacht der Athener 454 v. Chr. fast restlos vernichtet. In dieser kritischen Lage kam erneut Kimon ans Ruder. Auf Kimons Vermittlung hin wurde mit Sparta ein Waffenstillstand ausgehandelt, und danach machte man sich unter seiner Führung daran, die Perser aufzuhalten. Tatsächlich gelang es den Athenern jetzt, die persische Flotte in einer Seeschlacht vor der Küste Zyperns zu besiegen (451 v. Chr.), doch Kimon selbst war schon vorher an einer Krankheit gestorben und konnte von diesem Erfolg seiner Strategie nicht mehr politisch profitieren.

In Griechenland waren die Kämpfe unterdessen wieder aufgeflammt, und auch hier gerieten die Athener in Bedrängnis. Durch die Niederlage bei Koroneia gegen die Böotier brach die athenische Machtstellung in Mittelgriechenland zusammen (447 v. Chr.). Ein darauffolgender spartanischer Angriff konnte nur dadurch abgewendet werden, dass Perikles den spartanischen König Pleistoanax durch Bestechung zur Umkehr bewegte. Athen hatte seine Kräfte offensichtlich überspannt und benötigte eine Atempause. So kam es Mitte des 5. Jh. v. Chr. zu einem doppelten Friedensschluss. Im Jahre 446/445 v. Chr. wurde mit Sparta ein dreißigjähriger Frieden vereinbart, und auch mit Persien wurde eine Einigung erzielt: der **sogenannte Kalliasfrieden**, benannt nach dem athenischen Politiker, der daran federführend beteiligt gewesen sein soll. Ob er im

Jahre 449 v. Chr. abgeschlossen wurde und ob es sich dabei um einen förmlichen Vertrag handelte, ist in der Forschung allerdings heftig umstritten, und von manchen wird die **Historizität des Friedens** sogar gänzlich bestritten. Zumindest hielten sich die Perser danach von der Ägäis und der Küste Westkleinasiens fern, während die Athener ihre Aktivitäten in Zypern und Ägypten einstellten.

Die Lektion der vorangegangenen Jahre lautete, dass Athen nicht stark genug war, um gleichzeitig gegen Persien und gegen Sparta zu agieren. Die Tatsache, dass in der athenischen Politik seit dem Tode Kimons ganz unangefochten die **antispartanische Richtung dominierte**, konnte freilich niemanden darüber im Zweifel lassen, wie die weitere Entwicklung aussehen würde. Natürlich verstärkte dies wiederum die Unabhängigkeitsbestrebungen einiger unzufriedener Seebundmitglieder, für die die delisch-attische Symmachie ohne eine Bedrohung vonseiten Persiens ihre Daseinsberechtigung verloren hatte. Insbesondere musste die mächtige Insel Samos mit Waffengewalt zurückgewonnen werden (441–439 v. Chr.), und die Spartaner griffen in diesen Konflikt nur deswegen nicht ein, weil ihr mächtigster Bündnispartner Korinth die Konfrontation mit den Athenern (noch) scheute. Insgesamt lag am Ende der Pentekontaetie eine gefährlich **dynamische bipolare Situation** vor, in der jegliches Wachstum der einen Seite einen Verlust für die andere bedeutete. Insofern stand ein neuer großer Krieg zwischen Sparta und Athen in der Tat auf der Tagesordnung.

Info

Das perikleische Athen

▶ Im Zeitalter des Perikles (ca. 460 bis 430 v. Chr.) erfuhr Athen nicht nur einen rasanten machtpolitischen Aufstieg, es entwickelte sich auch zum kulturellen Mittelpunkt der gesamten griechischen Welt! Vor allem **Seebundgelder** ermöglichten ein gigantisches **Bauprogramm**, das ab den 440er-Jahren v. Chr. anlief. Damals wurde die Akropolis vollkommen neu gestaltet, unter anderem entstand in nur 16 Jahren der berühmte **Parthenon**, dessen Überreste noch heute das Wahrzeichen Athens sind (447–432 v. Chr.). Der athenische Bildhauer Phidias fertigte dafür die überlebensgroße Statue der Göttin Athena an, die aus Elfenbein und Gold bestand und 438 v. Chr. in das Gebäude gebracht wurde. Etwa gleichzeitig wurde gegenüber des Parthenon mit dem Bau des **Erechtheion** begonnen – eines Tempels, in dem das alte Kultbild der Athena Platz finden sollte – und ebenfalls in den 430er-Jahren v. Chr. nahm der Baumeister Mnesikles am Aufweg zum Burgberg eine monumentale Toranlage in Angriff, die sogenannten **PROPYLÄEN**. Daneben gab es in dieser Zeit noch zahlreiche andere Bauprojekte, und wir dürfen davon ausgehen, dass infolgedessen Tausende Menschen über Jahre hinweg in Lohn und Brot standen.

PROPYLÄEN, von griech. *pro* = vor und *pyle* = Tor, Pforte; Vorhof, Toranlage.

Die perikleische ‚Kulturpolitik' zog aber nicht nur Architekten, Künstler und Handwerker an. Auch Denker, Literaten und Intellektuelle kamen aus allen Teilen Griechenlands nach Athen, denn dort herrschte nun eine geistige Aufbruchsstimmung, die die bisher eher in Ionien und im westgriechischen Gebiet beheimateten Ansätze des kritisch-rationalen Denkens zusammenführte und durch Bündelung zu neuen Leistungen beflügelte. Nicht zuletzt der demokratischen Verfassung (→ s. 3.3.3), die gleich im Anschluss noch ausführlich behandelt wird, war es geschuldet, dass sich ab Mitte des 5. Jh. v. Chr. sogenannte ‚Weisheitslehrer', die Sophisten, erboten, zahlungskräftigen Bürgern die Kunst der Rede beizubringen. Mithilfe diverser rhetorischer Tricks sollten sie in die Lage versetzt werden, vor Gericht und insbesondere in der Volksversammlung erfolgreich bestehen zu können, selbst wenn die Sache, die sie vertraten, auf wackeligen Beinen stand. Andere Sophisten wie vor allem Protagoras von Abdera (ca. 490–420 v. Chr.) verfochten einen strengen erkenntnistheoretischen Skeptizismus, der sich auch darin äußerte, dass man die Existenz der Götter in Zweifel zog. Man kann sagen, dass die Sophistik damit erstmals so etwas wie eine ‚Aufklärung' im Sinne einer geistesgeschichtlichen Strömung initiierte.

Info

Das perikleische Athen

| Abb. 13

Das Erechtheion: der Tempel auf der Akropolis in Athen wurde zwischen ca. 420 und 406 v. Chr. erbaut; besonders bekannt ist vor allem die nördliche Vorhalle, die von sechs überlebensgroßen Mädchenfiguren getragen wird (auf dem Foto links).

Info

Das perikleische Athen

Dabei fehlte auch nicht der Gedanke, dass die von Menschen gemachten Gesetze nur willkürliche Setzungen seien und letztlich nur das Gesetz der Natur, das Recht des Stärkeren, eine tiefere Allgemeingültigkeit für sich in Anspruch nehmen könne. Gegen solchen Werterelativismus und manch vollmundige Versprechungen der selbst ernannten Weisheitslehrer zog der Athener Sokrates (469–399 v. Chr.) mit Witz, aber auch mit Entschiedenheit zu Felde. Seine Landsleute haben freilich keinen großen Unterschied zwischen Sokrates und den von ihm kritisierten Sophisten ausmachen können, und in der angespannten Situation kurz nach der Niederlage Athens im peloponnesischen Krieg wurde er wegen Gottlosigkeit und Verderbnis der Jugend zum Tode verurteilt (399 v. Chr.). Sokrates selbst hat keine Schriften verfasst, im Gegensatz zu seinem Schüler Platon (427–348 v. Chr.) und dessen Schüler Aristoteles (384–322 v. Chr.), deren umfangreiche Werke einen enormen Einfluss auf die Geistesgeschichte haben sollten und noch heute die Grundlage der abendländischen Philosophie darstellen. Das fruchtbare intellektuelle Milieu, durch das sich Athen im 5. Jh. v. Chr. auszeichnete, wurde aber auch zur Wiege für andere Literaturgattungen. An erster Stelle ist hier die Theaterdichtung zu nennen, für die die Namen der drei großen Tragiker Aischylos (ca. 525–456 v. Chr.), Sophokles (496 – ca. 405 v. Chr.) und Euripides (480–406 v. Chr.) stehen, sowie Aristophanes (446–388 v. Chr.), von dessen insgesamt vielleicht über 50 Komödien jedoch lediglich elf erhalten blieben. Gerade die Komödien sind indes bedeutende historische Quellen, denn sie behandeln ihre Geschichten vor dem Hintergrund des zeitgenössischen Alltags, der dadurch erschlossen werden kann. Freilich erlauben auch die Tragödien, die die Schicksalhaftigkeit des menschlichen Daseins zumeist an mythologischen Stoffen veranschaulichen, wertvolle Einblicke beispielsweise in die Mentalität der damaligen Menschen. Nicht unerwähnt bleiben darf ferner, dass ebenfalls in dieser Zeit literarischer und wissenschaftlicher Produktivität Herodot von Halikarnassos (ca. 485–424 v. Chr.) die Geschichtsschreibung als Genre begründete. Unter dem Eindruck des Perserkriegserlebnisses (→ s. o. 3.3.1) übertrug Herodot die von kritischer Rationalität geprägte Haltung, die er bei Geo- und Ethnographen wie Hekataios von Milet (ca. 560–480 v. Chr.) vorfand, auf die erzählerische Darstellung früherer Ereignisse und eröffnete damit eine völlig neuartige Betrachtungsweise der Vergangenheit. Dabei war Herodot der Auffassung, er sei dazu verpflichtet, alles aufzuschreiben, was man ihm berichte, obwohl er längst nicht alles glauben könne, was erzählt werde. Diese Einstellung hat ihm später den Vorwurf eingetragen, leichtgläubig und geschwätzig zu sein. Bereits Herodots kongenialer Fortsetzer Thukydides (ca. 460 – nach 404 v. Chr.) setzte dem herodoteischen Vorgehen das erklärte Ziel entgegen, durch genaue Überprüfung und Erforschung des Vergangenen die Wahrheit herauszufinden und nur diese dann auch zu präsentieren. Damit formulierte er im Grunde genommen als erster ausdrücklich die Forderung, dass der Historiker seine Quellen kritisch gewichten müsse.

Die radikale Demokratie | 3.3.3

In der ersten Hälfte des 5. Jh. v. Chr. spielten sich in Athen auch innenpolitisch Veränderungen ab, die von enormer Tragweite waren. Damals entwickelte sich Schritt für Schritt die sogenannte „radikale **DEMOKRATIE**" – eine Verfassungsordnung, bei der es sich nach allem, was wir darüber wissen, um eine athenische Besonderheit handelte. Die demokratische Verfassung Athens sorgte schon während ihrer Entstehungsphase für heftige Kontroversen, und letztlich scheiden sich an ihr die Geister bis auf den heutigen Tag. Um das zu verstehen, müssen wir uns zuerst noch einmal zurückversetzen in die Zeit nach der Vertreibung der Peisistratiden aus Athen im Jahre 510 v. Chr. Im Anschluss daran war es zu einem Parteienstreit zwischen zwei Aristokraten und ihren Anhängerschaften gekommen, nämlich zwischen dem Alkmaioniden Kleisthenes und einem Mann namens Isagoras. Isagoras wurde unterstützt vom spartanischen König Kleomenes I., und die beiden versuchten, Kleisthenes aufgrund seiner Zugehörigkeit zu dem Geschlecht, das einst bei der Niederschlagung der Verschwörung des Kylon religiöse Schuld auf sich geladen hatte (→ vgl. 3.2.2), aus der Stadt zu verbannen. Das gelang zunächst, doch stellte sich innerhalb kürzester Zeit die Mehrheit der Athener auf die Seite des Kleisthenes. Am Ende brachte das athenische Heeresaufgebot sogar die peloponnesischen Truppen, mit denen Kleomenes intervenieren wollte, dazu, Attika wieder zu verlassen. Damit hatten sich zum ersten Mal in der Geschichte Athens die Hopliten in die aristokratischen Machtkämpfe eingemischt und einen Bürgerkrieg zwar nicht ganz verhindert, aber doch schnellstens beendet. Kleisthenes war demnach das gelungen, woran Solon gescheitert war (→ 3.2.2). – Diese Erkenntnis wirft natürlich die Frage auf, wie Kleisthenes dies zustande gebracht hat. Hier liegt nun der Gedanke nahe, dass seine sogenannte Phylenreform in diesem Zusammenhang eine zentrale Rolle spielte. Zwar wurde diese Reform sehr wahrscheinlich erst später durchgeführt, aber die neuere Forschung ist sich darin einig, dass Kleisthenes damals den Bürgern die Neustrukturierung des Staates zumindest in Aussicht gestellt haben dürfte für den Fall, dass er ihre Unterstützung erhielt. Im Grunde genommen entsprach die kleisthenische Strategie somit der solonischen: Man bietet den Hopliten mehr politische Mitsprache und Beteiligung an und erwartet dafür im Gegenzug, dass diese sich für die Angelegenheiten der Polis interessieren und sich für die Position ihres aristokratischen Bündnispartners einsetzen.

Die wesentliche Neuerung der kleisthenischen Phylenreform aber war die regionale Durchmischung Attikas – dieser Aspekt wird in allen Quellen als der eigentliche Kern der neuen Ordnung begriffen. Zu diesem

DEMOKRATIE, von griech. *demos* = Volk und *kratein* = stark sein, herrschen; Volksherrschaft.

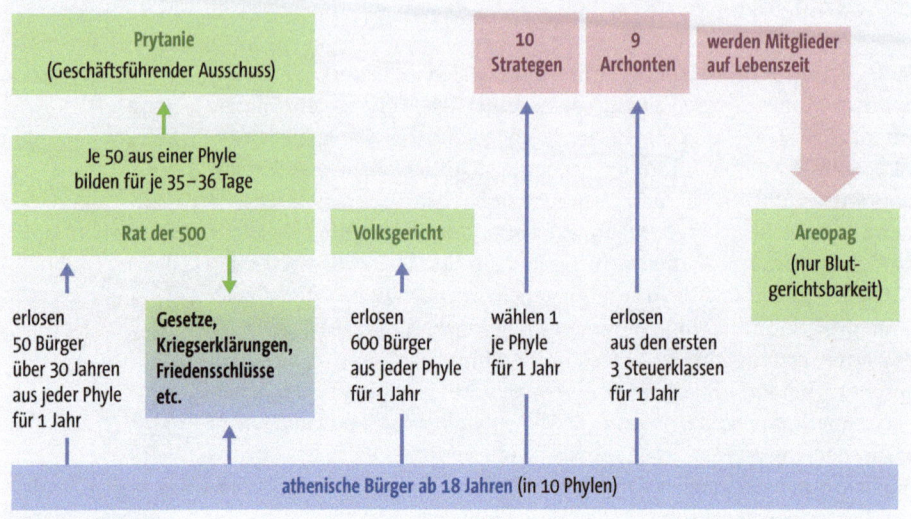

Abb. 14

Die athenische Verfassung zur Zeit des Perikles

Zweck teilte Kleisthenes die attische Bevölkerung in zehn neue Phylen ein, die geographisch organisiert waren: Ausgangspunkt dabei waren die 139 Demen Attikas – lokale Selbstverwaltungseinheiten, bei denen es sich (auf dem Lande) um Dörfer oder (in der Stadt) um Wohnviertel handelte. Diese Demen wurden nun so gruppiert, dass in jeder der drei Großregionen Binnenland, Küstengebiet und städtische Zentralsiedlung zehn Bezirke entstanden, die in etwa dieselbe Zahl an Bürgern umfassten. Die neuen Phylen wiederum setzten sich aus je einem Bezirk der Küste, des Binnenlandes und der Stadt zusammen. Am Ende gab es also zehn Phylen, die zu je einem Drittel Bürger aus der Stadt, von der Küste und aus dem Binnenland vereinigten. Auf der Grundlage dieser neuen Einheiten wurde ab sofort das Heer mobilisiert, die wichtigsten Beamten bestellt und auch der wohl von Kleisthenes erst neu eingeführte **Rat der 500** besetzt; in ihn wurden aus jeder Phyle 50 Bürger entsandt. Es waren folglich zentrale Bereiche staatlichen Handelns, die mit dem Prinzip der geographischen Durchmischung verbunden wurden. Dies kann letztlich nur den Sinn gehabt haben, die verschiedenen Regionen Attikas alle im gleichen Maße politisch zu beteiligen. Genau dieser Punkt muss es gewesen sein, der für die Bürger so wichtig war, dass sie sich von Kleisthenes politisieren ließen. Vermutlich ging es dabei aber auch darum, die Schlagkraft regional verankerter **Gefolgschaften mächtiger Aristokraten** einzuschränken.

Das Resultat der kleisthenischen Reform war eine Verfassung, in der zweifellos die ganze Bürgerschaft – oder zumindest ein sehr großer

Teil – an der Lenkung der Staatsgeschäfte mitwirkte, und dies bewährte sich. Gerade die Standfestigkeit der Athener in der Schlacht bei Marathon 490 v. Chr. darf auch als Erfolg der kleisthenischen Polisordnung gewertet werden, denn im Gefolge des Datis befand sich der Peisistratide Hippias, und es ist nicht ausgeschlossen, dass die Perser für Athen – im Unterschied zur Verschleppung der Eretrier – eine Vasallentyrannis vorgesehen hatten oder wenigstens diesen Eindruck erwecken wollten. Marathon zeigt, dass sich die Bürger Athens ihre Polis nicht mehr aus der Hand nehmen lassen wollten.

Trotzdem kann man die Verfassung des Kleisthenes, gemessen an dem, was die Athener in der zweiten Hälfte des 5. und im 4. Jh. v. Chr. darunter verstanden, noch nicht als Demokratie bezeichnen. Dies hängt mit zweierlei zusammen: zum einen mit dem Umstand, dass die wichtigsten Amtsträger, die **Archonten**, damals noch gewählt wurden, und zum anderen damit, dass sie nach ihrem Amtsjahr auf Lebenszeit in den sogenannten **Areopag** kamen. Dies war das traditionelle Ratsgremium, das neben dem neu geschaffenen Rat der 500 weiter bestand und das offenbar – das weiß man aber nicht so genau – umfassende Kontroll- und Aufsichtskompetenzen besaß.

Weitaus wichtiger ist in diesem Zusammenhang freilich die Bestellung der Spitzenbeamten durch **Wahl**. Dies mag uns heutzutage, wo Wahlen fast schon zum Inbegriff der Demokratie geworden sind, sehr seltsam anmuten; in der Antike jedoch bestand darüber kein Zweifel, weder bei den Anhängern der Demokratie noch bei ihren Gegnern. Der Grund hierfür liegt darin, dass bei einer Wahl die Personen gewählt werden, die die meisten Anhänger mobilisieren können. In den überschaubaren Gesellschaften der Vormoderne waren dies vor allem vermögende Personen mit einer entsprechenden Zahl von ihnen abhängigen Mitbürgern. Wahlen sind in einer solchen gesellschaftlichen Ordnung also ein Instrument, soziale Macht in politischen Einfluss umzumünzen. – Da auch bei dem im Zuge der kleisthenischen Reform in Athen eingeführten „Scherbengericht" die Mobilisierung von Anhängern entscheidend sein konnte, ist dieser sogenannte **OSTRAKISMOS** wohl eher als eine Waffe im **aristokratischen Konkurrenzkampf** zu sehen und nicht unbedingt, wie immer wieder behauptet wird, als eine Vorkehrung zum Schutz der Demokratie.

OSTRAKISMOS, von griech. *ostrakon* = Scherbe; Scherbengericht.

Da also nur die einflussreichsten Männer Athens Archont wurden und damit auch in den **Areopag** gelangten, war dort die gesellschaftliche **Elite der Polis** versammelt. Aufgrund der lebenslangen Zugehörigkeit zum Areopag verfügte dieses Gremium auch über erhebliche politische Erfahrung. Es versteht sich von selbst, dass die Mitglieder eines solchen Rates im Grunde genommen alle Fäden ziehen – die frühe spartanische

Info

Der Ostrakismos

▶ Die athenische Volksversammlung entschied jährlich zu einem festgelegten Termin darüber, ob im laufenden Jahr ein Scherbengericht stattfinden solle. Wenn die Mehrheit dafür war, traf man sich etwa zwei Monate später zu einer Abstimmung, bei der jeder Stimmberechtigte auf eine Scherbe (griech.: Ostrakon) den Namen desjenigen Politikers schrieb, von dem er glaubte, dass dieser zu mächtig werde und eine Tyrannis anstrebe. Wenn insgesamt mindestens 6.000 Stimmen abgegeben wurden, musste derjenige, auf den die meisten Stimmen entfallen waren, für zehn Jahre das Land verlassen, allerdings ohne – wie ansonsten bei Verbannungen üblich – sein Vermögen zu verlieren und ohne sich dadurch eines Vergehens schuldig gemacht zu haben. Zwischen 488/487 und 415 v. Chr. wissen wir von 13 Männern, die diesem Verfahren zum Opfer fielen. Darunter waren Themistokles, der Held von Salamis, und Kimon, der Sohn des Miltiades.

Abb. 15
Ostraka aus Athen; auf der Scherbe unten links erscheint Kimon, auf der unten rechts Themistokles.

Gerusia und besonders der römische Senat in republikanischer Zeit sind ähnlich gelagerte Fälle (→ vgl. 3.2.3, 4.3.4).

Um der Masse der Bürger eine echte Mitbestimmung zu verschaffen, musste man also die Archonten und den **Areopag schwächen**, doch dies geschah nur langsam und in Etappen. Ein erster Schritt war, dass ab 487/486 v. Chr. damit begonnen wurde, die Archonten aus einer Gruppe vorgewählter Kandidaten zu **losen**. Das sollte die Rivalität um dieses Amt entschärfen, verminderte aber zugleich das Prestige des Amtes. Die Archonten kamen trotzdem immer noch aus der absoluten Elite, und sie waren danach im Areopag. Die entscheidende Maßnahme war daher die **Entmachtung** des Areopags, und diese erfolgte erst 462/461 v. Chr.

Leider äußern sich unsere Quellen nur sehr summarisch zu diesem wichtigen Vorgang, sodass im Detail manches offenbleibt. Klar ist hingegen, dass Perikles in der Folgezeit systematisch das Losverfahren ausweitete und gleichzeitig für immer mehr politische Tätigkeiten eine Besoldung einführte, die sogenannten **DIÄTEN**. In der Summe aber hatten die Athener nun durch genau diese drei Punkte – erstens die Beseitigung der alten Machtstrukturen, zweitens die Durchsetzung der Losung (die dabei immer mit Rotation verbunden war), und drittens die Einführung von Diäten – das erreicht, was die althistorische Forschung als „radikale

DIÄT, von griech. *diaita* = Leben, Lebensweise, Lebensunterhalt; hier: Aufwandsentschädigung für politische Tätigkeiten im demokratischen Athen.

Demokratie" bezeichnet: eine Verfassung, in der tatsächlich alle oder doch die meisten Bürger aktiv in der Politik mitarbeiten und mitbestimmen.

Interessanterweise scheint der Begriff „Demokratia" überhaupt erst in dieser Zeit aufgetaucht zu sein; die frühesten Belege finden sich im Geschichtswerk Herodots und in der pseudo-xenophontischen Streitschrift „Staat der Athener", die beide um 430 v. Chr. verfasst wurden (vgl. z. B. Herodot VI 43 sowie Pseudo-Xenophon, Staat der Athener I 1 – 2). Zuvor sprach man in diesem Zusammenhang immer nur von **ISONOMIA**, was wörtlich eine Ordnung meint, die auf Gleichberechtigung basiert, und insofern ist dieser ältere Terminus durchaus eine Art Synonym zu „Demokratia". Dass man in Athen dennoch die Notwendigkeit empfand, für diese Verfassung eine begriffliche Neuschöpfung zu prägen, spricht dafür, dass die Athener im Laufe der Zeit immer deutlicher das Gefühl bekamen, mit der Demokratie etwas völlig Neues geschaffen zu haben.

> **ISONOMIA**, von griech. *isos* = gleich und *nomos* = Gesetz; Verfassung, in der alle gleichberechtigt sind.

Als ‚**Motor der Demokratisierung**' identifizierten bereits die Zeitgenossen die **Flottenpolitik** im Seebund, denn mit der Flotte war plötzlich die breite Masse der athenischen Bürgerschaft zu militärischer Bedeutung gelangt. Für die Rudermannschaften, die jetzt auf den Kriegsschiffen zu Tausenden benötigt wurden, musste man nämlich auf die vierte solonische Klasse, die besitzlosen **Theten**, zurückgreifen – es gab ja sonst niemanden, den man vernünftigerweise hätte stattdessen heranziehen können. Die Hopliten waren nicht zahlreich genug, und man brauchte sie auch immer noch im Krieg zu Lande. Unfreien Ruderknechten aber wollte man dieses wichtige Instrument athenischer Macht keinesfalls anvertrauen. Damit jedoch beruhte die Hegemonialstellung Athens fast ausschließlich auf den Theten, und dies führte letztlich dazu, dass diese auch im Inneren zu einer bedeutenden Gruppe aufstiegen.

Dabei sollte man sich diesen Prozess nicht so vorstellen, als hätten die Theten die Mitbestimmung von selbst gefordert, nachdem sie sich ihrer militärischen Bedeutung bewusst geworden wären. Es ist auch nicht sehr wahrscheinlich, dass man die Rudermannschaften an der Politik beteiligte, weil man damals einen direkten Zusammenhang zwischen dem Wehrbeitrag einer Gesellschaftsschicht und ihren Mitbestimmungsrechten herstellte. Wir müssen die **Ereignisse von 462 / 461 v. Chr.** anders interpretieren, und bei näherer Betrachtung ergibt sich, dass wir ganz offenbar eine Wiederholung der Situation vor uns haben, in der sich einst Solon und danach Kleisthenes befunden hatten. Ausgangspunkt ist jeweils ein politischer **Kampf innerhalb der Aristokratie**, und im Verlauf der Auseinandersetzungen versucht eine Seite, sich die Unterstützung einer militärisch bedeutenden Gesellschaftsschicht zu verschaffen, indem dieser die politische Mitsprache eingeräumt wird. Mit anderen Worten: Auch die Politisierung der Theten erfolgte, wie bereits bei den Hopliten, eher ‚von oben', und zwar, weil sie zu einem Machtfaktor geworden waren, den man für sich ausnutzen wollte. Bei Solon und Kleisthenes war es um die innere Stabilisierung der Polis gegangen, beim Konflikt zwischen Kimon auf der einen und Ephialtes/Perikles auf der anderen Seite wissen wir, dass die außenpolitische Orientierung Athens im Mittelpunkt stand: Kimon stand für die Kooperation mit Sparta, seine Gegner für Offensive und Konfrontation. Wie sich zeigte, war deren Position populärer, sodass es nahelag, sich auf das Mehrheitsprinzip zu stützen. Diese Deutung schließt natürlich nicht aus, dass sie zugleich überzeugte Demokraten waren. Es ist vielmehr davon auszugehen, dass hier ideologische Grundsätze und sachpolitische Ziele eine nicht mehr auflösbare Verbindung eingingen.

Wie sah die **demokratische Verfassung** nun genau aus? Wenn man sich mit dieser Frage näher beschäftigt, dann fällt auf, dass sich die athenische Demokratie von ihren Institutionen her praktisch kaum von anderen griechischen Verfassungen der damaligen Zeit unterschied: Wie fast überall existierte auch in Athen eine institutionelle Dreiteilung in Volksversammlung, Rat und Amtsträger (→ vgl. oben 3.1.1). Die einzige mögliche Besonderheit in diesem Zusammenhang, die Volksgerichte, kann, wie wir gleich noch sehen werden, nicht als eigenständige Institution gewertet werden. Das bedeutet, dass im klassischen Athen das Demokratische der Verfassung nicht so sehr darin bestand, was es an Gremien gab, sondern eher darin, wie diese einzelnen Verfassungsorgane personell zusammengesetzt waren, was sie jeweils durften und wie das Zusammenspiel zwischen ihnen ablief. Dies zeigt sich bereits an den Kompetenzen der athenischen Volksversammlung, der sogenannten **EKKLESIA**, zu der alle männlichen Bürger ab 18 Jahren zugelassen waren. Anders als die spartanische Apella (oder die Volksversammlungen der römischen Republik, → vgl. oben 3.2.3 und unten 4.3.4) besaß die athenische Ekklesie nämlich absolute Verfahrenshoheit. In der athenischen Volksversammlung wurde nicht nur über vorformulierte Anträge abgestimmt, man durfte eingebrachte Anträge auch abwandeln oder neue Anträge stellen. Vor allem aber durfte ausgiebig über die verschiedenen Tagesordnungspunkte diskutiert werden, und zwar von allen. Die Ekklesie nahm für sich das Recht in Anspruch, über alles zu reden und zu beschließen, was sie wollte – und genau das hat sie auch getan. Dazu traf man sich mindestens drei- bis viermal im Monat, und wenn es sein musste, auch mehrmals in einer Woche, sogar an aufeinanderfolgenden Tagen. Abgestimmt wurde in der Regel offen, es gab aber auch geheime Abstimmungen mit Stimmsteinen (**PSEPHISMATA**). Die Teilnahme an den Sitzungen der Ekklesie war sehr rege: Wir wissen, dass das Quorum von 6.000 Anwesenden, das für

---

EKKLESIA, von griech. *ekkalein* = herausrufen; Volksversammlung.

PSEPHISMA, von griech. *psephos* = Stimmstein; Volksversammlungsbeschluss.

bestimmte Beschlüsse erforderlich war (neben dem Ostrakismos galt dies zum Beispiel für Bürgerrechtsverleihungen), im Normalfall erfüllt wurde, und bei geschätzten 30.000 – 50.000 erwachsenen männlichen Bürgern im 5. Jh. v. Chr. heißt das, dass im Schnitt etwa 20 Prozent der Athener regelmäßig die Volksversammlung besuchten – ohne Zweifel ein ganz außerordentlicher Partizipationsgrad. Ein Grund für diese hohe Beteiligung ist offenbar darin zu sehen, dass die einzelnen Sitzungen sehr gut vorbereitet waren und Routineangelegenheiten so schnell abgehandelt werden konnten, dass man oft schon am Mittag auseinanderging, was übrigens auch den Bauern aus den weiter entfernt liegenden Dörfern die Möglichkeit der Teilnahme eröffnete. Verantwortlich für diesen reibungslosen Ablauf der Volksversammlungen war der bereits oben erwähnte **Rat der 500**, die von Kleisthenes eingeführte **BULE**. Sie legte die Tagesordnung der Volksversammlung fest und formulierte die Beschlussvorlagen (auf Griechisch: **PROBULEUMATA**; deshalb heißt die vorberatende Tätigkeit des Rates auch „probuleutische Funktion"). Es ist klar, dass man dazu fast täglich zusammentreten musste, und bei dieser Gelegenheit wurde noch eine ganze Menge anderer Dinge erledigt. So empfing der Rat auswärtige Gesandte, beaufsichtigte die Beamten und kümmerte sich um Finanzangelegenheiten – kurzum, er war für die laufenden Geschäfte zuständig und damit eine Art Regierung. Hierin lag ein ungeheures Machtpotenzial und deshalb musste verhindert werden, dass der Rat ein politisches Eigenleben führte; er musste vielmehr so eng wie möglich an die Volksversammlung gebunden bleiben. Um dies zu erreichen, wurde die Ratsmitgliedschaft voll und ganz nach den Prinzipien der Losung und der Rotation organisiert. Gelost wurde phylenweise aus Freiwilligen, die über 30 Jahre alt sein mussten. Nach einem Jahr schied man wieder aus, und erst als im Laufe der Zeit die Kandidaten knapp wurden, durfte man zweimal im Leben Ratsmitglied werden, allerdings nicht in aufeinanderfolgenden Jahren. Nach diesem Verfahren kam beinahe jeder athenische Bürger mindestens einmal in seinem Leben an die Reihe, und damit dies auch für die ärmeren Schichten der Bevölkerung nicht zur Belastung wurde, zahlte man den Ratsherren schon sehr früh eine Aufwandsentschädigung. Der Rat der 500 wurde seinerseits noch von einem geschäftsführenden Ausschuss geleitet, den man **PRYTANIE** nannte. Auch darin wechselte man sich freilich ab, die 50 Ratsherren einer Phyle erledigten die Geschäftsführung jeweils nur für den zehnten Teil eines Jahres, bevor die nächste Phylenabordnung diese Aufgabe übernahm, und deshalb bezeichnete man diese Zeitabschnitte von 35 oder 36 Tagen ebenfalls als Prytanie. Die Prytanie wiederum erloste aus ihren 50 Mitgliedern jeden Tag einen anderen Vorsitzenden, und wenn man sich klarmacht, dass dieser Mann im Prinzip so etwas wie das Staatsoberhaupt für diesen Tag

BULE, von griech. *bulesthai* = wollen, verlangen; Ratsgremium.

PROBULEUMA, von griech. *pro* = vorher, zuvor und *buleuma* = Ratsbeschluss; Vorbeschluss.

PRYTANIE, von griech. *prytanis* = Vorsitzender; in der athenischen Demokratie Funktion und zugleich Dauer Ratsvorsitzes.

war, dann stellt man verblüfft fest, dass für einen athenischen Bürger die Chancen alles in allem recht gut standen, wenigstens einmal in seinem Leben für einen Tag der oberste Repräsentant der Demokratie zu sein.

Wie bei den Ratsmitgliedern musste in der Demokratie natürlich auch eine Rückbindung der Amtsträger an die Volksversammlung gewährleistet werden, denn in und durch Ämter wurde Macht verwaltet und Herrschaft ausgeübt. Dabei hat man im Altertum nicht nur in demokratisch verfassten Gemeinwesen versucht, sich vor Übergriffen der Exekutivgewalt zu schützen, und zwar stets auf die gleiche Weise (→ vgl. oben 3.1.1 und 3.2.3): Zum einen wurde die Amtsdauer beschränkt (in der Regel auf ein Jahr), zum anderen wurden die Kompetenzen häufig auf mehrere Ämterstufen aufgeteilt, und drittens besetzte man einzelne Ämter oft mit mehreren gleichberechtigten Personen. Auch in dieser Beziehung ging die athenische Demokratie jedoch erheblich weiter: Um so viele Bürger wie möglich an den Ämtern zu beteiligen, wurde die Zahl der Beamten enorm vermehrt, die meisten Ämter durch das **Losverfahren** besetzt und immer mehr Beamte **besoldet**. Für das 4. Jh. v. Chr. kennen wir dann fast 700 Beamte, von denen rund 600 durch das Los bestimmt wurden (zum Vergleich: Als die Römer schon den ganzen Mittelmeerraum beherrschten, gab es nur etwa 30 ordentliche Magistrate!). Gleichzeitig reduzierte man die Aufgabenfelder der Amtsträger auf kleine und überschaubare Bereiche. Dies sollte nicht nur die Macht und die Missbrauchsmöglichkeiten der Amtsinhaber einschränken, sondern ergab sich auch daraus, dass für die Bekleidung der Ämter eben kein Spezialwissen erforderlich sein sollte. Im demokratischen Athen sollten alle Bürger alles machen (können).

Wir haben von dieser Regel nur wenige **Ausnahmen**, vor allen Dingen die militärischen Ämter und die hohen Finanzämter. Beide Kategorien blieben **Wahlämter**, was ja gerade in Bezug auf den militärischen Oberbefehl nicht schwer zu verstehen ist. Vor allem das Strategenamt wurde dadurch besonders **prestigeträchtig** und begehrt, zumal man es kontinuierlich Jahr für Jahr bekleiden konnte. So soll Perikles 15 Jahre lang ununterbrochen Stratege gewesen sein, was Thukydides zu der Äußerung veranlasste, Athen sei damals nur noch dem Namen nach eine Demokratie gewesen, in Wirklichkeit hätte Perikles wie ein Monarch geherrscht. Perikles war in dieser Zeit freilich stets nur ein Stratege von insgesamt zehn – jede Phyle wählte einen –, und er musste seine Politik, wie jeder andere auch, in der Volksversammlung zur Debatte stellen. Es ist daher kein Wunder, dass die moderne Geschichtswissenschaft Thukydides in diesem Punkt nicht zustimmen konnte.

Bei den Finanzämtern kam zur Wahl noch die Besonderheit hinzu, dass man reich sein musste, um Schatzmeister werden zu können. Letzteres lag nicht daran, dass die Reichen für Veruntreuung oder Unterschlagung einfach weniger anfällig gewesen wären als die Armen (oder dass man das damals in Athen geglaubt hätte); es wird in diesem Zusammenhang eher um die Frage der Haftung bei solchen Verfehlungen gegangen sein, denn man kann sich an vermögenden Personen, deren Reichtum zudem großteils aus immobilem Grundbesitz bestanden haben dürfte, weitaus besser schadlos halten als an ärmeren Bürgern, bei denen es kein solches Faustpfand gibt. Im Übrigen waren in Athen auch bei den Losbeamten die Aufsicht und die Rechenschaftspflicht strenger geregelt als anderswo: Anders als in Rom etwa musste man sich in Athen bereits während der Amtszeit regelmäßigen Kontrollen unterziehen, und man konnte dabei jederzeit abgesetzt werden. Beamte und Ratsmitglieder mussten sich außerdem noch vor Beginn ihrer Tätigkeit einer Art Leumundsprüfung unterziehen, der sogenannten DOKIMASIE. In der Summe führte all dies dazu, dass weder Rat noch Ämtern ein politisches Eigengewicht zukam.

 Ein solches könnte man allenfalls dem athenischen Volksgericht zusprechen, der sogenannten HELIAIA. Im demokratischen Athen war die Rechtsprechung nämlich nicht, wie andernorts üblich, die Angelegenheit von speziell dafür zuständigen einzelnen Beamten, sondern sie fand in sogenannten DIKASTERIEN statt. Das waren Gerichtshöfe, die aus einem Kollektiv von mindestens 200 Richtern bestanden; bei öffentlichen Prozessen betrug die Zahl der Richter in der Regel 500 Personen, manchmal sogar mehr. Richter konnte im Grunde genommen jeder Bürger über 30 werden, und vor diesen Dikasterien wurde praktisch alles verhandelt – vom zivilen Streitfall über die gewöhnliche Strafsache bis hin zu hochpolitischen Angelegenheiten wie Hochverrat. Insbesondere durften die Gerichte sogar kontrollieren, ob sich die Beschlüsse der Volksversammlung im Einklang mit den bestehenden Gesetzen befanden. Letzteres ist bemerkenswert, denn bislang waren wir in Athen ja auf kein Verfassungsorgan gestoßen, das die Souveränität der Volksversammlung hätte antasten dürfen. Dieser Umstand erklärt sich allerdings ganz einfach: Aufgrund der vielen Fälle, die zu verhandeln waren, mussten in der Regel stets mehrere Gerichtshöfe gleichzeitig tagen; man benötigte daher eine große Zahl an Richtern, die für die einzelnen Gerichtstage aus Freiwilligen gelost wurden. Im 5. Jh. v. Chr. bestimmte man hierfür vorab jährlich 6.000 Bürger. Die Gerichte waren also das Volk in anderem Gewand, und genauso hat man das in Athen auch gesehen. Aus diesem Grund ist es auch gerechtfertigt, die Dikasterien nicht als eigenständige Institution zu werten, sie stehen auf einer Stufe mit der Ekklesia. – Natürlich erhielt man als Richter schon sehr früh eine Aufwandsentschädigung, und die teilweise ineinander verschachtelten

DOKIMASIA, von griech. *dokimazein* = untersuchen, prüfen; hier: Amtsprüfungsverfahren.

HELIAIA, von griech. *eilein* = sich zusammendrängen; eigentlich: Versammlung; hier: Kollegium der Richter.

DIKASTERION, von griech. *Dike* = Recht, Gerechtigkeit; Gericht.

Info

Antike und moderne Demokratie

▶ Der wichtigste Unterschied zwischen antiker und moderner Demokratie besteht darin, dass man Demokratie in der Antike immer nur direkt gedacht hat, und niemals repräsentativ. Deshalb wurden Wahlen vermieden, deshalb gab es Losung, Rotation und ständige Kontrolle. Unser modernes Repräsentativsystem wäre für einen alten Griechen eine schlimme Form von Oligarchie gewesen. Die Herrschaft einer Gruppe von ein paar Hundert oder bestenfalls ein paar Tausend Personen über ein nach Millionen zählendes Volk – das kann aus dieser Sicht unmöglich eine Demokratie sein!

Natürlich kann man der athenischen Demokratie umgekehrt vorhalten, dass die angebliche Herrschaft des Volkes dort in Wahrheit alles andere als die Herrschaft einer Mehrheit war. Bei genauerem Hinsehen entpuppt sich die Gruppe der politisch Berechtigten, die erwachsenen männlichen Bürger, ganz eindeutig als eine Minderheit; ausgeschlossen waren Frauen, Metöken und Sklaven, je nach Schätzung bis zu 80% der Gesamtbevölkerung Attikas. Irritierend ist vom modernen Standpunkt aus ferner, dass die Antike keinen Minderheitsschutz kannte und dass individuelle Freiheiten nicht als Rechtsgut galten. Auf diese Weise kann das Mehrheitsprinzip totalitäre Züge annehmen, und das hat namhafte Gelehrte zu der provozierenden Frage veranlasst, ob denn die Griechen die Demokratie überhaupt kannten.

Damit macht man es sich jedoch zu leicht. Es ist kein Wunder, dass die antike Demokratie keinen Grundrechtskatalog entwickelte; schließlich musste sie nicht, wie die modernen Demokratien, gegen einen übermächtigen Staat wie den des absolutistischen Zeitalters durchgesetzt werden. Wir haben genügend Belege dafür, dass in der Praxis die Freiheit auch des Einzelnen in Athen normalerweise durchaus respektiert wurde. Der Vorwurf, die Mehrheit der Bevölkerung sei in der Demokratie rechtlos gewesen, ist auf andere Weise anachronistisch; eine Erweiterung der politischen Mitbestimmungsrechte auf Frauen, Ausländer und Sklaven lag einfach vollkommen außerhalb dessen, was damals vorstellbar war. Unter dem Strich muss die athenische Demokratie also trotz allem als ein gelungener Versuch anerkannt werden, unter den Bedingungen des antiken Gemeindestaates die Idee der Volkssouveränität zu verwirklichen. An dieser Stelle lässt sich dann freilich eine Brücke schlagen von der direkten Mitbestimmung antiker Prägung zu den modernen Repräsentativverfassungen, denn auch für diese ist das Prinzip der Volkssouveränität ja bekanntlich die Leitlinie des politischen Handelns. Es ist daher bei aller Unterschiedlichkeit durchaus gerechtfertigt, moderne und antike Demokratie miteinander zu verbinden.

Losvorgänge, die bei der Bestellung der Richter durchgeführt wurden, führten dazu, dass man zu diesem Zweck Losmaschinen erfand.

Zusammenfassend kann man sagen, dass sich die athenische Demokratie dadurch auszeichnete, dass sich das Volk in Form der Volksversammlung und in Form der Gerichte die wichtigsten Kompetenzen und Entscheidungen selbst vorbehielt. Dort, wo dies aus technischen Gründen unmöglich war – bei der Geschäftsführung und in der Exekutive – versuchte man, durch Losverfahren und Rotation so viele Bürger wie möglich aus allen Bevölkerungsgruppen zu beteiligen. Dies verhinderte, dass Rat und Beamtenschaft Eigeninteressen entwickelten, und zweifellos lassen sich beide Organe eher als verlängerte Arme des Volkes begreifen, als dass es sich bei ihnen um eigenständige Verfassungsgewalten gehandelt hätte. Flankiert wurde das demokratische System durch Diäten, und das Resultat war ein für heutige Begriffe ganz erstaunliches Ausmaß an Partizipation und Mitarbeit. Alles in allem scheint die athenische Demokratie hierbei erstaunlich gut funktioniert zu haben.

Die **Kehrseite** dieser Herrschaft des Demos soll allerdings nicht verschwiegen werden: Sie bestand darin, dass man das eigene Bürgerrecht eifersüchtig bewachte. Im Jahre 451/450 v. Chr. brachte Perikles ein Gesetz ein, das das athenische Bürgerrecht sogar noch einengte. In Zukunft wurde nur noch als Bürger anerkannt, wer von beiden Eltern her bürgerlicher Abstammung war. Zuvor war die Herkunft des Vaters ausreichend gewesen, und obgleich dies als eine Maßnahme gedeutet werden kann, die sich gezielt gegen die aristokratische Opposition richtete (denn nur die Aristokraten verfügten über auswärtige Heiratsverbindungen), so traf sie doch auch die in Athen dauerhaft ansässigen Fremden, die **METÖKEN**, die immerhin steuerpflichtig waren und als Hopliten dienen mussten. Insgesamt ist eine Grundtendenz, andere auszugrenzen, in der athenischen Demokratie unverkennbar, und dies ist etwas, was man heutzutage wohl kaum zu einer demokratischen Tugend erheben würde.

METÖKE, von griech. *meta* = mit und *oikein* = wohnen; Mitwohner im Sinne von Ausländern mit Aufenthaltsberechtigung, die aber keine politischen Rechte besaßen.

Der peloponnesische Krieg

| 3.3.4

Dass der Krieg zwischen Athen und Sparta, der im Jahre **431 v. Chr.** ausbrach, in die Weltgeschichte einging, verdanken wir zweifellos seinem Chronisten, dem bereits mehrfach erwähnten Athener **Thukydides** (ca. 460 bis nach 404 v. Chr.), der wohl als einer der größten antiken Historiker gelten darf. Das thukydideische Geschichtswerk ist so bedeutend geworden, dass sich dies auf seinen Gegenstand übertragen hat, obwohl der sich bei näherem Hinsehen eher einreiht in die Konflikte der damaligen Zeit, als dass er unter ihnen herausragen würde. Mehr noch: Man kann sogar sagen, dass Thukydides den peloponnesischen Krieg überhaupt ‚erfunden' hat, denn es handelt sich bei den Auseinandersetzungen ab 431 v. Chr. um mehrere, von einer Friedensperiode unterbrochene Feldzüge, die erst in seiner Darstellung zu einem einheitlichen Kriegsgeschehen zusammengefasst wurden. Natürlich hatte Thukydides für sein Vorgehen gute Gründe, da die betreffenden Ereignisse in der Tat eng miteinander zusammenhängen. Etwas willkürlich erscheint freilich der gewählte Schlusspunkt **404 v. Chr.**, weswegen immer mehr Vertreter der neueren Forschung den Deutungsrahmen bis weit ins 4. Jh. v. Chr. hinein verlängern. Wir kommen darauf zurück.

Thukydides war auch derjenige, der die Unterscheidung zwischen **Ursache** und **Anlass** in die Geschichtsschreibung einführte. Die verschiedenen Streitigkeiten, die 431 v. Chr. zur Kriegserklärung führten, sah er lediglich als Auslöser an; dahinter stand für ihn etwas anderes, ein tieferer Grund. Damit meint Thukydides, dass es auch unter anderen Umständen zum Krieg gekommen wäre, denn bloße Anlässe sind ihrer Natur nach auswechselbar. In Bezug auf den peloponnesischen Krieg lag Thukydides sicherlich richtig.

Der **tiefere Grund** für den Ausbruch des peloponnesischen Krieges bestand nach Meinung des Thukydides im machtpolitischen Gegensatz zwischen Athen und Sparta, dessen Entstehung oben dargestellt wurde (→ 3.3.2). Und in der Tat hatten sich die beiden Poleis in eine Situation manövriert, in der jeder Machtgewinn der einen Seite einen Verlust für die andere bedeutete. Vor diesem Hintergrund wäre es naheliegend, den Ereignissen eine Eigendynamik zuzusprechen und alle Beteiligten als schuldlose Opfer der Umstände zu sehen, die sie in den Krieg gewissermaßen ‚hineingezwungen' hätten. Für Thukydides war dagegen klar, dass Athen die Hauptschuld an dem, was folgte, trug, weil es durch sein dynamisches Wachstum den Konflikt forciert habe, während Sparta demgegenüber zum Waffengang gedrängt worden sei.

Die moderne Forschung urteilt in dieser Frage uneinheitlich: Nicht wenige Gelehrte sehen heutzutage eher Sparta als Kriegstreiber, da es kontinuierlich versucht habe, den attischen Seebund zu destabilisieren und in letzter Sekunde ein Schiedsgerichtsverfahren ablehnte. Andere wiederum verorten angesichts der Vorgeschichte die Schuld vor allem bei Korinth, denn im unmittelbaren Vorfeld der Kriegserklärung heizten Auseinandersetzungen zwischen Athen und Korinth die Stimmung auf. Die Schuldfrage wird sich wohl nicht eindeutig klären lassen. Wenn man die gesamte Pentekontaetie berücksichtigt, erscheint allerdings Athen in der Rolle des Herausforderers.

Die ‚**Anlässe**', die zum Kriegsausbruch führten, sind schnell erzählt: In der Mitte der 430er-Jahre v. Chr. kam es zu einem Konflikt zwischen Korinth und seiner Apoikie Korkyra, der heutigen Insel Korfu vor der

Nordwestküste Griechenlands. Dabei ging es um die Vorherrschaft im ionischen Meer, und insbesondere stritt man sich um die gemeinsame Kolonie Epidamnos (im heutigen Albanien). Im Verlauf dieser Streitigkeiten baten die Korkyräer die Athener um Hilfe, und die athenische Volksversammlung gewährte ihnen ein Defensivbündnis. Man glaubte in Athen, auf diese Weise den Vertrag mit Sparta, dem zufolge beide Seiten auch mit den jeweiligen Verbündeten des Vertragspartners Frieden halten mussten, nicht verletzt zu haben. Im Jahre 433 v. Chr. kam es zwischen Korinth und Korkyra dann zu einer Seeschlacht, in der die Korinther nur deswegen keinen vollständigen Sieg errangen, weil in letzter Sekunde ein athenisches Hilfsgeschwader eingriff. In Korinth war man darüber sehr erbost, und dies veranlasste die Athener wiederum dazu, die korinthische Tochterstadt Poteidaia an der Nordküste der Ägäis, die dem Seebund angehörte, ultimativ dazu aufzufordern, alle traditionellen Bindungen zur Mutterpolis abzubrechen. In Poteidaia war man dazu nicht bereit und erklärte den Austritt aus dem Seebund, worauf die Athener ein Belagerungsheer dorthin entsandten (Frühjahr 432 v. Chr.).

Aus heute nicht mehr nachvollziehbaren Gründen sperrten die Athener zudem der Stadt Megara, einem Bundesgenossen der Korinther und auch der Spartaner, alle Seebundhäfen. Vor allem Korinth wollte von Sparta daraufhin die Kriegserklärung und drohte, andernfalls den peloponnesischen Bund zu verlassen. Dadurch wurde der Krieg unvermeidlich. Um sich in ein vorteilhaftes Licht zu setzen, verlangten die Spartaner von den Athenern, den Seebündnern die Autonomie zurückzugeben, und außerdem bemühten sie noch einmal den Alkmaionidenfrevel (→ s. o. 3.2.2) und forderten, Perikles solle Athen verlassen. Beides waren Punkte, von denen die Spartaner wussten, dass man in Athen auf sie nicht eingehen konnte. Im Frühjahr 431 v. Chr. wurden dann die Feindseligkeiten eröffnet, der peloponnesische Krieg hatte begonnen.

Man kann den Verlauf des peloponnesischen Krieges in drei große Phasen einteilen. Der erste Abschnitt von 431 bis 421 v. Chr. ist dadurch gekennzeichnet, dass die Spartaner und ihre Verbündeten beinahe jedes Jahr mit großer Heeresmacht in Attika einrückten, um die Athener zu einer Entscheidung in offener Feldschlacht zu provozieren. Da diese Invasionen zunächst unter dem Kommando des spartanischen Königs Archidamos II. (ca. 475–427 v. Chr.) standen, bezeichnet man diese Zeit auch als den **„Archidamischen Krieg"**. Der Kriegsplan des Perikles zielte darauf ab, diesen offenen Schlagabtausch zu vermeiden, denn man fürchtete in Athen die Überlegenheit der spartanischen Phalanx. Die Landbevölkerung Attikas wurde daher zurückgezogen hinter die ausgedehnten Befestigungen, die man nach den Perserkriegen errichtet hatte (s. o.) und die Athen mit den Hafenorten Piräus und Phaleron verbanden. Diese sprichwörtlich „Langen Mauern" umschlossen ein Areal von mehreren Quadratkilometern und schienen den Evakuierten genügend Platz zu bieten. Da die Seeherrschaft bei der athenischen Flotte lag, war die Versorgung der Menschen per Schiff zu bewerkstelligen, und aus dieser geschützten Position heraus sollte die athenische Flotte Überfälle und Raubzüge auf der Peloponnes unternehmen und so den Feinden gewissermaßen in den Rücken fallen. Zunächst bewährte sich diese Strategie, doch dann brach im Sommer 430 v. Chr. in Athen eine **Epidemie** aus, die zahlreiche Menschenleben forderte. Ihr fiel 429 v. Chr. auch Perikles zum Opfer, und sein Tod hatte zur Folge, dass in Athen nun eine **neue Politikergeneration** die Zügel ergriff, an erster Stelle zwei Männer namens Kleon und Nikias. Danach wurde der Krieg immer brutaler und härter geführt, und ein möglicher Friedensschluss entschwand in weite Ferne. Ob dies allerdings, wie häufig behauptet wird, allein Kleon anzulasten ist, darf bezweifelt werden. Es ist schließlich ein weitverbreitetes Phänomen, dass sich die Kriegführung bei längerer Dauer einer bewaffneten Auseinandersetzung zunehmend verschärft, und nicht zufällig verhärteten sich die Fronten auch im peloponnesischen Krieg ja auf beiden Seiten.

Einen großen Erfolg konnte Kleon im Jahre 425 v. Chr. erringen, als es ihm gelang, eine peloponnesische Hoplitenabteilung – darunter 120 Spartiaten – auf der Insel Sphakteria vor der messenischen Küste gefangen zu nehmen. Dies bedeutete für Sparta, dessen Vollbürgerzahlen im Schwinden begriffen waren, eine enorme Belastung, zumal sich die Athener in Messenien dauerhaft festgesetzt hatten. Doch die Spartaner vermochten sich aus dieser Zwangslage zu befreien: Nur ein Jahr später marschierte ein aus Heloten und Söldnern gebildetes Aufgebot unter dem Kommando des Brasidas, eines erfahrenen Truppenführers, quer durch ganz Griechenland in den makedonisch-thrakischen Raum und brachte dort eine ganze Reihe von Seebundstädten zum Abfall von Athen. Darunter befand sich auch das wichtige Amphipolis, und dies kostete den Befehlshaber der Gegenseite, unseren Chronisten Thukydides, sein Strategenamt und letztlich seine Heimat (ob Thukydides wegen seines Versagens zum Exil verurteilt wurde oder ob er einem solchen Prozess vorsorglich aus dem Weg ging, wissen wir nicht). Im Sommer 422 v. Chr. traf Kleon mit weiteren Verstärkungen vor Amphipolis ein. Bei der darauffolgenden Entscheidungsschlacht kamen sowohl Kleon als auch Brasidas ums Leben, und dies ermöglichte es nun den Verständigungspolitikern auf beiden Seiten, einen Friedensvertrag auf der Basis der Vorkriegsbesitzstände abzuschließen. Auf athenischer Seite war vor allem Nikias, der Hauptkonkurrent Kleons, für das Abkommen eingetreten, weswegen man in diesem Zusammenhang vom **Nikias-Frieden** spricht, mit dem die erste Kriegsphase ihr Ende fand (421 v. Chr.).

Die Jahre nach dem Abschluss des Nikias-Friedens waren jedoch beileibe keine Friedenszeit. Das ist auch nicht weiter verwunderlich, denn der vorangegangene Konflikt hatte letztlich nichts entschieden, und der Vertrag selbst brachte auch keine wirkliche Verständigung. Jetzt musste es darum gehen, sich für die nächste Runde, die auf jeden Fall kommen würde, eine möglichst gute Ausgangsposition zu verschaffen. Schon bald agierte Athen wieder mehr oder weniger offen gegen Sparta, so etwa, als es 418 v. Chr. – allerdings erfolglos – eine antispartanische Koalition um Argos, den Erzfeind Spartas auf der Peloponnes, unterstützte. Dies geschah auf Betreiben des Alkibiades (ca. 450 – 403 v. Chr.), des Neffen des Perikles, der neben Nikias nun zur bestimmenden Figur in der athenischen Politik aufstieg.

Entscheidender für den weiteren Kriegsverlauf sollte eine Flottenexpedition werden, die die Athener im Jahre 415 v. Chr. nach Sizilien entsandten. Den Anlass hierfür bot ein Hilfegesuch der westsizilischen Stadt Segesta, mit der die Athener bereits seit einiger Zeit verbündet waren, gegen den spartanischen Bundesgenossen Syrakus.

Die Größe der Expeditionsstreitmacht unter dem gemeinsamen Kommando von Alkibiades, Nikias sowie Lamachos macht aber klar, dass die Athener von Anfang an danach strebten, die gesamte Insel zu unterwerfen, denn ihre Flotte zählte 134 Trieren mit über 25.000 Mann Besatzung. Athen wollte offensichtlich die Gewichte in der griechischen Welt im großen Maßstab verschieben und auf diese Weise Sparta ins Hintertreffen bringen. Thukydides behauptet in diesem Zusammenhang, dass dieser Plan ohne ausreichende Sachkenntnis gefasst worden sei. Die Athener hätten die Entscheidung vielmehr in einer emotionalisierten Volksversammlung getroffen, ohne dass sie wirklich hätten überblicken können, worauf sie sich einließen. Doch davon kann nicht die Rede sein, denn Athen hatte schon in den 420er-Jahren v. Chr. auf Sizilien operiert.

Dafür, dass die Sizilienexpedition sehr wohl gut durchdacht war, spricht nicht zuletzt die Tatsache, dass der Feldzug zu Beginn recht erfolgreich verlief. Bis zum Sommer 414 v. Chr. gelang es den Athenern, Syrakus fast vollständig einzuschließen. Danach kam es jedoch zu einer Kette von Fehlschlägen, die vor allem damit zusammenhingen, dass Sparta an diesem Punkt den erfahrenen Offizier Gylippos als Militärberater nach Syrakus schickte, um die dortige Kriegführung zu organisieren. Dies hatte übrigens kein Geringerer als Alkibiades empfohlen, der zuvor zu den Spartanern übergelaufen war.

Für das athenische Heer bedeutete die Anwesenheit des Gylippos letzten Endes der Untergang. Obwohl noch mehrmals Verstärkungen aus der Heimat eintrafen, wurden die Athener schließlich in eine ausweglose Lage manövriert und mussten im Spätsommer 413 v. Chr. kapitulieren. Nikias und der ihm zwischenzeitlich an die Seite gestellte Demosthenes wurden hingerichtet, die Reste ihrer Streitmacht kamen als Gefangene in Steinbrüchen bei Syrakus um oder wurden als Sklaven verkauft. Angeblich starben damals insgesamt mehr als 40.000 Mann – eine Katastrophe, die für Athen nicht nur ein immenser Verlust von Ressourcen war, sondern auch enorm an Ansehen kostete. Sie leitete die letzte Kriegsphase ein, die – nach den beiden zentralen Kriegsschauplätzen – wahlweise als **dekeleischer** oder auch als **ionischer Krieg** bezeichnet wird (413 bis 404 v. Chr.). In Attika besetzten die Spartaner den Ort Dekeleia, was sie in die Lage versetzte, die Stadt nunmehr dauerhaft zu bedrohen, und nicht mehr, wie im archidamischen Krieg, nur während der Sommermonate. Noch wichtiger war, dass mittlerweile die **Perser** aufseiten des peloponnesischen Bundes in den Krieg eingetreten waren. Dies war eine Reaktion darauf, dass die Athener 414 v. Chr. zu allem Überfluss in Südwestkleinasien den Karer Amorges unterstützt hatten, der vom Großkönig abgefallen war. Infolgedessen verbündete sich Persien jetzt mit Sparta und gewährte ihm finanzielle Unterstützung. Die persischen Subsidien konnte man am Eurotas gut gebrauchen, denn die Spartaner hatten die athenische Schwächung dazu genutzt, ihrerseits eine Flotte auszurüsten und mit einigem Erfolg in Ionien und auf den Inseln die athenischen Bundesgenossen zum Abfall zu bewegen. Neben Ephesos, Milet, Teos und Erythrai gingen Chios, Rhodos und Teile von Lesbos verloren, und schließlich auch die überlebenswichtigen Stützpunkte am Hellespont und am Bosporus.

In dieser Krisensituation kam es im Mai 411 v. Chr. in Athen zu einem **oligarchischen Umsturz**. Unter der Führung des Gerichtsredners Antiphon und des ehemaligen Strategen Phrynichos wurden die demokratischen Verfassungsorgane entmachtet und eine „Herrschaft der Vierhundert" etabliert, die retten sollte, was noch zu retten war. Doch die Hoffnung, das neue Regime könnte einen vorteilhaften Frieden schließen, erfüllte sich nicht. Als dann die athenische Flotte für die Demokratie optierte und dann auch noch im Frühjahr 410 v. Chr. in der Seeschlacht bei Kyzikos im Marmarameer einen großen Sieg über die Spartaner errang, war der Spuk im Sommer endgültig vorbei, die **Demokratie war wiederhergestellt**. In den darauffolgenden Jahren gewannen die Athener in der Ägäis immer mehr an Boden zurück, auch dank der Hilfe des Alkibiades, der während des oligarchischen Zwischenspiels wieder die Seiten gewechselt hatte. Bereits der Triumph von Kyzikos war auf sein Konto gegangen. In dem neuen spartanischen Admiral **Lysander** aber erwuchs ihm ein ebenbürtiger Gegner. Im Frühjahr 407 v. Chr. schlug Lysander einen Unterführer des Alkibiades bei Notion unweit von Ephesos, und daraufhin musste Alkibiades erneut – und dieses Mal für immer – ins Exil gehen. Ein Jahr später konnten die Athener in der Seeschlacht bei den Arginusen-Inseln (zwischen Lesbos und der kleinasiatischen Küste) zwar noch einmal siegen, aber 405 v. Chr. brachte Lysander in einem Handstreich die bei Aigospotamoi am Hellespont vor Anker liegende athenische Flotte in seinen Besitz – praktisch kampflos! Damit war die athenische Seemacht endgültig gebrochen, und die Stadt musste nach einer längeren Hungerblockade schließlich Anfang 404 v. Chr. **kapitulieren**.

Der peloponnesische Krieg war vorbei, Athen hatte verloren, und nun wurde abgerechnet. Zwar stellten sich die Spartaner gegenüber der von Theben und Korinth erhobenen Forderung, Athen völlig zu vernichten, taub, doch waren die Friedensbedingungen hart: Alle Befestigungen mussten geschleift werden, die verbliebenen Kriegsschiffe waren bis auf zwölf Stück auszuliefern, Athen wurde zwangsweise Mitglied des peloponnesischen Bundes, und es musste alle Verbannten wieder zurückkehren lassen: eine Maßnahme, die eine nicht zu unterschätzende innenpolitische Belastung darstellte.

Lässt man den hier geschilderten Kriegsverlauf noch einmal Revue passieren, so fällt es schwer, die athenische Niederlage für unausweichlich zu halten. Gewiss bedeutete der Misserfolg auf Sizilien eine entscheidende Weichenstellung. Doch sieht es vielmehr so aus, als hätten die Athener hier nur um Haaresbreite das Nachsehen gehabt. Auch der wechselhafte Verlauf der letzten Kriegsphase verstärkt den Eindruck, dass der peloponnesische Krieg durchaus hätte anders ausgehen können. Ein Blick auf die folgenden Ereignisse vermittelt allerdings das Gefühl, dass ein athenischer Erfolg über Sparta kaum einen Unterschied gemacht hätte: Das Jahr 404 v. Chr. ist nämlich nur ein **scheinbarer Schlusspunkt**, die Konflikte gingen, wie wir gleich sehen werden, fast nahtlos weiter.

Das Nachspiel | 3.3.5

Letzten Endes kämpfte man in Griechenland noch mehr als fünf weitere Jahrzehnte um die Vorherrschaft, ohne dass es einer der dafür infrage kommenden Mächte gelungen wäre, eine stabile Hegemonie zu errichten. Das wäre wohl auch so gekommen, wenn der Sieger im peloponnesischen Krieg Athen geheißen hätte.

Zunächst schien Sparta freilich im Vorteil zu sein: Lysander überzog Griechenland und die Ägäis mit einem Netz von peloponnesischen Garnisonen unter spartanischen Kommandanten, den sogenannten **HARMOSTEN**. Außerdem installierte er in vielen Poleis prospartanische Regime, die berüchtigten **DEKARCHIEN**, deren Name daher rührt, dass es sich hierbei in der Regel um ein zehnköpfiges Gremium handelte. In Athen wurden *hoi triakonta*, also „**die Dreißig**", eingesetzt. Bei der Auswahl dieser Führungscliquen verfuhr **Lysander** offenbar nach persönlichen Gesichts-

HARMOST, von griech. *harmozein* = ordnen, befehligen; Statthalter, Befehlshaber.

DEKARCHIE, von griech. *deka* = zehn und *archein* = herrschen; Zehnmännerherrschaft.

punkten; den Quellen zufolge verhalf er in erster Linie seinen Freunden zur Macht und unterstützte sie darin, ihre Gegner loszuwerden.

Sehr bald empfand man seine Stellung als übermächtig und tyrannengleich. Tatsächlich empfing Lysander in dieser Zeit als erster griechischer Politiker sogar Ehrungen, die eigentlich den Göttern vorbehalten waren: Man errichtete Altäre für ihn und brachte ihm Opfer dar; damit wurde im Prinzip der spätere hellenistische Herrscherkult vorweggenommen. Dies macht vollends deutlich, wie weit Lysander auf dem Weg zu einer monarchischen Position bereits vorangeschritten war. Dagegen formierte sich nun in Sparta eine starke Opposition, und diese erreichte 403 v. Chr., dass die von Lysander eingerichteten Dekarchien überall wieder abgeschafft wurden. Im Zuge dieser Veränderungen kehrte auch Athen im September desselben Jahres zur Demokratie zurück. Lysander verlor seinen Einfluss damals aber nicht vollständig; er blieb bis zu seinem Tod auf dem Schlachtfeld im Jahre 395 v. Chr. ein Faktor in der griechischen Politik.

Natürlich waren die an Sparta angeschlossenen Poleis auch nach dem Sturz des Dekarchien-Systems in ihrer Außenpolitik fest an die **Hegemonialmacht** gebunden, und dies sorgte für eine immer größere Unzufriedenheit unter ihnen. Jetzt rächte es sich, dass das politische Denken in Griechenland schon seit der archaischen Zeit allein am eigenen Gemeinwesen orientiert war, und die seit den Perserkriegen populäre **Freiheitsideologie**, die die Spartaner selbst im Vorfeld des peloponnesischen Krieges umformuliert hatten zu der Forderung nach einer allgemeinen Autonomie, tat ein Übriges: Für die meisten Griechen war es einfach schwierig bis unmöglich, sich in einen größeren politischen Verband einzuordnen, oder gar sich einer größeren Polis unterzuordnen. Deshalb versuchten sie schon bald, von den Spartanern abzufallen. Eine Gelegenheit hierfür bot sich, als Sparta ab 400 v. Chr. in eine kriegerische Auseinandersetzung mit Persien geriet. Dabei brach dieser Konflikt fast schon aus Versehen aus, denn seine Vorgeschichte ist eigentlich ein Beleg für die guten Beziehungen zwischen den beiden Mächten, die im Verlauf des peloponnesischen Krieges entstanden waren. Damals hatte namentlich Lysander eng mit dem persischen Prinzen **Kyros** zusammengearbeitet, der im Auftrag seines Vaters Dareios II. Ochos seit 408 oder 407 v. Chr. als Oberbefehlshaber in Kleinasien die militärischen Aktionen der Perser leitete. Kyros hatte nach dem Tod des Vaters im Jahre 405 v. Chr. seinem älteren Bruder Artaxerxes (II.) den Vortritt in der Herrschaftsnachfolge lassen müssen und schmiedete nun **Umsturzpläne**. Im Jahre 401 v. Chr. war es dann schließlich so weit: Kyros zog mit einem ansehnlichen Heer ins Innere des Perserreiches, um seinen Bruder zu entthronen. Unter seinen Soldaten befanden sich auch mehr als 10.000 **griechische Söldner**, die er mithilfe seiner spartanischen und ionischen Freunde angeworben hatte. In der **Schlacht bei Kunaxa** nahe Babylon im Herbst 401 v. Chr. setzten sich Kyros' Griechen gegen die Truppen seines Bruders durch, doch er selbst überlebte das Gefecht nicht. Dadurch änderte sich die Lage für die Spartaner und die Ionier schlagartig. Man hatte gewissermaßen ‚auf das falsche Pferd gesetzt', war infolgedessen **plötzlich mit Persien verfeindet**, und zumindest die Ionier sahen harten Strafmaßnahmen entgegen. Es ehrt die Spartaner, dass sie in dieser Situation ihre ionischen Verbündeten nicht im Stich ließen und einen Krieg gegen den Großkönig auf sich nahmen. Sie taten dies freilich nicht, wie oft behauptet wird, um ihre griechischen Landsleute vor dem persischen Joch zu bewahren. Der weitere Verlauf der Ereignisse zeigt deutlich, dass weder die Spartaner noch die anderen griechischen Mächte irgendwelche Skrupel hatten, sich mit dem Großkönig auf Kosten griechischer Interessen zu einigen. Panhellenische Überlegungen spielten damals in der praktischen Politik keine Rolle. Hinter dem spartanischen Engagement in Kleinasien wird daher eher die nüchterne Einsicht gestanden haben, dass es Artaxerxes II. mit der Bestrafung der Ionier wohl nicht hätte bewenden lassen.

Der Krieg, der nun zwischen Sparta und Persien in Kleinasien ausbrach, verlief zunächst ohne größere Ereignisse. Dies lag daran, dass beide Seiten schwach waren. **Auf persischer Seite** machten sich, neben der notorischen militärischen Unterlegenheit gegenüber der griechischen Hoplitenphalanx, immer stärker politische **Auflösungserscheinungen** bemerkbar. So war es im Zuge des Thronwechsels nicht nur zur Usurpation des Kyros gekommen, sondern auch zum Abfall Ägyptens (405/404 v. Chr.), und es ist bezeichnend, dass die Ägypter ihre Unabhängigkeit daraufhin volle sechs Jahrzehnte behaupten konnten. Die Spartaner wiederum hatten einfach nicht genügend Truppen, sie mussten Bundesgenossen und freigelassene Heloten ins Feld stellen. Um Bewegung in die Dinge zu bringen, begannen die Perser ab 396/395 v. Chr., die erwähnte Unzufriedenheit der griechischen Poleis mit der spartanischen Hegemonie auszunutzen. Durch massive **persische Geldzahlungen** ermutigt, bildeten Theben, Korinth, Argos und Athen die sogenannte „**Korinthische Allianz**" und schufen damit im Mutterland eine zweite Front gegen die Spartaner, was deren Kriegführung in Kleinasien vollends lähmte. Auch diese als „**korinthischer Krieg**" bekannte Auseinandersetzung war im Wesentlichen ein über Jahre geführter kleinteiliger Stellungskrieg. Die Entscheidung fiel stattdessen auf See, vor der Küste Westkleinasiens, wo der Athener Konon seit 396 v. Chr. mit einer persischen Flotte operierte. Ihm gelang es 394 v. Chr. in der Seeschlacht bei Knidos, die spartanische Flotte zu vernichten, und als direkte Folge brach die spartanische Machtstellung in der Ägäis beinahe restlos zusammen.

Allenthalben wurden nun die spartanischen Garnisonen vertrieben. Dass dabei ausgerechnet die ionischen Griechen ihre Tore als Allererste den Persern öffneten, ist eines der Hauptargumente für die These, dass der griechisch-persische Gegensatz politisch nicht handlungsleitend war. Auch Athen baute ohne Hemmungen ab 393 v. Chr. die langen Mauern mit persischer Unterstützung wieder auf. Es ist deshalb kaum überraschend, dass schon ab 392 v. Chr. alle Beteiligten Friedensverhandlungen führten, wobei diese nach Lage der Dinge letztlich auf die Frage hinausliefen, für welche Seite sich Artaxerxes wohl entscheiden würde – ob für die Spartaner oder für deren Gegner. Am Ende machte noch einmal Sparta das Rennen, was sehr viel damit zu tun hatte, dass sich die Athener unter Thrasybulos, einem bewährten Haudegen aus dem peloponnesischen Krieg, ab 390 v. Chr. anschickten, die alte Seebundherrschaft wiederherzustellen. So kam es 387 v. Chr. zwischen Sparta und Persien zum sogenannten **Königsfrieden** oder auch **Antalkidasfrieden** (nach Antalkidas, dem lakedaimonischen Chefunterhändler), dem die übrigen griechischen Poleis im darauffolgenden Jahr zustimmen mussten.

Durch diesen Friedensvertrag wurde **Westkleinasien den Persern** abgetreten und der **Rest Griechenlands** – bis auf wenige Ausnahmen – für **unabhängig** erklärt, beides Punkte, die zurückgehen auf die Zeit des peloponnesischen Krieges. Deshalb kann man am Königsfrieden recht gut erkennen, dass dieser Krieg 404 v. Chr. nicht wirklich zu Ende gegangen war. Mit der Preisgabe Kleinasiens lösten die Spartaner nämlich letztlich eine Zusage ein, die sie dem Großkönig schon 412 v. Chr. als Gegenleistung für dessen Unterstützung gemacht hatten. Die Autonomieklausel greift die 431 v. Chr. auf den Seebund gemünzte spartanische Forderung nach einer allgemeinen Befreiung aller Griechenstädte auf (s. o.). Gerade letztere Bestimmung wurde von den Spartanern allerdings höchst einseitig und als Herrschaftsinstrument gehandhabt. Da Artaxerxes mit der Durchsetzung und Überwachung der Vertragsklauseln ausschließlich die Spartaner beauftragte, besaßen sie dementsprechend die alleinige Deutungshoheit darüber, was mit der proklamierten allgemeinen Autonomie noch vereinbar war und was nicht. Auf dieser Grundlage wurden nun einfach alle Machtbildungen, die Sparta gefährlich werden konnten, als Verstöße gegen das Autonomieprinzip gewertet und aufgelöst. Der peloponnesische Bund hingegen blieb bestehen, obwohl sich die Spartaner dort keineswegs scheuten, ganz offen in die Autonomie ihrer Bündner einzugreifen.

Diese **erneut errungene Vormachtstellung** konnten die Spartaner indes nicht lange unangefochten behaupten. Zwar wurde der chalkidische Bund um die nordägäische Polis Olynth im Jahre 379 v. Chr. noch nach bewährtem Muster als Verstoß gegen die Autonomieklausel zerschlagen, aber im gleichen Jahr gelang es den **Thebanern**, die spartanische Garnison, die seit 382 v. Chr. die thebanische Burg besetzt hielt, zu vertreiben. Damit scherte Theben aus dem spartanischen Bündnissystem aus, der **böotische Bund** wurde neu gebildet, und all dies geschah, ohne dass Sparta etwas dagegen auszurichten vermochte. Der nächste Schlag ließ daher nicht lange auf sich warten: Durch das thebanische Vorbild ermutigt, gründeten die Athener 378/377 v. Chr. eine eigene Bündnisorganisation, den sogenannten **zweiten attischen Seebund**, dem sich Theben sogar noch kurzzeitig anschloss.

In Athen achtete man peinlich genau darauf, nicht gegen persische Interessen und gegen die Autonomiebestimmung des Königsfriedens zu verstoßen. Allen Bündnern wurde die Unabhängigkeit garantiert,

> Grundlage des zweiten attischen Seebundes waren mehrere Einzelbündnisse, die Athen schon seit 384 v. Chr. mit verschiedenen Poleis geschlossen hatte. Zu Beginn des Jahres 377 v. Chr. verbreiteten die Athener dann einen Aufruf an alle Bewohner des Festlandes und der Inseln (soweit sie nicht dem Großkönig unterworfen waren), dieser Bundesgenossenschaft beizutreten. Dies gilt als die eigentliche Geburtsstunde des neuen Seebundes. In dem besagten Aufruf, der uns durch eine Inschrift erhalten ist, versprachen die Athener, von ihren Verbündeten keine Abgaben zu erheben, sich nicht in ihre inneren Angelegenheiten einzumischen und allgemein deren Freiheit und Autonomie zu achten. Zudem wurde eine Stationierung athenischer Beamter oder Truppen bei den Bundesgenossen ausdrücklich ausgeschlossen. Oberstes Organ des Seebundes war ein Bundesrat (**SYNHEDRION**), in dem Athen nicht vertreten war und in dem jedes der anderen Mitglieder eine Stimme hatte, wobei die Beschlüsse dieses Gremiums noch von der athenischen Volksversammlung bestätigt werden mussten.

Diese Regelungen – und auch das gegen Sparta gerichtete Programm – erschienen vielen Griechen attraktiv, der zweite Seebund erhielt zunächst überraschend starken Zulauf. Zu seinen Mitgliedern zählten die meisten Inselstaaten und zwischenzeitlich sogar Böotien und Thessalien. Gleichwohl erreichte das Bündnis nie die Größe und Effektivität des ersten, delisch-attischen Seebundes. Wie seine Vorgängerorganisation verwandelte sich der zweite Seebund rasch in ein von Athen dominiertes Herrschaftsinstrument: Athen hielt sich nicht an seine Versprechungen, es wurden dann doch Beiträge eingetrieben, Soldaten stationiert und Druck auf die Bündner ausgeübt. Die Thessaler und die Thebaner verließen daher das Bündnis schon sehr früh wieder, und 357–355 v. Chr. kam es schließlich zum sogenannten „Bundesgenossenkrieg", in dem sich die wichtigsten Verbündeten mit Unterstützung des karischen Herrschers Maussolos (s. u) von Athen lossagten und erfolgreich ihre Unabhängigkeit behaupten konnten. Nach der Schlacht bei Chaironeia löste Philipp II. von Makedonien den Seebund auf (338 v. Chr.).

Info

Der zweite attische Seebund

SYNHEDRION, von griech. *syn* = mit, zusammen und *hedra* = Sitz, Rat; Versammlung.

die Zielrichtung war dezidiert antispartanisch, und die Untertanen des Großkönigs waren von der Aufforderung, sich dem Bündnis anzuschließen, explizit ausgenommen. Die Perser ließen Athen daraufhin gewähren, und auch gegen die Thebaner unternahmen sie nichts. Diese verfolgten ihre gegen Sparta gerichtete Politik ebenfalls konsequent weiter und ließen in den 370er-Jahren keine Gelegenheit ungenutzt, ihren Einfluss in Mittelgriechenland auszuweiten, sodass es darüber auch wieder zu einer Abkühlung des Verhältnisses zwischen Theben und Athen kam. Sparta verlor in dieser Zeit militärisch immer mehr an Boden, mehrere Feldzüge nach Böotien verliefen ergebnislos, und in der Ägäis erlitt die peloponnesische Flotte 376 v. Chr. eine herbe Niederlage gegen Athen. Daraufhin versuchten die Spartaner, die Expansion ihrer Gegner mit diplomatischen Mitteln einzudämmen: Auf zwei großen Friedenskongressen sollte ein allgemeiner Landfrieden, eine sogenannte KOINÉ EIRÉNE, vereinbart werden (375/374 und 371 v. Chr.). Ein solcher Frieden hätte – neben den Sympathien vieler kriegsmüder Hellenen – ein Einfrieren der Kräfteverhältnisse zumindest auf der Grundlage des *status quo* gebracht, was für Sparta, dessen Position ja täglich schwächer zu werden schien, auf jeden Fall nützlich gewesen wäre. Wahrscheinlich aber versprachen sich die Spartaner von ihren Friedensinitiativen darüber hinaus noch persische Unterstützung dabei, unerwünschte Machtbildungen aufzulösen. Diese Rechnung aber ging nicht auf, die Verhandlungen scheiterten, und als der spartanische König Kleombrotos 371 v. Chr. die Thebaner mit Waffengewalt zur Räson bringen wollte, rührte Persien keinen Finger. In der darauffolgenden Schlacht bei Leuktra in Böotien unterlag Kleombrotos trotz zahlenmäßiger Überlegenheit dem Aufgebot der Thebaner unter ihrem Feldherren Epameinondas, da dieser sich einer neuen Taktik bediente, der nachmals berühmten „schiefen Schlachtordnung", der die lakedaimonische Phalanx einfach nicht gewachsen war.

Mit Leuktra beginnt die kurze Phase der thebanischen Hegemonie über Griechenland. Das Ergebnis der Schlacht war für Sparta eine Katastrophe, von der es sich nicht mehr erholte. Über die Hälfte der Spartiaten, die unter Kleombrotos gekämpft hatten, war gefallen, und auch der König selbst hatte nicht überlebt. Schlimmer noch waren die politischen Folgen: In insgesamt vier Feldzügen zwischen 370 und 362 v. Chr. zerstörten die Thebaner die spartanische Machtstellung auf der Peloponnes für immer. Der peloponnesische Bund wurde aufgelöst, und als Gegengewicht zu Sparta schlossen sich die Arkadier im Landesinneren zu einem KOINON zusammen. Dabei wurde in einem groß angelegten Synoikismos, an dem sich 39 Gemeinden beteiligten, 368/367 v. Chr. die neue arkadische Hauptstadt Megalopolis gegründet. Die entscheidende Schwächung Spartas erreichte Epameinondas freilich durch die Abtrennung Messeniens vom lakedaimonischen Staatsgebiet und die Gründung eines eigenständigen messenischen Gemeinwesens (369 v. Chr.). Auf diese Weise verloren die Spartaner nicht nur einen Großteil ihrer Ressourcen, sondern es war ihnen zugleich auch noch ein weiterer feindseliger Nachbar entstanden (Pausanias IV 26,5; 27,5–11).

In Mittelgriechenland errichteten Epameinondas und Pelopidas, der zweite führende Politiker Thebens in dieser Zeit, nun ein **weitgespanntes Bündnissystem**, das bis zur Adriaküste reichte, und auch nach Norden dehnten sie den böotischen Einfluss beträchtlich aus. So fassten die Thebaner in Thessalien Fuß, das nach dem Tode des Tyrannen Iason von Pherai, der die Landschaft kurzzeitig politisch geeint hatte, im Chaos versunken war (370 v. Chr.). Sie mischten sich zudem erfolgreich in die makedonischen Thronwirren ein (368 v. Chr.), was unter anderem zur Folge hatte, dass der spätere König Philipp II. einige Jahre als Geisel in Theben verbrachte. Im Jahre 367 v. Chr. erreichte Pelopidas dann schließlich die Anerkennung der thebanischen Hegemonie durch den persischen Großkönig Artaxerxes II.

Athen und Sparta waren nicht bereit, diese Position der Thebaner hinzunehmen, sodass es aus Anlass der Spaltung des arkadischen Bundes erneut zu einem umfassenden Konflikt kam. In der 362 v. Chr. bei **Mantineia** geschlagenen Schlacht erfochten die Thebaner und ihre Verbündeten zwar einmal mehr einen Sieg, aber Epameinondas wurde getötet, und ohne diesen brach die Vormachtstellung Thebens rasch zusammen. Damit aber wurden, wie Xenophon am Schluss seiner griechischen Geschichte (der sogenannten ‚Hellenika') schreibt, „Unordnung und Verwirrung in Hellas nur noch größer, als sie es vorher schon waren".

In der Tat fällt es auch dem heutigen Betrachter sehr schwer, dem unübersichtlichen und kleinteiligen Ereignisablauf der Jahre bis 362 v. Chr. so etwas wie sinnvolle Erkenntnisse abzugewinnen. Am ehesten lassen sich diese Geschehnisse als ein **unaufhörlicher Kampf jeder gegen jeden um die Hegemonie** über Griechenland deuten. Dabei war keiner der in Betracht kommenden Protagonisten stark genug, sich längere Zeit zu halten. Die ‚übliche' Konstellation bei wechselnder Besetzung der Beteiligten sah vielmehr so aus, dass jeweils auf der einen Seite die im Moment stärkste Macht stand, auf der anderen dagegen eine Allianz der übrigen großen Poleis, die sich früher oder später durchsetzen konnten. Aus ihren Reihen kam dann der nächste Hegemon, und das wiederum hatte im Regelfall eine Umgruppierung der Bündnisse und erneuten Krieg zur Folge. An sich kann man dieses Muster schon seit den Perserkriegen mehr oder weniger so beobachten. Es fällt freilich auf, dass die Stabilität der hegemonialen Machtbildungen im Laufe der Zeit zusehends abnahm, das Rad drehte sich also immer schneller. Im klassischen Griechenland ist also ein **ausgeprägter Partikularismus** festzustellen, der es am Ende unmöglich machte, mit anderen zu kooperieren. Das ist zweifellos eine Schattenseite der in der klassischen Zeit ‚entdeckten' Werte von Freiheit und Autonomie, denn die besagte Haltung begünstigte ja eine Politik, in der Krieg und Konflikt zum Dauerzustand wurden. Die führenden Poleis reagierten darauf im Grunde genommen fantasielos; niemand versuchte, aus diesem Kreislauf auszubrechen.

Interessant ist demgegenüber die **Rolle Persiens**, das in dieser Zeit eine Art **Gleichgewichtspolitik** betrieb. Zuerst wurde Sparta unterstützt, dann Athen, dann wieder Sparta, und schließlich Theben. Der Plan war offenbar, die Griechen mit sich selbst zu beschäftigen und niemanden zu stark werden zu lassen. Dabei wurde ein direktes militärisches Engagement weitgehend vermieden, der Großkönig agierte auf dem Parkett der Diplomatie, und vor allen Dingen verteilte er großzügige **Geldzahlungen**. Hinter dieser Zurückhaltung steht natürlich die oben bereits mehrfach angesprochene militärische und politische Schwäche der Perser, die sich in den 360er-Jahren v. Chr. noch insofern verschärfte, als es damals in Kleinasien zu mehreren Aufständen königlicher Satrapen kam (diese Vorgänge sind auch bekannt als der „Große Satrapenaufstand").

Zugleich kann man im Verhalten der Achämeniden aber ganz deutlich eine stringente außenpolitische Konzeption erkennen, die im Verlauf der Pentekontaetie entwickelt worden sein dürfte und an der seither unerschütterlich festgehalten wurde. Wichtigstes Element dieser neuen Leitlinien war eine radikale Begrenzung der Ziele der persischen Westpolitik: Anders als zu Zeiten des Dareios und des Xerxes ging es jetzt nur noch um Kleinasien und darum, von den Griechen ansonsten möglichst in Ruhe gelassen zu werden. Dazu konnte man Griechenland beileibe nicht sich selbst überlassen; ein Einmarsch persischer Truppen wäre in diesem Zusammenhang aber wohl kontraproduktiv gewesen, denn er hätte unter Umständen eine panhellenische Reaktion provoziert, mit unabsehbaren politischen Folgen. Auf diese Weise entstand in Griechenland in der ersten Hälfte des 4. Jh. v. Chr. langsam, aber stetig ein gewissermaßen künstliches **Vakuum**, eine Lücke, in die – eben weil sie von Persien bewusst frei gelassen wurde – nacheinander andere Akteure zu stoßen versuchten. Zum Teil waren dies Adressaten der Perserkriegsträume des Isokrates (s. o.), nicht zufällig aber handelte es sich dabei ausnahmslos um **Territorialmächte am Rande der griechischen Welt**, die aufgrund ihrer Lage ein grundsätzliches politisches Interesse mit Griechenland verband und die zugleich genügend Militärpozential mitbrachten, um die zersplitterte Poliswelt bezwingen zu können: **Thessalien**, **Karien** und zuletzt **Makedonien**.

Aufgaben zum Selbsttest

- Beschreiben Sie die Veränderung der altorientalischen Staatenwelt zwischen ca. 700 und 500 v. Chr., und nennen Sie Gründe dafür.
- Nennen Sie die Ursachen und Folgen des Ionischen Aufstandes.
- Legen Sie dar, wie sich die Griechen ihren Erfolg in den Perserkriegen erklärten.
- Beschreiben Sie die Organisation des sogenannten ersten „attischen Seebundes".
- Beschreiben Sie die Auswirkungen der Seebund- und Flottenpolitik auf die Innenpolitik Athens.
- Nennen Sie das wichtigste Funktionsprinzip der athenischen Demokratie.
- Nennen Sie die wichtigsten Unterschiede zwischen der athenischen Demokratie und dem, was wir heute unter einer demokratischen Verfassung verstehen.
- Beschreiben Sie den Ausbruch des peloponnesischen Krieges, und nennen Sie die Phasen dieses Konfliktes.
- Auf welchen Nenner kann man die politische Grundkonstellation und die verworrene Ereignisgeschichte zwischen dem Ende des peloponnesischen Krieges und der Schlacht bei Mantineia (404–362 v. Chr.) bringen?
- Beschreiben Sie das Verhalten Persiens in dieser Zeit, und nennen Sie Gründe dafür.

Literatur

Zur altorientalischen Staatenwelt des 1. Jahrtausends v. Chr.
S. Breuer, **Imperien der Alten Welt**, Stuttgart 1987.
E. Cancik-Kirschbaum, **Die Assyrer**, München 2003.
M. Jursa, **Die Babylonier**, München 2004.
H. Kaletsch, **Zur lydischen Chronologie**, Historia 7, 1958, 1–47.
A. Kuhrt, **The ancient Near East 3000–330 B.C.**, London/New York 1995.
H.J. Nissen, **Geschichte Altvorderasiens**, OGG 25, München 1999.
H.A. Schlögel, **Das Alte Ägypten**, 2. Aufl., München 2005.
Zum persischen Achämenidenreich
P. Briant, **Histoire de l'empire perse de Cyrus à Alexandre**, Paris 1996.
P. Högemann, **Das alte Vorderasien und die Achämeniden**, Wiesbaden 1992.
H. Klinkott, **Der Satrap: ein achaimenidischer Amtsträger und seine Handlungsspielräume**, Frankfurt 2005.
J. Wiesehöfer, **Das antike Persien**, 2. Aufl., Düsseldorf 1998.
Zu den Perserkriegen und ihren Auswirkungen
J.M. Balcer, **Sparda by the Bitter Sea**, Chico 1984.
J.M. Balcer, **The Persian conquest of the Greeks 545–450 B.C.**, Konstanz 1995.
P. Green, **The Greco-Persian wars**, Berkeley u. a. 1996.

> **Literatur**
>
> K.A. Raaflaub, **Die Entdeckung der Freiheit,** München 1985.
> *Zum attischen Seebund*
> R. Meiggs, **The Athenian Empire,** Oxford 1972.
> M.C. Miller, **Athens and Persia in the Fifth Century B.C.,** Cambridge 1997.
> W. Schuller, **Die Herrschaft der Athener im Ersten Attischen Seebund,** Berlin 1974.
> *Zur athenischen Demokratie*
> J. Bleicken, **Die athenische Demokratie,** 4. Aufl., Paderborn u. a. 1995.
> W. Eder (Hg.), **Die athenische Demokratie im 4. Jahrhundert v. Chr.,** Stuttgart 1995.
> M.H. Hansen, **Die athenische Demokratie im Zeitalter des Demosthenes,** Berlin 1995.
> A. Pabst, **Die athenische Demokratie,** München 2003.
> K.-W. Welwei, **Das klassische Athen: Demokratie und Machtpolitik im 5. und 4. Jahrhundert,** Darmstadt 1999.
> *Zum Dualismus Athen–Sparta und zum peloponnesischen Krieg*
> B. Bleckmann, **Athens Weg in die Niederlage,** Stuttgart/Leipzig 1998.
> M. Dreher, **Athen und Sparta,** München 2001.
> R. Schulz, **Athen und Sparta,** Darmstadt 2003.
> W. Will, **Thukydides und Perikles,** Bonn 2003.
> *Zum 4. Jh.v.Chr. bis zum Aufstieg Makedoniens*
> H. Beck, **Polis und Koinon. Untersuchungen zur Geschichte und Struktur der griechischen Bundesstaaten im 4. Jahrhundert v. Chr.,** Stuttgart 1997.
> J. Buckler, **The Theban Hegemony 371–362 B.C.,** Cambridge Mass. 1980
> M. Dreher, **Hegemon und Symmachoi. Untersuchungen zum Zweiten athenischen Seebund,** Berlin/New York 1995.
> P. Funke, **Homonoia und Arché. Athen und die griechische Staatenwelt vom Ende des Peloponnesischen Krieges bis zum Königsfrieden (404/3–387/6 v. Chr.),** Wiesbaden 1980.
> M. Jehne, **Koine Eirene. Untersuchungen zu den Befriedungs- und Stabilisierungsbemühungen des 4. Jahrhunderts v. Chr.,** Stuttgart 1994.

3.4 | Makedonien und sein Aufstieg unter Philipp II.

Makedonien lag seit jeher am Rande des griechischen Horizontes, und dies nicht nur geographisch, sondern auch im Bewusstsein der Menschen. Aus diesem Grund wissen wir auch nicht sehr viel über die makedonische Geschichte vor Philipp II. Noch in der Mitte des 4. Jh. v. Chr. galt die Landschaft als unterentwickelt, urbane Siedlungen kennen wir in dieser Zeit im eigentlichen Makedonien nicht, nur an der Küste gab es einige griechische Gründungen wie Pydna oder Methone. Die Makedonen selbst werden von den Quellen als Hirten und Bauern charakterisiert, und ansonsten war die Region in den Augen der Griechen allenfalls als Holzlieferant für den Schiffbau von Interesse. Obwohl eine enge Sprachverwandtschaft mit dem Griechischen bestanden zu haben scheint, haben die Griechen die Makedonen bis in die klassische Zeit

> Wir wissen nicht genau, was das Wort „barbarisch" ursprünglich bedeutete. Bei Homer meint es vermutlich eine **schwer verständliche** Sprechweise (im Sinne eines Dialektes) oder aber eine Fremdsprache (vgl. etwa das deutsche Wort „Kauderwelsch"). Eng verwandt mit dieser sprachlichen Bedeutung ist der Begriffsinhalt „Fremder, Ausländer", der zwar erst um 500 v. Chr. in der Literatur nachweisbar ist, der aber bereits zu der Zeit entstanden sein dürfte, in der die Griechen ein nationales Zusammengehörigkeitsgefühl entwickelten, also vielleicht schon um 700 v. Chr. „Barbar" heißt in diesem Zusammenhang also einfach „**Nichtgrieche**". Die uns heute geläufige Bedeutung „**roh, unzivilisiert**" wurde dem Barbarenbegriff erst beigemischt, als die Griechen nach den Perserkriegen ein übersteigertes Selbstbewusstsein entwickelten und die Idee auftauchte, dass alle Ausländer minderwertig seien (→ s. o. 3.3.1). Dabei wurde diese Minderwertigkeit nur anfangs ausschließlich im politischen Bereich verortet; Isokrates ist ein gutes Beispiel dafür, wie rasch diese Vorstellung auf die kulturelle Ebene ausgeweitet wurde. Nun betrachtete man alle Nichtgriechen als kulturell tieferstehend. Ab der hellenistischen und römischen Zeit gewann die **kulturelle Konnotation** dann aber ein immer stärkeres Übergewicht, der ethnische Aspekt verblasste zunehmend (auch wenn er nie ganz verschwand). Der intensivere Kontakt mit den orientalischen Kulturen sowie der Umstand, dass die tonangebenden Römer sich nicht als primitiv verunglimpft sehen wollten, sorgten dafür, dass auch andere Völker außer den Griechen als zivilisiert galten. Als Barbaren bezeichnete man jetzt vor allem die keltischen und germanischen Bewohner Nord- und Mitteleuropas; solche Leute konnten durch Erziehung und Bildung ihren Barbarenstatus freilich ablegen, und umgekehrt konnte man nach diesem Verständnis auch einzelnen Angehörigen eines Kulturvolkes durchaus barbarisches Verhalten vorwerfen. In dieser Bedeutung wird das Wort „Barbar" noch heute verwendet.

Info

Hellenen und Barbaren

(und darüber hinaus) **häufig als Ausländer, als ‚Barbaren', ausgegrenzt** (→ vgl. Infokasten „Hellenen und Barbaren").

Das makedonische Königshaus der **Argeaden** hatte sich freilich schon früh darum bemüht, als griechisch anerkannt zu werden. Herodot berichtet, dass **Alexander I.** (König von ca. 498–454 v. Chr.) den Namen der Dynastie mit einer (fraglos erfundenen) Herkunft der Familie aus Argos verband, um seine hellenische Abstammung zu ‚beweisen'. Dies geschah bei den Olympischen Spielen, an denen man den Makedonen unter Hinweis auf seine „barbarische Nationalität" zunächst nicht hatte teilnehmen lassen wollen. Dass Alexander, der später „Philhellen" (Griechenfreund) genannt wurde, damals damit erfolgreich war, ist ein Beleg dafür, wie flexibel der ethnische Diskurs im Griechenland der frühen klassischen Zeit sein konnte. Im Übrigen zeigt sich an dieser Geschichte nicht nur, dass die Zulassung zu den panhellenischen Agonen so etwas wie die offizielle Anerkennung des Griechentums darstellte, sondern eben auch, wie groß das Interesse zumindest von Teilen der makedonischen Führungsschicht an der griechischen Kultur war. Diese Orientierung nach Süden sollte sich in der Folgezeit wie ein roter Faden durch die makedonische Geschichte ziehen. Umgekehrt geriet die Landschaft ins Fadenkreuz der griechischen Machtpolitik: Nach dem Abzug der Perser, mit denen sich Alexander oder sein Vater **Amyntas I.** im Zuge der Feldzüge des Dareios und des Xerxes verbündet hatte (→ s. o. 3.3.1), waren es zunächst die Athener, die durch die Einbeziehung der nördlichen Ägäis in den Seebund auch Makedonien als ihr Interessengebiet betrachteten. Dies rief natürlich die anderen Poleis auf den Plan, und so erscheint Makedonien in den verworrenen Ereignissen im und nach dem peloponnesischen Krieg (→ s. o. 3.3.4) fast nur als **Spielball der Hegemonialmächte**. Schuld daran war nicht zuletzt die **Schwäche des makedonischen Königtums**, von der wir immer wieder hören. Die im Westen gelegenen Regionen der Elimeia, der Orestis und der Lynkestis, die zusammen das sogenannte Obermakedonien bildeten, wurden praktisch von eigenen Fürsten regiert, und auch sonst hatte es die Zentralgewalt offenbar mit eigenwilligen und unabhängigen Aristokraten zu tun. Solche Verhältnisse, die man im Altertum nicht selten antrifft, kann man sich vielleicht am besten so ähnlich vorstellen wie die bei Homer geschilderte ‚big-men society' (→ s. o. 2.5.2), in der der Herrscher kaum hinausragt über die ‚starken Männer' an der Spitze der Gemeinschaft, über die er dementsprechend auch keine wirkliche Befehlsgewalt besitzt.

Inwiefern **Archelaos I.** (Regierungszeit ca. 413–399 v. Chr.) in diesem Zusammenhang eine Ausnahme bildete, wie gerne behauptet wird, ist unklar. Von den ihm zugeschriebenen Reformen zur Stärkung der monarchischen Gewalt ist später jedenfalls nichts mehr zu bemerken, und so könnte sich die ihm nachgesagte ‚Modernität' durchaus beschränkt haben auf die doch recht **außergewöhnliche Hofhaltung**, die er betrieb: Archelaos verlegte die königliche Residenz von Aigai nach Pella, umgab sich dort mit bedeutenden griechischen Künstlern, darunter dem berühmten Tragödiendichter Euripides (ca. 485–406 v. Chr.), und sorgte auf diese Weise dafür, dass sich in seinem Umkreis ein reges kulturelles Leben hellenischer Prägung entfaltete. Nach seiner Ermordung verschlimmerte sich die Lage in Makedonien indes; neben Athen, Sparta und Theben versuchte kurzzeitig auch der neu gebildete chalkidische Bund um die Polis Olynth Einfluss zu nehmen, und zu allem Überfluss wurde das Land nun von seinen illyrischen Nachbarn im Westen bedroht.

Als **Philipp II.** im Jahre 359 v. Chr. die Regierung übernahm, war die Situation besonders desolat, denn sein Vorgänger **Perdikkas III.** war unmit-

Abb. 16

Goldstater Philipps II.; Vorderseite: Kopf des Apollo mit Lorbeerkranz; Rückseite: Inschrift ΦΙΛΙΠΠΟΥ (= von Philipp) Streitwagen im Galopp darunter ein Monogramm und – im Abschnitt – eine Getreideähre; um 318 v. Chr., posthum geprägt.

telbar zuvor mit einem Großteil seiner Soldaten in einer Schlacht gegen die Illyrer gefallen. Umso erstaunlicher ist, wie Philipp in kürzester Zeit sein Land nicht nur konsolidierte, sondern so reformierte, dass es zur Vormacht aufstieg – möglicherweise hat er durch eine klare Analyse der politischen Zeitumstände erkannt, welches Potenzial hier schlummerte; durch seinen Aufenthalt als Geisel in Theben (→ s. o. 3.3.4) dürfte er in dieser Hinsicht jedenfalls ausreichend informiert gewesen sein.

Nachdem Philipp zunächst eine Reihe von potenziellen Thronanwärtern ausgeschaltet und dadurch seine eigene Position abgesichert hatte, machte er sich daran, die makedonische Aristokratie unter seine Kontrolle zu bringen. Neben der ‚üblichen' Methode, einerseits Gewalt anzuwenden oder zumindest anzudrohen und andererseits – etwa durch familiäre Verbindungen oder durch Belohnungen – Verbündete zu gewinnen, leitete er strukturelle Veränderungen ein, die das Königtum dauerhaft stärken sollten. Dazu gehörte der Aufbau einer **zentralen Bürokratie** in Form einer königlichen Kanzlei mit Archiv, dazu gehörte die Einführung einer Statthalterschaft für die neu eroberten Gebiete in Thrakien – beides mag durchaus auf persische Vorbilder zurückgehen –, und dazu gehörte nicht zuletzt das berühmte **Pagenkorps**, die sogenannten **PAIDES BASILIKOI**, die Philipp an seinem Hof versammelte. Bei diesen handelte es sich nämlich um die Söhne der makedonischen Großen, die damit im Notfall als Geiseln herhalten konnten.

Schon früh begann Philipp, in Makedonien und den von ihm hinzugewonnenen Gebieten vor allem durch Neugründung von Städten die **Urbanisierung** voranzutreiben, und manche Forscher sehen auch darin eine Strategie des Königs, die eigene Stellung zu stärken und die heimischen Aristokraten zu dominieren. Durch die nur ihm persönlich verpflichteten Städte, so wird argumentiert, habe er sich eine vom Adel unabhängige Machtbasis verschafft und zugleich bewusst den Grundstein

PAIDES BASILIKOI, von griech. *pais* = Kind, Knabe und *basileus* = König; Königsknaben, königliche Knaben.

für ein Bevölkerungswachstum gelegt, von dem noch Alexander profitiert habe. Zuzutrauen sind Philipp solche Motive in jedem Fall, doch zweifellos muss der Hauptantrieb in diesem Zusammenhang darin gesehen werden, dass er sich durch diese Politik als Förderer und Schirmherr der hellenischen Kultur profilieren konnte. Diese Reputation, die nicht nur bestens zum traditionellen Selbstbild der Makedonenkönige passte, nutzte auch Philipps unmittelbaren außenpolitischen Ambitionen. Dass Philipp, soweit wir wissen, als erster Herrscher der griechischen Welt eine Stadt nach sich selbst benannte – es handelt sich um Philippi im Grenzgebiet zu Thrakien –, zeigt im Übrigen deutlich, dass er die Möglichkeiten, die sich ihm hier für seine monarchische Selbstdarstellung boten, klar erkannt hatte.

Ein nicht zu unterschätzender Faktor, der die Makedonen insgesamt daran gewöhnte, Philipp Gehorsam entgegenzubringen, waren schließlich und endlich die regelmäßigen Feldzüge, die nach 359 v. Chr. Jahr für Jahr unter seinem Kommando stattfanden. Der erfolgreiche Oberbefehl im Krieg erwies sich hier – wie nicht selten in der Geschichte – als gute Basis für eine unangefochtene Position auch in der politischen Herrschaft. Dass es Philipp dabei binnen kürzester Zeit gelang, das makedonische Aufgebot durch umfassende Reformmaßnahmen in eine moderne und schlagkräftige Armee zu verwandeln, machte aus dem ‚Entwicklungsland' an der Peripherie nun endgültig einen ernst zu nehmenden politischen Akteur, mit dem die anderen Mächte der damaligen Zeit zu rechnen hatten.

Mit seinem neuen Machtinstrument entfaltete Philipp eine tatkräftige Außenpolitik, die nur auf den ersten Blick etwas unübersichtlich erscheint, angesichts eines mitunter kleinteiligen Ereignisablaufs, bei dem zwei Schritten nach vorne oft einer zurück folgte. Ordnet man die Aktionen Philipps nicht chronologisch, sondern geographisch, so lassen sich klare Leitlinien erkennen, die der König zielstrebig und beharrlich verfolgte: Während es im Westen und Norden hauptsächlich um eine Absicherung der makedonischen Grenzen gegen die unruhigen Illyrer und Paionen ging, war Philipp im Osten und Süden auf Expansion aus. Dabei wurden die neu gewonnenen Territorien im Osten, in Thrakien, dem makedonischen Kernland direkt als Untertanengebiete angegliedert, wohingegen sich Philipp im Süden, in Griechenland, mit einer politisch-diplomatischen Dominanz begnügte und auf diese Weise die politische Gemütslage der auf Freiheit und Autonomie fokussierten Poliswelt, über die er sicherlich Bescheid wusste, schonte.

Und der Erfolg gab dieser Strategie recht: Nachdem er noch 358 v. Chr. die Illyrer zurückgeschlagen und die Paionen zur Anerkennung seiner Oberhoheit gezwungen hatte, marschierte Philipp schon im

▶ Philipp II. gilt als Schöpfer der sogenannten ‚makedonischen Phalanx', die von seinem Sohn Alexander und dessen Nachfolgern weiterentwickelt und perfektioniert wurde. Ein Kerngedanke in diesem Zusammenhang war, die Schlachtreihe dichter mit Stoßlanzen zu bewehren. Dies erreichte man zum einen dadurch, dass die Schilde der Kämpfer verkleinert wurden, damit die Männer enger zusammenstehen konnten. Zum anderen erhielten die Soldaten sehr lange Lanzen, die sogenannten „Sarissen", die noch aus der zweiten bis fünften Reihe auf die Schultern der ganz vorne stehenden Hopliten aufgelegt werden konnten, wodurch zusätzliche Speere auf den Feind zielten. Taktisch lehnten sich die Makedonen an die von Epameinondas ersonnene ‚schiefe Schlachtordnung' an (→ s. o. 3.3.4). Anders als bei den Thebanern führten hier jedoch die HETAIREN, die schwere Reiterei der Adeligen, auf dem rechten Flügel den entscheidenden Schlag. Die Fußkämpfer, denen Philipp als Ehrentitel die Bezeichnung PEZHETAIREN verliehen hatte, nahmen dann gemeinsam mit den Reitern den ins Wanken gebrachten Gegner in die Zange und rieben ihn auf. Dabei war die Phalanx unter Philipp noch die herkömmlichen acht Reihen tief gestaffelt; erst Alexander ging über zu einer Staffelung von 16 Reihen Tiefe.

Die Stärke Makedoniens bestand nicht zuletzt aber auch einfach darin, dass es schlichtweg mehr Soldaten aufbieten konnte als eine einzelne griechische Polis. Als Alexander 336 v. Chr. die Herrschaft übernahm, betrug die makedonische Heeresstärke 30.000 Mann zu Fuß und 4.000 Reiter – bei Chaironeia 338 v. Chr. hatten alle griechischen Gegner Philipps zusammengenommen gerade einmal ebenso viele Truppen mobilisieren können.

> **Info**
>
> **Die makedonische Phalanx**
>
> HETAIREN, PEZHETAIREN, von griech. *hetairos* = Gefährte und *pezos* = zu Fuß gehend, Fußgänger; (Königs)Gefährten (zu Fuß).

nächsten Jahr im Westteil Thrakiens ein. Dort besetzte er zunächst das Pangaiongebirge und dessen Umgebung – die dortigen Silber- und Goldvorkommen dienten in der Folgezeit dem Aufbau einer florierenden Münzprägung, mit deren Hilfe Philipp immer wieder Bestechungsgelder bezahlte und im Bedarfsfall auch Söldner anwarb. Im Rahmen dieses Feldzuges wurde im Übrigen das bereits erwähnte Philippi gegründet (356 v. Chr.), und im gleichen Atemzug begannen die Makedonen mit der planmäßigen Unterwerfung der an der nordägäischen Küste gelegenen griechischen Poleis, allen voran Amphipolis, Pydna und Methone (bis 354 v. Chr.). Dieses Vorgehen musste zwangsläufig in eine **Konfrontation mit Athen** münden, das die Nordägäis immer noch als seine Interessensphäre betrachtete, doch profitierte Philipp hier anfangs vom 357 v. Chr. ausgebrochenen Bundesgenossenkrieg, der die Athener bis 355 v. Chr. nahezu handlungsunfähig machte (→ s. o. 3.3.5). Etwa zur selben Zeit bot eine Auseinandersetzung in der delphischen Amphiktyonie eine willkommene Gelegenheit für Makedonien, sich im eigentlichen Griechenland einzumischen.

Info

Die delphische Amphiktyonie

▶ Das panhellenische Heiligtum von Delphi in Mittelgriechenland war spätestens ab ca. 600 v. Chr. der Mittelpunkt der sogenannten Amphiktyonie – einer Staatengemeinschaft, der im Wesentlichen die Delpher selbst sowie die benachbarten mittelgriechischen Gemeinden und Stämme angehörten. Jedes Mitglied der Amphiktyonie entsandte zwei Vertreter in ein Ratsgremium, das zweimal im Jahr tagte und bei dem es offenbar von Anfang an nicht nur um die Verwaltung des heiligen Bezirks und der delphischen Tempelschätze ging, sondern auch um politische und diplomatische Angelegenheiten. Daher war der Amphiktyonenrat ein geeignetes Vehikel für politische Einflussnahmen aller Art, und die verschiedenen griechischen Mächte versuchten im Ringen um die Hegemonie beständig, ihn unter ihre Kontrolle zu bringen.

| Abb. 17

Das antike Delphi heute: zu Füßen des Theaters sind die Reste des Apollo-Tempels erkennbar.

Im sogenannten „Dritten Heiligen Krieg" (356–346 v. Chr.) versuchten die Phoker, ein in der Nachbarschaft Delphis siedelnder Stamm, mit athenischer Unterstützung das Heiligtum in ihre Gewalt zu bringen. Ihnen gegenüber standen die Böoter um Theben sowie die Thessaler, die, nachdem die Phoker die Schätze des Heiligtums zur Aufstellung einer Söldnerarmee eingesetzt hatten, mehrere schwere Niederlagen erlitten. Schließlich riefen sie in ihrer Not Philipp zu Hilfe (353 v. Chr.). Dieser ergriff die Chance und konnte sich, nachdem er die Phoker

352 v. Chr. in einer großen Schlacht vernichtend geschlagen hatte (er ließ danach 3.000 Gefangene wegen Tempelraubs hinrichten), auf Dauer in Thessalien festsetzen. Im Prinzip war damit der Grundstein gelegt für ein weiteres Vordringen nach Süden; doch bevor es dazu kam, wandte sich Philipp noch einmal der Nordküste der Ägäis zu. Dort gab es immer noch den chalkidischen Städtebund mit seinem Hauptort Olynth, seit Längerem Feinde Makedoniens, und nach Philipps jüngsten Eroberungen wie ein übrig gebliebener Stachel in seinem Fleisch. Der Makedone eröffnete den Angriff im Jahre 349 v. Chr., und obwohl die Athener es noch zustande brachten, eine Hilfsexpedition zu entsenden, gelang es ihm, die Chalkidike bis zum Frühjahr 348 v. Chr. vollständig zu überrollen. Olynth wurde zerstört und dem Erdboden gleichgemacht, und bis zu den Meerengen waren nun fast alle Küstenplätze von Philipp abhängig. Athen stand sichtlich unter Schock; nachdem man Philipp dort offenkundig zunächst nicht ernst genug genommen hatte, bildete sich ab 349 v. Chr. um den Redner und Politiker Demosthenes (384/383 – 322 v. Chr.) eine dezidiert antimakedonische Strömung. Freilich besaß der Makedonenkönig in Athen auch prominente Fürsprecher, und da nach dem Untergang Olynths sogar Demosthenes der Ansicht war, Athen benötige eine Verschnaufpause, fand man sich zu Verhandlungen bereit. Das Ergebnis war der sogenannte Philokratesfrieden von 346 v. Chr. Dieser Vertrag, der im Wesentlichen auf der Grundlage des *status quo* geschlossen wurde,

Abb. 18

Gipsabguss einer Statue des Demosthenes, römische Marmorkopie einer hellenistischen Bronzestatue (um 280 v. Chr.)

bedeutete praktisch, dass alle Erwerbungen Philipps seit 357 v. Chr. von den Athenern anerkannt wurden.

Für Philipp war der Philokratesfrieden indes nur eine Etappe. Das Jahr 346 v. Chr. brachte ihm Sitz und Stimme im Rat der delphischen Amphiktyonie (s. o. Infokasten), wodurch er noch weitergehende Möglichkeiten gewann, die innergriechische Politik zu manipulieren. Kurz darauf band er **Thessalien** sehr viel enger an sich, unter anderem wurde Philipp auf Lebenszeit zum bevollmächtigten Oberbefehlshaber der thessalischen Streitkräfte. So gestärkt, holte der makedonische Herrscher zum nächsten Schlag aus: Er nahm die Meerengen und das im Hinterland gelegene ostthrakische Gebiet ins Visier. Zuvor allerdings schloss Philipp ein Abkommen mit Persien, um sich Rückendeckung zu verschaffen: 343 v. Chr. vereinbarte er mit Großkönig **Artaxerxes III. Ochos** (359–338 v. Chr.) eine Abgrenzung der jeweiligen Interessensphären. Philipp garantierte, sich von Kleinasien fernzuhalten, die Perser versprachen im Gegenzug, sich in Europa nicht einzumischen. Artaxerxes nutzte dieses unerwartete und nicht zufällig auch sehr kurzlebige Bündnis dazu, die seit 405/404 v. Chr. abtrünnige ägyptische Satrapie zurückzuerobern, Philipp annektierte **Ostthrakien** und unterstellte es einem Strategen (342/341 v. Chr.). Als die Makedonen im Jahr darauf die Meerengen sperrten und athenische Getreideschiffe plünderten, erklärten die Athener den Krieg (340 v. Chr.), doch die ganz große Hellenenkoalition konnte Demosthenes erst zusammenbringen, nachdem Philipp wenig später über die Thermopylen vorgestoßen war und Böotien bedrohte (339 v. Chr.). Jetzt endlich verbündeten sich die Thebaner mit Athen, und dieser Allianz traten in kürzester Zeit zahlreiche Inseln und ein Teil der peloponnesischen Staaten bei. Die entscheidende Schlacht fand im Sommer 338 v. Chr. an der Westgrenze Böotiens bei **Chaironeia** statt. Das Ergebnis war eine Katastrophe für die griechischen Poleis, sie erlitten eine Niederlage auf der ganzen Linie.

Dennoch gab es danach kein großes, allgemeines Strafgericht. Philipp unterließ es bewusst, allzu hart durchzugreifen und verhielt sich von Fall zu Fall unterschiedlich. Natürlich wurde der attische Seebund aufgelöst, aber ansonsten blieb Athen vergleichsweise unversehrt. Selbst Demosthenes durfte in der Stadt bleiben, in der er die traditionelle Rede auf die in der Schlacht gefallenen Bürger, den sogenannten **EPITAPHIOS**, hielt. Härter traf es **Theben**, wo die Feinde Philipps hingerichtet wurden und künftig eine makedonische Besatzung lag. Noch vor dem Winter zog das makedonische Heer auf die Peloponnes und brachte so die meisten Poleis dort schnell zum Anschluss an die neue Vormacht, wobei die Spartaner nach Leuktra erneut eine empfindliche Beschneidung ihres Territoriums hinnehmen mussten. Ende 338/Anfang 337 v. Chr. veran-

---

EPITAPHIOS, von griech. *epi* = darauf, dabei, dazu und *taphos* = Grab, Leichenfeier; eigentlich Adj.: zur Leichenfeier gehörig; hier ist *logos* = Rede zu ergänzen: Leichenrede auf die Gefallenen.

staltete Philipp dann einen großen **Kongress in Korinth**, zu dem alle griechischen Staaten außer Sparta Delegierte schickten. Dabei stand an erster Stelle die Proklamation eines **allgemeinen Landfriedens**, einer „koiné eiréne", was für jeden erkennbar auf die erfolglosen Friedensbemühungen der 370er-Jahre v. Chr. anspielte (→ vgl. oben 3.3.5). Der Makedone stellte sich bereits hiermit als Erbe eines panhellenischen Vermächtnisses dar. Auf dieser Grundlage wurde im Folgenden eine **Bündnisorganisation** gebildet, bei der es sich de facto um eine hegemoniale Symmachie unter Philipps Führung handelte. Zwar sind die Einzelheiten unklar, da die Eidformel des Bundes leider nur bruchstückhaft erhalten geblieben ist. Wir wissen aber, dass es ein Synhedrion gab, in dem die einzelnen Mitglieder wohl proportional nach Größe vertreten waren, und das zusammen mit einem Anführer (Hegemon), natürlich dem König selbst, Beschlüsse fasste. Dieser Bundesrat tagte in Korinth, weshalb die Forschung Philipps Hellenenbund im Allgemeinen als den sogenannten „**Korinthischen Bund**" bezeichnet. Wichtig daran ist nun, dass – soweit wir dies sagen können – an keiner Stelle der Vereinbarungen Makedonien als beteiligte Macht genannt wird; es taucht nur König Philipp auf, der seinerseits keine unmittelbaren Herrschaftsbefugnisse über den Bund besessen zu haben scheint. Offenbar sollte alles vermieden werden, was den Anschein einer Fremdherrschaft erweckt hätte. Zusammen mit der Tatsache, dass die Mitgliedschaft im korinthischen Bund theoretisch freiwillig war – denn schließlich wurden die widerwilligen Spartaner nicht zum Beitritt gezwungen –, mochte dadurch der Eindruck entstehen, dass Freiheit und Autonomie der Griechen einigermaßen gewahrt blieben.

Wir sollten darin aber nicht mehr als einen geschickten Schachzug Philipps sehen, der wusste, wie man mit Griechen umzugehen hatte. Insgesamt kann kein Zweifel darüber bestehen, dass Chaironeia und der korinthische Bund die **außenpolitische Selbstständigkeit der Poleis** Griechenlands erheblich einschränkten. Die Zukunft gehörte den Territorialmonarchien und den föderativ strukturierten Staatenbünden (→ vgl. unten 3.5). Dass die **makedonische Hegemonie** von Anfang an als drückende Herrschaft einer fremden Macht empfunden wurde, belegen eine andauernde Opposition sowie die Aufstände nach Philipps Tod, während des Alexanderzuges und auch nach Alexanders Tod zur Genüge.

Fest steht, dass Philipp von einem strukturellen Defizit der Poliswelt profitierte, und nicht etwa von einer unglücklichen Verkettung ungünstiger Umstände.

Die Passivität Persiens war ein weiterer wesentlicher Faktor. Über ihre Ursachen wurde oben schon gehandelt, sie entsprang einer Mischung aus Vorsicht und eigener Schwäche (→ s. o. 3.3.5). Doch wie lange würde der Großkönig die neue makedonische Hegemonie dulden? Es flossen bereits die ganze Zeit über reichlich persische Gelder an griechische Oppositionspolitiker. Vor diesem Hintergrund versteht man, warum der korinthische Bund gleich im Jahre 337 v. Chr. einen **Perserkrieg** beschloss und Philipp hierfür zum *strategos autokrator*, zum bevollmächtigten Feldherrn, ernannte. Nur auf diese Weise war überhaupt daran zu denken, die Verhältnisse in Griechenland dauerhaft stabil zu halten, und es dürfte für Philipp nicht mehr als eine willkommene Zugabe gewesen sein, dass er damit eine alte Forderung der panhellenischen Ideologie aufgreifen konnte. Zur Rechtfertigung des Angriffs wurde der Krieg als **Rachefeldzug** für die Zerstörungen ausgegeben, die die Truppen des Xerxes 480/479 v. Chr. in Athen angerichtet hatten (→ 3.3.1), und schon im Frühjahr 336 v. Chr. setzte ein Vorauskommando von 10.000 Mann unter dem Befehl des Parmenion über die Meerengen. Welche territorialen Ziele Philipp hierbei verfolgte, wissen wir nicht. Im Rahmen des realistischerweise Vorstellbaren war vielleicht eine Eroberung Kleinasiens. Dafür spricht, dass Parmenion, der ein enger Vertrauter Philipps war, Alexander nach der Schlacht bei Issos empfahl, ein entsprechendes Angebot des Dareios anzunehmen (332 v. Chr.). Möglicherweise erkennen wir in diesem Ratschlag den Erwartungshorizont des Vaters. Doch Philipp kam nicht mehr dazu, seine Pläne auszuführen: Im Sommer 336 v. Chr. wurde er auf der Hochzeitsfeier seiner Tochter Kleopatra in Aigai erstochen.

Aufgaben zum Selbsttest

- Beschreiben Sie die Rolle Makedoniens in Griechenland vor 359 v. Chr.
- Nennen Sie Reformen Philipps II., und legen Sie dar, in welchen Etappen er anschließend die Hegemonie über Griechenland errang.
- Beschreiben Sie die Struktur des korinthischen Bundes.
- Nennen Sie die Ziele, die Philipp in diesem Zusammenhang ins Auge gefasst haben dürfte.

Literatur

Zum Aufstieg Makedoniens unter Philipp II.
J. Engels, **Philipp II. und Alexander der Große**, Darmstadt 2006.
M. Errington, **Geschichte Makedoniens**, München 1986.
J. Fündling, **Philipp II. von Makedonien**, Darmstadt 2014.
N. G. L. Hammond u. a., **A History of Macedonia**, 3 Bde., Oxford 1972–88.

Der Hellenismus – ein neues Zeitalter? | 3.5

Von Alexander dem Großen bis zum Eingreifen Roms | 3.5.1

Die Herrschaft **Alexanders des Großen** begann im Jahre 336 v. Chr. mit einem Attentat: Während der Feierlichkeiten für die Hochzeit von Alexanders Schwester Kleopatra mit dem epirotischen König Alexander wurde ihr gemeinsamer Vater Philipp II. im Theater in Aigai ermordet. Neben privater Rache wurden auch Machenschaften Alexanders und/oder seiner Mutter Olympias hinter dem Mord vermutet. In jedem Fall gelang es Alexander, **schnell klare Verhältnisse** zu schaffen: Die führenden Generäle seines Vaters unterstützten ihn, frühere oder pozentielle Rivalen wurden brutal beseitigt und Unabhängigkeitsbestrebungen bei den Verbündeten durch Feldzüge bis zur Donau und gegen Theben erstickt. Alexander trat nun in der Tradition des Vaters als Anführer der Griechen im bereits von Philipp begonnenen Krieg gegen das Perserreich auf.

Trotz eines eher überschaubaren Expeditionsheeres und einer deutlich unterlegenen Flotte gelang es Alexander schon kurz nach dem Übergang nach Kleinasien 334 v. Chr., die Armee der kleinasiatischen Satrapen des Perserreiches vernichtend zu schlagen. In einem Feldzug entlang der **kleinasiatischen Westküste** bis hin nach **Pamphylien** nahm er alle wesentlichen Stützpunkte der persischen Flotte. Beim weiteren Vorstoß ins Innere des Perserreiches besiegte Alexander 333 v. Chr. bei Issos in **Kilikien** zum ersten Mal den Perserkönig Dareios III. (reg. 336–330 v. Chr.), eroberte anschließend die Levante-Küste und Ägypten, ehe er 331 v. Chr. bei Gaugamela im nordöstlichen **Mesopotamien** ein weiteres Mal den persischen Großkönig vernichtend schlug. Dareios III. wurde auf der Flucht von einem seiner Satrapen ermordet, sodass Alexander in der Folgezeit im Iran als Erbe und Nachfolger des Perserkönigs auftreten konnte. In dieser Rolle verfolgte er die Mörder des Dareios bis in die **zentralasiatischen Satrapien**. In einem verlustreichen Krieg unterwarf er auch diese und gelangte im Anschluss bis zu einem der östlichen Nebenflüsse des Indus, an dem er schließlich umkehrte. Nach einem verlustreichen Marsch durch die **gedrosische Wüste** und dann weiter durch den südlichen Iran erreichte er schließlich 324 v. Chr. wieder **Mesopotamien**. Seiner Rückkehr folgten ein Strafgericht über unzuverlässige Statthalter und ein kleinerer Feldzug nach Medien. Inmitten weiterer Feldzugspläne starb Alexander 323 v. Chr., nur 33 Jahre alt, in Babylon.

Beim **Tod Alexanders** reichte der politisch von Griechen beherrschte Raum nicht mehr nur bis zur kleinasiatischen Westküste, sondern bis zum Indus. Griechisch stieg als Sprache der Herrschenden neben Ara-

Abb. 19

Das sogenannte Alexandermosaik zeigt eine Schlacht gegen die Perser unter Darius III. 333 v. Chr.; das römische Mosaik wurde 1831 in der Casa del Fauno in Pompeji entdeckt, es stammt vom Ende des 2. Jh. v. Chr.

mäisch zur wichtigsten Verkehrssprache des vorderen Orients auf. Das neue Reich war jedoch überaus **instabil**: Es bestand aus für die Notwendigkeiten Alexanders adaptierten Strukturen des Perserreiches, den traditionellen Strukturen des Königreichs Makedonien sowie den Verbündeten. Der Zusammenhalt des Alexanderreiches insgesamt bestand vor allem in der Person des Königs. Dieser war nun jedoch tot und besaß keinen erwachsenen Sohn, der die Herrschaft übernehmen konnte. Zudem hatte er keine Nachfolgeregelung hinterlassen.

Die nächsten männlichen Verwandten des toten Königs waren sein Halbbruder Arrhidaios, ein minderjähriger Sohn von der Kriegsgefangenen Barsine namens Herakles sowie möglicherweise das Kind, das Alexanders erste Ehefrau, Rhoxane, von ihm erwartete. Herakles scheint grundsätzlich nicht infrage gekommen zu sein, Arrhidaios als nur eingeschränkt regierungsfähig gegolten zu haben. Nach Tumulten und Verhandlungen wurden schließlich Arrhidaios und der inzwischen von Rhoxane geborene Sohn als **Philipp (III.)** und **Alexander (IV.)** zu Königen unter der Vormundschaft von Alexanders ehemaligem General **Perdikkas** gekrönt. Die Leitung der einzelnen Satrapien teilten die hohen makedonischen Offiziere untereinander auf.

Schnell stellte sich aber heraus, dass die nun als Satrapen agierenden ehemaligen Offiziere Alexanders nicht bereit waren, den Anweisungen von einem ihresgleichen wie Perdikkas zu folgen. In einer Reihe von Kriegen zerfiel das Alexanderreich mehr und mehr, bis schließlich um 310/309 v. Chr. die letzten Angehörigen des makedonischen Königshauses ermordet wurden.

Ab 306/305 v. Chr. gaben die mächtigeren unter den Satrapen die Fiktion eines Gesamtreiches endgültig auf und nahmen selbst den Königstitel an. Mit der Ermordung von Seleukos I. in Thrakien scheiterte 281 v. Chr. der letzte Versuch eines dieser DIADOCHEN, das Alexanderreich unter seiner Herrschaft wieder zu vereinigen.

DIADOCHEN, von griech. *diadochos* = Nachfolger; die Offiziere Alexanders des Großen, die nach seinem Tod das Reich unter sich aufteilten.

Nachdem sich in den 270er-Jahren v. Chr. Antigonos II. Gonatas dauerhaft in Makedonien etabliert hatte, waren die drei hellenistischen Großreiche entstanden, die die Geschichte des griechischen Ostens bis zur Eroberung dieses Gebietes durch Rom wesentlich prägten:

In Makedonien und (in wechselndem Umfang) in seinen Nachbarregionen regierte die Dynastie der Antigoniden. Sie wird nach Antigonos Monophthalmos benannt, der General Alexanders und der Großvater des Antigonos Gonatas war.

In dem Gebiet vom westlichen Kleinasien über Nordsyrien und Mesopotamien bis in den Iran herrschte die Dynastie der Seleukiden. Sie wird nach Seleukos (I.), dem Reichsgründer und ehemaligen Offizier Alexanders, benannt. Das Kerngebiet ihres Reiches stellte das Gebiet von Kilikien über Nordsyrien bis zum Zweistromland dar. Das westliche Kleinasien und den Ost-Iran konnten die Seleukiden dagegen nur mit großer Mühe beherrschen.

Ägypten und seine Nachbarregionen wurden von der Dynastie der Ptolemäer regiert, die nach ihrem Gründer Ptolemaios (I.), Alexanders ehemaligem Leibwächter und Offizier, benannt wird. Ihr Herrschaftsgebiet umfasste neben dem Niltal vor allem die Kyrenaika, Zypern und die südliche Levante-Küste. Zeitweise kontrollierten die Ptolemäer auch die Kykladen und verschiedene Stützpunkte an der kleinasiatischen Küste.

Die Kriege, die diese drei Dynastien fast ununterbrochen gegeneinander führten, ermöglichten es einigen kleineren Staaten vor allem an den Randzonen der Reiche der Antigoniden und der Seleukiden, unabhängig zu bleiben oder zu werden, sich in einigen Fällen auch geografisch auszudehnen.

In Kleinasien sind dies vor allem das Reich der Attaliden um die Stadt Pergamon herum, das Königreich Bithynien im Nordwesten Kleinasiens, das Königreich Pontos an der kleinasiatischen Schwarzmeerküste und südlich davon das Königreich Kappadokien. Mit einigen Abstrichen gelang zudem der Polis Rhodos dank ihres relativ großen Territoriums und ihrer weitreichenden Handelskontakte die Behauptung einer unabhängigen Position. In Griechenland konnten die beiden Städtebünde der Achaier (im

Das Weltreich Alexanders des Großen bis 323 v. Chr.

Norden der Peloponnes) und der **Aitoler** (in Mittelgriechenland) ihre Position auf Kosten der Antigoniden festigen oder ausbauen.

Die folgenden ungefähr hundert Jahre zwischen ca. 277 und 168/167 v. Chr. sind von beständigen Kriegen dieser Kontrahenten gegeneinander geprägt. Dabei **dominieren zwei Konfliktregionen**:

– erstens die **griechische Halbinsel und der Ägäis-Raum**, die die Antigoniden gegen meist von den Ptolemäern unterstützte lokale Autonomiebestrebungen zu behaupten versuchten; in der Ägäis bekämpften sich aber auch in wechselnden Koalitionen Antigoniden, Attaliden, das Königreich Bithynien und die Seleukiden.

– zweitens der **syrische Raum**, um dessen Beherrschung Ptolemäer und Seleukiden unter dem gelegentlichen Einschluss Kleinasiens und der Ägäis rangen.

Nachdem die **Antigoniden** zunächst ihre Position in Griechenland ausbauen und bewahren konnten, wurde ihre Position in der zweiten

DER HELLENISMUS – EIN NEUES ZEITALTER?

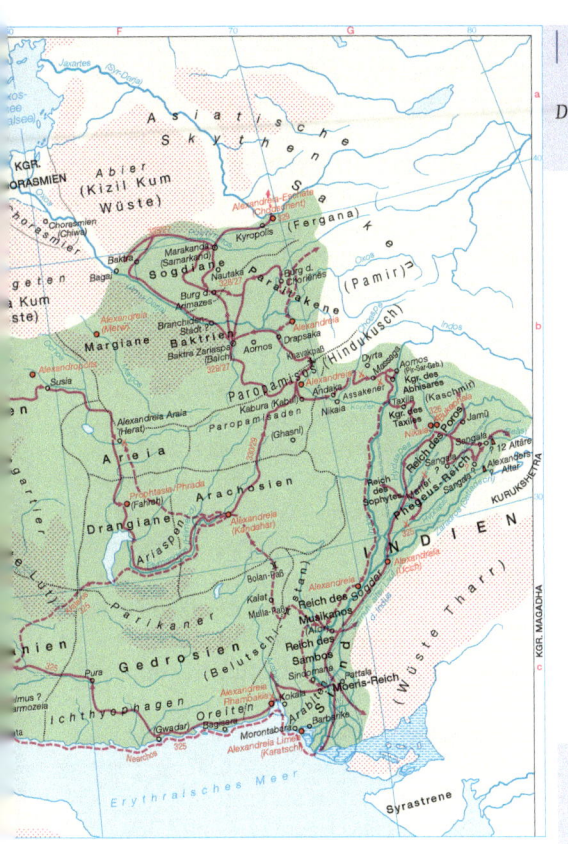

Abb. 20

Der Alexanderzug

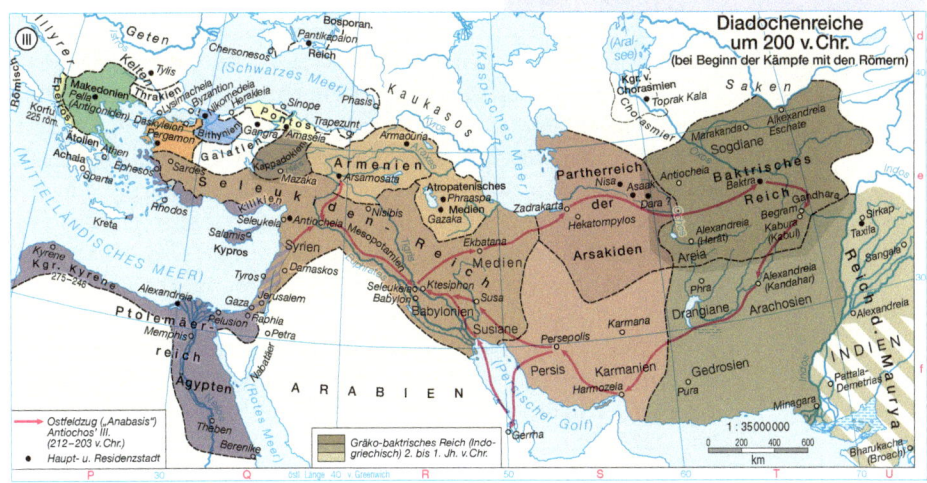

Abb. 21

Die Diadochenreiche um 200 v. Chr.

Hälfte des 3. Jh. v. Chr. erheblich geschwächt: 243/242 v. Chr. ging mit Korinth die für die Kontrolle der Peloponnes zentrale makedonische Garnison verloren. 239 v. Chr. starb Antigonos II. Gonatas, dessen Sohn Demetrios II. bei der Behauptung seiner Position wenig glücklich war: Promakedonische Poleis wie Megalopolis in Arkadien (235 v. Chr.), Argos (229 v. Chr.) und einige weitere Städte schlossen sich in der Folge dem Achaischen Bund an. Vor allem ging die Kontrolle über Athen verloren, da sich die dortigen Garnisonen ausbezahlen ließen und sich auflösten. Von den Paioniern und Dardanern im Norden bedrängt, konnte Demetrios auch den Abfall von Teilen Thessaliens nicht verhindern. Erst seinem Nachfolger Antigonos III. Doson gelang es, Dardaner und Paionier zu besiegen und Thessalien wieder unter seine Kontrolle zu bringen. Im Zuge der Auseinandersetzungen zwischen Sparta und dem Achaiischen Bund gewann er als Schutzherr der Achaier bis zu seinem Tod 222/221 v. Chr. auch wieder die Vorherrschaft auf der Peloponnes und konnte in diesem Gebiet auch wieder makedonische Garnisonen installieren.

Philipp V., der Nachfolger des Antigonos Doson und Sohn Demetrios II., konnte zunächst in zwei Kriegen im Verbund mit dem Achaiischen Bund und weiteren Partnern gegen die Aitoler und ihre Verbündeten seinen Herrschaftsbereich behaupten. Am zweiten dieser Kriege war allerdings auch die aufstrebende Großmacht des westlichen Mittelmeerraums, **Rom**, beteiligt.

Aus der Perspektive der römischen Geschichtsschreibung wird dieser Krieg von ca. 215 bis 205 v. Chr. als der „1. Makedonische Krieg" gezählt. Während dieses Krieges waren die römischen Kräfte noch weitgehend durch den 2. Punischen Krieg gebunden (→ vgl. unten 4.4.3). Als aber wenige Jahre später Philipps Kriegszüge in der Ägäis Hilferufe der Rhodier und der Pergamener an Rom provozierten, nutzte Rom die Gelegenheit nachzuholen, was vorher nicht gelungen war: Im „2. Makedonischen Krieg" (200–197 v. Chr.) büßte Philipp V. sein Bündnissystem und alle Besitzungen jenseits des makedonischen Kernlandes ein. Philipp mühte sich danach vergeblich, als Verbündeter Roms Verlorenes zurückzugewinnen. Sein Sohn und Nachfolger Perseus hatte von Anfang an keine Chance: 171 v. Chr. gelang es Rom, den „3. Makedonischen Krieg" herbeizuführen, der 168 v. Chr. nach der Niederlage des Perseus bei Pydna das Ende des Königreichs Makedonien und der Dynastie der Antigoniden mit sich brachte.

Ebenfalls im Ägäisraum geriet auch das zweite große hellenistische Reich mit dem Imperium Romanum in Konflikt: Nach zunehmenden Spannungen in den 190er-Jahren v. Chr. setzte der **Seleukide Antiochos III.** (reg. 222–187 v. Chr.) 192 v. Chr. nach Griechenland über, um den Aitolern gegen die Römer beizustehen. Er wurde dort jedoch schon bald wieder vertrieben und erlitt im Dezember 190 v. Chr. in Kleinasien bei Magnesia am Sipylos eine vernichtende Niederlage. Im **Frieden von Apameia** verloren die Seleukiden endgültig den kleinasiatischen Teil ihres Reiches.

Im **syrischen Raum** bekämpften sich **Seleukiden** und **Ptolemäer** zwischen 274 und 169/168 v. Chr. in einer Serie von Kriegen, die als „Syrische Kriege" von eins bis sechs durchgezählt werden. Dabei hatten die Seleukiden im 2. Syrischen Krieg (260–253 v. Chr.) kurzfristig einen Vorteil errungen, den sie aber im wenig später folgenden 3. Syrischen Krieg (dem sog. „Laodike-Krieg", 246–241 v. Chr.) wieder einbüßten. Erst durch seinen Sieg in der Schlacht am Paneion (200 v. Chr.) während des 5. Syrischen Kriegs gelang es Antiochos III., den Ptolemäern das südliche Syrien und Palästina dauerhaft zu entreißen. Trotz dieses Erfolgs blieb die seleukidische Herrschaft in der Region instabil, weil dort im 2. Jh. v. Chr. ein **jüdischer Staat** zu entstehen begann.

Im Schatten dieser beiden Konfliktregionen und gefördert von wiederholten internen Konflikten verloren die **Seleukiden** zunehmend die Kontrolle über ihre östlichen Provinzen. Die großen Entfernungen und das topographisch oft schwierige Gelände mit Wüsten und hohen Gebirgszügen machten es schwer, die Herrschaft im Ostiran aufrechtzuerhalten. Hinzu kam das Vordringen zentralasiatischer Reiternomaden: In den 230er-Jahren v. Chr. besetzten die Parner die seleukidische Provinz Parthia, nach der sie später **Parther** genannt wurden. Der Versuch der Rückeroberung scheiterte, und das so vom seleukidischen Kernland abgeschnittene **Baktrien** erklärte sich zum unabhängigen Königreich. Auch der Feldzug Antiochos III. in die östlichen Satrapien (die sogenannte *Anabasis*, ca. 210–205 v. Chr.) brachte diesem zwar militärische Erfolge und Prestige, konnte aber die Parther nur zur Anerkennung seiner Oberhoheit und das Königreich Baktrien nur zu einem Bündnis bewegen. Vor allem die beständigen Kämpfe zwischen rivalisierenden Angehörigen der Dynastie ab der Mitte des 2. Jh. v. Chr. führten schließlich zum dauerhaften Verlust des Irans, Mesopotamiens und Judäas.

Die politischen und sozioökonomischen Strukturen der hellenistischen Welt

3.5.2

Eine **neue Entwicklung** des Hellenismus war die Beherrschung des östlichen Mittelmeerraumes und seiner Nachbarregionen durch **griechische Monarchien**. Die neuen Monarchien zeigen dabei deutliche gemeinsame Züge, auch wenn sich die Situation zwischen den einzelnen Reichen und auch innerhalb dieser teilweise stark unterschied:

Allen Reichen war gemeinsam, dass sie während des Auseinanderbrechens des Alexanderreiches entstanden waren und ihre Herrscher ihre

Position nicht mit der Herkunft aus einer traditionellen Herrscherdynastie begründen konnten.

In dieser Entstehungsphase konnten sich die neuen Könige daher auf keine andere Legitimität als ihren militärischen Erfolg stützen. Aufgrund dieser Genese spielte die Sieghaftigkeit des Königs auch später noch eine wesentliche Rolle für die königliche Selbstdarstellung.

Vor allem die deutschsprachige Altertumswissenschaft spricht daher in Anlehnung an die Herrschaftssoziologie Max Webers vom charismatischen Charakter der hellenistischen Monarchie. Wiederholte militärische Misserfolge tendierten dazu, die Position des Königs und den Zusammenhalt seines Reiches zu schwächen.

Da militärischer Erfolg unter den gegebenen Umständen aber eher selten ein dauerhaftes Phänomen war, bemühten sich die Herrscher von Anfang an umfassend um die Gewinnung von Legitimität, d.h. darum, von ihren Untertanen als Herrscher akzeptiert zu werden.

Eine zentrale Bedeutung kam dabei der Person des Herrschers sowie seiner Familie zu. Schon die erste Generation verwandte viel Mühe darauf, sich und ihre Söhne als in die Zukunft weisende Herrscherdynastien zu inszenieren: Neben dem Verweis auf die angebliche Herkunft von Göttern oder Heroen ist hier die Hervorhebung eines Sohnes als prospektiven Nachfolger zu nennen. In diesem Bemühen, die eigene Familie als die allein im Reich herrschaftsberechtigte Dynastie darzustellen, wurde auch die Rolle der Frauen der Herrscherhäuser zunehmend herausgehoben. Auch die bei den Ptolemäern häufiger praktizierte Geschwisterehe mag hierdurch angeregt worden sein. In der Tat waren die Antigoniden in Makedonien, die Seleukiden in Kleinasien und im Vorderen Orient sowie die Ptolemäer in Ägypten auch erfolgreich darin, die Königswürde bis zum Untergang ihrer Reiche in der Familie zu halten.

Ein weiterer Weg, die Legitimität der eigenen Person und der ganzen Dynastie zu festigen, war der Herrscherkult: Die in der griechischen Mythologie verankerte Vorstellung von den zwischen Menschen und Göttern stehenden Heroen erlaubte es, herausragende Individuen in die göttliche Sphäre zu rücken (→ s.o. Kap. 3.3.4). Daran anknüpfend begannen z.B. die Ptolemäer und Seleukiden, zunächst ihre Vorfahren zu Göttern zu erklären und damit die besondere Qualität ihrer Familie zu betonen. Mit der Zeit wurden auch den lebenden Herrschern göttliche Qualitäten zugeschrieben.

Der Herrscherkult erwies sich dabei als gute Möglichkeit, die Beziehung zwischen Herrscher und verschiedenen Untertanengruppen zu gestalten. Er erlaubte es nämlich, den Herrscher in unterschiedliche lokale Traditionen einzuordnen und daraus Legitimität zu gewinnen: Die Herrschaft eines Einzelnen war z.B. im griechischen politischen Diskurs sehr negativ besetzt. Sie wurde entweder mit der Tyrannis (→ s. o. Kap. 3.2.2) oder mit der Herrschaft der Perserkönige über die griechischen Poleis Kleinasiens verbunden und entsprechend verabscheut.

Die Konstruktion des Königs als Heros oder Gott bot hier die Möglichkeit, den König in die Welt der Polis zu integrieren. Im ptolemäischen Ägypten wiederum erlaubte der Herrscherkult die Einbindung der griechischen Fremdherrscher in die traditionellen ägyptischen Kulte.

Für die hellenistischen Könige stellte die **Großräumigkeit und Heterogenität** ihrer Herrschaftsbereiche eine erhebliche **Herausforderung** dar. Sie suchten dem unter anderem durch die Übernahme bereits vorhandener Strukturen der regionalen Verwaltung zu begegnen, die sie nur ausbauten und ergänzten. So knüpften etwa die Seleukiden an die Satrapien des Perserreiches an; die Ptolemäer übernahmen die bereits vorhandene Unterteilung Ägyptens in Gaue und die damit zusammenhängende Organisation.

Wesentliche Stütze der königlichen Position war die **Armee**. Sie war die Grundlage des Herrschaftserwerbs der Dynastiegründer und das Mittel, fremde Ansprüche abzuwenden, den eigenen Herrschaftsbereich auszubauen sowie durch militärische Erfolge die persönliche Eignung als Herrscher zu demonstrieren. Die Armee war also einerseits angesichts der permanenten Konkurrenzsituation zu den anderen hellenistischen Reichen beständig erforderlich, andererseits aber gerade aufgrund dieser Konkurrenzsituation besonders instabil. Denn die griechischen und makedonischen Söldner, die den Kern der Armeen stellten, konnten auch in den Dienst der Konkurrenz treten, vor allem wenn dort der Erfolg sicherer schien. Dem versuchten die Herrscher wiederum zu begegnen, indem sie ihre Soldaten mit Land belohnten. Die mit Land beschenkten Soldaten, die sogenannten **KLERUCHEN**, waren dann verpflichtet, sich als Rekrutierungsreserve ihres Königs bereitzuhalten. Vor allem seit dem Beginn des 2. Jh. v. Chr. integrierten die hellenistischen Herrscher im Orient und in Ägypten auch zunehmend einheimische Soldaten in ihre Armeen.

Da seit Alexander dem Großen die Königreiche so auffällig in den Vordergrund treten, hat man in der Forschung lange die Ansicht vertreten, die Polis habe mit Beginn des Hellenismus ihre Bedeutung verloren. Heute sieht man dagegen in der **Polis** eher einen der großen Faktoren der **Kontinuität** von der klassischen in die hellenistische Zeit (und darüber hinaus). Auch wenn diese Institution natürlich nicht frei von Veränderungen blieb, bildete die Polis doch immer noch den wesentlichen Bezugspunkt und Identifikationsrahmen für den größten Teil der griechischsprachigen Bevölkerung. Bezeichnenderweise organisierte schon Alexander der Große die Ansiedlungen seiner Soldaten in den neu unterworfenen Gebieten in der Form griechischer Poleis. Zahlreiche hellenistische Herrscher folgten später diesem Vorbild. Wie Alexander benannten sie

KLERUCHEN, von griech. *kleros* = Landlos; nichtägyptische Söldner, die durch die Vergabe eines Landloses an die der ptolemäischen Könige gebunden werden sollten.

diese Städte nach sich selbst oder aber – anders als er – auch nach anderen Mitgliedern ihrer Familie. Die berühmtesten Beispiele solcher Städte sind Alexandria in Ägypten oder Antiocheia am Orontes in Syrien.

Die **politischen Institutionen** der Poleis veränderten sich wohl grundsätzlich wenig: In vielen Poleis hatten alle männlichen Bürger Zugang zur Volksversammlung als wichtigstem Entscheidungsorgan. In einer Reihe von Städten war dieser Zugang allerdings auch beschränkt. Manche Poleis – wie z. B. Elis – besaßen wohl weiterhin gar keine Volksversammlung. Diese Versammlungen wählten meist die Magistrate sowie die Räte, die die Entscheidungen der Versammlungen vorbereiteten. Auch die Volksgerichte mit ihren aus der Bürgerschaft erlosten Richtergremien existierten in vielen Poleis weiter. Die politische Meinungsführung lag wie auch in der klassischen Zeit überwiegend bei Angehörigen bekannter und wohlhabender Familien.

Auch wenn viele Poleis weiterhin versuchten, eine möglichst große **Autonomie** zu bewahren, so war die außenpolitische Beweglichkeit der meisten Poleis doch eher eingeschränkt. Nur in den Grenzbereichen zwischen verschiedenen Machtblöcken ergaben sich hierzu Möglichkeiten. Diese Situation bedeutete jedoch nur eine graduelle Veränderung zur Klassik: Bereits im 5. Jh. v. Chr. waren viele Poleis von den wenigen mächtigen Großpoleis – wie z. B. Athen – oder aber vom persischen Großkönig abhängig gewesen. Die Abhängigkeit von Monarchien war allerdings für die Poleis des griechischen Mutterlandes eine eher neue Erfahrung, die als besondere Einschränkung empfunden wurde. Deutlicher war auch das Ressourcen-Ungleichgewicht zwischen einzelnen Poleis und der jeweiligen Vormacht: Widerstand oder Manövrierfähigkeit ergab sich meist nur, wenn sich die Großmächte gegeneinander ausspielen ließen.

Im griechischen Mutterland entwickelten sich daher – wohl u. a. aus dieser Erfahrung heraus – im Laufe des 3. Jh. v. Chr. die bis dahin eher bedeutungslosen **Städtebünde** der Aitoler und der Achaier zu sehr erfolgreichen Modellen, die den makedonischen Königen gelegentlich erhebliche Probleme bereiteten.

In der Forschung wird zurzeit heftig darüber diskutiert, inwieweit im Hellenismus **gesellschaftliche Veränderungen** im Vergleich zur klassischen Zeit feststellbar sind. Dabei schwingt meist auch die Frage mit, inwiefern die hellenistischen Poleis als Demokratien oder als Aristokratien zu gelten haben.

In jedem Fall muss dabei bedacht werden, dass man kaum von „der griechischen Gesellschaft in hellenistischer Zeit" sprechen kann. Vielmehr haben wir es mit einer Vielzahl von lokalen Gesellschaften zu tun, die in unterschiedlich intensiver Weise mit anderen lokalen und überregionalen Gesellschaften verknüpft waren. Entsprechend war die Situation zweifellos sehr heterogen, und die Frage nach gesellschaftlichen Veränderungen und dem Grad an demokratischer Verfasstheit ist im Einzelfall sehr unterschiedlich zu beantworten. In vielen Fällen fehlen uns schlicht aussagekräftige Quellen, um das überhaupt beurteilen zu können.

Notwendigerweise eine neue Entwicklung war das Entstehen einer Art Reichselite an der Spitze der einzelnen Monarchien. Es handelte sich dabei neben der Herrscherfamilie vor allem um die Berater und höheren Funktionäre sowie die Offiziere in Diensten der Könige, die meist als seine „Freunde", griechisch *philoi*, betitelt wurden. Mit fortschreitender Zeit differenzierte sich dieser Kreis weiter aus, und ein hierarchisiertes System von Rangtiteln entstand.

Die Gesellschaft der königlichen Residenzstädte dürfte von der Anwesenheit des königlichen Hofes am stärksten beeinflusst worden sein. Hier setzte sich zweifellos die Reichselite deutlich vom Rest der lokalen Bevölkerung ab.

Ein großer Teil der *philoi* stammte jedoch aus Poleis im griechischen Mutterland oder in Kleinasien. Die meisten blieben dabei trotz ihrer Funktion in königlichen Diensten ihrer Heimatstadt verbunden. In diesen kam ihnen durch ihre Verbindungen zum König bzw. zur Königsfamilie und vermutlich auch aufgrund des sich daraus ergebenen Wohlstands sicher ein herausgehobener Sozialstatus zu. Die Präsenz solcher Personen in den Poleis ist zweifellos eine Neuerung der hellenistischen Zeit. Schwerer ist zu beurteilen, wie stark sich das auf die Sozialstruktur der einzelnen Poleis auswirkte. So ist sicher mit Unterschieden zwischen alten und relativ großen Poleis wie Athen, Byzanz oder Rhodos einerseits und Neugründungen der Könige wie Alexandreia in Ägypten oder Seleukeia am Tigris andererseits zu rechnen. In kleinen und abgelegeneren Poleis dürfte sich zudem vermutlich – wenigstens zunächst – kaum etwas verändert haben.

Ein starker Umbruch in der städtischen Gesellschaft wird von der Forschung im Allgemeinen ab der Mitte des 2. Jh. v. Chr. angenommen: Nachdem die Reiche der Antigoniden, der Attaliden und der Seleukiden Teil des römischen Reiches geworden waren, nahmen dort die Ehrungen für verdiente Bürger, die ihren Heimatstädten mit Vermögen und Beziehungen geholfen hatten, deutlich umfangreichere Formen an. Dies könnte darauf hinweisen, dass sich stärker als zuvor eine Elite vom Rest der Bürgerschaft absetzte.

In der **wirtschaftlichen Entwicklung** sind in hellenistischer Zeit sowohl Kontinuitäten wie Veränderungen feststellbar. Bei den durch die Naturräume bedingten Wirtschaftsweisen wie **Landwirtschaft** oder **Fischfang** veränderte sich wenig. Die Landwirtschaft bildete weiterhin das Rückgrat der antiken Wirtschaft: Soweit Klima und Topographie es erlaubten, wurde sesshafter Ackerbau betrieben. Zu diesem trat in den meisten

Info

Wissenschaft und Kultur im Hellenismus

▶ Die erhebliche Ausdehnung der bisher bekannten Welt zusammen mit der für die Zeitgenossen kaum vorstellbaren Eroberung des Perserreiches scheint im frühen Hellenismus zu einem starken Aufschwung von Geographie und Geschichtsschreibung geführt zu haben. Diese und andere Wissenschaften wurden durch die – im Rahmen der königlichen Selbstdarstellung erfolgende – Patronage an den hellenistischen Königshöfen weiter wesentlich gefördert. Vor allem an dem von den Ptolemäern eingerichteten Museion und der zugehörigen Bibliothek in Alexandria sammelten sich die führenden Wissenschaftler und Schriftsteller der Zeit, die sich der Geographie, der Geschichte, der Medizin, der Philologie und der Literatur widmeten. Der Großteil der reichen literarischen Produktion der hellenistischen Zeit ist heute verloren. So sind von den zahlreichen Werken des bedeutenden Dichters Kallimachos (vor 303 – nach 245 v. Chr.) sowie des Universalgelehrten Eratosthenes (vor 273 – ca. 200 v. Chr.) nur Fragmente erhalten. Unter den hellenistischen Historikern besitzen wir nur von Polybios (vor 199 – ca. 120 v. Chr.) und Diodor (1. Jh. v. Chr.) größere Teile ihres Werkes.

Andere hellenistische Herrscher eiferten dem ptolemäischen Vorbild nach, doch erreichte kein Hof eine ähnliche Bedeutung für die literarische und wissenschaftliche Produktion wie das Museion in Alexandria.

Neben den Königshöfen behauptete sich aber auch Athen als kulturelles Zentrum. Hier waren schon im 4. Jh. v. Chr. Philosophenschulen entstanden, zu denen im Hellenismus neue hinzutraten. Athen blieb so bis zum Ende der Antike ein Zentrum der Philosophie. Hatte sich die Philosophie im 4. Jh. v. Chr. stark mit der Frage nach der besten Ordnung der Polis befasst, trat im Hellenismus stärker die Frage nach der richtigen Lebensführung des Einzelnen in den Vordergrund. In Athen lebte auch die Tradition des rhetorischen Unterrichts fort, hier blühte seit dem 4. Jh. v. Chr. die sogenannte „Neue Komödie", deren wichtigster Vertreter der an der Wende zum 3. Jh. v. Chr. wirkende Menander war.

Ende des 2. Jh. v. Chr. wurde schließlich auch Rhodos zu einem wichtigen Zentrum von Philosophie und Rhetorik.

Regionen ergänzend Viehzucht hinzu. In sehr bergigen oder trockenen Regionen, in denen kein Ackerbau möglich war, war die Viehhaltung dagegen die vorherrschende Wirtschaftsform.

Beim Ackerland gab es ganz unterschiedliche Besitzformen: Neben individuellem Besitz der Bauern in ganz unterschiedlicher Größe gab es Grundbesitz von Bürgergemeinden und Polis-Heiligtümern, das Land von unabhängigen Heiligtümern und schließlich den Grundbesitz der Könige. Land dieser Art wurde dabei meist an Bauern verpachtet, die das Land dann bearbeiteten. Je nach der Größe des Betriebs und seiner Lage zum Fernhandel orientierte sich die Produktion dabei eher an der

Selbstversorgung, an lokalen Märkten oder auch am Export. Hier sind im Bereich der Landwirtschaft angesichts der neu gegründeten Städte und des stark vergrößerten Wirtschaftsraums am ehesten Veränderungen denkbar, ohne dass sich diese eindeutig nachweisen lassen.

Unterschiedlich waren auch die **Bewirtschaftungsformen**: So gab es Individuen, die ihr privates oder gepachtetes Land zusammen mit ihrer Familie bebauten und dabei teilweise auf Sklavenarbeit und/oder Nachbarschaftshilfe zurückgriffen. In einzelnen Regionen gab es aber auch an den Boden bzw. an ein Dorf gebundene Bevölkerungsgruppen, die für den Grundherrn das Land bestellen mussten.

Der Landbesitz bzw. das gepachtete Land bestand oft aus eher kleinen Parzellen, die weiträumig verteilt waren. Auf diesem Weg konnte die Gefährdung durch naturbedingte Verluste (z. B. Trockenheit oder Schädlingsbefall) etwas abgefedert werden.

In Ägypten hing die Fruchtbarkeit des Ackerlandes von den Schlammablagerungen der Nilschwemme und der umfangreichen Bewässerung des Landes ab. Die dazu erforderlichen Deich- und Kanalisationsbauten ließen sich ebenso wie die zeitgleich erfolgenden Schritte des Säens, Erntens und Bewässerns nur im Kollektiv bewältigen. Hier setzten sich unter den Ptolemäern die traditionelle kollektive Bewirtschaftungsweise ebenso wie der starke staatliche Dirigismus fort.

Starke **Veränderungen** lassen sich vor allem **im Handel** feststellen. Der griechische Wirtschaftsraum hatte sich in der Folge der Eroberungen Alexanders massiv nach Osten ausgeweitet. Der Import von Getreide aus Ägypten, aber auch von Luxusgütern aus der Levante, Arabien und dem ferneren Osten war jetzt deutlich einfacher möglich.

Gleichzeitig nahm die **Monetarisierung** stark zu, d. h. Handelsgeschäfte wurden in zunehmendem Maße durch Geldzahlungen abgewickelt.

Durch die Reichsbildungen des Hellenismus (und die Vorbildhaftigkeit Athens) kam es zudem zu einer starken **Vereinheitlichung der Gewichtsstandards** der Münzen. Neben dem vorherrschenden athenischen Standard hatten der von Rhodos sowie der Standard der Ptolemäer große Bedeutung. Monetarisierung und Vereinheitlichung ermöglichten eine deutliche Intensivierung des Handelsvolumens und eine engere Verflechtung des stark ausgedehnten Wirtschaftsraums.

Der Handel vollzog sich dabei auf unterschiedlichen Ebenen: Ein Großteil der lokalen Produktion wurde auf lokalen Märkten im Umkreis von einer Tagesreise verhandelt. Daneben gab es den meist mit Schiffen abgewickelten Fernhandel. Die wichtigsten dieser Fernhandelsrouten verbanden Italien und Sizilien mit der Ägäis, führten von der Ägäis über den Bosporus ins Schwarze Meer und von Ägypten über Syrien und die Südküste Kleinasiens in die Ägäis.

Aufgaben zum Selbsttest

- Nennen Sie die zwei Hauptkonfliktregionen in hellenistischer Zeit, und beschreiben Sie die Entwicklung der dortigen Konflikte.
- Nennen Sie zwei wichtige Faktoren für die Legitimation der hellenistischen Könige.
- Beschreiben Sie, was sich in den Poleis in hellenistischer Zeit veränderte und was gleich blieb.
- Charakterisieren Sie das Wirtschaftsleben im Hellenismus.

Literatur

G. R. Bugh (Hg.), **The Cambrige Companion to the Hellenistic World**, Cambridge 2009.
P. Cabanes, **Le monde hellénistique de la mort d'Alexandre à la paix d'Apamée**, Paris 1995.
R. Malcom Errington, **A History of the Hellenistic World: 323–30 B.C.**, Malden MA 2008.
A. Erskine (Hg.), **A Companion to the Hellenistic World**, Oxford 2003.
H.-J. Gehrke, **Geschichte des Hellenismus**, 4. durchges. Aufl., München 2008.
E. S. Gruen, **The Hellenistic World and the Coming of Rome**, Berkeley CA 1984.
G. Hölbl, **Geschichte des Ptolemäer-Reiches**, Darmstadt 2004.
J. Ma, **Antiochus III and the Cities of Western Asia Minor**, Oxford 2002.
Chr. Marek, **Geschichte Kleinasiens in der Antike**, München 2010, 228–318.
U. Wiemer, **Krieg, Handel und Piraterie. Untersuchungen zur Geschichte des hellenistischen Rhodos**, Berlin 2002.

Die Anfänge Roms und die Republik | 4

Überblick

Ähnlich wie im Fall der griechischen Geschichte stellt sich auch im Fall Roms das Problem, dass es lange vor der offiziellen ‚Stunde null', der mythischen Gründung der Stadt Rom, eine Geschichte sowohl des späteren Rom als auch ganz Italiens gab. Noch die moderne Betrachtung folgt weitgehend der römisch-republikanischen Perspektive, wonach die monarchische Frühphase ein Vorspiel zur ‚eigentlichen' Geschichte war. Die Republik, ein eigentümliches Geflecht aus Institutionen und Kompetenzen, wurde der Ordnungsrahmen, in den sich alle Gewinne an Territorium und Menschen aus der jahrhundertelangen Expansion Roms einfügten. Gerade dieses Wachstum gab mehrmals den Anstoß zu inneren Umbrüchen, ehe Staat und Gesellschaft in eine Dauerkrise gerieten, an deren Ende die – unerklärte – Errichtung einer neuen Art Monarchie stand.

Der historische Rahmen | 4.1

Die Periodisierung bis zum Ende der römischen Republik | 4.1.1

Mit dem Blickwechsel auf Rom springen wir gegenüber den Entwicklungen in der griechischen Welt um mehrere Jahrhunderte zurück. Große Teile der bis heute gültigen Periodenbildung sind – anders als für die griechische Geschichte (→ vgl. 2.1.1) – bereits antik vorgebildet, aber keineswegs unproblematisch. Die **KÖNIGSZEIT** mit ihren traditionell sieben Herrschern wurde nach einem Datierungsstreit unter römischen Historikern festgelegt, indem man die rituelle Gründung Roms – den 21. April 753 v. Chr. – als Anfangspunkt und die Vertreibung des letzten Königs (nach Livius 510/09 v. Chr.) als Geburt der **REPUBLIK** nahm. Dieses Schema

KÖNIGSZEIT, traditionell 753–510/509 v. Chr., moderne Datierung ca. 750–510/500 v. Chr.

REPUBLIK, ca. 510/500–31/27 v. Chr.

wird bis in die Gegenwart fortgeschrieben. Allerdings ist das Gründungsdatum ebenso ein Konstrukt wie der bruchlose Übergang zur republikanischen Staatsform, der heute vorsichtig in die Jahre um 500 datiert wird.

Als in sich geschlossene Phase konnte die Republik ihrerseits erst von kaiserzeitlichen Beobachtern wahrgenommen werden. Für den Anfangspunkt der **KAISERZEIT** hatten sich spätestens die Autoren des 3. und 4. Jahrhunderts auf Augustus festgelegt, womit der Umbruch zwischen Caesars Ermordung und die offizielle Beendigung der Bürgerkriege im Januar 27 v. Chr. fiel.

KAISERZEIT,
31/27 v. Chr. – 6. Jh. n. Chr.

Für die moderne Geschichtswissenschaft stellte sich damit die Aufgabe, nicht nur ein praktikables Ende der Kaiserzeit (und damit der Antike insgesamt) festzulegen, sondern zwei überlange Epochen sinnvoll zu unterteilen. Als **FRÜHE REPUBLIK** bezeichnen wir die Phase der Herrschaft durch die im Senat organisierte Gruppe der Patrizierfamilien. Nach außen ist diese Zeit geprägt durch großen Druck, unter dem das einer Polis sehr ähnliche Rom seine Stellung als eine der wichtigsten Städte Italiens nur mühsam behauptete. Erst im 4. Jh. v. Chr. gelang dank aggressiver Eroberung und dem Aufbau einer Allianz- und Abhängigkeitsstruktur – des Bundesgenossensystems – Roms Aufstieg zur Vormacht in Mittelitalien, dann zur Herrschaft über die gesamte Halbinsel und einer expansiven Rolle im westlichen Mittelmeer. Treibende Kraft mehrerer Veränderungsschübe in Politik und Gesellschaft waren die Kämpfe zwischen den Patriziern und der restlichen Bevölkerung (der Plebs).

FRÜHE REPUBLIK,
ca. 510/500 –
367/264 v. Chr.

Ein festes Datum für den Beginn der **MITTLEREN REPUBLIK** fehlt. Innenpolitisch wurde meist entweder die Öffnung des Konsulats für führende Plebejer (367/366 v. Chr.) oder das Ermöglichen von Gesetzen durch Volksbeschluss (287 v. Chr.) als eine Zäsur gesehen, außenpolitisch der Beginn des Konflikts mit Karthago (264 v. Chr.). Kennzeichnend für die Mittlere Republik wurde die starke Erweiterung des Senats durch plebejische Familien, deren Spitzengruppe mit den Patriziern zur Nobilität, der neuen Machtelite, verschmolz. In zwei existenzgefährdenden Kriegen gegen Karthago unterwarf Rom große Teile des westlichen Mittelmeergebiets und organisierte sie als Provinzen. Noch während dieses Konflikts begann eine Reihe von Interventionen, durch die Rom ins Gefüge der hellenistischen Großmächte geriet. Innerhalb einer Generation wurden sie besiegt oder zur Anerkennung der römischen Hegemonie gezwungen. Gewinner waren hauptsächlich die Statthalter und Feldherren an der Peripherie, jetzt meist ernannt (als **PROMAGISTRATE**), statt im Jahresrhythmus gewählt. Wachsende Kriegslasten und innere Spannungen wurden lange ignoriert.

MITTLERE REPUBLIK,
367/264 – 133 v. Chr.

PROMAGISTRATE, lat. *pro magistrato* = „anstelle eines" Magistrates; ein Propraetor, Prokonsul oder Proquaestor konnte vom Senat bei Bedarf eingesetzt werden, unterlag aber nicht den meisten Beschränkungen der regulären Magistrate.

Mit dem Auftreten des Volkstribuns Tiberius Gracchus 133 v. Chr. brachen diese Konflikte abrupt auf. Die **SPÄTE REPUBLIK** bildet eine Eskalationsspirale, in der sich Reformversuche einerseits und Restaurationsbe-

SPÄTE REPUBLIK,
133 – 31/27 v. Chr.

mühungen andererseits mit immer heftigerem Widerstand konfrontiert sahen und daraufhin zu immer radikaleren Mitteln griffen, darunter mehreren Bürgerkriegen. Dabei wuchs der Einfluss der Mächte an der Peripherie – der Promagistrate und ihrer Armeen – noch weiter und dominierte zusehends die ‚Innenpolitik' im Zentrum. Schließlich konfrontierte Caesar Rom und Italien mit der Aussicht auf eine Königsherrschaft. Auf Caesars Ermordung folgte erst eine Ausschaltung der republikanischen Zukunftsoption, dann die Entscheidung zwischen den Führungsfiguren der caesarianischen Kriegspartei. Der Sieg von Caesars Erben Octavian, des späteren Augustus, schloss zugleich Roms Unterwerfung der hellenistischen Staatenwelt ab (31/30 v. Chr.) und schuf eine – nunmehr permanente – Alleinherrschaft.

Die Periodisierung der Kaiserzeit | 4.1.2

Die Perspektive auf die Kaiserzeit als ein schlichtes Nacheinander von Herrschern oder Dynastien ist über tausend Jahre lang zweckmäßig erschienen. In der zweiten Hälfte des 19. Jh. setzte auch hier die Suche nach Differenzierungsmerkmalen ein. Nach einem Vorschlag Theodor Mommsens (1817–1903) spricht gerade die deutschsprachige Altertumswissenschaft von den ersten Jahrhunderten gern als vom **PRINZIPAT** (nach der von Augustus präferierten Selbstbezeichnung *princeps*, „erster/ führender Mann"). Während sich die wachsende Macht der Kaiser neben der Armee und einer neuen Verwaltungsstruktur auf ihre Rolle als Integrationsfigur stützte, führten beschränkte Ressourcen zur Verlangsamung der gewaltsamen Expansion; dafür intensivierte sich die Herrschaft über die Provinzen. Öfters fasst man Augustus und seine Erben (die iulisch-claudische Dynastie, 27 v.-68 n. Chr.) mit den nicht so langlebigen Flaviern (69–96) zur **Frühen Kaiserzeit** zusammen und bezeichnet dann als **Mittlere** oder **Hohe Kaiserzeit** die zwischen 96 und 192 regierenden Principes, die mal als „Adoptivkaiser" (was nur bis 180 zutrifft), mal als „Antonine(n)" (was erst ab 138 korrekt ist) erscheinen.

Umstritten ist heute die Zuordnung der severischen Kaiserdynastie (193–235). Angesichts der wachsenden Rolle des Militärs und erster Krisen bei der Grenzverteidigung zählt man sie inzwischen häufig zur Serie der meist kurzlebigen Herrscher von 235–284, deren gängiger Oberbegriff „Soldatenkaiser" nur für die Mittel ihres Aufstiegs und Sturzes in fast allen Fällen zutrifft. Eine laufende Kontroverse gilt der Praxis, diese wegen politisch-militärischer Belastungen sowie sozialer und ökonomischer Umbrüche als **„Krise des 3. Jahrhunderts"** anzusprechen. Gegen die

PRINZIPAT, 31/27 v. Chr. – 192/235 n. Chr. Frühe Kaiserzeit: 31/27 v. Chr.- 96 n. Chr. Mittlere Kaiserzeit: 96–192/235 n. Chr. ÜBERGANGSZEIT DES 3. JAHRHUNDERTS, 192/235–284 n. Chr.

Info

Die Binnen-periodisierung der römischen Geschichte

- Vor 510/500 v. Chr.: Altes Italien und römische Frühzeit
- 510/500 – 367/264 v. Chr.: Frühe Republik
- 367/264 – 133 v. Chr.: Mittlere Republik
- 133 – 31/27 v. Chr.: Späte Republik
- 31/27 v. Chr.-192/235 n. Chr.: Prinzipat
- 192/235 – 284 n. Chr.: Übergangszeit des 3. Jahrhunderts
- 284 – ca. 500/600 n. Chr.: Spätantike

konkurrierende Schilderung als Übergangs- und Aufbruchszeit erhebt sich umgekehrt Widerstand; insofern ist besser von einer Übergangszeit zu sprechen.

Die Folgephase ab der Neuordnung des Imperiums unter Diocletian und den Tetrarchen (284 – 305/13) sowie der Dynastie Constantins und seiner Nachfolger (306/25 – 363) ist von der älteren Forschung durchweg negativ gesehen worden: teils als kultureller Verfall, teils aus Ablehnung gegen das neue Auftreten der Kaiser und das Christentum. Mommsen sprach vom „Dominat", Max Weber (1864 – 1920) von „Sultansherrschaft". Erst seit Beginn des 20. Jh. ließ die Vernachlässigung zugunsten der ‚klassischen' Abschnitte der römischen Geschichte nach. Begrifflich durchgesetzt hat sich die neutrale Bezeichnung **SPÄTANTIKE**, die der österreichische Kunsthistoriker Alois Riegl (1858 – 1905) propagierte. Markant für den spätantiken römischen Staat ist die stark erweiterte Verwaltung. Die neue Rolle des Christentums, seiner kirchlichen Strukturen und Glaubensstreitigkeiten ist ebenso grundlegend.

SPÄTANTIKE, 284 n. Chr. – 6. Jh.

Streiten ließe sich dagegen über die Schlüsselfunktion der Kaiser selbst. Inzwischen wird das Erlöschen des Kaisertums im Westen (476) kaum noch als Ende „des" Römischen Reiches betrachtet – vor allem, weil Kultur, Selbstverständnis, soziale Gliederung und Verwaltungsstruktur unterhalb der Reichsspitze lange überlebten. Genau dies macht es schwierig bis zwecklos, eine scharfe Grenze zwischen Spätantike und Frühem Mittelalter zu ziehen (→ vgl. 1.2). Einschnitte, die einem Katastrophenschema folgen, sind ebenso problematisch wie die Bindung an germanische Reichsgründungen, die in der Vergangenheit oft nationalistische Akzente getragen hat.

Aus guten Gründen beschäftigen sich althistorische und mediävistische Forschung daher immer öfter Seite an Seite mit den Jahrhunderten zwischen etwa 300 und 800. Das hat seine unfreiwilligen Gefahren: Vorschläge, die Erforschung beider Epochen als „Vormoderne Geschichte" zusammenzufassen, sind bemerkenswert oft mit Plänen verbunden, den Personalbestand eines historischen Instituts zu kürzen.

Die Quellen | 4.1.3

Für die Frühzeit Roms und Italiens spielen die Befunde der Archäologie eine Schlüsselrolle; erste verstreute Inschriften in verschiedenen italischen Sprachen liegen zwar schon aus der Königszeit vor, sind aber schwer zu interpretieren. Die viel spätere literarische Überlieferung zur Epoche weist mehrere Schichten von Überarbeitung und Verzerrungen auf. Dieselbe Quellenlage gilt noch für die Frühe Republik; spätestens seit der Mittleren Republik, aus der auch Roms älteste Münzprägung herrührt, wissen wir von Literatur in griechischer Sprache über Rom, während erste lateinische Texte aus den 240er-Jahren v. Chr. stammen. Vor und nach dem in Teilen erhaltenen Geschichtswerk des Polybios, entstanden in der Mitte des 2. Jh., sind nur Fragmente greifbar, ehe für die zweite Hälfte der Späten Republik reiche schriftliche Überlieferung einsetzt, die zwischen ca. 60 und 44/43 v. Chr. einen Höhepunkt an Dichte und Qualität erreicht. Die Aussagekraft besonders der Münzen, der Architektur und bildenden Kunst steigt im Übergang zum Prinzipat, dessen historiographische Tradition durch Hunderttausende von Inschriften und (im Fall Ägyptens) Papyri ergänzt wird. Ab der Mitte des 2. Jh. n. Chr. sinkt die Dichte der literarischen Überlieferung spürbar, gefolgt vom Rückgang des Inschriftenvolumens im 3. Jh. Für die Spätantike sind epigraphische Zeugnisse viel knapper, aber unverändert wichtig, während Sachtexte und erzählende Quellen in großer Menge und in einer Vielzahl von Gattungen vorliegen, vorwiegend aus christlicher Perspektive.

Für alle Epochen gilt, dass historio- und biographische Texte im engeren Sinn stets die glückliche Ausnahme bilden. An einer Auswertung der sonstigen Literaturgattungen, etwa in der Dichtkunst, der Rhetorik oder der Fachwissenschaften, kommt man für qualifiziertes Arbeiten damit ebenso wenig vorbei wie am Rückgriff auf die Archäologie Roms und der römischen Provinzen. Das Problem einer kaum überschaubaren Fülle an Einzelquellen, vor dem die Geschichte der europäisch-westlichen Neuzeit steht, begegnet auch in den am dichtesten überlieferten Phasen der römischen Antike so gut wie nie.

Aufgaben zum Selbsttest

- Erläutern Sie, welche Arten von Denk- und Organisationsschemata (nach Biographien, Staatsformen, Aufstiegs- und Verfallsmustern) sich im Ensemble der Epochenbegriffe zur römischen Geschichte wiederfinden.

Aufgaben zum Selbsttest

- Nehmen Sie Stellung, inwiefern diese Begriffsgeschichte der jeweiligen Epoche sachlich angemessen erscheint und wo der Blick auf sie durch die Begriffswahl verengt werden könnte.
- Nennen Sie Möglichkeiten, die Grenze zwischen Spätantike und Frühmittelalter anzusetzen.
- Stellen Sie sachliche Vor- und Nachteile zusammen, wenn man die spätantik-frühmittelalterliche Geschichte als ein Kontinuum behandelt.
- Vergleichen Sie die Einschnitte in der Entwicklung des Quellenbestands mit den Periodisierungsgrenzen zur römischen Geschichte.

Literatur

Zur Periodenbildung der römischen Geschichte
B. Bäbler/A. Demandt/P. Kuhlmann, DNP 13, 1999, 996–1015 s. v. **Epochenbegriffe**.
J. Bleicken, **Geschichte der Römischen Republik**, OGG 2, 6. Aufl., München 2004.
W. Dahlheim, **Geschichte der römischen Kaiserzeit**, OGG 3, 3. Aufl., München 2003.
J. Martin, **Spätantike und Völkerwanderung**, OGG 4, 4. Aufl., München 2001.
Zur Quellenkunde und dem Aussagewert einzelner Quellengattungen
H. Blum/R. Wolters, **Alte Geschichte studieren**, 2. Aufl., Konstanz 2011, 39–122.
F. Graf (Hg.), **Einleitung in die lateinische Philologie**, Stuttgart/Leipzig 1997.
W. Suerbaum (Hg.), **Die archaische Literatur. Von den Anfängen bis Sullas Tod** (Handbuch der lateinischen Literatur der Antike), Bd. 1., München 2002.

4.2 | Die Frühzeit: Gründermythen und moderne Rekonstruktionen

Bis hinein ins 4. Jh. v. Chr. ist die Geschichte Roms nicht nur von weit späteren Quellen überliefert, sondern vor allem in älteren, vorhistorischen Formen der Gedächtnisbildung und Vergangenheitsdeutung: in den Formen von Mythos und Legende. Dabei ging es um Identitätsstiftung und schlüssige Erklärungen für die jeweilige Gegenwart, die in späteren Überlieferungsstufen erneut erklärungsbedürftig wurden. Interessant waren besonders die Anfänge Roms, in die zugleich die Gründe für seine späteren Erfolge hineingedeutet wurden; aus römischer Sicht ging diese Epoche fließend in die Zeit der Götter und Heroen über. Erst relativ spät entstand eine Geschichtsschreibung nach griechischen Standards; viel früher synchronisierten Römer wie Nichtrömer die römisch-italischen und die griechischen Mythologien miteinander. Bis zum Beginn der Kaiserzeit war daraus ein scheinbar geschlossenes Modell gewachsen.

Dahinter verschwinden die wechselseitigen Einflüsse innerhalb Italiens, einer kulturell und ethnisch vielfältigen Halbinsel, die mit weiten Teilen des Mittelmeerraums in Verbindung stand. Unter der einseitig römischen Deutung in Freund-Feind-Kategorien hat sich die Überlieferung anderer ethnisch-politischer Gruppen nur spurenweise erhalten. Selbst die eigentlich römische Tradition ist dezimiert: Was auch immer an Quellen zur Frühzeit existiert hat, ging überwiegend spätestens mit dem Galliersturm von 387 v. Chr. verloren. Die erhaltenen Reste waren schon für die späte Republik so interpretationsbedürftig, ja unverständlich, dass die eigentliche Geschichtsschreibung viele Einzelheiten einer Spezialliteratur überließ: der antiquarischen Tradition. Bis in die Spätantike hinein hat sie Details der Vorgeschichte pietätvoll überliefert; ihre Angaben sind unersetzlich, liefern jedoch keinen Deutungszusammenhang.

Nicht zufällig war es die römische Frühgeschichte bis 387 (hauptsächlich erhalten durch **TITUS LIVIUS** sowie im Werk des Griechen Dionysios von Halikarnassos), an der sich mit den quellenkritischen Arbeiten von Barthold Georg Niebuhr (1776–1831) die Alte Geschichte als moderne Wissenschaft entwickelte.

TITUS LIVIUS, ca. 64/59 v. Chr. – 12/17 n. Chr. Seine Römische Geschichte in 143 Büchern *ab urbe condita* (= seit Gründung Roms) verdrängte als Standardwerk alle Vorgänger. Knapp 25% des Werkes sind überliefert.

Die Völker Italiens in der Mittelmeerwelt | 4.2.1

Unsere moderne Vorstellung von einer – trotz des Nord-Süd-Gegensatzes – kulturell und sprachlich geeinten italischen Halbinsel ist für den größten Teil der Antike irreführend. Tatsächlich bildet die **Heterogenität der Einwohner** eine Grundtatsache der römisch-italischen Geschichte; erst zu Beginn der Kaiserzeit wich sie vielfach einem – offiziell geförderten – Selbstverständnis als Herz des Römischen Reiches. Auch dann verschwanden die Eigenheiten nicht spurlos: Die griechische Prägung der Küstengebiete Unteritaliens und großer Teile Siziliens wirkte sogar bis weit ins Mittelalter nach.

Eine Rekonstruktion der italischen Sprach- und Kulturlandschaft von der mittleren Bronzezeit bis zu Beginn der Eisenzeit ist hochgradig hypothetisch und stützt sich auf die – teils widersprüchlichen – Befunde von Linguistik und Archäologie. Das heute meistakzeptierte Modell geht von zwei großen Einwanderungswellen aus dem Norden aus, deren Teilnehmer indoeuropäische Sprachen verbanden. Die erste, spätbronzezeitliche brachte die latino-faliskische Sprachfamilie auf die Halbinsel, deren historisch wichtigste Nachfahren die Latiner wurden. Etwas später folgten zwischen 1100 und 900 v. Chr. die Vorgänger der oskisch-umbrischen Gruppe, die in historischer Zeit deutlich größere Regionen abdeckte. Ihre Mitglieder – Sabiner, Osker, Samniten und so weiter – be-

ITALIKER, in der Fachliteratur die Einwohner Italiens, soweit sie weder Römer noch eingewanderte Griechen waren. Von ‚Italienern' spricht man erst ab der Renaissance.

AENEAS, mythischer Verwandter des trojanischen Herrscherhauses, der beim Fall Trojas entkam. Als Wegbereiter der Gründung Roms symbolisiert er göttlichen Beistand, den Anspruch auf alte Tradition und das Bewusstsein der Römer, eine komplexe Entstehungsgeschichte zu haben.

KARTHAGO, gegründet im 9./8. Jh. v. Chr. als phönikische Kolonie, unabhängige Handels- und Seemacht seit 539 v. Chr., Wirtschaftszentrum des westlichen Mittelmeers

ETRUSKER, Bewohner der heutigen Toskana, die von engen Kulturkontakten zu Griechen und Phönikern profitierten. Ab ca. 800 v. Chr. dominieren ihre Stadtkönigreiche Nord- und Mittelitalien.

zeichnet man heute als „ITALIKER" im engeren Sinn, ein Begriff, der in der römischen Geschichte gern auf alle in Italien ansässigen Nichtrömer und Nichtgriechen erweitert wird.

Beide Wanderbewegungen fanden ein längst besiedeltes Gebiet vor und schufen ein extrem vielschichtiges Bild. Ähnlich wie in Griechenland entwickelte sich ein Nebeneinander von Stammesterritorien und Formen intensiverer Machtausübung, etwa Stadtherrschaften und Kleinkönigreiche. Anders als in Griechenland mit seinem kulturellen Zusammengehörigkeitsgefühl herrschte jedoch ein starkes Bewusstsein der Verschiedenheit vor.

Relativ viel wissen wir über die griechische Landnahme im Zuge der großen Kolonisationswelle (→ vgl. 3.1.2), viel zu wenig dagegen über ihre Wirkung auf die ansässigen Italiker. Schon in klassischer Zeit begannen griechische Autoren die neu erschlossenen Gebiete in die eigene Mythologie zu integrieren, besonders leicht über die Taten des weit gereisten Halbgottes Herakles – darin drückte sich zugleich aus, wie fern oder nahe an der hellenischen Kultursphäre einzelne Orte und Regionen empfunden wurden. Folgenreich wurde die Entscheidung, unter anderem die Latiner mit Aineias (**AENEAS**), einem Überlebenden des Trojanischen Krieges, zu verknüpfen. Spätestens im 3. Jh. v. Chr. übernahmen römische Interpreten hier die Initiative und bauten die **Aeneassage** in Kombination mit eigenen Mythen zu einem Kernelement der Vorgeschichte Roms aus. In ihrer klassischen Form, Vergils Epos *Aeneis*, spiegelt sich sowohl die konfliktträchtige Geschichte der römisch-italischen Beziehungen als auch Roms Anspruch auf göttlich gewollten Vorrang – besonders gegenüber Karthago und der kulturellen Stellung der griechischen Welt.

Den Konflikten des griechischen Mutterlandes blieben die Städte des Westens weithin fern, so tief sie in Fehden miteinander oder mit nichtgriechischen Nachbarn verstrickt waren. Einen Sonderfall bildete Sizilien: Neben den ansässigen Sikulern und Sikanern, die von den Kolonisten teils ins Landesinnere gedrängt, teils absorbiert wurden, prägten das Bild besonders phönikische Siedlungen. Mit dem schnellen Aufstieg **KARTHAGOS** seit dem 6. Jh. v. Chr. entstand ein geschlossenes Territorium karthagischer Herrschaft im Westen der Insel; besonders seit der Verwicklung Siziliens in den Peloponnesischen Krieg (→ 3.3.4) waren bewaffnete Konflikte mit den Karthagern an der Tagesordnung. Auf dem Meer kam es zu Rivalitäten zwischen Griechen, Etruskern und Karthago um die wichtigen Handelsgüter Italiens.

Dem kulturell fortschrittlichen Süden korrespondierte in Ober- und im nördlichen Mittelitalien die Besiedlung durch die **ETRUSKER**, zunächst archäologisch seit ca. 1000 v. Chr. als Villanova-Kultur nachweisbar, dann zwischen 800 und 750 auch historisch. Nur zum Teil berechtigt ist die geheimnisvolle Aura, mit welcher man die Etrusker gern umgibt. Ihre Herkunft und **ETHNOGENESE** gibt sprachlich wie geographisch Rätsel auf, während die zahlreichen etruskischen Inschriften teilweise entziffert sind. Ohne erkennbaren Rückstand auf die Griechen vollzogen auch sie den Schritt zur Organisation rund um städtische Zentren, wobei die Herrschaftsform sich griechischen Beobachtern je nachdem als Monarchie oder Tyrannis darstellte. Wie viel von dieser hohen Ähnlichkeit mit der Poliszivilisation Griechenlands sich einer **AKKULTURATION** verdankt, ist umstritten, ebenso das Ausmaß der Gräzisierung. Erzählungen wie die von der korinthischen Herkunft der Etruskerkönige in Rom spiegeln teils solche alten Verbindungen, teils griechische Bedürfnisse, jede Kulturleistung für sich zu reklamieren.

Aus römischer Sicht ist das Bild der Etrusker zwiespältig: Die Überlieferung stilisiert sie als Träger einer Fremdherrschaft, die andererseits einen massiven Anteil der römischen Religion und Staatssymbolik brachten. Selbst die Wagenrennen und Gladiatorenspiele hat man ihnen zugeschrieben. Ihr Kernland Etrurien, heute die Toskana und Teile Umbriens, unterstand der Herrschaft rivalisierender, stark befestigter Städte. Seit dem 6. Jh. v. Chr. griffen sie über den Apennin auf die Poebene aus. Ein weiteres Kolonisationsgebiet bildete der Golf von Neapel, wo etruskische Siedlungen Seite an Seite mit Griechen und italischen Oskern existierten.

Zwischen diesen beiden „Motoren" der Entwicklung eingezwängt erscheinen auf den ersten Blick die übrigen italischen Völker und Regionen. Anders als im spätarchaischen und klassischen Griechenland kam es hier bis ins 4. Jh. v. Chr. wiederholt zu weitreichenden Veränderungen der Landkarte durch Einwanderung, Invasion und die Expansion ansässiger Gruppen auf Kosten ihrer Nachbarn. Rom selbst war anfangs nur eine prominente Stadt unter einigen Dutzend anderen Siedlungen der Latiner.

Die spezifische Mischung aus **Gefahren und Entwicklungschancen für Rom** ergab sich einmal aus seiner Lage am letzten Tiberübergang oberhalb der Flussmündung und auf der Straße von den Salinen an der Küste zu den Weidegebieten, die ständig Salz für ihr Vieh benötigten. Zweitens bildete Rom einen latinischen ‚Vorposten' dicht am Kerngebiet der – den Latinern überlegenen – Etrusker und der militärisch starken Sabiner im Apennin und den vorgelagerten Hügelregionen, die die Salzstraße kontrollierten. Die Stadt war damit als Einwanderungsziel wie als mögliches Objekt einer etruskischen Expansion interessant.

Weiter südlich besiedelten die Volsker das Liris-(Gargliano-)Tal, die wichtigste Verkehrsroute von Latium nach Südosten. Neben den griechischen Küstenstädten waren am Golf von Neapel die Osker ansässig; hier

ETHNOGENESE, Entstehungsprozess einer Gruppe, die sich am Ende dieses komplexen Vorgangs als Volk, Stamm oder ähnliche Gemeinschaft begreift. Typisch ist, dass sich diese Identität auf gemeinsame Abstammung oder die Taten von Einzelpersonen der Vorzeit beruft.

AKKULTURATION, kultureller Wandel, der aus dem Kontakt und Austausch zweier verschiedener Kulturen entsteht, falls mindestens eine der beiden sich dadurch tiefgreifend verändert.

trat im 5. Jh. eine gravierende Änderung ein, als die Samniten – Bewohner der Abruzzen und der nördlich angrenzenden Region bis zur Adria – die oskischen Gebiete Kampaniens unter ihre Herrschaft brachten und zur stärksten Kraft des südlichen Mittelitalien aufstiegen. Weitere italische Völker teilten sich den Süden der Halbinsel mit griechischen Kolonien wie Tarent.

Neben der samnitischen Expansion, die auch die Etrusker schwer traf, bildet die keltische Landnahme in Oberitalien die wichtigste Veränderung. Diese Kriegs- und Siedlungszüge – die aus römischer Sicht in der Eroberung Roms durch „die Gallier" 387 v. Chr. gipfelten – ließen die etruskische Präsenz in Norditalien zusammenbrechen und schwächten die Kernregion auf Dauer. Das wiederum begünstigte die mit Abstand größte Umwälzung: die Expansion Roms.

4.2.2 Die Anfänge Roms

Übermächtig bis in die Neuzeit ist die Tradition einer „Stunde null" gewesen, der Gründung der Stadt Rom durch Romulus (und seinen erschlagenen Zwillingsbruder Remus). Schon die Römer selbst sahen diesen Gründungsakt eher als rituellen, identitätsstiftenden Moment und nahmen weit ältere Siedlungen an gleicher Stelle an. Aus archäologischer Sicht ist das Stadtgebiet des späteren Rom mindestens ab dem 10. Jh. kontinuierlich bewohnt. Einzelsiedlungen auf mehreren Hügeln wuchsen zu einem

Abb. 22

Hüttenförmige Graburne der Villanova-Kultur (10.–8. Jh. v. Chr.)

unbekannten Zeitpunkt (wohl im 7. Jh.) zu einer Einheit zusammen. Für die Mitte des 8. Jh. – das tradierte Gründungsdatum – belegt die Archäologie ein spürbares Wachstum der Siedlung auf dem Palatin.

Die römischen Mythen zeichnen das Bild einer Stadt, die sich unter den anderen latinischen Siedlungen erst an die erste Stelle schieben musste; aus Gründen des ‚Nationalstolzes' beanspruchte man eine früh erkämpfte Vormachtstellung, die wenig plausibel erscheint. Überzeugend ist dagegen das Bild einer Zuwanderer- und Integrationsgesellschaft, passend zur Randposition; Experimente mit einem gemeinsamen Königtum von Latinern und Sabinern oder der Zuzug der Claudier aus dem Sabinerland spiegeln derartige Vorgänge.

Politisch wird das Bild einer starken **Aristokratie** aus den Oberhäuptern von Clans (*gentes*) entworfen, die sich auf Stadtebene – versammelt im Senat – der Vorherrschaft eines auf Konsens bedachten Königs (*rex*) fügten, aber Mitspracherechte und eine fast absolute Macht über ihre Familien und Abhängigen behielten. Die älteste Form der Volksversammlung organisierte sich in *curiae*, Männerbünden, die grob den Phratrien des archaischen Griechenland entsprechen. Die *gens* selber bestand aus allen, die ihre Abstammung auf einen fiktiven Vorfahren zurückführten (und das in ihrem gemeinsamen Gentilnamen wie Claudius oder Horatius zum Ausdruck brachten). Ihr Oberhaupt konnte über seine leiblichen Kinder ebenso weitreichend verfügen wie über Sklaven und Abhängige, was die liberale Praxis Roms erklärt, freigelassene Sklaven (*liberti*) mit dem Bürgerrecht auszustatten. Zusätzlich zur Großfamilie und ihren unfreien Haushaltsmitgliedern leitete der Vorstand der *gens* ein Netzwerk freier, doch gehorsamspflichtiger Abhängiger, die Klienten („Hörende") des Clans, deren Status sich vererbte. Sie erbrachten Abgaben, verliehen als Gefolge ihrem *patronus* (etwa „Schutzvater") Prestige, ordneten sich ihm im Krieg und bei politischen Entscheidungen unter; der Patron schützte sie gegen Übergriffe und sprang ihnen in Notlagen bei. In veränderter Form blieb das Klientelsystem bis ans Ende ein Eckpfeiler der römischen Gesellschaft.

Zur Monarchie, die sich unter ungeklärten Umständen entwickelte, standen die „Väter" (*patres*) oder **PATRIZIER**, die im „Rat der Alten" (*senatus*) vereint waren, in einem Spannungsverhältnis. Zumindest in republikanischer Zeit verhinderte der Senat mit aller Macht Absetzbewegungen in Richtung einer Oligarchie; dies könnte die Nachwirkung einer Allianz zwischen den Königen und der Senatsmehrheit gegen besonders mächtige Häuser sein, die in der Tradition als sehr überheblich gegenüber der „Menge" (**PLEBS**) der Nichtadligen dargestellt werden. Der königszeitliche Senat selbst behauptete gegenüber dem Herrscher Mitspracherechte und vermutlich auch das Recht der Königswahl.

PATRIZIER, erbliche Adelsschicht des archaischen Rom, zusammengeschlossen im Senat.

PLEBS/PLEBEJER, das ‚einfache Volk' Roms im Gegensatz zu den Patriziern; die Plebs war von politischen und religiösen Führungspositionen zunächst ausgeschlossen. Zur Plebs zählten spätestens um 500 v. Chr. auch reiche, angesehene Familien.

Mit Sicherheit schematisiert die Überlieferung die tatsächlichen Entwicklungen. Die ersten Königsfiguren haben stark mythische Einschläge und bekommen holzschnittartig Funktionsbereiche zugewiesen: der Latiner Romulus aus dem Königshaus von Alba Longa (traditionell 753–716 v. Chr.) als Gründer und Eroberer, der Sabiner Numa (715–672 v. Chr.) als Religionsstifter. Völlig plausibel erscheint die Endphase der Königszeit: Rom wurde in die etruskische Machtsphäre gezogen, worauf sich eine Königsdynastie – die TARQUINIER – etablierte. Das gewaltsame Ende zweier Herrscher und die zwischenzeitliche Ablösung der – im Traditionsschema auf zwei reduzierten – Tarquinier durch den Latiner Servius Tullius mit dem Alternativnamen Mastarna stehen für wiederholte Phasen von Instabilität und Regimewechsel.

TARQUINIER, etruskische Adelsfamilie, die in Rom mehrere Könige stellte und ihren Thronanspruch vorübergehend vererben konnte, aber auch in anderen Städten präsent war.

Ob Rom eine ‚latinische' oder eine ‚etruskische' Stadt war, ist besonders während der ersten Hälfte des 20. Jh. ein beliebter Streitpunkt gewesen. Als Entweder-oder-Frage ist diese Perspektive sinnlos: Die Mehrzahl der Einwohner waren Latiner mit einem beträchtlichen Anteil an Zuwanderern, Händlern und so weiter, während gerade in der Oberschicht der etruskische Einfluss offensichtlich ist. Ihrerseits vermittelten die Etrusker griechische Kulturelemente. Könige von außen waren für den Adel in Rom wohl keine Eroberer, sondern Kompromisskandidaten, die leichter akzeptabel waren als ein einheimischer Standesgenosse. Interessant ist, dass sich der Widerstand der Aristokratie offenbar – wie in Athen – gegen die Verfestigung zu einer dynastischen Herrschaftsform richtete.

In der Königszeit kam es zu einem massiven Ausbau der Stadt. Rom schloss zu den ausgebauten Etruskerstädten auf und wurde eines der größten Siedlungszentren Italiens. Ausgrabungen der letzten Jahrzehnte haben eine planmäßige Straßenanlage nachgewiesen, die bis weit in die Republik Teile des Stadtgrundrisses prägte. Der Baubefund stimmt mit dem Bild einer Blütezeit überein, in der Rom zur Vormacht von Latium aufgestiegen sein soll: Eine Expansion nach Südosten auf Kosten der Latiner unter Vermeidung eines Konflikts mit den Etruskerstädten ist durchaus plausibel.

Umstritten und schwer greifbar sind dagegen die innenpolitischen Entwicklungen. Eine Militärverfassung, die das Hauptgewicht des Kampfes auf breitere Schichten als allein die Kavallerie des Adels verteilte – wohl wie bei den Etruskern die griechische Phalanxtaktik –, muss angesichts der römischen Erfolge angenommen werden. Nach den sonst bekannten Fällen der Antike zieht steigende militärische Bedeutung einer Bevölkerungsgruppe auch politische Mitspracheforderungen nach sich. Für die Könige – in ihrer angreifbaren Position – war eine Aufwertung zumindest der Wohlhabenden auf Kosten der Aristokratie ebenso vorteilhaft wie eine Lockerung des Bandes zwischen den Oberhäuptern der *gentes* und ihren Gefolgsleuten. Es ist sehr glaubhaft, dass sie Gesetze regelmäßig vom ganzen Volk beschließen lassen mussten oder wollten.

Volksversammlungen in Rom

Name	Einheiten (je 1 Stimme)	Einteilung	Aufgabe
Comitia curiata	30 Curiae	nach Familie	Adoptionen, religiöse Bestätigung der Magistrate
Comitia centuriata	(maximal) 193 Centuriae	nach Besitz	Wahl von Imperiumsträgern, (→ vgl. 4.2.3), Krieg, Friedensschlüsse
Comitia tributa	(maximal) 35 Tribus	nach Wohnort	Gesetzgebung, Wahl niederer Magistrate
In der Republik zusätzlich: Concilium plebis	(max.) 35 Tribus	wie Comitia tributa, aber ohne Patrizier	Wahl der Volkstribune und plebejischen Ädile, *später*: Gesetzgebung

Römische Quellen führen eine Kuriosität der römischen Verfassung auf die Könige zurück: die Entstehung zweier konkurrierender Formen der Volksversammlungen, die sich neben der ältesten – der Versammlung der 30 Curiae – etablierten und sie im Lauf der Jahrhunderte auf eine rudimentäre Form zurückdrängten. Die Zusammenkunft als in ‚Hundertschaften' (*centuriae*) gegründete Heeresversammlung gliederte sich in heller historischer Zeit in Vermögensklassen, ist also der solonischen Verfassung Athens vergleichbar (→ 3.2.2). Eine komplette Umstellung auf dieses System fand jedoch niemals statt. In der uns bekannten Form sicherten die *comitia centuriata* das Übergewicht vor allem der vermögenden Plebejer, der ersten Klasse, die sich eine Vollausrüstung als Hopliten hätten leisten können; darüber standen die noch stärker privilegierten *equites* („Ritter"), in denen der Patriziat mit den Reichsten der Plebs zusammentraf und die Kavallerie bildete. Wenn die Urform des Systems ein Abbild einer einsatzfähigen Armee darstellte, so haben spätere Abänderungen eine verzerrte Projektion davon entstehen lassen.

Ob die zweite Form der Volksversammlung älter, jünger oder gleich alt ist, kann nicht ermittelt werden. Jedenfalls stand sie in markanter Konkurrenz zur Clanstruktur der *curiae*: Die neuen *tribus* waren, geographisch betrachtet, Stimmbezirke, aus der Bürgerperspektive Personenverbände, welche die gewohnten *curiae* überlagerten. Es gibt Parallelen zu den zehn neuen Phylen des Kleisthenes, sie sind aber begrenzt – erstens hatte die Tribusstruktur kein Monopol bei der Organisation des Volkes, zweitens bilden der Zuschnitt und die überlieferten Namen der Tribus die fortdauernde Macht des Adels ab.

Roms eigentliches Stadtgebiet selbst war in vier Tribus untergliedert. Weitaus mehr entfielen auf das Territorium außerhalb der Stadt, das zuletzt aus 27 Tribus bestand. Anfangs hatte die Abstimmung nach territorial geordneten Tribus das Potenzial, die Herrschaft der *gens*-Vorstände zu schwächen. Später allerdings half die Überzahl der ländlichen Tribus im Gegenteil bei der Durchsetzung der Senatsinteressen gegen die Wünsche der Hauptstadtbevölkerung: Vier städtische Tribus ergaben im römischen Wahlsystem nur vier Stimmen, mochten sie auch aus Zehntausenden Wählern bestehen; relativ wenige von ihren Patronen gelenkte Landbewohner, die zur Abstimmung in Rom erschienen, konnten sie theoretisch überstimmen.

Wieso all diese Mechanismen nebeneinander in Kraft blieben, ist nicht ganz klar. Religiöse Gründe und der Widerstand des Adels dürften für den Erhalt der *comitia curiata* gesprochen haben; eventuell spielte eine sakrale Komponente mit – die Bürger als Heer waren durch ihre Kampfabsichten dazu gezwungen, sich religiös zu verunreinigen. Die Vielzahl der Volksversammlungen begünstigte aber auch, dass die Bürger sich als eher passive „Masse" erst dem König, später dem die Versammlung abhaltenden Magistrat gegenübersahen. Zu einer Kultur der politischen Debatte kam es nicht; so waren und blieben die römischen Bürger schon früh auf Ja-Nein-Entscheidungen reduziert.

4.2.3 | Das Ende der Königsherrschaft

Die **Legende vom Sturz der Könige** – die Vergewaltigung der Aristokratin Lucretia durch einen Königsverwandten, worauf die Römer den abwesenden Herrscher aussperren – kontrastiert monarchische Willkür mit der strikten Sozial- und Sexualmoral, auf die sich die Römer viel zugutehielten; sie sucht chronologisch den Anschluss an das Ende der Tyrannis in Athen, wohl weil römische Antiquare eine Verbindung zur Weihe des Kapitolstempels vermuteten (508/507 v. Chr.). Die Forschung sieht in Planung und Bau dieses monumentalen **JUPITER**heiligtums, das die Königsmacht religiös überhöhte, einen Hauptkonfliktpunkt mit der Aristokratie.

Sicher wurde Roms selbstbewusste Oberschicht die Monarchen nicht so einfach los. Die Tradition weiß von jahrelangen Rückkehrversuchen der Tarquinier. Auf eine vorübergehende Abhängigkeit Roms hinzudeuten scheint die Geschichte von der Intervention eines anderen Etruskerkönigs, Lars Porsenna aus Clusium.

Am Ende standen jedoch eine Abschüttlung der monarchischen Struktur und die **Errichtung einer stark traditionalen Aristokratie**. Deren genaue Formen sind unklar. Spätere römische Interpreten sahen schon hier die Dominanz des Senats grundgelegt, welche das soziale und politische Leben,

JUPITER (IUPPITER),
Hauptgott der römisch-lateinischen Götterwelt, Schutzherr des Latinerbundes (Iuppiter Latiaris) und der Stadt Rom (Iuppiter Optimus Maximus; Tempel auf dem Kapitol zusammen mit seiner Frau Iuno und seiner Tochter Minerva).

Die Frühzeit: Gründermythen und moderne Rekonstruktionen

> **Info**
> **Res publica**

▶ Das römische Denken unterschied (wie antike Gesellschaften überhaupt) nicht zwischen politischem, religiösem und sozialem Bereich, sondern trennte lediglich „das Öffentliche" (*res publica*), wo die einzelnen Bürger und Hausvorstände als Gemeinschaft handeln und sich Regeln unterwerfen mussten, vom „Privaten" (*res privata*), „das, was getrennt gehalten wird", nämlich dem Inneren des eigenen Hauses und Haushalts. Hier konnte der Hausvorstand ursprünglich beinahe tun und lassen, was er wollte. Später entwickelte sich *res publica* zum Synonym für die spezielle römische Art, das Zusammenleben zu organisieren. Daraus leitet sich der Begriff „Republik" für eine Staatsform ab, in der die Gemeinschaft der politisch berechtigten Bürger – die groß, aber auch sehr klein sein kann – die Führungsperson(en) legitimiert, meist durch Wahl in festen Abständen und auf Zeit.

die „öffentlichen/das ganze Volk betreffenden Angelegenheiten" (die *res publica*), wesentlich prägen sollte. Die praktische Frage, ob die politischen Geschäfte von Individuen, größeren oder kleineren Gruppen zu führen waren, wurde zugunsten von überaus machtvollen Oberbeamten entschieden, die sich schließlich in Form des Konsulats etablierten.

Zumindest die Interpretation des 2. und 1. Jh. v. Chr. besagt, dass von dieser ‚Exekutive' wichtige sakrale Komponenten des Königtums abgespalten wurden. In auffälliger Weise wurden sie auf mehrere Funktionsträger aus den Reihen des Patriziats verteilt: Die in Religionsfragen besonders konservative Haltung der Römer ging davon aus, dass sich weder die Vertretung des Volkes gegenüber den Göttern noch die Entgegennahme göttlicher Zeichen auf beliebige Personen delegieren ließ. Zugleich war die sakrale Sphäre kein vom sonstigen Leben abgetrennter Bereich für Spezialisten, sondern im Gegenteil übernahmen alle Hausvorstände und die Ältesten jeder *gens* automatisch auch priesterliche Funktionen.

Auffällig ist, wie stark sich der Patriziat durch die älteste, nach *curiae* geordnete Form der Volksversammlung die religiöse Macht und deren Delegieren auf Zeit vorbehielt. Den Curiae blieb das Recht, Adoptionen zu beschließen (also einen Römer aus seinem Familienverband und dem zugehörigen Hauskult zu entlassen), vor allem aber verliehen sie jedem gewählten Magistrat das Recht zur gültigen Kommunikation mit den Göttern und gleichzeitig das *imperium*, die quasi-königliche Vollmacht.

Das Patriziat in seiner Gesamtheit steigerte damit seine Macht über das Maß hinaus, das die Könige übrig gelassen hatten. Die enorme Stellung des jeweiligen Hausvorstandes (pater familias) bis hin zum Recht, seine Kinder zu verkaufen oder zu töten, aber auch die Druckmöglichkeiten auf die Klientel brachten für die Bevölkerungsmehrheit einen

Info

imperium

▶ Der von *imperare* („befehlen") abgeleitete Begriff steht zunächst für die Vollmacht eines römischen Magistrats, durch Befehle seinen Willen gegen Einzelbürger durchzusetzen – und zwar auch mit Gewalt. Später verengt er sich auf die Möglichkeit eines Konsuls, Praetors, Dictators oder anderen „Imperiumsträgers", rechtmäßig Truppen zu kommandieren, während die Befugnisse eines Magistrats allgemein als *potestas* („Amtsgewalt") bezeichnet werden. Weil *imperium* sich auch auf die Reichweite der Befehlsgewalt beziehen kann, wurde es ein nützlicher Begriff, als der Machtbereich Roms das eigentliche „Staatsgebiet" weit übertraf. Nun stand *imperium populi Romani* („Herrschaftsbereich des römischen Volkes") für das Gebiet, das Rom kontrollierte oder zu kontrollieren beanspruchte. Daraus leitet sich der moderne Begriff „Imperium" ab, der direkte Herrschaft und Einflussbereich eines großräumig agierenden Reiches zusammenfasst.

Rückschritt. Sehr bald äußerte sich Unzufriedenheit. Der patrizische Anspruch, allein die im Senat vertretenen Häuser könnten eine religiöse Führungsrolle spielen, fand dagegen weitaus länger Zustimmung und überlebte in Teilbereichen der römischen Religion bis zuletzt. Er zeigte sich in der Spezial- und Geheimkenntnis der Riten und korrekten Gebetsformeln. Hier lag womöglich eine, wenn nicht gar *die* Machtbasis der frührepublikanischen Senatsaristokratie.

4.2.4 Selbstbehauptung und Konsolidierung – das lange Jahrhundert der Krise

Anders als die Überlieferung suggeriert, bedeutete die neue Herrschaftsform in praktischer Hinsicht zunächst einen Rückschlag für Rom. Das Territorium der späten Königszeit ließ sich nicht halten. Die etruskischen Städte, voran das benachbarte Veii, starteten opportunistische Angriffe oder wurden zu dauerhaften Feinden. So endete auch Roms unbestrittene Hegemonie unter den latinischen Gemeinden, die teils auf die Gegenseite traten, teils als selbstbewusste Verbündete agierten.

Von großem Vorteil war die Interessengemeinschaft Roms mit der Seemacht Karthago, deren Handelsziele mit den etruskischen kollidierten. Ein karthagischer Seesieg 474 v. Chr. reduzierte den Druck der Etrusker auf Rom beträchtlich und war zugleich die Vorbedingung für das Ende der etruskischen Präsenz in Kampanien. Im Verhältnis zu Karthago blieb Rom ein Juniorpartner; ein Vertrag von 509 v. Chr., den die römische Überlieferung gern totschwieg, verdeutlicht das.

Glück im Unglück hatte die frühe Republik auch insofern, als sie – zunächst – im Windschatten der ethnischen Umwälzungen in Italien

Die Frühzeit: Gründermythen und moderne Rekonstruktionen

Abb. 23

Nach dem Galliersturm errichtete man 390 v. Chr. die Servianische Mauer (fälschlicherweise so genannt, weil sie später dem König Servius Tullius zugeschrieben wurde); hier ein erhaltener Abschnitt dieser Stadtbefestigung bei der Stazione Termini, ausgebessert in spätrepublikanischer Zeit.

blieb. Weder die Expansion der Samniten noch die ersten keltischen Vorstöße trafen Rom direkt. Mittelbar wurde es jedoch von der griechischen Welt abgeschnitten. Rom blieb Handelsstadt, aber die kulturellen Einflüsse reduzierten sich so sehr, dass es in Verbindung mit der militärischen Dauerbelastung zu einer gewissen Rückständigkeit kam, wie das merkwürdig späte Aufkommen etwa der Münzprägung oder einer lateinischen Literatur zeigt.

Erste Erfolge stellten sich an der Wende zum 4. Jh. ein. 426 v. Chr. gelang die Eroberung der latinischen Stadt Fidenae im Norden von Rom, durch die das gefährliche Veii die Republik zu umklammern gedroht hatte. 398 v. Chr. fiel Veii selbst, was die römische Überlieferung zu einem zehnjährigen Krieg nach trojanischem Muster stilisiert hat. Roms Territorium verdoppelte sich durch diese Gewinne. Ein Tiefpunkt trat ein, als 387/386 v. Chr. eine keltische Armee Rom vorübergehend einnahm und niederbrannte. Wider Erwarten kam es zu einer schnellen Erholung; das Trauma des „Galliersturms" begleitete die Römer jedoch fortan, und auf Jahrzehnte blieben die entlang der Adria sesshaft gewordenen Kelten eine Gefahr für Mittelitalien.

Eine Weichenstellung für die künftige Expansion Roms war die Kontaktaufnahme mit dem Samnitenbund. Zunächst verständigten sich beide Regionalmächte 354 v. Chr. 343 kam es dann zu einer ersten Auseinandersetzung, die abgebrochen wurde, als die Latiner sich 341 aus dem zusehends drückenden Bündnis mit Rom lösen wollten. Der Latinerkrieg endete 338 mit der Auflösung des Bundes in asymmetrische Einzelverträge mit Rom, das sein Bürgerland abermals verdoppeln konnte. Als nun unbestrittene Vormacht in Mittelitalien suchte es seine Chancen im Südosten und steuerte auf einen neuen Konflikt mit den Samniten zu.

Aufgaben zum Selbsttest

- Wägen Sie ab, inwiefern die römische Selbstsicht zutraf, dass die Stadt von Anfang an eine Sonderstellung inmitten der angrenzenden Städte und Ethnien einnahm.
- Nennen Sie Indizien für und gegen ein „starkes" Königtum in Rom.
- Beschreiben Sie die Auswirkungen der Monarchie auf das Verhältnis zwischen Senatsadel (Patriziern) und Mehrheit der Bürger (Plebs).
- Erörtern Sie, welche Folgen der Ausfall des Königtums für das soziale Kräfteverhältnis in Rom sowie die Außenpolitik hatte.

Literatur

T.J.Cornell, **The Beginnings of Rome. Italy and Rome from the Bronze Age to the Punic Wars (c. 1000–264 BC)**, London/New York 1995.
G.Forsythe, **A Critical History of Early Rome. From Prehistory to the First Punic War**, Berkeley 2006.
R.M.Ogilvie, **Das frühe Rom und die Etrusker**, München 1983.
A.Carandini, **Die Geburt Roms**, Düsseldorf/Zürich 2002.
L.Aigner-Foresti, **Die Etrusker und das frühe Rom**, Darmstadt 2009.

4.3 | Gesellschaft und Verfassung der römischen Republik

Das Wiedererstarken der Aristokratie war, gemessen an der generellen Entwicklung im Mittelmeerraum, ein eher rückwärtsgewandter Zug. Von bloßer Restauration kann aber keine Rede sein. Es gelang den patrizischen Politikern, die von den Königen geschaffenen Instrumente in ihrem Sinn umzufunktionieren. Die Legenden heroischer Einzelkämpfe entsprechen höchstens einem Ausschnitt der Realität – sie überliefern das aristokratische Kriegerideal. Militärisch entscheidend war die moderne **Legion**. Hier zeigten sich die Senatoren durchaus flexibel.

Starr und archaisch präsentierte sich dagegen die religiös-rituelle Seite des politischen Alltags. Die Kriegführung etwa blieb eng mit kor-

Info

Legion

▶ Anfangs war die *legio* („Auslese") das Aufgebot aller wehrpflichtigen Römer. Mit wachsender Bürgerzahl unterteilte man die Ausgehobenen in mehrere Legionen unter dem Kommando von Konsuln oder anderen Imperiumsträgern; gegen Ende der Republik entwickelten sich die einzelnen Legionen zu stehenden Einheiten mit einer eigenen Tradition.

rekt durchgeführten Riten verbunden. Die Wichtigkeit der in jeder Silbe korrekt ausgesprochenen Gebetsformel war in Rom ebenfalls hoch – und die **sakralen Grundlagen des Rechts** zeigen sich daran, dass auch eine Klage jahrhundertelang nur möglich war, wenn exakt die richtige Formel gewählt wurde. Klage- wie Ritualformeln kannten anfangs nur Patrizier, die sie für sich behielten; in einer Gesellschaft mit geringer Schriftlichkeit war das noch möglich.

Das Klientelsystem prägte auch die frühe Republik. Zwar war die Sklaverei in Rom nicht unbedingt lebenslänglich, andererseits senkte gerade dies wohl die Bereitschaft der Gläubiger, auf das Instrument der **Schuldknechtschaft** zu verzichten, das für Leid und soziale Spannungen sorgte.

Weiterhin blieben die angesehensten *gens*-Vorstände, die Clanchefs, im Senat und in den Priesterämtern unter sich. Soweit es schon Wahlämter gab, beschränkte sich die Wählbarkeit ebenfalls auf Angehörige des Patriziats. Militärisch war die Plebs durch die anhaltenden Kämpfe stärker denn je belastet, hatte aufgrund dessen aber auch ein Druckmittel in der Hand.

Die Ständekämpfe | 4.3.1

Die zahlreichen Feldzüge sowie Roms neue Position forcierten den politisch-sozialen Wandel, der in der Blütezeit unter den letzten Königen begonnen hatte. Roms Patriziat verzeichnete Verluste durch Kämpfe und Abwanderung; umgekehrt überstieg der Einfluss der wohlhabendsten Bürger bei Weitem das Sozialprestige ‚einfacher' Plebejer. Zunächst reagierten die Patrizier mit einem forcierten Verhalten als **STAND**, wahrten ihre Privilegien schärfer denn je und blockierten Aufsteiger – in den Senat und die Ämter der Magistratur – oder Ehen mit deren weiblichen Verwandten. Ärmere Mitglieder der Plebs werden in den Quellen (teils vielleicht anachronistisch) als Leidtragende der **AUSHEBUNGEN** geschildert, da sie ihre Bauernhöfe nicht bewirtschaften konnten und durch Überschuldung die Freiheit verloren. Die ungleiche Beuteverteilung schürte den Unmut weiter.

Zumindest aus der Rückschau verhielten die Patrizier sich kompromisslos. Zu ihrer Bestürzung kam es erstmals 494 v. Chr. und dann angeblich noch mindestens zweimal zu einem **Auszug** (*secessio*) **der Plebs**, die auf dem Heiligen Berg (*mons sacer*, eher „Berg des Schwurs") nördlich von Rom eine Art Heerlager bildete. Auch wenn loyale Klienten der patrizischen *gentes* wohl zurückblieben, war die Sezession – Generalstreik, Kriegsdienstverweigerung, aber vor allem ein Legitimationsverlust der Elite – umfassend genug, um Rom fast wehrlos zu machen. Den Nerv des aristokratischen Selbstverständnisses traf es, als die Plebejer nach

STAND, soziale Gruppe, die sich durch fest definierte Regeln, Verhaltensweisen, Kleidung usw. vom Rest der Gesellschaft abschließt.

AUSHEBUNG, veraltete Bezeichnung für „Einberufung".

Tribus geordnet abstimmten (*concilium plebis*, „Zusammenkunft des Volkes") und eigene Amtsträger wählten. Das lief auf eine Zurückweisung des patrizischen Anspruchs hinaus, die Gesamtheit des Volkes vor den Göttern zu vertreten; noch dazu drohte sich die Plebs damit als vollständige Stadtgemeinde zu konstituieren.

Die Gesamttendenz der folgenden Kette aus Konflikten und widerwilligen Kompromissen war ein geordneter **Rückzug aus den patrizischen Privilegien**, der am Ende zur faktischen Auflösung des Patriziats führte. Hierbei kam es abermals nicht zu einer großen Reform, sondern zu einer spannungsreichen Kombination der plebejischen Ämter mit den patrizischen Senatsmagistraturen. Die beiden plebejischen Ädile – später für die öffentliche Ordnung und Sauberkeit zuständig – wurden relativ einfach integriert.

Problematisch war dagegen der Volkstribunat, *das ‚Revolutionsamt'* der Plebs schlechthin. Die Kombination aus Unantastbarkeit (*sacrosanctitas*) des Tribuns mit dem Anspruch, von Magistraten bedrängten Plebejern Hilfe zu leisten, erweiterte sich zum viel allgemeineren Recht auf **INTERZESSION** gegen jede Entscheidung oder Handlung eines Magistrats. Dadurch sprengte der Tribunat, wenn er konsequent ausgeübt wurde, das gesamte politische Gefüge. Zwischen dem Ende der Ständekämpfe und dem Jahr 133 v. Chr. reichte die Einführung der für reguläre Senatsämter üblichen Regeln (s. u) jedoch vereint mit den Machtmitteln des übrigen Senats offenbar aus, um einen Griff aus dem Tribunat nach der Alleinherrschaft zu verhindern.

Das Datum eines wichtigen Teilsieges der Plebs – des Rechts zur Berufung (*provocatio*) an die Volksversammlung als oberstes Gericht – ist ungeklärt. Fest steht, dass es im Jahrzehnt ab etwa 451 v. Chr. zu dramatischen Entwicklungen kam. Ihr Ausgangspunkt war die Erfüllung der Rufe nach einem schriftlich kodifizierten, also nachprüfbaren Rechtssystem. Das hiermit beauftragte Zehnerkollegium (*decemviri*) erarbeitete zunächst den geforderten Kodex, der als **ZWÖLFTAFELGESETZ** der Kern des republikanischen Rechts blieb.

Starke politische Turbulenzen deutet für diese Jahre die rückschrittliche – und kurzlebige – Gesetzesvorschrift an, die Ehen zwischen Patriziern und Plebejern verbot. Ab 444 erscheinen, offenbar in der Nachfolge des Experiments mit der dezemviralen Staatsführung, Kollegien von bis zu sechs leitenden Magistraten, den später sogenannten Konsulartribunen. Für 443 ist die Schaffung der Censur überliefert – und damit einer neuen patrizischen Instanz, die relativ selbstherrlich bestimmte, wie sich der Senat aufbaute und wer in welche Steuerklasse oder Stimmeinheit einzugruppieren war. Schließlich berichtet die Überlieferung 458 und dann ab 439 in dichterer Folge vom außergewöhnlichen Amt des

INTERZESSION, lat. = dazwischentreten, einschreiten. Jeder Magistrat kann gegen Maßnahmen eines Kollegen interzedieren, jeder Volkstribun gegen alle regulären Magistrate.

ZWÖLFTAFELGESETZ, erste Kodifikation (Sammlung) des römischen Rechts, die auf zehn, später zwölf Bronzetafeln öffentlich aufgestellt wurde und dadurch von allen Schriftkundigen nachprüfbar war.

Dictators, dessen Träger auffällig oft im Dialog mit der Plebs gezeigt werden. Militärische Krisensituationen bilden nur einen weiteren Schwerpunkt für diese vielleicht als Gegengewicht zum Volkstribunat geschaffene Institution.

Starken Widerstand im Patriziat gab es gegen die Öffnung der Spitzenämter. Es brauchte eine weitere Krisenphase, ehe die *leges Liciniae Sextiae* des Jahres 367 v. Chr. mindestens einen plebejischen Konsul pro Jahr vorschrieben. Eine spiegelbildliche Öffnung der plebejischen Ämter gab es nie. Damit war 367 wohl bereits eine festgefügte **Ämterlaufbahn** (*cursus honorum*) vom Quaestor bis hinauf zum Konsul im Entstehen; große Ausnahmen in Verbindlichkeit und Reihenfolge der Ämter blieben allerdings noch lange möglich.

▶ In der mittleren und späten Republik entwickelte sich für die vier klassischen Senatsämter folgende Hierarchie und Reihenfolge:

Quaestor	Zahl steigt bis 80 v. Chr. auf 20
Ädil	2 plebejische, 2 kurulische
Praetor	Zahl steigt bis 80 v. Chr. auf 8
Konsul	2

Regelmäßig besetzt, aber nicht als Teil des *cursus honorum* gezählt wurde die Censur, in die alle fünf Jahre zwei Exkonsuln gewählt wurden. Dagegen wurde der Volkstribunat mit der Zeit als etwa gleichwertig mit der Ädilität behandelt. Die außergewöhnlichen Ämter, der Dictator und sein Stellvertreter (*magister equitum*), unterlagen nicht den Vorschriften der Ämterlaufbahn.

Info

Cursus honorum

Die nächste Stufe der Emanzipation führte zum ersten plebejischen Dictator (356) und Censor (351). Diese letzte, kaum noch militante Phase der Ständekämpfe spielte sich bereits in der **Endphase der Errichtung von Roms Herrschaft über Italien** ab. Seit 300 v. Chr. war der Patriziat praktisch nur noch ein Kreis angesehener, aber nicht unbedingt mächtiger Senatsfamilien. 287 folgte die Gleichstellung von Beschlüssen des *concilium plebis* mit Gesetzen der analog (nur unter Zuzug der Patrizier) aufgebauten *comitia tributa*. Seitdem wurde die Einbringung von Gesetzesanträgen durch Volkstribune zum Standardverfahren.

Entstehung und Herrschaft der Nobilität

4.3.2

Mit dem Aufbrechen der patrizischen Vorherrschaft verschwand das aristokratische Element keineswegs. Es war lediglich eine erste der vielen ‚Häutungen' des Senats, der bis in tief die Spätantike gerade Aufsteigern ein hohes Maß an Elite- und Kontinuitätsempfinden zu vermitteln

NOBILIS, lat. = frei übersetzt: „jemand, den man kennen muss". Mitglied einer Familie, die in der aktuellen oder vorausgehenden Generation einen Konsul hervorgebracht hat.

HOMINES NOVI, lat., Sing.: *homo novus* = erster Konsul einer Familie, häufig auch für den ersten Senator einer Familie gebraucht.

verstand. Mit der Aufnahme der führenden Plebejer entwickelte sich eine neu zusammengesetzte, bald abermals auf ihre Abschließung vom Rest der sozialen Oberschichten hinarbeitende Elite. Rasch kam es in ihr zu einer markanten Differenzierung zwischen einem Kern mächtiger Personen sowie dem großen Rest des Senats.

Zum Kriterium, wer in die **Senatsaristokratie** gehörte, wurde sehr schnell der Konsulat; mit einer Prägung Matthias Gelzers (1886–1974) spricht die Forschung von der **NOBILITÄT** der mittleren und späten Republik. Nicht nur die Zahl von jährlich zwei Konsuln limitierte diesen Kreis; noch dazu gelang es knapp zwei Dutzend *gentes* schon kurze Zeit nach der Einigung von 367, den Konsulat praktisch zu monopolisieren. Aufsteiger (**HOMINES NOVI**) bildeten bis in die Bürgerkriegszeit die große Ausnahme. Die rasch steigenden Kosten einer Kandidatur waren nur auf drei Wegen aufzubringen: durch massives Schuldenmachen, die Unterstützung reicher Förderer oder ein hohes Familienvermögen. Im Vorteil waren damit diejenigen, deren Verwandte im Amt reiche Beute gemacht hatten; eine *gens*, die den Anschluss an diesen Zyklus aus Konsulwahlen und profitablen Ämtern verlor, konnte nur selten wieder aufschließen. Zahlreichen patrizischen *gentes* misslang dies.

Schon früh umgab sich besonders die Nobilität erfolgreich mit dem Nimbus der Auserwähltheit. Hochstehende Römer präsentierten die Wachsmasken (*imagines*) ihrer Vorfahren im Atrium des Hauses. Wurde ein Angehöriger der Familie bestattet, gingen Schauspieler mit den Masken und in der Amtskleidung der Ahnen

| Abb. 24

Ein in die Toga gekleideter römischer Senator mit Ahnenmasken: der sogenannte Togatus Barberini, Marmorstatue, spätes 1. Jh. v. Chr., Höhe 165 cm

vorneweg, als belebte Leistungsschau ‚ihrer' *gens*. Eine wachsende Zahl von Tempelbauten half im 3. Jh. v. Chr. dabei, das Gedächtnis an militärische Einzelerfolge wachzuhalten. Das öffentliche Ansehen der Nobilität etablierte sie mehr als 300 Jahre lang als akzeptierten Träger der römischen Politik und Identität. Insofern war sie gegenüber dem Patriziat das erfolgreichere Modell.

Die Spannungen zu anderen sozialen Gruppen schwächten sich zunächst ab. Roms Wandel zur Großstadt mit einem hohen Anteil ‚ungebundener' Wahlberechtigter begann erst; wechselseitiger Beistand und Respekt zwischen Patron und Klient galten weiter als Ideal. Sogar in den Notlagen der Punischen Kriege (→ 4.4.3) blieb Rom im Innern weit stabiler als während der frühen Republik.

Der leichte Eintritt von Mitgliedern der erweiterten Oberschicht – insbesondere der übrigen Ritter – in ein niedriges Senatsamt schuf eine gewisse Interessengleichheit; das änderte sich allmählich, als die Punischen Kriege Rom tiefer mit der ‚internationalen' Wirtschaft verflochten. Ein leistungsfähiger Teil der *equites* konnte sein Vermögen durch Geschäftstätigkeit, Staatsaufträge und Geldverleih rasch ausbauen. Der Senat pochte mehr denn je auf das Ideal, ein Römer aus guten Kreisen habe nur vom Ertrag seines Landes zu leben. Umgekehrt entwickelte sich unter den Rittern der Wunsch, insbesondere den profitablen Umgang mit eroberten und abhängigen Gebieten durchsetzen zu können.

Info

▶ Ritter (*eques*, Pl. *equites*) waren ursprünglich die Oberschicht der römischen Gesellschaft (und oberste Klasse in den *comitia centuriata*), die Kavalleriedienst leistete. Alle Senatoren zählten zwar zum Ritterstand, doch im Lauf der Republik grenzten sich die angestammten Senatsfamilien stärker von den übrigen *equites* ab, unter denen die Wirtschafts- und Finanzelite eine besondere Rolle zu spielen begann.

Römische Ritter (*equites*)

Innerhalb der Nobilität blieb der Konkurrenzdruck erstaunlich hoch. Der Anspruch auf sozialen Vorrang musste in jeder Generation erneuert, ja ausgebaut werden; zugleich stellten die rivalisierenden Standesgenossen ein kritisches Publikum dar, das Rechenschaft über privates Verhalten und Amtsführung fordern konnte. Zumindest während der Wahlkämpfe galt dasselbe für die Bürgerschaft insgesamt. Als Richtschnur des Verhaltens in der Gegenwart sah man dabei die „Sitte der Vorväter" (den *mos maiorum*) an – einen Bestand an Erzählungen, Persönlichkeiten und Einzelsituationen der Vergangenheit, der als Modell (EXEMPLUM) diente. Auswahl, Interpretation und Zugriff auf *exempla* schwankten je nach Interesse dessen, der sich in diese Tradition stellte. Die führenden Römer waren damit keineswegs Sklaven der Vergangen-

EXEMPLUM, lat. = Beispiel (auch im Negativen), das als Leitlinie für das eigene Verhalten dienen kann.

heit, wurden jedoch in erster Linie nicht zur Herbeiführung von Fortschritten erzogen, sondern mit dem Auftrag, hinter den Spitzenleistungen der *maiores* („die Älteren"/„die Größeren") nicht zurückzubleiben. Ein gewisses Misstrauen gegenüber Innovationen wurde dadurch zumindest begünstigt.

Der Wettbewerb unter Familien und Amtsträgern spielte sich an der Wahlurne, stärker aber noch in Form der Amtsführung ab. Sehr früh wurden die Chancen, durch gewissenhafte Erfüllung der Routineaufgaben zu glänzen, von der Wirkung außergewöhnlicher Ereignisse überholt. Innerhalb Roms konnten das glanzvolle Spiele oder die Errichtung öffentlicher Bauten sein; der Hauptweg blieb jedoch der militärische Erfolg – im Idealfall anerkannt durch einen **Triumph**, der den Sieg für die Hauptstadt sichtbar machte. Nicht zuletzt das erklärt die fast verbissene Kriegsfixiertheit der mittleren Republik. Gerade aufgrund der sozialen Prämien für Neueroberungen, Siege und Beute war durch die Eroberung ganz Italiens bald die Grenze der Möglichkeiten erreicht, sich um Staatsgeschäfte und Kriegführung gleichzeitig zu kümmern. Mit der Einführung der regelmäßigen Promagistraturen kam es dazu, dass für die *nobiles* des späten 3. und frühen 2. Jh. v. Chr. ein hohes Amt nur noch die Voraussetzung für ihre eigentlichen, späteren Erfolge als Feldherr war. Hier bahnte sich eine besonders gefährliche Krise des politischen Systems an.

Info

Triumph

▶ Beim Triumphzug, den der Senat nach besonders großen Siegen genehmigte, rückte ein siegreicher Feldherr einen Tag lang in eine beinahe göttliche Rolle. Wie Jupiter gekleidet, führte der Triumphator Gefangene, Beute und seine Armee in einem Festzug durch Rom, ehe ein Dankopfer für Jupiter die Zeremonie abschloss.

4.3.3 | **Die Entwicklung der Konsularverfassung**

Glättungsversuche der spätrepublikanischen Historiker haben die frühesten Stadien der römischen „Exekutive" für uns unkenntlich gemacht. Selbst eine Phase ohne engeres Führungsgremium ist erwogen worden. In der Überlieferung der Ständekämpfe allerdings geht der Kampf der Plebejer um den Zugang zur Magistratur auf allen Ebenen Hand in Hand mit dem Drängen in den Senat.

Griechische Beobachter wie **Polybios** faszinierte die starke Stellung der römischen Magistrate, besonders der Konsuln. Nicht so dramatisch äußerte sich im Tagesgeschäft die starke Kontrolle der Amtsträger durch Kollegen und höhere Magistrate, noch diskreter wirkte die Aufsicht des Senats insgesamt. Dieses **institutionalisierte Misstrauen** – in des-

> **Polybios**
> Der Sohn einer griechischen Politikerfamilie (ca. 200–120 v. Chr.) lebte jahrzehntelang als Geisel in Rom und nutzte seine Kontakte unter anderem für das Abfassen eines von 264/220 bis 146 v. Chr. reichenden, zum Großteil verlorenen Geschichtswerks. Seine exzellente Analyse der Mittleren Republik und seine Berichte über die Punischen Kriege stehen im Zentrum der Erforschung dieser Epoche.

sen Tradition sich das frühneuzeitliche Konzept der Gewaltenteilung sah – setzte bei der Befristung aller Ämter auf ein Jahr (der Annuität) an. Die Kumulation mehrerer Ämter wurde ebenso verboten wie die Wiederwahl ins gleiche Amt nach einiger Zeit (die Iteration) – allerdings wurde dieses Verbot im Fall des Konsulats spätestens im 3. Jh. v. Chr. durchlöchert.

Sollten diese Regeln die Streuung der Ämter auf möglichst viele Senatoren garantieren, so kam eine gezielte Schwächung aller Einzelpersonen hinzu: Jedes Amt wurde mit mindestens zwei rechtsgleichen Inhabern besetzt, die durch ihr Eingreifen (die Interzession) jede Entscheidung eines Kollegen unwirksam machen konnten. Sobald sich die Hierarchie der Senatsämter herausgebildet hatte, konnte außerdem jeder Inhaber einer „höheren Amtsgewalt" (*maior potestas*) allen Rangniedrigeren Weisungen und Verbote erteilen.

Der Senat als Ganzes hatte in der (stets ungeschriebenen) Verfassung der Republik auffällig vage formulierte, aber desto umfassendere Kompetenzen. Letzten Endes war er für alle Belange in Gesellschaft, Religion und Politik zuständig, die nicht eigens irgendeiner anderen Instanz übertragen waren. Ausdrücklich blieb ihm die Aufsicht über das Vermögen der *res publica* vorbehalten; mit den Vertretern fremder Mächte verhandelten ebenfalls die Senatoren insgesamt. Die Amtsträger, voran die Konsuln, hatten den Senat regelmäßig und umfassend über ihr Handeln zu informieren; oft genug gab dieser durch einen **SENATSBESCHLUSS** „Handlungsempfehlungen", die tatsächlich bindend waren. Eine besonders wirksame Beschneidung der Handlungsfreiheit bestand in der Vorgabe, keinen **GESETZ**esantrag vor das Volk zu bringen, der nicht vorab im Senat beraten worden war.

Die Position des einzelnen Senators hing von seinem Ansehen (von der *auctoritas*) ab. Dabei handelte es sich um eine Kombination aus dem – ererbten – Prestige der Familie und der – erarbeiteten – eigenen Geltung (*dignitas*) im Vergleich zu den Standesgenossen. Militärischer Ruhm war nach wie vor die beste Art, sich als Besitzer aristokratischer Tugenden zu zeigen: *virtus*, „Mannsein", fasste die Qualitäten als Krieger mit moralischer Integrität zusammen. Dazu gehörte die Pflege von per-

SENATSBESCHLUSS, lat. *senatus consultum*, abgekürzt: SC; politische Weisung des Senats mit qualifizierter Mehrheit.

GESETZ, lat. = *lex*: von einer Volksversammlung (nicht vom Senat!) beschlossener Rechtsakt.

sönlichen Freund- und Feindschaften. Noch wichtiger waren Verdienste um die öffentlichen Angelegenheiten. Innenpolitische Erfolge wie Gesetzesinitiativen oder der Ausbau der eigenen Klientel standen dabei hinter Siegen und Eroberungen zurück. Im Alltag dominierte aber der reguläre Erwerb von Sozialprestige über die Führung der einzelnen Senatsämter.

Derselbe Mann, der als ‚schlichter' Senator seine amtsführenden Standesgenossen unterstützend bis kritisch verfolgte, wandelte sich als **Magistrat** zu einem machtvollen Individuum, das gegenüber einfachen Bürgern und erst recht Nichtbürgern oder Auswärtigen mit fordernder Arroganz und großer Strenge auftrat. Auf der höchsten Stufe verfügte er über *imperium* (→ 4.2.2), die Vollmacht, praktisch unbegrenzt Weisungen zu erteilen. Zumindest das **Recht über Leben und Tod** ging in Rom ans Volk über. Sakrale Gesichtspunkte waren an dieser Entwicklung beteiligt: Die heilige Stadtgrenze Roms, das *pomerium*, trennte den befriedeten, religiös reinen Innenraum (*domi*, „zu Hause") von der gewaltgeprägten Außenwelt (*militiae*, „im Krieg"), wo ein Bürger – als Soldat – der Gewalt seines Magistrats auf Leben und Tod unterstand.

Damit gesellte sich zu der Spannung zwischen Traditionsbezug und politisch-sozialer Dynamik ein ausgeprägter Unterschied zwischen der Machtfülle eines Magistrats in Rom selbst und im außerrömischen Italien, später in der gesamten Mittelmeerwelt. Nicht nur wurden erfolgreiche Offensiven durch Ansehen und – je nachdem – weitere Ämter belohnt, auch die Senatskontrolle sank, je weiter sich das Kampfgeschehen von Rom entfernte. Umgekehrt band sich das Prestige einer politisch aktiven *gens* mit fortschreitender Zeit weitaus stärker an aktuelle Erfolge. Verbunden mit der Praxis, bewusst wenige hohe Ämter pro Jahr zu vergeben, entstand dadurch eine Situation, in der Familien ohne Zugriff auf das höchste Amt faktisch zweitklassig waren. Die Interessen der Aristokratie als Ganzes – Verteidigung ihrer Vorrechte nach außen, Verhinderung des ‚Ausreißens' einer Spitzengruppe in eine Vorrangstellung nach innen – waren damit nicht dauerhaft zu halten.

Für das erste klar fassbare Stadium der höchsten **Magistratur** in Rom wird heute von einem zeitweise dreiköpfigen Gremium aus Oberbeamten ausgegangen. Praktische Gründe – Rom führte immer häufiger Krieg an mehreren Fronten – ließen zwei davon hauptsächlich militärischen Aufgaben nachgehen, während sich ihr gleichberechtigter Kollege den Geschäften in der Hauptstadt zuwandte. Im Lauf der Zeit wurde dieser *praetor* (etwa „Vor-Mann", in anderen latinischen Städten der Titel des höchsten Magistrats) im Verhältnis zu den auswärts tätigen Heerführern (*consules*, meist von *con-salire* abgeleitet: „die Zusammenspringer", die schnell und koordiniert auf die Kriegslage reagieren) als geringerer

Magistrat angesehen. Sein *imperium* und die damit verbundenen Möglichkeiten büßte er jedoch niemals ein, so wie die Konsuln – dank des im Krieg winkenden Prestiges aufgewertet – ihre zivilen Leitungsfunktionen nicht abgaben, sondern eher verstärkten.

Seit 367 ist in den überlieferten Listen durchgängig vom Doppelkonsulat die Rede. Mehr als zwei Oberbeamte waren im Rückblick unvorstellbar, weil die Republik bis zuletzt nie bereit war, mehr als zwei zugleich zu ernennen. Wo es an Führungskräften fehlte, half man sich durch die Erfindung der Promagistratur (s. u); dadurch nahm die Amtsführung des Konsulats ab dem frühen 2. Jh. v. Chr. wieder zivilere Züge an. Domäne beider Konsuln blieb die Gestaltung der Innen- und Außenpolitik in ständiger Rückbindung an den Senat, dessen typische Sitzungen ein stundenlanger Dialog zwischen dem Konsul – als Leiter der Sitzung – und den Wortführern des Senats waren. Alle nicht eigens an andere Magistrate übertragenen Aufgabenfelder (*provinciae*) fielen in ihre Zuständigkeit. Jeder Konsul konnte in die Amtsgeschäfte aller niedrigeren Senatsämter – nicht der Volkstribunen – eingreifen; in eingeschränkter Form hatten sie auch innerhalb Roms Zwangsmittel gegen Bürger zur Verfügung.

Unterhalb des Konsulats wurde die Prätur zu einer zweitrangigen, aber durch Roms Aufstieg bald expandierenden Institution. Neben den einzelnen Praetor, der seit 367 v. Chr. als *praetor urbanus* für die Rechtsprechung in Rom sorgte, trat 242 ein Kollege für Streitigkeiten, in die auf mindestens einer Seite Nichtbürger (*peregrini*) verwickelt waren. Dass das *imperium* dieser scheinbar rein zivilen Beamten noch aktuell war, zeigte sich, als die Republik 227 darauf verfiel, für ihre Eroberungen Sizilien und Sardinien je einen Praetor zu ernennen – der Anfang einer Entwicklung, an deren Ende man unter *provincia* fest umgrenzte eroberte Gebiete verstand. Rom setzte damit die ersten Statthalter ein; 197 kamen zwei weitere Provinzpraetoren für die Iberische Halbinsel dazu, ehe man später eingerichtete Provinzen oder Kommandobereiche lieber einem Promagistraten unterstellte.

PROVINCIA, Zuständigkeitsbereich eines Magistrats, sowohl inhaltlich als auch territorial – daher die heutige Bedeutung von „Provinz".

Die von oben aus dritte Stufe bildete die Ädilität mit ihren je zwei plebejischen und zwei kurulischen Vertretern – ein Amt, das es erlaubte, durch die pflichtgemäße Veranstaltung öffentlicher Spiele mit Wagenrennen, Theateraufführungen und akrobatischem Begleitprogramm Sympathien für die spätere Kandidatur als Praetor zu sammeln. Zuständig waren die Ädile hauptsächlich für den Erhalt der öffentlichen Infrastruktur Roms – Straßen, Tempel und Wasserversorgung – sowie die Einhaltung der Maß- und Gewichtsstandards auf den Märkten.

Bezeichnend für das Verblassen der alten Konfliktlage der Ständekämpfe ist es, dass die nunmehr zehn Volkstribunen praktisch in den regulären *cursus honorum* eingeordnet wurden, als ungefähr gleichwertige Alternative zur Ädilität. Der typische Volkstribun der mittleren Republik strebte eine Senatskarriere an; wenn er Druck auf einen Magistrat ausübte, dann oft im Interesse der Senatsmehrheit. Die Alltagspflichten des Tribuns waren eher begrenzt; empfehlen konnte er sich beim Volk einerseits durch Gesetzesanträge – die vorher der Senat beriet – und andererseits durch seine ‚Moderation' von Informationsveranstaltungen (*contiones*) im Vorfeld der Volksversammlungen. Bei diesen Gelegenheiten konnte der Tribun Personen seiner Wahl zu Wort kommen lassen oder selber Erklärungen abgeben; wenn überhaupt, trat die römische Öffentlichkeit hier in einen Dialog mit ihren Politikern, vom Werben der Kandidaten um Bürgerstimmen abgesehen, zu dem sie sich aufs Forum stellten.

KANDIDAT, Bewerber um eine Magistratur erschienen in einer besonders weißen Toga, *toga candida*, die ihnen den Namen gab.

Die niedrigste Magistratur des eigentlichen *cursus honorum* war der Quaestor; die ersten zwei gesicherten Vertreter (*quaestores urbani*) waren ab 447 v. Chr. für die Staatskasse im Tempel des Saturn zuständig. Ab 421 wurden die Obermagistrate von weiteren Quaestoren unterstützt, die ihnen die Finanz- und Logistikaspekte der Kriegführung abnahmen; hieraus entwickelte sich der Quaestor später zum Quasi-Stellvertreter des Konsuls oder Statthalters, für den er tätig war. Entsprechend stieg ihre Zahl später weiter an.

Die Ableistung der Quaestur war das offensichtlichste Minimalkriterium, mit dem man würdig für einen Sitz im Senat erschien, sobald sich die Abfolge der vier Ämter verfestigt hatte. Um diesen *cursus honorum* überhaupt beginnen zu können, verlangte die ungeschriebene Verfassung von den Kandidaten, dass sie einen langen – in der mittleren Republik zehnjährigen – Militärdienst nachwiesen. Auch danach konnte sich noch eine Dienstzeit in untergeordneten Ämtern anschließen. Neueinsteiger in den Senat waren damit üblicherweise deutlich jenseits der dreißig, bis zu den Spitzenämtern verging ein weiteres Jahrzehnt. Eine Serie von Gesetzen (*leges annales*) schrieb das Mindestalter und die Abstände zwischen den einzelnen Karrierestufen später eigens fest.

Außerhalb und in mancher Hinsicht über der viergliedrigen Ämterhierarchie stand das Amt des Censors, das nach einer Anfangsphase regelmäßig (alle fünf Jahre) durch Wahl besetzt wurde. Dieses mächtige Zweierkollegium aus Exkonsuln, das aber üblicherweise jeweils nur 18 Monate im Amt blieb, vereinte Schlüsselkompetenzen in Politik, Gesellschaft und Religion. In erster Linie ging es um die Zählung der Bürger – eine primär religiöse Funktion. Diese Aufgabe schloss aber auch ein, dass der Censor sich das Vermögen jedes Bürgers nennen ließ und ihn anschließend in eine bestimmte Steuerklasse einteilte, dazu in eine Tribus und eine Zenturie. Dabei war der Finanzstatus nur *ein* Kriterium;

zusätzlich ging der Censor nach dem Lebenswandel des Bewerbers vor und konnte bei Missfallen über ‚unmoralische' Personen Strafmaßnahmen verhängen – insbesondere für die oberen Schichten, wo die Kriterien bewusst besonders streng waren. Die Liste der Senatoren stand alle fünf Jahre neu zur Diskussion; es konnte durchaus vorkommen, dass ein Römer die soziale Schande eines Ausschlusses erlitt. Außer Eheskandalen oder Korruption genügte bereits ein Verstoß gegen die restriktiv gehaltenen Anti-Luxus-Gesetze. Die stetig wachsenden Ansprüche an das glanzvolle Auftreten eines Senators widersprachen der gesetzlich geforderten Schlichtheit dermaßen systematisch, dass ihm theoretisch jederzeit das Aus drohte.

Das Amt des **Dictators** war, anders als die Censur, weder an feste Wahltermine gebunden noch kollegial. Es war für Ausnahme- und Notfälle gedacht, dabei aber – grundverschieden vom modernen Begriff einer Diktatur – ausdrücklich legal und von den Regeln der römischen Verfassung vorgesehen. Allerdings war der Dictator so übermächtig, dass man von einem Beinahe-Alleinherrscher auf Zeit sprechen kann. Einen Dictator (oder *magister populi*, „Oberbefehlshaber der Armee") ernennen zu lassen war allein Entscheidung des Senats, auf dessen Geheiß ein Konsul in tiefer Nacht den nötigen Akt vornahm. Der so eingesetzte Beamte, der einen „Oberbefehlshaber der Kavallerie" (*magister equitum*, in der älteren Literatur „Reiteroberst") genannten Helfer ernannte, besaß ein umfassendes *imperium*. Volkstribune oder das Provokationsrecht jedes Bürgers engten seine Entscheidungen ausdrücklich nicht ein, falls er Strafen bis hin zur Hinrichtung verhängte; nach Ende seiner Amtszeit war er immun gegen Anklagen, anders als jeder andere Magistrat. Die Grenzen der dictatorischen Gewalt lagen in der Rolle des Senats, der die Verfügung über die Staatsfinanzen behielt, aber auch in der Befristung auf maximal sechs Monate. Über Notmechanismen gegen einen Staatsstreich gibt es leider nur Vermutungen. Bereits vor den Punischen Kriegen ernannte man den Dictator meist aus formalrechtlichen Gründen; nach den Krisenjahren des Krieges gegen Hannibal erscheint er wohl nur noch zur Abhaltung von Konsulwahlen. Anschließend kam die Dictatur aus der Übung.

In militärischen Dingen hatten sich mittlerweile andere Methoden durchgesetzt, bei Bedarf Imperiumsträger aufzubieten. Falls die Konsuln und Praetoren nicht ausreichten, um die Gesamtzahl abzudecken, konnte man durch Senatsbeschluss einen geeigneten Mann „anstelle eines Magistrats" (*pro magistrato*, **Promagistrat**) ernennen. Das war meistens ein Magistrat, dessen Befugnissen der Senat nach Ablauf der regulären Amtszeit eine Verlängerung (*prorogatio*) bewilligte. Promagistrate waren ihren regulären Pendants völlig gleichgestellt, ohne an die zahlreichen

POMERIUM, verkürzte Form von lat. *post-moerium* = hinter der Mauer; Bezeichnung für die Grenze zwischen dem römischen Stadtgebiet und dem Umland.

Grundregeln für die normale Ämterbesetzung gebunden zu sein. Dem Missbrauch suchte man vorzubeugen, indem das *imperium* eines Promagistrats ausschließlich jenseits der sakralen Stadtgrenze Roms galt, womit ein Prokonsul nie so frei wie ein Konsul auftreten konnte – seine Ernennung erlosch im selben Moment, da er das **POMERIUM** überschritt. Verbunden mit Amtsfristen, die typischerweise nur ein oder zwei Jahre betrugen, glaubte man die Gefahr damit beseitigt zu haben. Die Realität eines weitgespannten Provinzsystems unter der Leitung von Prokonsuln belehrte den Senat schließlich eines Besseren.

So kennzeichnend die mächtige Rolle des Konsulats für die Verfassung der mittleren Republik ist und so sehr ein römischer Konsul für seine auswärtigen Gesprächspartner die ganze Machtfülle Roms repräsentierte, so eindeutig hielt doch der Senat die Fäden in der Hand und erlaubte – unter der Devise, nie wieder dürfe ein Königtum kommen – den Aufstieg in diese Machtposition nur unter strengen Auflagen. In der **Konsularverfassung** drückte sich die Senatsherrschaft aus. Die wohlbekannte Formel, mit der die Bürgerschaft außenpolitisch als „Senat und Volk von Rom" auftrat (nicht einfach als „die Römer", so wie „die Athener", „die Lakedaimonier"...), betonte gleichwohl die Wichtigkeit beider Seiten. Das Volk hatte ein eher punktuelles Mitspracherecht, fühlte sich aber offensichtlich über lange Zeit gut repräsentiert. Noch in der mittleren Republik erinnerte Rom an eine etwas ungewöhnliche Polis. Das Bürgerheer, auf das diese Erfolge zurückgingen, war hoch motiviert und übertraf fast alle vergleichbaren Aufgebote dieser Zeit. Auch jetzt noch galt die direkte Beteiligung an der Beute und wählten die Soldaten ihre Offiziere selbst, indirekt auch den Magistrat, der sie kommandierte – und die Weitergabe des Bürgerrechts wurde so restriktiv gehandhabt wie in fast allen antiken Städten, die Praxis bei der Sklavenfreilassung ausgenommen.

Aufgaben zum Selbsttest

- Schildern Sie die kritischen Faktoren, die den Ausgang der Ständekämpfe bestimmten, und konkretisieren Sie, welcher Teil der Plebs besonders profitierte.
- Stellen Sie Argumente für und gegen die These griechischer Historiographen zusammen, die römische Republik sei eine ‚Mischverfassung' aus Monarchie, Aristokratie und Demokratie.
- Beschreiben Sie die Mechanismen, die dem Senat eine Schlüsselrolle in der republikanischen Verfassung verschafften.
- Kontrastieren Sie stärkende und schwächend-einhegende Elemente im Zuschnitt der römischen Magistratur.

Literatur

G. Alföldy, **Römische Sozialgeschichte**, 4. Aufl., Stuttgart 2011.
J. Bleicken, **Die Verfassung der Römischen Republik**, 7. Aufl., Paderborn 2008.
W. Kunkel / R. Wittmann, **Staatsordnung und Staatspraxis der römischen Republik. Zweiter Abschnitt: Die Magistratur**, München 1995.
M. Th. Fögen, **Römische Rechtsgeschichten. Über Ursprung und Evolution eines sozialen Systems**, Göttingen 2002.
J. Rüpke (Hg.), **A Companion to Roman Religion**, Oxford 2011.
K.-J. Hölkeskamp, **Die Entstehung der Nobilität. Studien zur sozialen und politischen Geschichte der Römischen Republik im 4. Jh. v. Chr.**, 2. Aufl., Stuttgart 2011.
H. I. Flower (Hg.), **The Cambridge Companion to the Roman Republic**, Cambridge 2004.
N. Rosenstein / R. Morstein-Marx (Hgg.), **A Companion to the Roman Republic**, Oxford 2006.
K. Bringmann, **Geschichte der römischen Republik. Von den Anfängen bis Augustus**, 2. Aufl., München 2010.
M. Sommer, **Rom und die antike Welt bis zum Ende der Republik**, Stuttgart 2013.

Der Aufstieg Roms zur ‚Weltherrschaft' | 4.4

Die Eroberung Italiens | 4.4.1

Als Vormacht über Latium und die angrenzenden Gebiete konnte Rom seit 338 das von ihm kontrollierte Pozential mobilisieren, ohne in lange Beratungen einzutreten. Das vielschichtige System der Bundesgenossen (*socii*) erwies sich militärisch als leistungsfähig und war gegenüber Aufständen erstaunlich robust – auch dank Roms zweitem Standbein, der Koloniegründung an Schlüsselpositionen (s. u.). Auf dieser Grundlage schaltete sich Rom ein, als die Samniten sich anschickten, auch die wohlhabenden griechischen Handelsstädte im südlichen Mittelitalien unter ihre Kontrolle zu bringen, und stieß unter Missachtung des Vertrags von 354 im Liris-Tal in Richtung Kampaniens und des samnitischen Kernlandes vor. Die Folge war der verlustreiche und sich lange hinschleppende 2. SAMNITENKRIEG. Der Kriegsausgang mit Vorteilen für Rom ergab sich aus zwei strategischen Neuerungen: dem Einsatz von kampfkräftigen Siedlern in Militärkolonien sowie dem Bau der ersten Fernstraße Roms, der Via Appia, die seit 312 eine rasche Verlagerung der römischen Armee zuließ, wenn sie die Samniten angreifen oder aber Einfälle anderer Gegner ins eigene Gebiet abwehren sollte.

Kurz vor 300 wurden die Aequer endgültig unterworfen. Danach setzte sich der 304 vertagte Konflikt in größerem Maßstab fort, als Rom sich mit den Lukanern im Südosten Italiens, die Samniten mit den Umbrern, Etruskern und den gefährlichen Kelten zusammenschlossen. Eine Vor-

2. SAMNITENKRIEG, 326–304 v. Chr.; in seinem Verlauf zeigte sich bereits die Praxis der römischen Politik, für Erfolge einen Preis an Menschenleben zu zahlen, der andere Staaten zum Kollaps gebracht hätte.

DIE ANFÄNGE ROMS UND DIE REPUBLIK

| Abb. 25

Der Aufstieg Roms in Italien bis 300 v. Chr.

3. SAMNITENKRIEG, 298–290 v. Chr.; die Samniten unterlagen am Ende und mussten sich zur römischen Heeresfolge verpflichten.

MANIPULARTAKTIK, statt der geschlossenen Phalanx operieren kleinere Teile der Legionen (*manipuli*, je ca. 160–200 Mann) flexibel gegen den Gegner.

PYRRHOS, (I., ca. 320–272 v. Chr.); Cousin Alexanders des Großen, König von Epeiros und zeitweise von Makedonien seit 297 v. Chr.

entscheidung im **3. SAMNITENKRIEG** brachte der überwältigende römische Sieg bei Sentinum 295, nach dem das samnitische Bündnis zerbröckelte. Die im 4. Jh. eingeführte römische **MANIPULARTAKTIK** traf auch die Hauptgegner schwer. Unmittelbar darauf wandte Rom sich Rachefeldzügen gegen die einst übermächtigen Etruskerstädte zu, baute seine Position in Kampanien aus und erreichte die Adria.

Dieses geradezu atemlose Tempo schreckte, verbunden mit der Aussicht auf ein römisches Vordringen aufs Meer, die noch unabhängigen Mächte Nord- und Süditaliens auf. 280 sah die Polis Tarent, Roms langjährige Widersacherin im Süden, zur Wahrung ihrer Autonomie nur noch die Möglichkeit, mit König **PYRRHOS VON EPEIROS** den anerkannt besten Feldherrn seiner Zeit nach Italien zu rufen. Der aus Makedonien verdrängte Herrscher brachte mit mehreren Siegen den ganzen Süden der Halbinsel und – abermals – die Samniten auf seine Seite. Statt den Ausgleich zu suchen, verhärtete sich die römische Politik abermals, ermutigt durch Bündnisangebote der langjährig befreundeten Macht Karthago. Erstmals stand Rom damit im Fokus der überregionalen Politik im Mittelmeerraum.

Pyrrhos' Ausweichen nach Sizilien, wo er schnellere Resultate erwartete, verschaffte dem bedrängten Rom die nötige Atempause. Nach seiner Rückkehr aufs Festland unterlag der König in der Schlacht bei Benevent 275 und räumte Italien. Sofort vollendete die Republik ihre Serie kleinerer Expansionsbewegungen, erzwungener Bündnisse und der Durchdringung Italiens mit Kolonien. In nur etwa 40 Jahren hatte Rom die gesamte Halbinsel bis zum Apennin und bis südlich des Podeltas unterworfen.

Das römische Bundesgenossensystem 4.4.2

Möglich war diese aggressive Außenpolitik, die Ressourcen und Menschenleben in großen Mengen kostete, nur durch eine hochorganisierte politische Struktur, die sich aus einer langen Serie herrschaftstechnischer Experimente ergeben hatte. Klar definiert war an der **römischen Herrschaftsarchitektur** lediglich das Zentrum. Rom selbst verstand sich, wie in der Antike üblich, nicht als ein abstraktes Staatsgebilde, das an ein bestimmtes Territorium gebunden war, sondern als eine Gemeinschaft aus Bürgern, eine *civitas*, die um die Stadt Rom formiert existierte und über eine viel weitläufigere Fläche Kontrolle in verschiedenen Abstufungen ausübte. An einen flächendeckenden Einheitsstaat dachte man nicht; das Konzept des Bürgerrechts von der konkreten Stadt Rom ganz zu lösen und auf weitere Bewohner des kontrollierten Gebiets zu übertragen, blieb lange undenkbar und noch länger praktisch unmöglich.

Desto notwendiger waren der Zusammenhalt dieser Interessenssphäre und die Erschließung ihrer Ressourcen. Das stetig wachsende Tempo der römischen Expansion hinterließ ein Mosaik aus direktem Landbesitz und schwächeren Partnern oder Unterworfenen in verschiedenen Abhängigkeitsgraden. Für Rom war es vorteilhaft, diese Situation gerade *nicht* in etwas Systematischeres zu überführen, sondern die Unterschiede als Trennlinien zwischen den Juniorpartnern wirken zu lassen, die ein Zusammenwirken gegen die Hegemonialmacht erschwerten. Noch dazu waren Bündnisse aus römischer Sicht von den Göttern sanktioniert; Verstöße einer Seite – niemals Roms – gegen Buchstaben oder Geist der Verträge wurden daher (manchmal präventiv!) mit Strafaktionen und Statusverschlechterungen beantwortet, die das Gefälle zwischen besser und schlechter gestellten „Verbündeten" (*socii*) noch verstärkten. Sie alle wurden übrigens nie, wie sonst in der Antike üblich, zu Versammlungen einberufen, individuelle Gesandtschaften an den Senat ausgenommen. Unter „Bündnis" verstand man aus römischer Sicht also keineswegs Verträge auf annähernd gleicher Stufe. Die **Bundesgenossen** wurden vielmehr regelmäßig verpflichtet, nicht gegen die Interessen des römischen Volkes zu handeln, ohne dass eine ähnliche Selbstbindung Roms im Vertragstext stand.

Auch ohne feste Systematik wurde das Instrumentarium sehr wohl methodisch gehandhabt und folgte durchschaubaren Grundsätzen. Wenn man die verwirrende geographische Verteilung der Einzelgebiete ignoriert, legte die Republik etwa seit dem Sieg im Latinerkrieg 338 v. Chr. folgende Abstufungen in konzentrischen Kreisen um Rom. Die römischen Bürger, die wählten, Kriegsdienst in der Legion leisteten und Steuern zahlten, besaßen individuell oder in Form von „öffentlichem Land" (*ager publicus*) aus Kriegsbeute ein ausgedehntes Territorium, dessen Kern – mit vielen Einsprengseln – den Großteil Latiums und des nördlichen Kampaniens umfasste, nordöstlich Roms über das Aequer- und Sabinerland zur Adria reichte und weiter nach Norden bis zum Fluss Rubico nördlich von Ariminum (Rimini) führte. Dies war das **„römische Land"** (*ager Romanus*), auf dem es definitionsgemäß nur eine politisch autonome Gemeinde geben konnte: Rom selbst.

Die Verlierer des Latinerkrieges von 338, die Rom kulturell und traditionell sehr nahe standen, waren der jüngste, privilegierte Teil jener Stadtgemeinden, die sich Rom unterworfen hatten. Sie mussten den für römische Bürger geltenden Pflichten – Dienst- und Steuerpflicht – nachkommen, ohne das Wahlrecht und weitere Privilegien zu erhalten. Diese Municipia (*municeps,* „zu Leistungen verpflichtet") differenzierten sich nach dem Latinerkrieg. In den *municipia civium Romanorum* (wie Tusculum, Lanuvium und andere Latinerstädte) hatten die Einwohner faktisch die Vorteile eines doppelten Stadtbürgerrechts. Neben ihnen standen die Municipien „ohne Wahlrecht" (*sine suffragio*). Die Republik ließ ihnen ihre eigene politische Struktur nach innen, zu der häufig die fremde Sprache kam (etwa im etruskischen Caere oder im volskischen Arpinum, dem späteren Heimatort von Marius und Cicero). Das war zwar ein sachlicher Grund, ihnen weiterhin das Stimmrecht vorzuenthalten, aber nicht zuletzt wegen dieser Diskriminierung waren Aufstände bemerkenswert häufig.

Das Spektrum dieser teilintegrierten Gemeinden erweiterte sich noch durch eine lange Reihe von **Stadtgründungen** Roms. Ein relativ einfacher Fall waren die Kolonien römischer Bürger (*coloniae civium Romanorum*) wie Antium, Ostia oder Minturnae. Kleine Gruppen von üblicherweise 300 Bürgerfamilien gründeten und befestigten eine Stadt, deren Hauptaufgabe die Kontrolle des Territoriums war – womit Rom den Einheimischen eine neue Führungsschicht vor die Nase setzte.

Mit dem Sieg im Latinerkrieg eignete sich Rom jedoch noch eine weitere Form der Koloniegründung an. Der Latinerbund hatte gemeinsam mit den Römern schon vorher Städte wie Velitrae (494) oder Norba (492) gegründet, bei denen es sich im Gegensatz zu den Bürgerkolonien um Festungen gegen einen nahe gelegenen, akut bedrohlichen Feind handelte. Diese Tradition führte Rom nun auf eigene Faust weiter und setzte sie zum ersten Mal im großen Stil gegen die Samniten ein. Beschloss die Volksversammlung die Deduktion einer Latinerkolonie – etwa nach Venusia (291), Benevent (268) oder Brundisium (246) –, dann schuf sie damit eine autark kampf- und überlebensfähige Einheit unter eigenem Kommando, nach antiken Begriffen also einen neuen, unabhängigen Staat. Natürlich war er samt seiner kleinen Armee ein Bundesgenosse Roms. Zwar mussten jene Römer, welche die Mehrheit der Gründungsbevölkerung stellten, ihr Bürgerrecht in Rom aufgeben; eine Heimkehr und das Wiederaufleben des Bürgerrechts standen ihnen aber offen.

Schließlich gab es noch die Vielzahl verbündeter Gemeinden und Regionen, die individuelle Verträge geschlossen hatten, von einer Rom kulturell überlegenen griechischen Polis wie Rhegion oder Neapolis

Info

Kategorien römischer Herrschaft in Italien

Rom und das Land in Bürgerbesitz (*ager Romanus*)	römische Bürger	Wahlrecht in Rom, Kriegsdienst	
Municipien (selbst verwaltet)	– mit römischen Bürgerrechten (municipia civium Romanorum)	Wahlrecht lokal und in Rom, Kriegsdienst, Steuerpflicht	
	– nur mit Bürgerpflichten (municipia sine suffragio)	nur lokales Wahlrecht, aber Census- und Steuerpflicht, Kriegsdienst	
Kolonien	– röm. Bürger	Wahlrecht in Rom, Selbstverwaltung, v. a. lokaler Kriegsdienst	
	– „Latinerkolonien"	nur Lokalbürgerrecht (außer bei Rückkehr nach Rom), v. a. lokaler Kriegsdienst	
socii (Verbündete)	eigenes Bürgerrecht	durch Bündnis (*foedus*) unterschiedlich stark von Rom abhängig, Kriegsdienst nach römischen Vorgaben	

über das etruskische Arretium, einen langjährigen Alliierten, bis hin zu eher widerspenstigen Regionen wie Lukanien und Messapien oder zähneknirschenden Zwangsverbündeten vom Schlag der Samniten. Jeder dieser Partner stellte eine bestimmte Zahl an Truppen unter eigenen Offizieren, die von Rom abgerufen werden konnten. Wenn eine römische Armee ins Feld zog, ging eine Signalwirkung davon aus, dass Legionäre und *socii* in etwa gleicher Zahl teilnahmen und die Kavallerie der Bundesgenossen die Operationen begleitete.

Damit wirkten die Italiker selbst daran mit, dass Italien nicht nur römisch beherrscht war, sondern sich zu romanisieren begann. Die Koloniebildung, die nach dem 3. Jh. abgeschlossen war, schuf römisch-latinische Enklaven in weiten Teilen der Halbinsel. Offensiven gegen den Kern des römischen Machtbereichs konnten schon vor den Mauern einer Kolonie stecken bleiben; der ‚Abfluss' zahlreicher Bürger in solche Projekte trug dazu bei, die soziale Situation in Rom selbst lange zu stabilisieren.

4.4.3 Die Punischen Kriege

Schon durch den Konflikt mit Pyrrhos und Tarent war Rom mit der komplizierten Situation auf Sizilien in Berührung gekommen. Diese Unruhen bei den griechischen Gemeinden – unter denen Syrakus die größte war – sowie die Konflikte mit Karthago im Westen der Insel boten Chancen für eine Intervention. Siziliens Lage als Brücke nach Nordafrika und sein Getreidereichtum waren weitere Anreize.

Rom, dessen Truppen nun die Straße von Messina erreicht hatten, war durch einen Vertrag mit Karthago daran gehindert, in der Interessensphäre seines Verbündeten zu intervenieren; die dominierende Handelsmacht – zugleich der stärkste Akteur im westlichen Mittel-

Abb. 26

Karthagische Münze aus Sizilien; Vorderseite: Kopf der Tanit (Punische Göttin der Fruchtbarkeit und Schutzgöttin von Karthago); Rückseite: springendes Pferd, dahinter eine Dattelpalme mit Früchten, darunter die Inschrift B'RST; geprägt um 260 v. Chr.

meer – profitierte umgekehrt von der Schwächung ihrer griechischen Konkurrenz in Unteritalien durch den römischen Vormarsch.

Messana gegenüber dem italischen Festland war seit mehreren Jahren in der Hand einer kampanischen Söldnerkompanie, die eine Privatherrschaft über diesen Schlüsselpunkt an den Handelsrouten aufgebaut hatte. Hilferufe hatten ihnen eine schützende Garnison aus Karthago eingebracht. Nun entschieden sie sich 264 v. Chr. für einen Bündniswechsel. Nicht nur landeten die Römer daraufhin vertragswidrig eine Interventionstruppe, sie vertrieben die karthagische Besatzung unter Drohungen. Auf ein Ultimatum des empörten Karthago reagierte Rom nicht.

Diese Version des Kriegsausbruchs ist nur eine von mehreren, die diskutiert werden. Die Abkehr von der hochgradig verzerrten römischen Überlieferung, die Karthago eine Alleinschuld zuschiebt und Rom versehentlich in den **ERSTEN PUNISCHEN KRIEG** hineingeraten lässt, ist mittlerweile die Mehrheitsposition. Rom war jedenfalls kriegsbereit, intervenierte auf Sizilien mit hohem Einsatz und hatte sich auf den technisch anspruchsvollen Bau spezieller Kriegsschiffe eindeutig besser vorbereitet, als die römischen Berichte zugeben. Sein Konflikt mit der karthagischen Flotte kam aber zu früh.

Tatsächlich hatte die Führungsschicht der Republik die **Schwierigkeiten amphibischer Operationen** unterschätzt. Während es relativ rasch gelang, sich auf Sizilien festzusetzen, zeigten sich die Konsuln auf dem Wasser regelmäßig überfordert. Nach der Eroberung von Korsika 259 dachte man bereits daran, vor Karthago zu landen. Das endete mit dem Totalverlust von Invasionsheer und Flotte 255. Die Probleme, eine Armee in Übersee zu versorgen, waren schlicht nicht erkannt worden. Zwei weitere Flotten gingen 249 verloren. Der Krieg hatte Rom und seine Verbündeten nunmehr bereits eine sechsstellige Zahl von Toten gekostet. Die finanzielle Belastung durch den Schiffbau überforderte – anders als der Nachschub an Soldaten – die primitive Geldwirtschaft; auf Sizilien begann die karthagische Söldnerarmee seit 247 unter der Führung von Hamilkar, genannt Barkas („Blitz"), Erfolge zu erzielen. Obwohl ein Staatsbankrott in der Luft lag, stellte Rom eine weitere Flotte auf; als diese 241 die karthagischen Schiffe von Sizilien vertrieb, beschloss Karthago, den Konflikt zu beenden, statt selbst den Ruin zu riskieren. Im Zeitalter des Imperialismus und des totalen Krieges ist dies gern als Zeichen von Schwäche und Feigheit missdeutet worden.

Dies erklärt sich zum Teil aus den katastrophalen Friedensbedingungen und Roms Vertragsbrüchen. Karthago hatte der Räumung Siziliens und Reparationszahlungen von 20 Jahren Laufzeit zugestimmt, durch die es militärisch an die zweite Stelle hinter Rom zurückfiel. Bei der Ratifikation halbierte die Volksversammlung – auf Betreiben des Senats –

1. PUNISCHER (RÖMISCH-KARTHAGISCHER) KRIEG, 264–241 v. Chr.; Punier, lat. *poeni* = Phöniker; andere Bezeichnung für die Karthager.

die Zahlungsfrist und verlangte außer den vereinbarten 2200 Talenten (zu je 26 kg Silber) weitere 1000 Talente sofort. Der karthagische Staat stürzte, wie beabsichtigt, ins Chaos. Die eben entlassenen Söldner, die nicht mehr ausbezahlt werden konnten, entfesselten einen mehrjährigen Aufstand, den Karthago mit knapper Not niederschlagen konnte. Obendrein nutzte Rom die Schwäche des Gegners dazu, den Frieden für gebrochen zu erklären, und ließ sich großzügig mit der Annexion Sardiniens sowie weiteren 1200 Talenten ,besänftigen'.

Die riesige Kriegsbeute beflügelte nicht nur die Wirtschaft der Republik; auch das Engagement von Römern und Italikern im Fernhandel, der Aufstieg römischer Ritter zu Lieferanten des Staates und Unternehmern – die in den folgenden Kriegen eine hohe Leistungsfähigkeit zeigten – veränderte Rom. Aus dem ausgedehnten Besitz auf Sizilien entstand 227 v. Chr. die erste **Provinz** (zum Begriff 4.3.3), von Sardinien dicht gefolgt; die permanenten Staatseinnahmen schnellten in die Höhe.

Noch während Italiens Infrastruktur und Organisation ausgebaut wurden, stürzte die Nobilität sich – mit Zustimmung der Bevölkerungsmehrheit – in die Eroberung der keltischen Poebene und kolonisierte Teile davon. Hier funktionierten die alten Expansionsrezepte weiterhin. Eine Strafexpedition gegen die Illyrerkönigin Teuta führte römische Truppen 229/228 das erste Mal auf die Balkanhalbinsel. Zudem trat man drohend gegenüber Karthago auf, das unter Hamilkar und dessen Schwiegersohn Hasdrubal sein Einflussgebiet auf der Iberischen Halbinsel erweiterte. Mit Hamilkars Sohn **HANNIBAL** erschien dann ein neuer Faktor auf der politischen Bühne. Nicht nur baute der begabte Stratege und Diplomat eine Expeditionsarmee auf, die in großer Unabhängigkeit von Karthagos Hilfsmitteln operieren konnte und musste, da die Seeherrschaft an Rom übergegangen war. Er beobachtete auch die politische Landschaft im Osten genau und knüpfte Verbindungen zu möglichen Alliierten.

Die Entwicklungen, die 220–218 v. Chr. zum Ausbruch (oder der gezielten Entfesselung) des **ZWEITEN PUNISCHEN KRIEGES** führten, sind bis heute umstritten. Rom betrachtete die karthagische Erholung schon vor dem Auftreten des ,Revanchisten' Hannibal misstrauisch und zeigte sich nach Kriegsbeginn bereit, sofort mit voller Wucht zuzuschlagen. Kurz vor 218 war die Republik jedoch mit Kampfhandlungen in der Poebene und einem zweiten Krieg in Illyrien so beschäftigt, dass es zumindest nicht der Augenblick ihrer Wahl war. Hannibal selbst erwartete den Zusammenstoß vielleicht nicht so früh, sah aber günstige Aspekte in dieser Lage und konnte nicht unbedingt hoffen, später genug Rückhalt für einen Krieg in Karthago zu finden, wo (ganz anders als in Rom) eine große Partei auf friedliche Koexistenz setzte.

HANNIBAL, ca. 247–183 v. Chr.; karthagischer Stratege (Oberkommandierender) 221–200 v. Chr., im Exil seit 195 v. Chr.

ZWEITER PUNISCHER (RÖMISCH-KARTHAGISCHER) KRIEG, 218–201 v. Chr.

Kriegsanlass wurde Hannibals Belagerung und Eroberung der mit Rom verbündeten Stadt Saguntum (nördlich von Valencia), was nach römischer Darstellung die Grenzlinie der römischen Interessensphäre verletzte. Sowohl der zeitliche Ablauf als auch Inhalt und geographische Details des berühmten **EBROVERTRAGES** zwischen Rom und Hasdrubal (nicht Karthago!) sind verzerrt überliefert und nur schwer rekonstruierbar. Mit der Kriegserklärung im Sommer 218 suchte Rom jedenfalls umgehend die Offensive, sammelte Truppen für eine Invasion Nordafrikas und schickte eine zweite Armee nach Spanien. Völlig unerwartet war Hannibals Gegenzug, die verlustreiche Alpenüberquerung, durch die er noch Ende 218 inmitten der oberitalischen Kelten, seiner natürlichen Verbündeten, erschien. Trotz zwei schmerzhaften Niederlagen rief Rom seine Truppen aus Spanien aber nicht zurück. 217 überschritt Hannibals aufgefüllte Armee den Apennin. Der Konsul C. Flaminius und große Teile seines Heeres liefen am Trasimenischen See in einen tödlichen Hinterhalt; schon jetzt zeichnete sich Hannibals Strategie ab, einen Keil zwischen Rom und seine Bundesgenossen zu treiben. Eine Zeit lang verfolgte der Dictator Q. Fabius Maximus (Cunctator, „der Zögerliche") die Strategie, einen bloßen Abnutzungskrieg gegen die isolierten Feinde zu führen, doch angesichts der systematischen Verwüstung weiter Teile Italiens setzten sich 216 die Befürworter einer Entscheidung mit überwältigenden Kräften durch. Das völlig unerwartete Ergebnis war die Vernichtung fast der kompletten römischen Armee in Italien beim apulischen **Cannae** am 2. August.

EBROVERTRAG, Abkommen ca. 225 v.Chr. zwischen Hasdrubal und der römischen Republik, nach dem der Fluss Iber die römischen und karthagischen Einflussbereiche trennen sollte. Die Identifikation des Flusses ist hochumstritten, der heutige Ebro nur eine von mehreren Möglichkeiten.

Info

Cannae

▶ Bei Cannae standen ungefähr 80 000 Römer und Bundesgenossen der etwa halb so starken kombinierten Armee Hannibals gegenüber. Dem Karthager gelang es, seine Gegner einzuschließen und – bei rund 6000 eigenen Verlusten – zwischen 50 000 und 70 000 zu töten oder gefangen zu nehmen. In der Militärdoktrin der Neuzeit wurde die Herbeiführung einer Umfassungs- und „Vernichtungsschlacht" nach diesem Muster zum – wiederholt verhängnisvollen – Ideal.

Cannae war zugleich der **Wendepunkt des Kriegsgeschehens**. Rom mobilisierte riesige Truppenmassen um den Preis, an den Rand des Zusammenbruchs zu geraten, hielt aber weiterhin Spanien und die Inselprovinzen. Hannibal hatte einerseits zu viele Soldaten, um sich allein durch die ersten *socii*, die nun von Rom abfielen, versorgen zu lassen, andererseits viel zu wenige, um diese neuen Verbündeten zu schützen und gleichzeitig weiterhin aktiv gegen die römische Hauptmacht zu operieren. Nur massive Verstärkungen aus Karthago oder eine Welle von Aufständen der Italiker hätten das bewirkt; Rom unterband beides, teilweise in letzter Sekunde.

Während Rom mit der Eroberung des karthagischen Gebiets in Spanien begann, sah sich Hannibal, spektakulären Manövern zum Trotz, nach und nach abgedrängt. So gab er 203 Italien auf – zurückgerufen nach Karthago, weil Spaniens Eroberer **SCIPIO AFRICANUS** 204 in Nordafrika gelandet war. Als es 202 bei Zama zur Entscheidungsschlacht kam, endete sie mit einem römischen Sieg. Hannibal selbst empfahl Friedensverhandlungen.

Neben noch höheren Strafzahlungen, die Roms Kriegskosten aber nicht annähernd wettmachen konnten, musste Karthago sich diesmal weitgehend entwaffnen. Außerhalb Afrikas durfte es künftig keinen Krieg mehr führen, auf dem Kontinent nur unter der Vormundschaft Roms. Wohlverhalten sicherte dem zur Lokalmacht herabgedrückten Staat die Weiterexistenz, ehe er nach neuen römischen Willkürentscheidungen einen Konfliktkurs einschlug. Für den Beschluss von 149 v. Chr., **Karthago endgültig auszuschalten**, gab es begeisterte Zustimmung. Bis zur völligen Vernichtung der Stadt und der Versklavung der überlebenden Einwohner vergingen drei Jahre erbitterter Kämpfe. Die blutige Episode war nur noch eine Randerscheinung. Hannibal und Karthago blieben trotzdem als schlimmste Gegner überhaupt, Cannae als tragisch-heroische Stunde größter Gefahr in Erinnerung.

4.4.4 | Der Beginn der römischen Ostpolitik

Spätestens seit 201, wahrscheinlich aber schon seit den 230er-Jahren gab es westlich von Italien kein politisches Gebilde mehr, das mit Rom wetteifern konnte. Die Ansammlung hochorganisierter Monarchien im östlichen Mittelmeerraum war eine ganz eigene Welt, aus deren Perspektive der Sieger über Pyrrhos und Karthago eine barbarische Randerscheinung war. Die Nachfolger des Alexanderreiches, gestützt auf technisch moderne Berufsarmeen, hätten einen Außenseiter wie Rom mit Recht einschüchtern können.

Das an Arroganz grenzende Selbstbewusstsein Roms, gepaart mit den innenpolitischen Belohnungsmechanismen für erfolgreiche Kriege, führte die Republik bald in den ersten Konflikt mit einem hellenistischen Großreich – dem kleinsten der drei. Das Ausgreifen in die Adria und besonders die illyrischen Strafexpeditionen kurz vor dem Zweiten Punischen Krieg berührten das Interessengebiet Makedoniens; als König **PHILIPP V.** versuchte, hier seinen Einfluss geltend zu machen, zwang ihn Rom im **1. MAKEDONISCHEN KRIEG** zum Zurückweichen. Einen Bündnisvorschlag Hannibals griff Philipp 215 gern auf; hätte dieser aktive Unterstützung für Karthago in Italien und auf den Meeren gebracht, wäre die neue Allianz gefährlich geworden. So blieb es bei kleineren Erfolgen Phi-

---

P. CORNELIUS SCIPIO AFRICANUS MAIOR (DER ÄLTERE), 235–183 v. Chr., Prokonsul 211, Konsul 205 und 194 v. Chr.

PHILIPP V. VON MAKEDONIEN, 238–179 v. Chr., König 221–179

1. (RÖMISCH-) MAKEDONISCHER KRIEG, 215–205 v. Chr.

lipps in der Adria, die Rom kaum belasteten; er konzentrierte sich auf seine peloponnesischen Feinde und den Aitolischen Bund (→ vgl. 3.5.1), Roms neuen Verbündeten.

Die Bedeutung dieses Nebenkriegsschauplatzes lag darin, dass sich der Senat erstmals tiefer mit der politischen Landschaft in und um Griechenland befasste – und dort als neue Bündnisoption gegen die Makedonen erschien. Philipp V. sah sich stark genug, um zur selben Zeit in die Außenbezirke des geschwächten **Ptolemäerreiches** zu expandieren. Sein Griff nach der Ägäis rief Umklammerungsängste der Seemächte Athen, Pergamon und Rhodos wach. Ihre Hilferufe an Rom trafen auf eine Revanchestimmung in der Senatselite.

Im Sommer 200 verlangte der Senat von Philipp vorsätzlich unannehmbar, keinen Krieg „gegen Griechen" zu führen, was den König je nach Interpretation völlig gelähmt hätte. Auf dem wenig vertrauten Terrain kamen die Legionen anfangs schlecht voran, ehe der neue, charismatische Konsul T. Quinctius Flamininus Ende 198 den Beistand des Achaiischen Bundes erreichte (→ vgl. 3.5.1). Die Entscheidung im **2. MAKEDONISCHEN KRIEG** fiel beim thessalischen Kynoskephalai im Sommer 197, wo die Legionen sich der herkömmlichen Phalanx überlegen zeigten.

2. MAKEDONISCHER KRIEG, 200–197 v. Chr.

Mit dem Frieden verlor Philipp zwar seine Flotte und die Hegemonie über Griechenland, kam aber relativ gut davon. Noch in der Endphase des Krieges war nämlich der seit Langem mächtigste Seleukidenherrscher, **ANTIOCHOS III.**, ungestört durch Kleinasien bis an die Meerengen vorgestoßen und setzte sich Anfang 196 sogar in Thrakien fest. Rom hatte die Lage im Osten destabilisiert statt geklärt. Es sah sich überraschend gezwungen, eine jäh gewachsene Interessensphäre gegen eine Großmacht zu verteidigen, deren Kerngebiet unangreifbar fern war. Philipp V., eben noch römisches Feindbild, wurde über Nacht zum Stabilitätsfaktor.

ANTIOCHOS III., 242–187 v. Chr., König 223–187 v. Chr.

Beide Seiten scheuten zunächst die Kosten und Risiken eines Krieges am geographischen Rand ihrer Möglichkeiten. Antiochos fürchtete eine Vernichtung seines aitolischen Verbündeten und startete im Herbst 192 eine Invasion Griechenlands: Das war der Beginn des **SYRISCH-RÖMISCHEN KRIEGES**. Der Empfehlung eines Beraters – Hannibals –, den Krieg mit vollem Einsatz zu führen, folgte er nicht. Römische und makedonische Truppen drängten Antiochos nach Kleinasien zurück. Lucius Cornelius Scipio, Bruder des Africanus, und Eumenes II. von Pergamon schlugen im Dezember 190 die Seleukidenarmee bei Magnesia. Antiochos gab den reichen Westen Kleinasiens verloren.

SYRISCH-RÖMISCHER KRIEG, 192–188 v. Chr.

Die Bedingungen des Friedens von Apameia in Phrygien, der im Frühjahr 188 ratifiziert wurde, liefen auf die dritte Zerstörung einer Großmacht durch Rom seit 201 hinaus. Antiochos musste sämtliche Elefanten und fast seine ganze Flotte ausliefern; dazu kam die astronomische Strafsumme von 15 000 Talenten über die nächsten 50 Jahre. Alle Eroberungen, Kilikien ausgenommen, gingen verloren. Der Schwerpunkt des Seleukidenreichs wurde damit gewaltsam und endgültig nach Osten verschoben. Das Machtvakuum im zersplitterten Kleinasien sollten Rhodos und vor allem Pergamon füllen, deren Territorien sprunghaft wuchsen. In Griechenland wurden die Aitoler mit Gebietsverlusten bestraft, der Achaiische Bund belohnt.

Ebenbürtige Mächte, die Rom gefährlich werden konnten, gab es seit 188 nicht mehr; auch die von Antiochos bedrängten Ptolemäer erholten sich niemals vollständig. Damit entfiel ein starkes Motiv, pfleglich mit den kleinen und mittelgroßen Verbündeten umzugehen.

4.4.5 Der sogenannte römische Imperialismus und seine Träger

Wie kaum ein anderer Gegenstand der Geschichte Roms ist die Frage nach Motiven und Rechtfertigung seiner Expansion ein Dauerthema moderner Debatten weit über die Grenzen der historischen Wissenschaft hinaus. Nicht nur das Tempo, mit dem sich Territorium und Machtmittel der Republik erweiterten, sondern auch die dabei verwendeten (oder nur vermuteten) Methoden, Legitimationsstrategien und Absichten sind wieder und wieder als Spiegel späterer Phänomene bemüht worden. Rom, gern als geschlossene Einheit oder als unwiderstehliches Energiebündel dargestellt, erscheint als Modellfall einer Imperiumsbildung.

Regelmäßig sind an diese kontroversen Diagnoseversuche ausdrücklich Werturteile geknüpft worden. Neben der These einer quasinatürlichen Überlegenheit Roms als stärkster und (opfer-)mutigster Staat steht die einer kulturellen Berechtigung, ordnend die Kontrolle über eine chaotische Umgebung zu übernehmen, aber auch Negativbilder von einer auf Raub und Destruktion gegründeten Unterwerfungsstrategie. Ähnlich zeitgebunden fallen die Einschätzungen aus, wie absichtlich und durchdacht die römische Expansion erfolgte. Entsprechend überschneidet sich die Debatte um das als „RÖMISCHER IMPERIALISMUS" bekannte Phänomen bis in die Gegenwart auf Schritt und Tritt mit Imperialismusmodellen und -vorwürfen verschiedener politischer Theorien.

Alle Stimmen – auch die Radikalpositionen – können auf Anhaltspunkte in der antiken Überlieferung verweisen. Eine gern bemühte Triebfeder der Expansion war der Beistand der Götter, da Rom – die frömmste aller Städte – nie einen ungerechten Krieg geführt habe und häufig der Angegriffene gewesen sei. Dem steht häufig genug eine erkennbare Angriffs*absicht* oder die Provokation einer Spannungslage gegenüber. Die Kriegsbereitschaft in der Bürgerschaft war hoch, die des

RÖMISCHER IMPERIALISMUS, Bezeichnung für die Ausweitung von Roms Herrschaft in der Mittleren und Späten Republik; vor allem dann gebraucht, wenn eine systematische Expansion als politisches Hauptziel unterstellt wird.

Senats erst recht. Sogar als Wahlvolk erschien der *populus Romanus* alljährlich in militärischer Ordnung, verlangte von seinen Senatoren langjährigen Kriegsdienst und belohnte sie überproportional für Erfolge auf dem Schlachtfeld.

Prämiert wurden hauptsächlich Siege, nicht Eroberungen; doch jeder Sieg warf die Frage auf, was in der Nach-Sieg-Zeit aus dem betroffenen Bereich werden sollte. Zugleich sah Rom um die Wende vom 3. zum 2. Jh. v. Chr. seine ersten langfristig operierenden Feldherren und Chefdiplomaten – atypisch junge, anpassungsfähige Männer wie Scipio Africanus oder Flamininus. Ihr Handeln geschah nicht ohne Abstimmung mit dem Senat, aber fern von Rom und mit spürbar erweitertem Spielraum.

Im Kurswechsel ab etwa 190 verrät sich die Furcht großer Teile des Senats, deren Sprachrohr CATO wurde, vor einem Kontrollverlust. Auch das Tempo der außenpolitischen Entwicklungen sank beträchtlich. Jenseits des unmittelbaren Umfelds wünschte man zumindest östlich Italiens keine direkte Herrschaft. Wo dieses Umfeld endete und wie die Herrschaftsweise aussehen sollte, blieb umstritten. Nach außen antwortete der Senat aggressiv auf Provokationen und nachtragend auf entschlossene Interessenvertretung. Monarchien wirkten dabei besonders provokant, aber die republikartige Verfassung Karthagos rettete es nicht; hier wirkten stattdessen xenophobe Feindbilder. Durchweg trat Rom mit einem fraglosen Überlegenheitsanspruch auf.

M. PORCIUS CATO (Censorius; auch: Cato der Ältere), 234–149 v. Chr.; Konsul 195 v. Chr., Censor 184 v. Chr., vertrat als Politiker wie Autor traditionelle Werte

Gegenüber der kulturell eindeutig höherstehenden griechischen Welt geriet diese Haltung in Nöte, besonders weil Rom selbst in eine Phase stürmischer **Rezeption der griechischen Kultur** eintrat. Das Muster bis heute wirksamer Stereotypen – zupackende, aber geistlose Römer hier, lebensunpraktisch-zerstrittene, aber hochkultivierte Hellenen und dekadente ‚Orientalen' dort – spielte sich erst mit der Zeit ein. Gerade die erste Generation der römischen Verantwortlichen, die es nach Griechenland verschlug, verriet je nach Situation durchaus Bewunderung und gute Absichten. Konservativere Gemüter stimmten mit diesen PHILHELLENEN überein, dass weder Legionen noch Promagistrate hier langfristig etwas verloren hatten. Selbst in den Provinzen weiter westlich minimierte die Republik ihre Militärpräsenz.

PHILHELLENEN, PHILHELLENISMUS, Bezeichnung für eine grundsätzliche Sympathie für Griechen und die griechische Kultur unter Römern, modern manchmal als weitreichendes oder gar selbstloses ‚Bekenntnis' interpretiert.

Auf der großen politischen Ebene konnte Roms Reflex, starke Akteure in seiner Nachbarschaft zu schwächen oder ganz auszuschalten, zweierlei Wirkung haben. Entweder rückten Mächte von weiter außen nach (wie Antiochos III. auf den Spuren Philipps V.), oder in der Zwischenzone, die der Eingriff geschaffen hatte, entstanden Möglichkeiten und Anreize für kleine und mittlere Akteure, sich zu vergrößern. Mit diesem jeder Hegemonialmacht vertrauten Dilemma hatte Rom keine Erfahrung. Noch naiver stand man dem Phänomen gegenüber, dass die neue

Wirtschaftselite der Kaufleute und Finanziers römische Interessen selbst in Gebieten schuf, wo der Senat am liebsten keine (mehr) gehabt hätte.

Die Lösungsversuche fielen tastend und widerwillig aus. In Griechenland setzte man faktisch auf eine Art System kollektiver Sicherheit zwischen den Staaten und Bundesorganisationen. Weiter östlich schuf oder privilegierte man mittelgroße Stellvertretermächte. Haltbar waren beide Methoden nicht. Das Misstrauen gegenüber Königen und dem regional Stärksten, das Roms Politik in den nächsten Jahrzehnten durchzog, eröffnete dem jeweils Kleineren die Chance, den Größten in Verruf zu bringen oder gar Kriege zu riskieren. Zur gleichen Zeit wurde Rom in die wieder aufflammenden Streitigkeiten in Griechenland hineingezogen.

Die Delegationen des Senats traten im gesamten Osten jetzt überheblicher auf, vermerkten Unterwürfigkeit bei ihren Gesprächspartnern aber ebenso negativ wie Ansätze von Selbstbewusstsein. Parallel änderte sich anscheinend auch der Ton gegenüber den italischen *socii*. Unzufriedenheit und Feindseligkeit in der römisch beherrschten Welt stiegen deutlich an.

Ein Begriff für die neuen Möglichkeiten, die Rom zugewachsen waren, bildete sich erst allmählich. Als *imperium populi Romani* bezeichnete man zunächst die faktische Machtausübung Roms durch eigene Kraftentfaltung oder Einwirkung auf Verbündete, Neutrale und Gegner. Die Interpretation als Herrschafts*bereich* und überhaupt als eine Art Souveränität kam jedoch schon früh auf. Etwa drei Jahrzehnte nach Apameia deutete Polybios die Macht Roms als Herrschaft über die bekannte und bewohnbare Welt. Als ausdrücklicher Herrschafts*anspruch*

Aufgaben zum Selbsttest

- Kennzeichnen Sie die Rolle der Bundesgenossen Roms für die Stabilität der römischen Herrschaft sowie deren militärische Ausdehnung.
- Vergleichen Sie das römische Verständnis eines Bündnisvertrages und einer gerechten ‚internationalen' Ordnung mit den Ihnen geläufigen Formen militärischer Kooperation und politischer Zusammenschlüsse der Gegenwart.
- Beschreiben Sie den Eintritt Roms in den Konflikt mit Karthago, und diskutieren Sie, inwiefern sich aus dem römischen Verhalten im Krieg und bei den Friedensverhandlungen Kriegsziele ableiten lassen.
- Benennen Sie persönliche Faktoren und Grundsatzerwägungen, die für das Schwanken der Politik Roms im östlichen Mittelmeerraum verantwortlich waren.
- Wägen Sie ab, inwiefern der Begriff „Imperialismus" die Außenpolitik Roms gut wiedergibt oder verzeichnet.

begegnete diese Position einstweilen noch nicht. Die Gründungsphase des Prinzipats formulierte dann in den berühmten Worten von Vergils *Aeneis* (6, 851–853) den sozusagen offiziellen, göttlich-schicksalhaften Auftrag Roms, „durch dein *imperium* die Völker zu leiten... ihnen durch Frieden Sitte und Ordnung aufzuerlegen, die Unterworfenen schonend zu behandeln und die Überheblichen niederzukämpfen".

Literatur

H. Heftner, **Der Aufstieg Roms. Vom Pyrrhoskrieg bis zum Fall von Karthago (280–146 v. Chr.)**, 2. Aufl., Regensburg 2005.
U. Walter, **Memoria und res publica. Zur Geschichtskultur im republikanischen Rom**, Frankfurt a. M. 2004.
Th. Hantos, **Das römische Bundesgenossensystem in Italien**, München 1983.
K. Zimmermann, **Rom und Karthago**, 2. Aufl., Darmstadt 2009.
D. Hoyos (Hg.), **A Companion to the Punic Wars**, Oxford 2011.
E. S. Gruen, **The Hellenistic World and the Coming of Rome**, Berkeley 1984.
C. B. Champion (Hg.), **Roman Imperialism. Readings and Sources**, Oxford 2004.
J. S. Richardson, **The Language of Empire. Rome and the Idea of Empire from the Third Century BC to the Second Century AD**, Cambridge 2011.

Die Last der römischen Herrschaft | 4.5

Außenpolitik von Apameia bis Numantia | 4.5.1

In den ersten Jahren nach der Neuregelung in Griechenland und Kleinasien beschränkte Rom sich weithin auf eine Beobachterrolle. Mit Argwohn wurde das Wiedererstarken Makedoniens betrachtet; der Nachfolger Philipps V., Perseus (ab 179 v. Chr.), hatte nicht nur ein besseres Verhältnis zu Griechenland, wo die Skepsis gegenüber Rom wuchs, es kam auch zu Heiratsallianzen mit den Seleukiden und Pergamons Rivalen Bithynien. Ein nie geklärtes Attentat auf den pergamenischen König lieferte den Vorwand zum **3. MAKEDONISCHEN KRIEG**. Der Senat war zu einer Schwächung Makedoniens entschlossen; Perseus stand praktisch ohne Verbündete da. Vermittlungsangebote mehrerer Staaten ignorierte Rom. Der Konsul L. Aemilius Paullus vernichtete im Juni 168 bei Pydna die makedonische Armee. Es folgte die Zerschlagung Makedoniens als politische Einheit. Vier Teilbezirke, als Republiken organisiert, traten an die Stelle des Königreiches.

3. (RÖMISCH-) MAKEDONISCHER KRIEG, 171–168 v. Chr.

Unerwartete Folgen hatte der Krieg für Roms Verbündete. König Eumenes von Pergamon schickte der Senat brüsk weg, als er 167 in Rom landete, wo sein Widersacher und Denunziant Prusias II. von Bithynien die Senatoren als „rettende Götter" ansprach, wie man es sonst als

Abb. 27

Panoramabild der Ruinen der antiken Stadt Delos

Untertan mit Königen tat. Rhodos wurden die 188 zugeteilten Landgebiete wieder entzogen. Härter war Roms Entscheidung, die Insel Delos zum zollfreien Hafen zu machen – die Handelsinteressen von Rhodos und Korinth waren davon bleibend getroffen. Bald hatte Delos einen besonderen Ruf als Sklavenmarkt, auf dem italische Händlerfamilien eine Schlüsselrolle spielten. Feinden und Unentschlossenen erging es noch schlechter. In einem Teil der Landschaft Epeiros, der zu Perseus gehalten hatte, verkauften Aemilius Paullus und eine Senatskommission 150 000 Einwohner in die Sklaverei; das war nur der Höhepunkt der Strafmaßnahmen. Ein Großteil der Oberschicht im Achaiischen Bund, darunter der junge Polybios, wurde als Geiseln nach Italien verschleppt.

Die programmatische Gnadenlosigkeit verschaffte der Republik einige Jahre lang relative Ruhe. Noch 168 hinderte sie den Seleukiden Antiochos IV. Epiphanes, einen ausgesprochenen Romfreund, an der Einverleibung des Ptolemäerreiches. Geschichte schrieb die berühmte Szene, in der ein einsamer römischer Abgesandter mit seinem Stock einen Kreis um den König zog und ihm im Angesicht seiner ganzen Armee *verbot*, diesen Kreis zu verlassen, ehe er erklärt habe, ob er gehorche.

Aufstände und Kleinkriege gab es rings um die beiden spanischen Provinzen. Die Völker und Stämme des gold- und silberreichen Gebiets wurden systematisch ausgepresst. 154 v. Chr. kam es zu einer Revolte, die einem ausgewachsenen Krieg ähnelte. Die Verluste beliefen sich allein bis Ende 152 auf das Äquivalent von vier Legionen. 149, als der letzte Krieg mit Karthago begann, erhob sich außerdem das geteilte

Makedonien und wurde nun doch zur römischen Provinz gemacht. Die Vernichtung Karthagos übernahm der junge SCIPIO AEMILIANUS, der leibliche Sohn des Aemilius Paullus und Adoptivenkel des Scipio Africanus. Noch während der Kämpfe entlud sich der angestaute Romhass in Griechenland; Anfang 146 kündigte der Achaiische Bund seine Verträge mit der Republik. Eine kurze Strafaktion brachte weiten Teilen Griechenlands den Provinzstatus. Auf Senatsbeschluss wurde Korinth systematisch geplündert und zerstört.

In Spanien brachte der Lusitaner Viriathus, Überlebender eines römischen Gemetzels, inzwischen fast die ganze Provinz Hispania ulterior unter seine Kontrolle. 140 rettete nur ein hastig geschlossener Vertrag Roms demoralisierte Armee vor dem Untergang. Fast umgehend wurde der Pakt gebrochen und Viriathus ermordet. Zwischen 138 und 136 gelang zwar die Unterwerfung der nun führerlosen Lusitaner. Der gleichzeitige Versuch, das rebellische Numantia in der Hispania Citerior einzunehmen, geriet aber zum Desaster: Der umzingelte Konsul Hostilius Mancinus kapitulierte mit 20 000 Mann. Wortbrüche, neue Verluste und Fälle von Kriegsdienstverweigerung folgten.

In Rom wurde nach Scipio Aemilianus gerufen; man umging das Gesetz und den Widerstand der Senatsmehrheit, um den Zerstörer Karthagos zum Konsul für 134 zu wählen. In einer Kombination aus Belagerungstechnik, Übermacht und demonstrativer Brutalität zwang Scipio die Numantiner, sich nach neun Monaten zu ergeben. Die Stadt wurde vernichtet, die Überlebenden verkauft.

P. CORNELIUS SCIPIO AEMILIANUS, 185–129 v. Chr.; Konsul 147 und 134 v. Chr., Censor 142 v. Chr.; Zerstörer von Karthago 146 v. Chr. (daher „Africanus minor") und Numantia 133 v. Chr. („Numantinus")

4.5.2 Die Rückwirkungen des Weltreiches auf Rom und Italien

TIBERIUS (SEMPRONIUS) GRACCHUS,
162–133 v. Chr., Volkstribun 133 v. Chr.

Als Scipio vor Numantia erschien und sein Cousin **TIBERIUS SEMPRONIUS GRACCHUS**, der ehemalige Quaestor des Mancinus, erfolgreich als Volkstribun für 134/133 kandidierte, hatte sich die italische Halbinsel seit 275 noch stärker verändert als selbst die politische Struktur des Mittelmeerraums. Das einzig Beständige schien die moralisch grundierte römische Verfassung zu sein. Nur sie hatte, so hieß es, die ungeheure Dynamik der römischen Expansion ermöglichen und aushalten können.

Kurz vor 133 wurde dies bereits mit einem beschwörenden Unterton vertreten; nicht lange danach sahen Vertreter ganz unterschiedlicher Richtungen die Republik in Gefahr. Diese Zerreißprobe bahnte sich nicht so sehr in den Institutionen an, die tatsächlich stabil, wenn auch durch das Wachstum Roms belastet waren. Die kulturell, sozial und in ihrer Abhängigkeit von der Außenwelt stark veränderte Bürgerschaft hielt jedoch mit dem Veränderungsdruck nicht Schritt.

Vor allem die **Eliten hatten ganz neue Lebensformen** hervorgebracht. Der Typus des reichen Finanziers oder Großhändlers aus dem Ritterstand, der mit der Expansion sein Geld verdiente und für diese Geschäfte offizielle Unterstützung einforderte, war nur eine davon. Konservativ denkende Senatoren vom Schlag eines Cato beargwöhnten solche Männer, hätten aber nie eingestanden, dass sich auch ihre eigene Existenzweise radikal verändert hatte.

Gleich geblieben war vor allem der moralische Führungsanspruch des Senats, auch gegenüber den eigenen Mitgliedern. Fraglosen Gehorsam der Bürger gegenüber Senatoren gab es aber nicht mehr – es sei denn, ein Feldherr konnte die nötigen Qualitäten glaubhaft beanspruchen. Die Hebelwirkung großer Siege wuchs damit weiter. Genau das kam einem eng begrenzten Kreis von Personen entgegen, die eine solche Erfolgsposition jahrelang monopolisieren konnten – insofern war die lange verhinderte Spaltung der Nobilität nun eingetreten. Dies hatte sich bereits während der Punischen Kriege angekündigt. C. Flaminius, Vertreter einer plebejischen *gens*, hatte durch Landverteilungen und Siege gegen die Kelten eine Censur und eine zweite Konsulwahl gewonnen, ehe er 217 gegen Hannibal umkam. Die Kombination aus breiter Anhängerschaft, gepaart mit ziviler und kriegerischer Durchsetzungskraft, war so eindrucksvoll wie gefährlich. Flaminius' Bild wurde in der senatorischen Geschichtsschreibung nachträglich geschwärzt, ganz anders als das des ‚guten' Fabius Maximus, eines Patriziers, der sich eine beispiellose Häufung von Konsulaten und eine Dictatur gegen Hannibal sicherte.

Für die erste Generation, der eine weitere Lockerung der Spielregeln gelang, stehen Scipio Africanus und Quinctius Flamininus; ihre Feldzüge in ‚Übersee' fielen mit der neuen Praxis zusammen, mehrjährige Kommanden durch die Verlängerung eines Wahlamts zur Promagistratur zu verleihen. Entscheidend wirkte dabei ihre persönliche Ausstrahlung mit. Ein Vierteljahrhundert später, bei Scipio Aemilianus, hatte sich dieser Charismafaktor so verstärkt, dass es Freiwillige aus Begeisterung für den Feldherrn gab.

Die Tätigkeitsfelder weckten das persönliche Interesse ihrer Eroberer: Africanus wie Flamininus verbanden Gnadenlosigkeit mit Respekt für und begrenzter Rücksichtnahme auf die hellenistische Kultursphäre. Ganz andere Optionen verkörpert der ebenso kultivierte, aber zur Zwangsbeglückung Griechenlands gewillte Aemilius Paullus. Vertretern beider Richtungen eröffnete sich die Chance, ihre Operationsgebiete in ein klientelartiges Verhältnis zu ziehen. So wurden sie und ihre Nachkommen zu geborenen Experten der Beziehungen mit ,ihrer' Provinz, ,ihrem' Königreich, das sie nach Art eines Patrons beim Senat vertraten.

Politische Mechanismen, dieser Gefahr beizukommen, entwickelte die Nobilität nur in Ansätzen. Man schickte den Statthaltern und Kommandeuren kleinere Senatsdelegationen nach, deren Aufpasserfunktion sich jedoch nie richtig etablierte. Ungehemmter Bereicherung sollte die Möglichkeit einer Anklage „auf Rückerstattung der Gelder" (*pecuniarum repetundarum*) entgegenwirken; nur entwickelte sich der REPETUNDENPROZESS rasch zur Standardwaffe gegen politische Gegner und Privatfeinde, die von der Frage korrekten oder korrupten Verhaltens entkoppelt war.

Lieber und leichter nahm der Senat das Eindringen fremder Gedanken ins Visier. Spektakulär fiel das Einschreiten gegen Kultgemeinden des Dionysos (lat. Bacchus) im Jahr 186 aus, hinter denen man eine Art Geheimbund zur Ausbreitung griechisch-orientalischer Unmoral witterte. Besonders die starke Rolle der Frauen bei diesem „Bacchanalienfrevel" provozierte; der soziale Spielraum weiblicher Oberschichtsmitglieder war tatsächlich im Wachsen begriffen. Bis hinein in die Nobilität wurden mehrere Tausend Anhänger verhaftet, teils auch hingerichtet. Nicht zufällig widmete Cato in den folgenden Jahrzehnten viel Zeit der literarischen Darstellung von Roms Vergangenheit und legte seinen Schwerpunkt als Historiker – der erste in lateinischer Sprache – auf die Einschärfung der tradierten Glaubensform und Sozialmoral.

Die Angst vor kultureller Kontamination und das Pochen auf Diskretion im Umgang mit dem eigenen Reichtum beschönigten, wie die Nobilität, der restliche Senat und der Ritterstand längst lebten. Ein Praetor kommandierte oft eine Armee, die so groß war wie früher das ganze römische Aufgebot. Aus der Kriegsbeute wurden Tempel gebaut, geraubte Kunstwerke öffentlich aufgestellt, Straßen und Brücken errichtet; aber

---

REPETUNDENPROZESS, Verfahren gegen ehemalige Statthalter und ihre Mitarbeiter. Dem Namen nach ein Mittel gegen Korruption und Amtsmissbrauch, in der Praxis ein Routineangriff von Senatoren und finanziell aktiven Rittern gegen Rivalen.

der Familienbesitz bekam viel mehr vom Kriegsgewinn ab als die Allgemeinheit oder gar der einfache Einzelrömer. Der Getreideimport aus den Provinzen begann den Grundbedarf Italiens zu decken und nährte das rasche Wachstum Roms zu einer – baulich wenig eindrucksvollen – Weltstadt.

Daran verdiente die Oberschicht. Der typische Senator stellte seinen Landbesitz inzwischen entweder auf arbeitsintensive, teure Produkte um – vor allem Wein und Oliven – oder betrieb Viehzucht mit wenigen Arbeitskräften. Über Zukäufe hinaus nutzten Senatoren und Ritter den *ager publicus*, das ‚Staatsland'; der Rechtslage nach blieb es öffentliches *Eigentum*, war aber zu großen Teilen in privatem *Besitz*. Wie und in welchem Umfang es an wen übergehen konnte, blieb rechtlich angenehm unklar.

Die Arbeitskräfte waren ihrerseits oft Kriegsbeute: Kelten, Karthager, Spanier, Griechen. Hinzu kam ein konstanter Strom ‚zivil' gehandelter Sklaven aus dem östlichen Mittelmeerraum. Angesichts der Folgekosten – Unterbringung, Verpflegung, Bekleidung, Bewachung – war die Anschaffung eines Sklaven auch jetzt aber nicht billig und kam für die Mehrzahl der Römer nicht infrage. So endete ein Großteil der Sklaven als Hirten und Erntearbeiter auf großen Gütern, ein kleinerer in den Haushalten der Oberschichten. Auf dem Land, in größeren Werkstätten und im Bergbau wurden Sklaven regelrecht verschlissen; privilegiert war eine kleine Minderheit, die über Spezialfertigkeiten verfügte – Ärzte, Architekten, Köche und Lehrer – oder anderweitig im persönlichen Dienst ihrer Besitzer stand.

Rom war bis dahin keine „Sklavenhaltergesellschaft" im marxistischen Sinn gewesen und wurde es auch jetzt nur in bestimmten Wirtschaftssektoren – selbst dort niemals vorwiegend. Doch nimmt ein Großteil der Forschung an, dass für die weniger wohlhabende **Landbevölkerung und Teile der Handwerker eine Existenzkrise** heraufzog. Kleinbauern und ihre Familienangehörigen leisteten jahrelang Kriegsdienst im Ausland, ohne ihren Hof mit Arbeit oder Geld unterstützen zu können; Zehntausende kamen dabei um. Für Hinterbliebene gab es keine Unterstützung. Sold wurde, abgesehen vom Beuteanteil, nicht gezahlt; seit den Engpässen des Hannibalkrieges zog die Republik auch Ärmere ein, deren Vermögen bislang als zu gering gegolten hatte. Gegen Importgetreide aus Sizilien und Nordafrika waren kleine Höfe nicht konkurrenzfähig; mit den intensiven Produktionsmethoden der Großgrundbesitzer konnten sie auch nicht mithalten. Kleine und mittlere Bauernfamilien verkauften Land, sanken zu Pächtern ab oder strömten nach Rom, wo das Arbeitsangebot begrenzt war. Sie konnten bei den Wahlen jede Berechnung der Nobilität zunichtemachen. Immer mehr Wahlberechtigte unterschritten als *capite* *censi* („nur nach der Kopfzahl Registrierte") die finanzielle Mindestgrenze für den Kriegsdienst; selbst viele offiziell Dienstfähige waren in Wirklichkeit schon Berufssoldaten, die sich allein aus Beuteaussichten und Nebenverdiensten finanzieren konnten. In beispiellosem Ausmaß waren sie auf den Oberbefehlshaber angewiesen.

Aufgaben zum Selbsttest

- Nennen Sie Problem- und Aufgabenfelder, in denen die Republik seit 168 zusehends an ihre Grenzen stieß.
- Argumentieren Sie, welche Indizien im Einzelfall eher für mangelnde Anpassungsfähigkeit oder -bereitschaft und welche für eine Häufung politisch-sozialer Veränderungen sprechen.
- Prüfen Sie Hindernisse für die theoretische Option, dass Rom in der Mitte des 2. Jh. eine ‚langsamere Gangart' hätte einschlagen können.

Literatur

J.-L. Ferrary, **Philhellénisme et impérialisme. Aspects idéologiques de la conquête romaine du monde hellénistique,** Rom 1988.
M. Jehne, **Cato und die Bewahrung der traditionellen Res publica. Zum Spannungsverhältnis zwischen mos maiorum und griechischer Kultur im zweiten Jahrhundert v. Chr.,** in: G. Vogt-Spira u. a. (Hgg.), Rezeption und Identität. Die kulturelle Auseinandersetzung Roms mit Griechenland als europäisches Paradigma, Stuttgart 1999, S. 115–134.
W. Scheidel (Hg.), **The Cambridge Companion to the Roman Economy,** Cambridge 2012.
P. A. Brunt, **Italian manpower 225 B. C. – A. D. 14,** Oxford 1971.
H. Cancik-Lindemaier, **Der Diskurs Religion im Senatsbeschluß über die Bacchanalien von 186 v. Chr. und bei Livius (B. 39),** in: H. Cancik u. a. (Hgg.): Geschichte – Tradition – Reflexion. Festschrift für M. Hengel. Bd. 2, 1996, S. 77–96.
S. L. James/S. Dillon (Hgg.), **A Companion to Women in the Ancient World,** Oxford 2012.

Der Weg in die Bürgerkriege | 4.6

Die Gracchen und ihr Erbe | 4.6.1

Tiberius Sempronius Gracchus, Veteran der Kriege in Spanien und in einer idealen Startposition für hohe Staatsämter, legte zu Beginn des Jahres 133 v. Chr., kurz nach seiner Wahl zum Volkstribun, einen Antrag vor, der beileibe keinen Umsturz bedeutete, aber in der Nobilität für helle Aufregung sorgte. Im Krieg und auf der Reise durch Etrurien hatte Tiberius angeblich das Problem der Landnot kennengelernt. Er reagierte mit dem Entwurf einer *lex agraria*, eines **„Ackergesetzes"**, das

Abb. 28

Rekonstruktion des Kapitols mit dem Tempel des Jupiter und dem Forum Romanum am Ende des 2. Jh. v. Chr., Aquarell von Peter Connolly (1998)

Höchstgrenzen für die Okkupation und Nutzung des *ager publicus* vorsah; das hierdurch frei werdende Land sollte in Erbpacht an landlose Bauern gehen. Gemessen an den Bedürfnissen einer Durchschnittsfamilie war die Flächengrenze sehr großzügig; viele Senatoren und Ritter hatten jedoch ungleich mehr in Nutzung oder wussten nicht, für welche Fläche welcher Rechtsstatus galt. Dem „faulen" Volk so stark entgegenzukommen, kollidierte mit Grundüberzeugungen; sehr realistisch war die Angst, dass Tiberius eine riesige Anhängerschaft zuwachsen musste, wenn er Erfolg hatte.

Anders als bei älteren Plänen im Umkreis des Scipio Aemilianus stimmte warnendes Zureden Tiberius nicht um. Angesichts seiner Beliebtheit vermied die Senatsmehrheit aber offenen Widerstand. Man nutzte vielmehr die Kollegialität und ließ einen anderen Volkstribun, Marcus Octavius, gegen eine öffentliche Beratung interzedieren. Die Empörung war groß, da das Interesse der Plebs eindeutig auf der Gegenseite lag; das ermutigte Tiberius seinerseits zu einem unerhörten **Traditionsbruch**: Eine Abstimmung der Plebs entzog Octavius sein Amt. Das politische Gefüge der Republik war erschüttert. Mit der Landverteilung ließ Tiberius – in diesem Punkt endgültig eigennützig – sich selbst, seinen jüngeren Bruder Gaius und seinen Schwiegervater beauftragen. Noch dazu durfte das familiäre Dreiergremium selbst entscheiden, ob es sich um verteilungsfähiges Land handelte oder nicht.

133 starb Attalos III., König des von Rom gegängelten Reiches Pergamon; sein Testament setzte die Republik als Erbin ein. Aus Sicht der

eingeengten Herrscher war es nur konsequent, ihre Probleme auf jene Macht abzuwälzen, die ihnen Vorschriften machte. Tiberius ließ das Volk die Annahme der riesigen Erbschaft beschließen und legte fest, sie werde der Umsetzung der *lex agraria* dienen. Beides waren Übergriffe in die ureigenste Zuständigkeit des Senats. Weitere Anträge zielten auf Bruchstellen im römischen Sozialgefüge: Den römischen Rittern wurde in Aussicht gestellt, künftig als Geschworene bei Prozessen zu fungieren, auch in Verfahren über Senatoren. Das sollte nur der Anfang sein: Für das nächste Jahr wollte Tiberius gesetzwidrig erneut als Tribun kandidieren.

Die Furcht vor einer populistischen Alleinherrschaft schlug in Gewalt um. Die Mehrheit der Senatoren rottete sich zusammen und erschlug Tiberius sowie einige Hundert Anhänger Ende 133 auf dem Forum. Man installierte ein Sondergericht, das gegen überlebende Gracchaner vorging; die Agrarkommission blieb jedoch aktiv. Sie sorgte für neue Unruhe, als sie – jetzt unter Führung der Gracchengegner – das von römischen Bundesgenossen okkupierte Land einbeziehen wollte, um die Italiker statt der römischen Oberschicht zu belasten. Scipio Aemilianus, der den Tod seines Schwagers Tiberius mit Bedauern gebilligt hatte, sorgte dafür, dass der Kommission 129 die Gerichtskompetenz entzogen wurde. Kurz darauf starb er überraschend; man vermutete teils Gracchus-Anhänger dahinter, teils die Verfechter der unbedingten Senatsherrschaft alten Stils, die man bald als **OPTIMATEN** bezeichnete.

Die innenpolitische Unruhe hielt damit an. Weder die Agrarfrage noch das Gerichtsmonopol der Senatoren war vom Tisch. Spätestens jetzt richteten sich die Blicke außerdem auf den Status der Bundesgenossen; der gracchanische Konsul des Jahres 125, Fulvius Flaccus, scheiterte mit einem Vorschlag, allen Latinern und Teilen der übrigen Italiker das Bürgerrecht zu verleihen. Nicht allein die Senatsmehrheit war dagegen, auch ‚einfache' römische Bürger konnten sich ausrechnen, dass ihr Stimmgewicht und ihre Privilegien empfindlich leiden würden. Unruhen unter den Bundesgenossen ebbten nach einer Strafaktion ab. Flaccus konzentrierte sich seitdem auf eine militärische Hilfsaktion für Massila (Marseille), die sich zur Eroberung einer Landbrücke ins römische Spanien auswuchs. Daraus wurde 121 die später als Gallia Narbonensis bekannte Provinz – im Kern die heutige Provence.

124 war **GAIUS GRACCHUS** alt genug, wie sein älterer Bruder Volkstribun zu werden. Das Standesdenken der Aristokratie verpflichtete ihn, Rache zu nehmen; auf welche Art, wurde mit Spannung und Sorge erwartet. Gaius und seine Anhänger überraschten alle. Ihre Gesetzesanträge erklärten die nach 133 tätigen Sondergerichte rückwirkend für illegal und die Wiederwahl eines Tribuns für zulässig; für Todesurteile

OPTIMATEN, eine Gruppe im Senat – meist die Mehrheit –, die den unumstrittenen Vorrang des Senats als der Besten (*optimi*) in der römischen Sozialordnung und Politik forderte, dazu die Unterordnung des Einzelsenators unter die Standesinteressen.

GAIUS (SEMPRONIUS) GRACCHUS, 153–121 v. Chr., Volkstribun 123 und 122 v. Chr.

POPULAREN, Bezeichnung für römische Politiker, die ihre Initiativen – jeweils mit dem Anspruch, das Interesse des Volkes zu stärken – hauptsächlich durch Volkstribune und Anträge in der Volksversammlung, nicht über Senatsverhandlungen, verfolgten.

PUBLICANI, Zoll und Steuerpächter aus dem Ritterstand. Die Censoren vergaben die Einziehung öffentlicher Abgaben in den einzelnen Provinzen an diejenige *publicani*-Gesellschaft, die für ihre Dienstleistung den geringsten Pauschalbetrag forderte. Betrug in Form überhöhter Steuerforderungen war an der Tagesordnung.

ohne Mitwirkung der Volksversammlung wurde die Hinrichtung angedroht. Rekruten sollten ihre Ausrüstung künftig auf Staatskosten statt auf eigene Rechnung bekommen. Erstmals führte Gaius Gracchus eine öffentliche Getreideversorgung in Rom ein, wobei die Staatskasse einen niedrigen Festpreis garantieren sollte.

All das war „volksfreundlich" (*popularis*), wie die neue politische Linie und ihre Vertreter zukünftig hießen. Die **POPULAREN** mit „demokratischen" oder „progressiven" Kräften gleichzusetzen, wäre aber verfehlt; längst nicht in jedem Fall waren Überzeugungen im Spiel, wenn jemand mithilfe des Tribunats und der Volksversammlungen Einfluss gewann und ausübte. Auch die Optimaten, die hier wesentlich grundsätzlicher dachten, gab es in mehreren Schattierungen, und ein Wechsel zwischen beiden Politikstilen war durchaus möglich.

Eine weitere Gruppe, die Gaius umwarb, waren die Ritter – ihnen wurden, wie 133 geplant, die Gerichte übertragen, ausdrücklich auch in Repetundenverfahren gegen Ex-Statthalter. Die Ausrüstung aller Legionäre bescherte den Manufakturbesitzern unter ihnen einen sicheren Gewinn. Bezahlt werden sollte er, indem man den **PUBLICANI**, den Mitgliedern von Pachtgesellschaften für staatliche Aufträge, die Steuererhebung in der neuen Provinz Asia, dem einstigen Pergamenischen Reich, überließ. In Verbindung mit Plünderungen des Statthalters, der die eigene Karriere (und die Abwehr möglicher Repetundenprozesse) finanzieren musste, waren die Folgen für die Provinzen verheerend. Die Selbstbedienungsmentalität der Nobilität war kopiert statt eingedämmt worden.

Seinen taktischen Zweck – die Ritter vom Senat zu trennen – erreichte Gaius Gracchus. Auch die Bundesgenossenfrage wurde wieder aufgegriffen. Ein Agrargesetz, der Kern der Initiative, suchte große Landgebiete für die Anlage neuer Kolonien zu gewinnen. Nach seiner Wiederwahl für 122 nahm Gaius erste Gründungen in Angriff, auch in den Provinzen. Völlig instinktlos wählte er unter anderem Karthago als Standort, dessen Territorium als verflucht und den Göttern geweiht galt. Die **Senatsmehrheit nutzte dies zum Gegenschlag.** Wie 133 führte ihn ein anderer Volkstribun, Marcus Livius Drusus, mit Interzession und Veto, doch auch mit psychologisch geschickten Gegenanträgen: zahlreiche Kolonien in Italien statt in den unattraktiven Provinzen, nur begrenzte Vorrechte für die in der Armee dienenden *socii*. Beides war den Plebejern ungleich lieber.

Die Machtprobe zeichnete sich für 121 ab. Der Versuch des Tribuns, für eine dritte Amtszeit zu kandidieren, fiel durch. Man drohte Gaius wegen Karthago einen Religionsfrevel zu unterstellen, ihm die Mitgliedschaft in der Agrarkommission und damit die Immunität gegen

Strafverfolgung zu entziehen. Seine Anhängerschaft wartete den Ausgang nicht ab, bewaffnete sich und besetzte den Aventin, Symbolberg des plebejischen Zusammenhalts. Statt formloser Gewalt forderte der Senat diesmal feierlich die Konsuln auf, „zuzusehen, dass der Staat keinen Schaden nimmt", und ging nach diesem „letzten Senatsbeschluss" (**SENATUS CONSULTUM ULTIMUM**) auseinander. Es kam zu Menschenjagden und einer Schlacht um den Aventin. Gaius Gracchus ließ sich töten, ehe er den Verfolgern in die Hände fallen konnte. Wiederum wurden Sondergerichte installiert; insgesamt sollen der Gewaltwelle 3000 Gracchaner zum Opfer gefallen sein.

Die polarisierte Überlieferung hat eine **Fülle von Interpretationen** hervorgerufen. Das gern gebrauchte Schlagwort von Revolution und Konterrevolution ist zumindest auf 133 nicht anwendbar – Tiberius Gracchus hatte seine Rolle im System und dessen Ausrichtung infrage gestellt, nicht das System selbst. Andererseits brach er die ungeschriebene Verfassung. Gaius dagegen riskierte offen den Zusammenbruch des republikanischen Gefüges und steigerte bedenkenlos die Konfliktpotenziale in der römischen Gesellschaft, schon weil ihm seine Lebensgefahr bewusst war. ‚Seine' Republik hätte die Zentralstellung des Senats nicht mehr gekannt.

In beiden Fällen übertraf die Kombination aus Veränderungsunwillen und Gewaltbereitschaft, welche die Senatsmehrheit an den Tag legte, bei Weitem die Rechtsbrüche vonseiten der Gracchen. Die Optimaten hätten sich eingestehen müssen, dass alle gegen sie mobilisierten Probleme angegangen werden mussten; stattdessen behandelten sie die Krisen als reine Frage von Disziplin und Unterordnung. Das *senatus consultum ultimum* ist immer wieder beschönigend als „Notstandsdekret" bezeichnet worden; tatsächlich forderte es die Konsuln auf, die Sache im rechtsfreien Raum mit allen Mitteln zu regeln. Seit den Ständekämpfen gab es für solche Notfälle jedoch andere, weit weniger brutale Mechanismen. Damit war einerseits der Konsens zwischen Senat und Volk gekündigt, zum anderen eine ideelle Grundlage der *res publica*, ihre Gesetzestreue.

Der Riss ging, wie sich bald zeigte, quer durch den Senat selbst, womit der einheitsstiftende Zweck der Strafaktionen von Anfang an verfehlt war. Jeder momentane Sieg einer Seite ging seitdem mit neuen Gewalteskalationen einher. Jede noch so radikale Säuberung hatte den ungewollten Effekt, darauf hinzuweisen, wie machtvoll die populare Option für Politiker war. Die allseitige Durchsetzungsbereitschaft um jeden Preis ist ein Kennzeichen der Späten Republik, die sich damit zu spalten begann. Fast augenblicklich wurde dies außerhalb Roms als Schwächezeichen genommen.

> **SENATUS CONSULTUM ULTIMUM,** lat. = frei übersetzt: die Verhängung des Ausnahmezustandes. Der (optimatisch dominierte) Senat fordert die Magistrate auf, alles für den Schutz der Republik Nötige zu tun, und verzichtet auf seinen sonst üblichen Kontrollanspruch. Um ein ‚Notstandsrecht', wie man oft liest, handelt es sich nicht, da den erwarteten Gewaltakten keinerlei Grenzen gesetzt werden.

4.6.2 Rückkehr der militärischen Leitfiguren

JUGURTHA, ca. 160–104 v. Chr., 118/116 v. Chr. Teilherrscher, 112 v. Chr. Alleinherrscher des Königreichs Numidien. Im Krieg mit Rom 112–105 v. Chr.

In den ersten Jahren nach 121 v. Chr. trat innenpolitisch so etwas wie Ruhe ein. Militärische Auseinandersetzungen in Gallien und Illyricum verliefen unspektakulär. Anders stand es mit dem skandalösen Aufstieg des numidischen Königsverwandten **JUGURTHA**, der sich zwischen 118 und 112 v. Chr. den Weg an die Spitze dieses nordafrikanischen Klientelstaates freimordete. Der Senat ließ es bei Protestnoten, bis es zu Morden an römischen Rittern kam. Es folgte ein rein symbolischer Krieg, unterbrochen von Friedensangeboten an den Aggressor, der am Ende eine Armee Roms zur Kapitulation zwang.

Ein Mitglied der optimatischen Caecilii Metelli, die in diesen Jahren viele Konsuln stellten, ging nun energisch gegen Jugurtha vor. Nach Anfangserfolgen übertrug das Volk den Oberbefehl auf **GAIUS MARIUS**,

C. MARIUS, 158/157–86 v. Chr., Konsul 107, 104–100 und 86 v. Chr.

den Konsul des nächsten Jahres und einen *homo novus*. Marius gelang es, sein Kommando jahrelang zu behalten und Jugurtha zu besiegen; sein patrizischer Quaestor **SULLA** nahm 105 den König gefangen, von dem der Satz stammte, in Rom sei jeder käuflich. Der talentierte Feldherr sah sich rasch nach neuen Aktionsfeldern um. Die Begeisterung der Plebs, besonders der Kriegsveteranen, half ihm dabei.

L. CORNELIUS SULLA, ca. 138–78 v. Chr., aus einem unbedeutenden Familienzweig, Konsul 88 und 80 v. Chr., Dictator 82–81(?) v. Chr.

Ein mögliches Kommando bot sich im Norden an. In Europa jenseits der Alpen waren große Wanderungen im Gang; deren Kern bildeten zwei Stämme von der Nordseeküste, Cimbern und Teutonen. 113 erschienen sie erstmals im römischen Blickfeld, als sie in Noricum eindrangen, das wegen seines Eisenerzes ebenso sensibles Terrain war wie durch seine Lage im Vorfeld der Alpenübergänge nach Italien. Eine römische Armee stellte sie und wurde geschlagen; die Landsucher wichen dem Widerstand aus und gelangten bis nach Gallien. Ihre Pläne, sich dort in oder nahe der römischen Provinz Narbonensis anzusiedeln, wollten sie in Verhandlungen durchsetzen; stattdessen schlug und verlor Rom 109 die nächste Schlacht. Im Jahr des Sieges über Jugurtha entschied sich der Senat, den Unruheherd zu beseitigen. Drei starke Armeen wurden in Position gebracht. Ihre Anführer konkurrierten um den absehbaren Kriegsruhm. Am 6. Oktober 105 wurden sie alle bei Arausio (Orange) katastrophal geschlagen.

In Rom brach eine **Invasionspanik** aus. Marius erschien als möglicher Retter und Rächer. Für 104 wurde er als Konsul wiedergewählt; dieser Verfassungsbruch wiederholte sich Jahr für Jahr. Da kein unmittelbarer Angriff erfolgte, nutzte Marius die Zeit, um eine Armee nach eigenen Vorstellungen aus Veteranen, Freiwilligen und handverlesenen Offizieren aufzubauen. Die irreführend als „Heeresreform des Marius" bekannte Initiative machte viele längst laufende Entwicklungen offiziell, besonders die Zulassung vermögensloser Bürger zur Armee. Damit entstand ein absehbares Problem für die Zukunft: Die meisten Soldaten mussten nicht nur bezahlt, sondern nach ihrer Dienstzeit auch versorgt werden. Allein ihr Feldherr konnte das für sie durchsetzen – wozu er wiederum nur imstande war, wenn die Stimmen seiner Veteranen ihn oder politische Freunde in ein einflussreiches Amt brachten.

Die Legionen, die Marius auf schnelle Bewegungen und selbstständige Operationen der jeweils zehn Untereinheiten (der Kohorten) trainierte, wurden zur gleichen Zeit zu permanenten Einheiten und begannen einen Korpsgeist zu entwickeln. Als Bürger verstanden sie sich bald nur in zweiter Linie; ihre Loyalität galt ihren Kameraden und ihrem Feldherrn. Schon seit etwa 200 konnte dieser von seiner Armee den Ehrentitel *imperator* erhalten; jetzt deutete diese Bezeichnung den neuen Charakter der Verbindung zwischen Promagistraten und ihrem Heer an. Mit dem Aufkommen dieser „Heeresklientel" war damit an der Peripherie genau jene feste Verbindung eines führenden Politikers mit einer großen Wählergruppe eingetreten, welche die Senatsmehrheit von Reformern im Zentrum Rom befürchtet hatte.

Marius konnte die Teutonen 102 bei Aquae Sextiae (Aix-en-Provence) vernichtend schlagen; der Einfall der Cimbern in Oberitalien und Strategiefehler des optimatischen Kommandeurs erlaubten es Marius, auch diesen Sieg (101 bei Vercellae) für sich allein zu beanspruchen. Rom gab ihm den Ehrentitel eines zweiten Stadtgründers („Vater des Vaterlandes", *pater patriae*). Schon vor 100, dem sechsten Konsulat des Marius, arbeiteten seine politischen Helfer in Rom am Problem der Veteranenversorgung.

Der Volkstribun Appuleius Saturninus, bisher ein wichtiger Marius-Unterstützer, nutzte den Moment, um die eigene Position illegal auszubauen. Als er und sein Verbündeter Glaucia mit Terrorakten gar ihre Wahl in Tribunat und Konsulat für 99 erzwangen, war es ausgerechnet Marius, an den ein *senatus consultum ultimum* erging und der seine bisherigen Verbündeten auf dem Kapitol belagerte. Nach ihrer Gefangennahme wurden sie von einer wütenden Menge, teils Senatoren, gesteinigt. Marius, über Nacht isoliert, verließ Rom für einige Zeit.

Der Kollaps des Bundesgenossensystems | 4.6.3

Rom stand nun im Zeichen des sich vertiefenden **Gegensatzes zwischen Nobilität und Rittern**. Als Machtbeweis ging man gegen Bundesgenossen vor, denen Marius das Bürgerrecht verliehen hatte. Umgekehrt demonstrierten die *publicani* mithilfe der Geschworenen aus dem Ritterstand, wie leicht sie Senatoren in Provinzämtern angreifen konnten.

Angesichts der Spaltungen ergriff ein Volkstribun des Jahres 91, Marcus Livius Drusus (der Sohn des Gracchengegners), die Initiative im Sinn des Senats – mit dem paradoxen Ergebnis, dass die Senatsmehrheit ihn als Revolutionär betrachtete, vor allem weil er den Senat durch die Aufnahme von Rittern erweitern wollte. Die üblichen Fragen – Kolonien, Land- und Getreideverteilung – kamen hinzu. Gesetzwidrig lehnte der Senat alle Entwürfe pauschal ab; dann wurden Livius Drusus geheime Kontakte zu italischen Unzufriedenen zum Verhängnis, die kurz vor einer Revolte standen. Darin konnte man Hochverrat sehen. Die Verbindung flog auf, Drusus wurde wenig später bei einem nie aufgeklärten Attentat tödlich verwundet.

Während die Optimaten neue Sondergerichte gegen die ‚verräterischen' Drusus-Anhänger planten, wurden sie von einer Aufstandswelle in weiten Teilen Italiens überrascht. Rund um die kampfstarken Marser und Samniten formierten sich gut zwei Drittel der italischen Bundesgenossen zu einer Art föderativem Gegenstaat mit römischer Militärtechnik, eigener Währung, eigenem Senat und der Hauptstadt Corfinium. Nur der Beistand der loyal gebliebenen *socii* im **BUNDESGENOSSENKRIEG** und die Kampferfahrung einzelner römischer Anführer verhinderten ein völliges Desaster, nachdem besonders das erste Kriegsjahr 90 blutige Rückschläge gebracht hatte. Marius und mehr noch sein Ex-Untergebener Sulla taten sich hervor. Beispiellos große Armeen waren mobilisiert; aus den Provinzen wurden die Streitkräfte abgezogen.

Schnell sah man in Rom ein, dass man die eigene Existenz riskierte; auch im Erfolgsfall drohte bei einem langen Krieg der sichere Zusammenbruch der Herrschaft jenseits Italiens. So wurden Gesetze erlassen, die zunächst allen Latinern und den loyal gebliebenen *socii* das Bürgerrecht verliehen (*lex Iulia*), dann den Aufständischen individuell dasselbe versprachen, falls sie den Kampf aufgaben (*lex Plautia Papiria*). In Kombination mit römischen Siegen des Jahres 89 brachte das den Umschwung. Als Gewinner des Krieges – der in einigen Enklaven weiterging – konnte Sulla auftreten, der die samnitische Hauptstadt Bovianum einnahm.

Die Quellen sprechen von 300 000 Gefallenen. Es kam zu kleineren Strafaktionen. Die große Mehrzahl der Italiker und alle Latiner wurden gleichwohl über Nacht römische Bürger, ohne ihre eigenen Lokalbürgerschaften einzubüßen; den Aristokraten italischer Städte stand nun die Karriere in Rom offen. **Italien war nun fast flächendeckend Bürgerterritorium**, an das sich die Kolonistenregion am Po mit latinischem Bürgerrecht anschloss. Die Bürgerzahl schnellte damit auf rund eine Million empor. Das regionale und ethnische Eigenbewusstsein auf der tief gespaltenen Halbinsel verschwand dadurch keineswegs über Nacht. Dank einer gezielten Diskriminierung wurden Hunderttausende Neubürger in

BUNDESGENOSSENKRIEG, Hauptkampfhandlungen 91/90–88 v. Chr., Ausläufer bis 87/86 v. Chr.

| Abb. 29

Mithridates VI. Eupator, König von Pontos (reg. ca. 120–63 v. Chr.), zeitgenössisches Münzbildnis

nur wenige Tribus eingeschrieben, konnten also die Minderheit der Altbürger nicht überstimmen. Gerade das sorgte augenblicklich für neuen Unmut.

Zu einer Entspannung kam es nicht, da ein tatkräftiger und rücksichtsloser Fürst in Kleinasien vom Krieg profitiert hatte. **MITHRADATES VI.**, König des mittelgroßen Reiches Pontos am Schwarzen Meer, hatte die von Rom herbeigeführte Zersplitterung der Halbinsel zur Expansion genutzt. Als ein kurzsichtiger römischer Statthalter den Nachbarkönig Nikomedes IV. von Bithynien zu einem Angriff trieb, eroberte Mithradates 88 im Gegenzug Bithynien und die römische Provinz Asia, die Haupteinnahmequelle des Imperiums.

MITHRADATES VI. EUPATOR, ca. 134–63 v. Chr., König von Pontos seit 114/113 v. Chr.

Der erste Bürgerkrieg und die konservative Revolution Sullas | 4.6.4

Mit dem begehrten Kommando gegen Mithradates wurde Sulla betraut, der 88 Konsul war. Die Finanzkrise durch den Verlust der Provinzeinnahmen führte in Rom zu Unruhen, die sich ein Volkstribun, Sulpicius Rufus, zunutze machte, wobei Marius – der als Sulpicius' Verbündeter in die große Politik zurückkehrte – das Leben Sullas rettete. Der Preis war der Abzug des Konsuls aus Rom. Auf dem Weg zu seiner Armee, die er schon im Bundesgenossenkrieg befehligt hatte, erreichte Sulla die Nachricht, sein Kommando sei Marius übertragen worden. Umgehend besetzten seine Truppen Rom nach kurzen Straßenkämpfen – ein Rechtsbruch und ein Sakrileg zugleich. Seine faktische Alleinherrschaft nutzte Sulla aber nur zu hastigen Sicherungsmaßnahmen, ehe er, wie geplant, gegen Mithradates aufbrach. Darunter war die neuartige Erklärung einiger Hauptgegner zum Staatsfeind (*hostis*). Sulpicius wurde getötet, Marius entkam.

Noch vor Sullas Ankunft im Osten hatte Mithradates weite Teile Griechenlands besetzt, wo er begeistert begrüßt wurde. Ein Maßstab für den Romhass, der sich bis in die hellenistischen Eliten verbreitet hatte, war der koordinierte Mord an angeblich 80 000 in Kleinasien ansässigen Römern und Italikern, vielfach Geschäftsleuten, zu Beginn des Jahres 88. Zwischen Anfang 87 und Ende 86 eroberte Sulla Griechenland in einer langen Erfolgsserie zurück.

In Sullas Rücken trat ein Konsul des Jahres 87, sein entfernter Verwandter Lucius Cornelius Cinna, unerwartet das politische Erbe des Sulpicius an, verbündete sich mit Marius samt dessen Veteranen und zwang Rom zur Kapitulation. Es folgten Racheakte, neue *hostis*-Erklärungen und eine Fluchtwelle von Optimaten. Gegen und neben Sulla operierten cinnanische Konkurrenzarmeen im Osten. Ihre Soldaten desertierten überwiegend zum Heer des überlegenen Sulla, der sich

1. MITHRADATISCHER KRIEG, 89–85 v. Chr.

BÜRGERKRIEG, 88/87–82 v. Chr., Hauptphase 83–82 v. Chr. Weitere Kämpfe bis zum Ende des Sertorius-Krieges 71 v. Chr.

PROSKRIPTIONEN, lat. *proscribere* = ein Schriftstück aushängen. Bezeichnung für öffentliche Ächtungs- und Todeslisten. Für die Ergreifung der aufgeführten Personen – tot oder lebendig – wird ein Anteil ihres Vermögens versprochen; sie selbst verlieren ohne jedes Verfahren alle Rechte und ihren Besitz, ihre Nachkommen den Zugang zu öffentlichen Ämtern.

auf die Wiedereroberung Italiens vorbereitete. Mit Mithradates wurde nach dem **1. MITHRADATISCHEN KRIEG** 85 ein sehr moderater Friede geschlossen; die Hauptlast des Krieges trugen die Städte der Provinz Asia. Marius, Symbolfigur der Sullagegner, war schon Anfang 86 gestorben. Die Führung der Cinnaner durchlief blutige Krisen, denen Cinna selbst zum Opfer fiel. Dennoch entwickelte sich der **BÜRGERKRIEG** nach Sullas Landung in Italien (83) zu einer verlustreichen Auseinandersetzung. Besonders die Romfeinde von 91, voran die Samniten, standen gegen ihn. Sulla und seine Unterstützer, darunter Gnaeus Pompeius und Marcus Licinius Crassus, setzten sich durch. Im Herbst 82 brach der Widerstand zusammen.

Es folgten Massaker an den vor Rom und in der belagerten Festung Praeneste (Palestrina) Gefangenen, während Pompeius Widerstandsnester in den Provinzen bekämpfte. Statt nach den ersten Racheakten abzuklingen, wurde der Terror nun systematisch gestaltet. Eine mehrmals erweiterte Liste zählte Personen auf, die ihr Bürgerrecht verloren und straffrei getötet oder ausgeliefert werden sollten. Diese **PROSKRIPTIONEN** betrafen angeblich 520 Personen und ihre Familien. Allein 90 Senatoren und 1600 Ritter werden als tatsächliche Opferzahl genannt; mehrere tausend Angehörige anderer Schichten müssen aber hinzugekommen sein, womit zwischen 91 und 82 v. Chr. von 300 Senatoren rund 200 gewaltsam gestorben sind. Mit dem Aderlass beim Ritterstand beendete Sulla dessen politischen Ehrgeiz. Das Ämterverbot für die Nachfahren der Proskribierten bahnte Sullas Parteigängern in Rom und den italischen Städten den Weg; noch dazu steckten sie große Teile der beschlagnahmten Vermögenswerte ein. Zusätzlich verjagte man Landbesitzer ohne jede Anklage. Auf einem Teil der beschlagnahmten Ländereien wurden die Veteranen der Sullaner angesiedelt.

Rachsucht und Beutegier spielten in den Überlegungen der Sieger eine wichtige Rolle; Vorrang hatte jedoch das Ziel, die Herrschaft des Senats unumkehrbar zu machen. Zu diesem Zweck ließ Sulla sich als erster Römer seit über einem Jahrhundert zum Dictator „zwecks Gesetzgebung und zur Festigung der Republik" vorschlagen; seine Amtszeit sollte im eigenen Ermessen liegen, war also unbegrenzt. Das machte ihn zum ersten römischen Diktator im modernen Sinn.

An allen Gesetzen Sullas wirkten Senat und Volksversammlung mit, teils durch den Terror eingeschüchtert, teils kriegsmüde durch die Erschütterungen seit 91. Die Proskriptionen wurden nachträglich in Gesetzesform gebracht. Wer den Senat oder die Magistrate angriff, wurde mit der Todesstrafe bedroht. Die Gerichte gingen zurück an die Senatoren, deren Zahl sich nicht zuletzt deshalb auf rund 600 verdoppelte. Künftig gab es acht ständige, für spezifische Delikte zuständige Gerichtshöfe –

ein großer Fortschritt in der römischen Justizgeschichte. Jedem war ein Praetor zugewiesen, was (zusammen mit der Senatsvergrößerung) zur Vermehrung fast aller Ämter des *cursus honorum* führte; es blieb jedoch bei nur zwei Konsuln pro Jahr.

Die künftig 20 Quaestoren wurden automatisch Senatsmitglieder, was die Auswahlfunktion der Censoren (→ vgl. 4.3.3) stark einengte und zur Unattraktivität dieser Magistratur in der Folgezeit beitrug. Wer Volkstribun wurde, war anschließend für jedes Senatsamt unwählbar, lief also in eine politische Sackgasse. Ein Problem stellten die Provinzen dar. Jeder Praetor und Konsul wurde im Jahr nach seinem Amt automatisch Promagistrat für ein weiteres Jahr, übernahm eine Provinz – es waren genau zehn – und durfte deren Grenzen nicht eigenmächtig überschreiten. Auf diese Weise sollten mehrjährige Bindungen zwischen Statthalter und Armee unterbleiben. Das scheiterte aber schon daran, dass es keine Personalreserve gegen Krankheit, Tod oder Amtsunfähigkeit gab.

Damit war **Sullas Verfassung ein System im Dienst des Senats**, dessen Mitglieder besser vor mächtigen Standesgenossen geschützt sein sollten. Dem entgegen stand jedoch das unbestrittene Hauptziel jedes einzelnen Senators: in direkter Konkurrenz zu seinen Kollegen Prestige und persönliche Macht anzusammeln. Obendrein umgingen Sullas engste Vertraute, voran Pompeius, die neuen Vorschriften ungeniert. Um die soziale Stabilität der neu zugeschnittenen Republik stand es noch schlechter. Die Zahl ihrer Feinde unter Italikern und Angehörigen der Plebs war hoch, auch wenn sie derzeit aus Angst schwiegen. Die Familien der Pro-

Aufgaben zum Selbsttest

- Verdeutlichen Sie die Unterschiede zwischen popularem/optimatischem Politikstil und heutigen Parteien oder Fraktionen.
- Stellen Sie die Problemfelder zu Beginn der späten Republik, die unterrepräsentierten sozialen Kräfte, die vorgeschlagenen Lösungsansätze und die tatsächlichen Lösungen – soweit welche gefunden wurden – zusammen.
- Kontrastieren Sie die zeitgenössischen Mechanismen zur Behinderung und Bekämpfung politischer Gegner mit den Verfahren, eine Anhängerschaft für die eigene Sache herzustellen.
- Alle rivalisierenden Kräfte beanspruchten für sich, der römischen Tradition (*mos maiorum*) zu folgen und einen sozialen Konsens erzielen zu wollen. Diskutieren Sie diese Ansprüche.
- Bewerten Sie das Potenzial der sullanischen Restauration, wie beabsichtigt künftige Machtkämpfe und Bürgerkriege zu verhindern.

skribierten und vergleichbarer Opfer mussten zwangsläufig auf eine Revision der sullanischen Ordnung aus sein. Versöhnungsangebote wie im Bundesgenossenkrieg gab es diesmal nicht.

Persönlich machte Sulla Ernst mit seinem Willen zur Senatsherrschaft. Er trat zu einem ungewissen Zeitpunkt (81 oder 80?) von der Dictatur zurück und führte bis zu seinem frühen Tod ein Leben als Privatmann. Sullas Staatsbegräbnis in übermenschlichen Dimensionen wurde 78 zum Schauplatz öffentlicher Uneinigkeit. Kurz darauf rückten Sullas senatorische Erben in Reden von ihm ab; ansonsten war der Hass auf ihn weitverbreitet. Teile seiner strukturellen Reformen überstanden jahrhundertelang das Zerbröckeln der Senatsherrschaft und den Untergang der Republik selbst.

Literatur

K. Christ, **Krise und Untergang der römischen Republik**, 8. Aufl., Darmstadt 2013.
H. Heftner, **Von den Gracchen bis Sulla: Die römische Republik am Scheideweg 133–78 v. Chr.**, Regensburg 2006.
J. Bleicken, **Überlegungen zum Volkstribunat des Tiberius Sempronius Gracchus**, in: *Historische Zeitschrift* 247 (1988), S. 265–293.
T. Hantos, **Res publica constituta. Die Verfassung des Dictators Sulla**, Stuttgart 1988.

4.7 | Der Untergang der römischen Republik

4.7.1 | Die Selbstauflösung des sullanischen Systems

Noch 78 kam es zur nächsten Krise in Italien, als der Konsul Aemilius Lepidus populare Forderungen aufgriff und seine Provinzarmee gegen Rom führte. Zugleich wandte sich **POMPEIUS**, der jüngste und ehrgeizigste der sullanischen Generäle, dem Kampf gegen den Cinnaner Sertorius in Spanien zu, wofür er prompt eines der von Sulla abgeschafften langjährigen Imperien erhielt. Erst 72/71 v. Chr. war der Widerstand dort besiegt.

Im Osten war der Republik nach dem Tod von König Nikomedes IV. (74) auch Bithynien per Testament vererbt worden. Während Rom im selben Jahr mühelos die Kyrenaika in Nordafrika aus dem Besitz der Ptolemäerdynastie übernahm, griff nach Bithynien der alte Feind Mithradates VI., der einen starken Verbündeten gefunden hatte, den Großkönig Tigranes I., Herrscher des schnell expandierenden armenischen Reiches. Der **3. MITHRADATISCHE KRIEG** wurde – samt der Statthalterschaft über gleich mehrere Provinzen – mit Lucius Licinius Lucullus einem weiteren Vertrauten Sullas übertragen; bis 70 eroberte Lucullus, einer der fähigsten Militärs und Politiker seiner Zeit, Pontos und stabilisierte die Pro-

GNAEUS POMPEIUS MAGNUS, 106–48 v. Chr., Konsul 70, 55 und 42 v. Chr.

3. MITHRADATISCHER KRIEG, 74–63 v. Chr.

vinz Asia. Spektakuläre Siege öffneten ab 69 den Weg zur armenischen Hauptstadt Tigranokerta, die riesige Beutemengen abwarf.

Zugleich offenbarte sich eine an Ohnmacht grenzende römische Schwäche auf dem Wasser. Nach den erzwungenen Abrüstungen mehrerer Flotten im östlichen Mittelmeer hatte die Piraterie dort die Züge eines Quasi-Staates angenommen, der einerseits die römischen Sklavenmärkte belieferte, andererseits die Getreideversorgung Roms bedrohte. Strafaktionen blieben stecken oder endeten in peinlichen Kompromissen.

Das neue Schwächezeichen fiel mit dem bei Weitem größten jener **Sklavenaufstände** zusammen, die seit den 130er-Jahren besonders in Sizilien immer wieder ausgebrochen waren – der Zustrom kampferprobter Kriegsgefangener, schonungslose Behandlung gerade dieser Sklavengeneration und Unmut in der verarmten Landbevölkerung halfen nach. Ab 73 formierte sich unter dem Ex-Soldaten und Gladiator Spartacus eine Armee, die Italien von einem Ende zum anderen durchzog. Erst ein groß angelegter Feldzug unter dem Kommando des Crassus drängte 71 die Aufständischen in den Süden Italiens ab und vernichtete sie; zu Crassus' Ärger gelang ein symbolischer Schlussakt im Sklavenkrieg ausgerechnet Pompeius.

Wieder einmal stand die Führungsstärke der Nobilität infrage. Pompeius und Crassus gewannen – auch dank der bedrohlichen Präsenz ihrer Armeen – die Konsulwahlen für das Jahr 70 gegen den Willen der Hauptgruppe der optimatischen Senatoren. Daraufhin führten die beiden einen Schlag gegen die Senatsverfassung: Die Einschränkungen des Volkstribunats wurden aufgehoben, zwei Drittel der Gerichtssitze gingen an vermögende Nichtsenatoren. Noch im Jahr 70 klagte der junge Redner und Anwalt **CICERO** den langjährigen Propraetor von Sizilien, Gaius Verres, an. Vor der neuartigen Jury war Verres – der sich auch auf Kosten der geschäftlich tätigen Ritter bereichert hatte – chancenlos. Die Machtverschiebung hatte Auswirkungen bis in die Provinzen. Es kam zu Meutereien gegen Lucullus, der sowohl die Ritter als auch Pompeius und die Optimaten zu fürchten hatte. Nach und nach beschnitt man sein Kommando, bis Lucullus abgelöst wurde.

MARCUS TULLIUS CICERO, 104–43 v. Chr., Konsul 63 v. Chr.

| Abb. 30

Büste des römischen Politikers, Anwalts, Redners und Schriftstellers Marcus Tullius Cicero (106–43 v. Chr.)

4.7.2 | Expansion nach innen und außen: Pompeius, Crassus, Caesar

Während die Senatsmehrheit gegen Lucullus arbeitete, um langjährige Kommandoträger nicht wieder aufkommen zu lassen, verfolgte **Pompeius** ganz andere Absichten. Sein Ziel war anscheinend, eine Art **permanenter Feldherr der Republik** zu werden; in der Bürgerschaft fand die Idee eines zweiten Marius durchaus Anklang. Anfang des Jahres 67 übertrug ihm das Sondergesetz eines Volkstribuns (die *lex Gabinia*) eine Generaloffensive gegen die Piraten, die das gesamte Mittelmeer samt seinen Küstengebieten abdecken sollte; mit 500 Schiffen und 120 000 Soldaten war dieses *imperium* gigantisch dimensioniert. Der Senat gab nur unter dem Druck der Hauptstadtbevölkerung nach; die eigentlich für diese Gebiete zuständigen Promagistrate waren verärgert. Zum befürchteten Staatsstreich des Pompeius kam es aber nicht. Durch koordiniertes Vorgehen und extrem milde Kapitulationsbedingungen war es außerdem ein kurzer Feldzug.

Noch während das Imperium gegen die Piraten lief, schlugen die Pompeius-Anhänger in Rom vor, dem Prokonsul, da er schon im Osten war, gleich auch den Krieg gegen Mithradates zu übertragen. Die *lex Manilia* vom Beginn des Jahres 66 machte Pompeius überdies zum Statthalter von Bithynien und Kilikien. Damit konnte er die Lorbeeren des Lucullus ernten; noch 66 war auch dieser Krieg entschieden. Pompeius zwang Tigranes ins römische Bündnissystem, ehe er Mithradates bis nach Kolchis (Georgien) verfolgte; der König starb 63 als Opfer von Machtkämpfen mit seinen Söhnen.

Der Sieger, der sich in Rom als neuer Alexander darstellen ließ, ordnete – ohne nennenswerte Rücksprache mit dem Senat – den gesamten Osten neu. Pontos wurde römische Provinz, dazu annektierte Pompeius Syrien, den letzten Rest des Seleukidenreiches. Rom kontrollierte jetzt rund die Hälfte Kleinasiens und grenzte am Euphrat ans aufstrebende Partherreich. Die Einverleibung des reichen, geschwächten Ägypten und ein Eroberungskrieg gegen die Parther wurden zu Wunschträumen der *nobiles*.

Darüber hinaus errichtete Pompeius ein System aus teils neu geschaffenen, vertraglich an Rom gebundenen Königreichen und Fürstentümern, das bis nach Armenien und ins Bosporanische Reich auf der Krim ausgriff. Diese **KLIENTELFÜRSTEN** bildeten nicht zuletzt ein Vorfeld gegen das Ausgreifen der Parther. Das parthische Interesse an Syrien wuchs allerdings weiter; zugleich gerieten die römisch-jüdischen Beziehungen in ein Fahrwasser der Feindseligkeit.

Vor der Rückkehr des Siegers und seiner Soldaten fürchtete sich nicht nur der Senat; Pompeius' Veteranen drohten die Wahlen zu dominieren.

KLIENTELFÜRSTEN, Herrscher formell unabhängiger Gebiete, die praktisch aber römischen Vorgaben unterlagen und damit aus heutiger Sicht als Teil des imperialen Systems erscheinen. Ihre Beziehungen zu führenden Politikern, später dem Kaiser, erinnern stark an eine römische Klientel.

Der Versuch des gescheiterten sullanischen Politikers Sergius Catilina, an der Spitze zahlreicher Verzweifelter mit Bürgerkriegsbiographien einen Umsturz in Rom herbeizuführen, konnte Pompeius sogar den Vorwand zu einem Staatsstreich liefern. Dem Konsul des Jahres 63, Cicero, gelang die Isolation der Verschwörer in der Hauptstadt. Rechtzeitig vor der Rückkehr des Pompeius fielen die meisten Catilinarier Anfang 62 im Kampf. Folgenreich war die Entscheidung, führende Verschwörer auf der Basis eines *senatus consultum ultimum* hinrichten zu lassen.

Pompeius entließ seine Armee pflichtgemäß. Umgehend setzten die Anstrengungen des Senats ein, ihn auf ein Normalmaß zurechtzustutzen. Persönliche Feinde wie Lucullus wirkten mit den Optimaten zusammen. Darum zeichnete sich ein komplettes Scheitern der Versorgung für die Pompeius-Veteranen ab.

Diesen Augenblick nutzte ein Senkrechtstarter der römischen Politik, Gaius Iulius CAESAR, der sich auf den ersten Schritten der Karriereleiter als Verwandter und programmatischer Erbe des Marius profiliert hatte. Massive Finanzhilfe durch Crassus, der im Senat seit Jahren isoliert war, hatte es Caesar erlaubt, gegen optimatische Konkurrenz zum PONTIFEX MAXIMUS gewählt zu werden und die Prätur zu erreichen. Jetzt gelang es ihm, die alten Feinde Pompeius und Crassus zu einem Bündnis zu bringen, das Caesar selbst den Weg zum Konsulat sicherte. Pompeius (der Caesars Tochter Iulia heiratete) lieferte die Stimmen seiner Veteranen, Crassus mit seinen Verbindungen in den Ritterstand das Geld für den Kauf fehlender Stimmen, während Caesar Gesetze versprach, die den Wünschen aller drei Beteiligten gerecht wurden.

Der Plan ging auf. Im Gegenzug für die Blockade der Optimaten wurde die römische Politik gut ein Jahr lang von drei Männern in Haft genommen; man bezeichnet sie üblicherweise fälschlich als „ERSTES TRIUMVIRAT". Die Machtdemonstration wirkte demoralisierend und untergrub das Ansehen der Republik. Rechtsbrüche und Schlägerattacken brachten neue Agrargesetze auf den Weg; über die Volksversammlung ließ sich Caesar am ohnmächtigen Senat vorbei gleich drei Provinzen auf fünf Jahre übertragen, darunter die Gallia Cisalpina und die Gallia Narbonensis. Damit standen die Rom nächstgelegenen Truppen unter seinem Kommando; noch dazu konnte er sie durch Aushebungen in Oberitalien jederzeit massiv aufstocken. Möglichkeiten, sich militärische Erfolge zu verschaffen, hatte er reichlich.

Die Vergeltung für Caesars Rechtsbrüche konnte man damit frühestens 53, wenn mit dem Prokonsulat auch seine Immunität auslief, vor Gericht suchen. Auch der Druck der drei Oligarchen auf Rom hielt an. Er trieb Cicero, einen Kritiker des Pakts, wegen der Hinrichtungen von 63 ins Exil. Pompeius und Crassus sicherten sich das Konsulat für 55. Beide

C. IULIUS CAESAR, 101/100–44 v. Chr.; Konsul 59, 48 und 46–44 v. Chr., Dictator 49 und 48, seit 46 auf zehn Jahre, 44 v. Chr. auf Lebenszeit.

PONTIFEX MAXIMUS, Leiter des Priesterkollegiums der Pontifices, das über Fragen der traditionellen Kulte und religionspraktische Zweifelsfälle entschied. Eine Verwendung zu politischen Zwecken war möglich; wie fast alle wichtigen Priesterämter wurde auch dieses ‚nebenberuflich' von Senatoren wahrgenommen.

SOG. ERSTES TRIUMVIRAT, private Allianz zwischen Caesar, Pompeius und Crassus, die 59–54/53 v. Chr. die römische Politik dominierte; nicht mit dem per Gesetz begründeten („Zweiten") Triumvirat von 43 v. Chr. zu verwechseln.

waren über die unvorhergesehene Dynamik besorgt, die ihr Verbündeter Caesar in Gallien zeigte. Statt Kleinkriege zu führen, nutzte oder provozierte der Prokonsul eine Serie lokaler Krisen, um das gesamte Gebiet zwischen Atlantik, Ärmelkanal und Rhein zu unterwerfen. Spektakuläre Kurzauftritte in Britannien und im rechtsrheinischen Germanien waren Tagesgespräch in Rom; riesige Beutemengen erkauften Caesar Einfluss und finanzierten ein monumentales Bauprogramm.

Ziel der Konsuln von 55 war es deshalb, nicht hinter Caesar zurückzufallen. Während sie seine Befugnisse um fünf Jahre verlängern ließen, bekam Pompeius beide spanischen Provinzen, Crassus Syrien – offenkundig als Sprungbrett für einen großen Partherkrieg. Damit untergrub die Volksversammlung ihre eigenen Kontrollmittel. Pompeius überraschte die Öffentlichkeit damit, dass er knapp vor der Stadtgrenze wohnen blieb und Spanien durch Beauftragte (*legati*) führen ließ.

Eine Serie von Erschütterungen **riss den Dreibund** unversehens **auseinander**. Während Caesar mit gallischer Gegenwehr konfrontiert war, starb seine Tochter Iulia, die Frau des Pompeius. Es folgte 53 der Untergang des Crassus und seiner Armee in der Katastrophe von Carrhae (Harran). Nun drohte eine parthische Invasion Syriens. Schlägertrupps verschiedener Politikergruppen lieferten sich in Rom Straßenkämpfe. Für Pompeius war die Dictatur im Gespräch; um nicht an Sulla zu erinnern, ‚begnügte' er sich mit der Ernennung (nicht Wahl) zum „Konsul ohne Kollegen". Die große Mehrzahl der Optimaten misstraute ihm mehr denn je, während Pompeius keinen offenen Bruch mit Caesar wollte.

Gleichwohl zielten mehrere Gesetze des Jahres 52 auf Caesar. Die Kandidatur zum Konsul – in Caesars Fall frühestens für 49 – wurde an den Aufenthalt in Rom gebunden, zwischen Konsulat und Statthalterschaft eine Zwangspause von fünf Jahren vorgesehen. So würde es reichlich Gelegenheit geben, Caesar wegen seines kriminellen Konsulats politisch, vielleicht auch physisch zu vernichten.

Die Jahre 51 und 50 vergingen mit einem Nervenkrieg. Zwischen den bedrängten Anhängern Caesars und Pompeius' kompromisslosen neuen Verbündeten stand eine große Zahl moderater Senatoren, die den Bürgerkrieg – von dem sie eine Alleinherrschaft befürchteten – um fast jeden Preis verhindern wollten. An ein Vorgehen nach Recht und Gesetz dachten beide Seiten nur noch sehr bedingt; der Großteil ihrer Kompromissgesten war für die Ohren der Öffentlichkeit gedacht. Spätestens als Caesar die Nachricht erreichte, dass der Senat ihn offiziell abberufen hatte, überschritt er mit seiner Vorhut in der Nacht vom 10. zum 11. Januar den Bach Rubico (griech. „Rubikon"), die Grenze zwischen seiner Provinz Cisalpina und Italien. Das Datum markiert den Beginn des **BÜRGERKRIEGS**.

BÜRGERKRIEG,
49–44 v. Chr.

Caesars Alleinherrschaft und die Iden des März | 4.7.3

Allseits erwartet wurde ein verbissener Krieg in und um Italien, in den Caesars Hauptmacht erst eingreifen konnte, wenn sie sich bereits einer erdrückenden Überzahl aus aktiven Legionen und Veteranen des Pompeius gegenübersah, des besten Strategen und Planers, den Rom hatte. **Caesar beschloss,** einen anderen **Krieg zu erzwingen,** der sich an seinen eigenen Qualitäten (und denen des jungen Pompeius) orientierte – an schnellen Bewegungen und einer Bereitschaft zu unbegrenzten Risiken.

Überfallartig stieß er mit nur einer Legion tief nach Italien vor und brachte strategische Punkte an sich, von der Sympathie weiter Bevölkerungsteile unterstützt. Demonstrative Schonung der Gefangenen (*clementia*: „Nachsicht", aber auch die „Gnade" eines Monarchen) sollte den Widerstandswillen schwächen; wer danach erneut zu den Waffen griff, hatte mit dem Tod zu rechnen. Die Garnisonen der Republikaner liefen über. Eine Woche nach Kriegsbeginn sah Pompeius korrekt voraus, dass er Italien räumen musste – zum Entsetzen des Senats, dessen Mehrheit sich mit ihm auf den Hafen Brundisium (Brindisi) zurückzog. Caesar konnte den Abschluss der Evakuierung Mitte März 49 aber nicht verhindern. Nun drohte ihm ein Zweifrontenkrieg gegen die Armee in Spanien und die Aufgebote der Republik im Osten.

Der Rebellenführer eilte mit allen verfügbaren Truppen nach Spanien. Gegen jede Erwartung gelang es Caesar innerhalb von 40 Tagen, die pompeianischen Armeen zur kampflosen Kapitulation zu bringen. Auf dem Rückweg machte er – in Abwesenheit zum Dictator ernannt – in Rom Station und leitete seine eigene Wiederwahl zum Konsul, um sich formal Legalität zu verschaffen.

Inzwischen hatten die Caesarianer schwere Verluste in Nordafrika und der Adria erlitten; die gegnerische Flotte war hoch überlegen. Dennoch setzte Caesar mitten in der Sturmsaison Anfang Januar 48 an die griechische Westküste über. Pompeius, schon jetzt weit in der Überzahl, konnte die Zeit für sich arbeiten lassen, nur hatte er auf den Senat Rücksicht zu nehmen, der aggressive Schritte sehen wollte, erst recht nach dem für Caesar katastrophalen Ende eines monatelangen Versuchs, die Gegner in Dyrrhachium (Durrës) einzuschließen. Wieder riskierte Caesar alles und zog nach Nordgriechenland, um dort eine Schlacht zu provozieren; Pompeius gab dem Druck der Optimaten nach. Am 9. August 48 ließ er seine Truppen bei Pharsalos gegen die nur halb so starken, aber kampferprobten Caesarianer antreten; am Ende stand eine Massenflucht des republikanischen Heeres. Wichtige Vasallen Roms im Osten wechselten die Seite.

Die **Vorentscheidung im Bürgerkrieg** war gefallen. In Ägypten wurde Caesar Anfang Oktober der Kopf des zuvor ermordeten Pompeius präsentiert. Über Monate verbiss er sich in den Thronstreit des Ptolemäerreiches, eine Affäre mit der von ihm begünstigten Kandidatin Kleopatra VII. und einen Kampf in den Straßen Alexandrias, der ihn von der Außenwelt abschnitt. Auch danach kümmerte sich Caesar weder um die verbliebenen Gegner noch um Rom. Vielmehr führte er einen kurzen Feldzug gegen Pharnakes, einen Sohn Mithradates VI., ehe er wieder nach Westen kam und auf der Durchreise den Senat mit seinen Anhängern auffüllte.

Kurz vor dem Jahresende 47 landete der Noch-Dictator in Nordafrika, wo er es mit einer beachtlichen republikanischen Armee zu tun hatte, verstärkt durch König Iuba von Numidien. Nach einigen Rückschlägen erzwang Caesar am 6. April 46 die Entscheidung vor den Toren von Thapsus, der Hauptposition der Republikaner. Ein Rest der Besiegten entkam nach Spanien, Numidien wurde als Provinz eingezogen.

Nun erst verbrachte Caesar längere Zeit in Rom, wo zum Ärger vieler Römer auch Kleopatra erschien. Nach dem Sieg von Thapsus war er zum Dictator auf zehnmal je ein Jahr ernannt worden. An seiner Alleinherrschaft hätten auch so keine Zweifel bestanden. Schon während seiner Abwesenheit waren zahlreiche Vermögen konfisziert und an die Caesarianer verteilt worden. Die Zahl der Hinrichtungen hielt sich allerdings in Grenzen, ganz anders als die Massaker an Caesargegnern nach verlorener Schlacht.

Zwischen Sommer 46 und Anfang 44 kam es zu einer Reihe von Reformen, die unter anderem Sullas Regelung der Statthalterschaft aufgriffen. Die Zahl der Empfänger subventionierten Getreides in Rom wurde – von einem Popularen! – halbiert; ein Teil der ärmsten Plebejer sollte zu Kolonisten in den Provinzen werden. Gar nicht angepackt war die Abfindung der riesigen Bürgerkriegsarmeen, von denen rund eine Viertelmillion Legionäre weiter für Caesar kämpfte. Dagegen führte er, der durch eigene Nachlässigkeit für Chaos im römischen Kalender gesorgt hatte, eine radikale **Reform der Zeitrechnung** ein. Wirklich eingespielt hatte sich der Julianische Kalender, Grundlage der heute weltweit maßgeblichen Zählung, erst ein halbes Jahrhundert später.

Schon Ende 46 brach Caesar nach Spanien auf, wo Truppen der Söhne von Pompeius seine regionale Armee verdrängt hatten. Mitte März endete der Feldzug mit dem Sieg bei Munda (nahe Montilla oder Osuna in Andalusien), nachdem bei Gemetzeln der Caesarianer allein in Corduba (Córdoba) rund 20 000 Menschen umkamen. Von den Anführern entkam nur Sextus Pompeius lebendig. Der organisierte Widerstand war damit erloschen.

Als Antwort auf den Sieg überschlug sich der Senat im April und Mai 45 vor Ehrungen. Zu Caesars Lebzeiten konnten gar nicht alle umgesetzt werden. Nach wie vor ist umstritten, wo in dieser inflationären Praxis die begeisterte oder devote Huldigung aufhörte und möglicherweise der Versuch einsetzte, das Zerstörerische an Caesar hervorzuheben. Die Umgangsformen eines werdenden Monarchen waren unverkennbar, etwa Caesars berühmter Lorbeerkranz oder das Recht, jederzeit die Kleidung eines Triumphators zu tragen. Noch übertroffen wurde das von Plänen für göttliche Ehren.

Dieser Anspruch sprengte zwangsläufig die Grenzen des republikanischen Denkens. Um die Eroberung der Republik, nicht aber ihre Entwertung und Abschaffung war es jedoch einem beträchtlichen Teil der Caesarianer gegangen. Neben einem permanenten, selbstherrlichen Dictator und Konsul, der die Hälfte aller Magistrate ohne Wahl ernennen durfte, waren die traditionellen Spitzenämter beinahe eine Farce. Für den Alleinherrscher war die Republik längst tot und er selbst alternativlos. In seiner letzten Lebenszeit lieferte er die sachlich zutreffende Begründung: Ohne ihn sei ein neuer Bürgerkrieg offenkundig unvermeidlich.

Abb. 31

Caesar als **dictator perpetuo** *(immerwährender Dictator) mit dem Lorbeerkranz des Triumphators; Münzbild auf einem Denar aus Rom, 44 v. Chr.*

Anfang 44 erhöhte sich das Tempo der Ehrungen noch einmal. Nach Caesar wurde (und bleibt) sein Geburtsmonat Juli benannt, er erhielt als erster lebender Römer das Recht, sein Bild auf Münzen zu prägen. Obendrein akzeptierte er die Dictatur auf Lebenszeit – ein König, dem anscheinend nur noch der Titel fehlte. Dieser letzte Schritt wurde aufgeschoben. Wie genau Form und Inhalt der werdenden Monarchie ausgesehen hätten, ist Gegenstand einer anhaltenden Forschungskontroverse. Mit noch mehr Unsicherheiten behaftet ist die Struktur der künftigen Herrschaft über Italien und die Provinzen.

Caesars nächstes Projekt war ein Rache- und Eroberungskrieg gegen das Partherreich, nicht gerade die dringlichste Aufgabe. Sie erlaubte aber den Einsatz der riesigen Streitmacht und neue Erfolgserlebnisse. Mit Caesars jungem Neffen Octavius, der angeblich zum Dictator-Stellvertreter (*magister equitum*) seines Onkels bei der Kampagne designiert

M. ANTONIUS, ca. 85–30 v. Chr.; Konsul 44 und 34 v. Chr., Triumvir 43–33 v. Chr.

war, stand sogar der zweite Baustein einer Herrscherdynastie bereit. Die Personal- und Detailfragen in Rom wurden **MARCUS ANTONIUS** zur Verwaltung überlassen.

Am 18. März 44 wollte Caesar Rom verlassen und die erste Kriegsphase einleiten. Drei Tage vorher schlugen die Verschwörer zu, die es seiner Ansicht nach nicht geben konnte. Bei einer Senatssitzung fiel er einem **Attentat zum Opfer**. Das Ausmaß der Mitwisser – 60 Senatoren waren beteiligt – ist bezeichnend. Langjährige, über ihren persönlichen Gewinn enttäuschte Caesarianer trafen mit Feinden der Bürgerkriegszeit zusammen, ergänzt durch jene, die – caesartreu oder nicht – aus Überzeugung nicht zusehen konnten, wie das Rom unterging, das sie kannten.

Zeitpunkt und Unvermeidlichkeit dieses Untergangs werden teilweise bereits früher angesetzt. Vertreter solcher Ansichten weisen auf die unerklärte Machtübernahme von 59 hin, nach der sich die gewohnte Aufgabenverteilung nie wieder herstellte. Die Frage, wie zwangsläufig und seit wann die Republik auf eine Alleinherrschaft irgendeiner Form zusteuerte, hat sich vor allem an Christian Meiers Formel der „Krise ohne Alternative" neu entzündet. Viel Widerspruch erntete dabei der Eindruck des Unumkehrbaren, auch weil gerade in der deutschsprachigen Altertumswissenschaft lange die Tendenz geherrscht hat, Formen autoritärer Herrschaft als natürlichen Endzustand nicht nur des römischen Staates zu sehen. Abgeschlossen ist dagegen die Debatte um die Frage historischer Größe, die von einem förmlichen Caesarkult in die fast einstimmige **Wertung des Dictators als eher destruktive Kraft** umgeschlagen ist. Die anhaltende Faszination der Person Caesar, ihrer Qualitäten und ihrer Selbstbezogenheit schmälert das nicht, auch im allgemeinen Geschichtsbild.

4.7.4 | **Der Aufstieg Octavians und die Aufhebung der Republik**

Die Positionen am Abend des 15. März 44 v. Chr. waren so unübersichtlich, dass es keinen vorgezeichneten Ausgang gab. Weder das Lager der bis zuletzt loyalen Caesarianer noch die von den Verschwörern repräsentierten Kräfte waren geschlossen genug, um einheitlich zu handeln. Einen großen Unsicherheitsfaktor bildeten die Soldaten, die in Griechenland auf den Dictator warteten oder in den Provinzen unter dem Kommando langjähriger Caesarvertrauter standen. Diese Statthalter – manche einer Rückkehr zum gewohnten System nicht abgeneigt – rivalisierten untereinander und mit Marcus Antonius in Rom. Mehrere Verschwörer waren noch unter Caesar für die Übernahme wichtiger Provinzen vorgemerkt worden; im Bündnis mit gemäßigten Caesarianern konnte das für die Wiederherstellung des republikanischen Systems genügen. Zählen konnte man dabei vor allem auf die Reste der Nobilität. Nur fehlte es an einer Zentralfigur, die Ansehen, Kontakte zu Verbündeten und politischen Einfluss verband.

Gegen die Erwartungen von Marcus Iunius Brutus, Gaius Cassius und Decimus Iunius Brutus Albinus – der führenden Verschwörer, unter denen Decimus das Kommando über die nahe Gallia Cisalpina hatte – ging vom Tod Caesars kein Automatismus aus. Aufrufe an die Öffentlichkeit fanden wenig Resonanz. Einen bewaffneten Zusammenstoß verhinderte Antonius, der die Staatskasse und Caesars Unterlagen an sich bringen konnte. Er suchte den Kompromiss. Die Verschwörer wurden amnestiert; andererseits entschied der Senat, Caesars Maßnahmen und sein Testament sollten fortgelten. Die Testamentseröffnung ergab, dass **Caesars Neffe Octavius als Haupterbe und Adoptivsohn** vorgesehen war; der Achtzehnjährige erschien sowohl Antonius als auch den Republikanern eher störend als gefährlich.

Bei Caesars Beisetzung kam es zu Trauerausbrüchen und Drohgebärden, die die Verschwörer bald darauf zum Verlassen Roms bewegten. Antonius ergriff die Gelegenheit, seine Macht zu festigen. Ab dem Mai 44 war Octavius – der sich konsequent nur „Caesar" nennen ließ, heute jedoch als **OCTAVIAN** bezeichnet wird – Antonius' Hauptsorge, da er neben Caesars Privatvermögen auch die Loyalität vieler Soldaten zu übernehmen drohte. In den Augen vieler Caesaranhänger war Antonius' eher verschämter Umgang mit ihrem Idol halber Verrat, während Octavian kämpferisch Caesars Göttlichkeit vertrat und Rache für ihn forderte. Antonius, der Konsul des Jahres 44, sicherte sich nach Caesars Rezept ein außerordentliches fünfjähriges Kommando über Makedonien und ganz Gallien – damit verdarb er es sich endgültig mit den Republikanern. Während sich die Verschwörer nach Truppen in den Provinzen umsahen, kam es im Herbst 44 zum offenen Bruch zwischen Antonius und den Senatoren um Cicero.

Octavian führte eine Privatarmee aus Caesar-Veteranen nach Rom, wo er dem Senat seine Dienste anbot. Das war offene Rebellion; schnell löste sich der Staatsstreich in Luft auf, und Octavian suchte das Weite. Antonius konnte ihn nicht zur Strecke bringen, weil auf seine Legionen kein Verlass gegen diesen Gegner war; er führte sie stattdessen gegen Decimus Brutus. Der unterlegene Decimus zog sich Ende 44 nach Mutina (Modena) zurück, und die Belagerung begann. In Antonius' Rücken schloss der Rebell Octavian ein Bündnis mit den Republikanern um Cicero ... und indirekt mit den Attentätern. Als Unterstützung für beide Konsuln des Jahres 43, gemäßigte Caesarianer, entsandte man ihn, um Decimus Brutus zu Hilfe zu kommen; gleichzeitig legitimierte der Senat **SEXTUS POMPEIUS**, der im westlichen Mittelmeer eine Flotte gesammelt hatte.

OCTAVIAN, für die Zeit zwischen 44 und Anfang 27 v. Chr. in der Forschung verwendeter Name für den späteren Augustus, 63 v. Chr.-14 n. Chr. Der als Gaius Octavius Geborene hätte nach seiner postumen Adoption durch Caesar, wenn er der üblichen Namenspraxis gefolgt wäre, C. Iulius Caesar Octavianus geheißen.

SEXTUS POMPEIUS, ca. 67–35 v. Chr., letzter überlebender Sohn des Pompeius Magnus; 44–36 v. Chr. Sammelpunkt für Republikaner und Bürgerkriegsopfer.

MARCUS AEMILIUS LEPIDUS, ca. 90–12 v. Chr., Konsul 46, Pontifex maximus seit 44, Triumvir 43–36 v. Chr.

(SOG: ZWEITES) TRIUMVIRAT, 43–38 v. Chr. (verlängert bis 33) per Gesetz geschaffenes Führungsgremium aus Antonius, Lepidus und Octavian mit quasi diktatorischen Vollmachten. Titel: *tresviri rei publicae constituendae* („Dreierkollegium zur Wiederstellung der Republik").

In einer Serie von Schlachten Ende April nötigten die Senatstruppen Antonius zum Rückzug. Der Krieg schien gewonnen, nur waren beide Konsuln tot. Octavian als ranghöchster verbliebener Kommandeur zeigte sich zögerlich. So konnte Antonius Verstärkungen sammeln; als er auf den Caesarianer LEPIDUS traf, unterstellte sich dessen Armee kurzerhand Antonius' Kommando. Gleichzeitig registrierte der entsetzte Senat, dass sich Octavian von der Republik abzuwenden begann. Seine ultimative Forderung nach einem Konsulat wurde abgelehnt; daraufhin marschierten Octavians Truppen am 19. August 43 ein zweites Mal auf Rom und erzwangen seine Wahl zum Konsul.

Angesichts des Zulaufs für Antonius wollte Octavian jetzt seinerseits keinen Zusammenstoß riskieren. Alle Mörder Caesars und ihre Unterstützer wurden zum Tode verurteilt; Decimus Brutus, den seine Armee im Stich ließ, starb auf der Flucht. Nicht zuletzt der Druck der Veteranen führte im Herbst 43 dazu, dass Antonius und Lepidus sich nahe Bononia (Bologna) mit Octavian auf eine Art Dictatur zu dritt einigten, das („ZWEITE") TRIUMVIRAT. Ein Gesetz goss die Aktion der Heerführer in quasilegale Formen: Sie wurden auf fünf Jahre „zur Wiederherstellung der Republik" ernannt – ein Titel, in dem die 44 abgeschaffte Dictatur bereits durchklang.

Die Republik war damit, wie sich zeigen sollte, endgültig Vergangenheit. Seit der Machtübernahme der Triumvirn wurden die politischen Entscheidungen in Rom nur noch auf der Machtbasis der Legionen getroffen; Senat, Volksversammlung und die Magistratur traten nie wieder unabhängig in Tätigkeit. Ob ein Sieg der Caesargegner zu einem anderen Ergebnis geführt hätte, ist angesichts der Rolle, die mittlerweile den Statthaltern und ihren Armeen zugefallen war, fraglich.

Ein schneller Feldzug gegen die Ausgestoßenen – die noch immer bei einem beachtlichen Teil der römischen Oberschichten Sympathien genossen – war für die Triumvirn nur vorteilhaft, ebenso die Suche nach finanzstarken Opfern. Caesars Nachfolger wählten und überboten die Methoden Sullas. Auf den Proskriptionslisten stand ein Drittel des von Caesar auf etwa 900 Köpfe vergrößerten Senats, darunter Cicero. An verdächtigen oder bloß reichen Rittern starben 3000; Zahlen für die übrigen Bevölkerungsteile fehlen wiederum. Die Einschüchterungstaktik sollte Rom und Italien nicht zuletzt gefügig machen, damit die Machthaber den Krieg im Osten riskieren konnten. Italien war ihr gemeinsamer Herrschaftsbereich; im Übrigen teilte man das kontrollierte Gebiet auf.

Viele Proskribierte und deren Angehörige flohen zu Brutus und Cassius im Osten, noch mehr suchten Schutz bei Sextus Pompeius, der Sizilien in seine Hand gebracht hatte. Die Republikaner erwarteten Antonius und Octavian 42 im makedonischen Philippi in einer schwer befestigten Position. Gut 200 000 Römer und Verbündete kämpften hier; nach zwei

Schlachten gab die größere Erfahrenheit der triumviralen Legionen den Ausschlag. Antonius stand auf dem Gipfel seiner Macht.

Bei der Neuverteilung auf Kosten des Lepidus erhielt Octavian Italien samt der Gallia Cisalpina und die heikle Aufgabe, auf diesem Territorium die Bürgerkriegsveteranen zu versorgen; das bedeutete die größten Enteignungen, die Rom bisher erlebt hatte. Zehntausende Flüchtlinge schürten den Hass auf den Verantwortlichen. Antonius übernahm inzwischen die Reorganisation der reichen Ostprovinzen. Seine Frau Fulvia und sein Bruder Lucius brachten Teile des Senats auf Konfrontationskurs gegen Octavian. Das eskalierte Anfang 40 zum bewaffneten Konflikt. Hauptschauplatz wurde Perusia (Perugia). Ehe Marcus Antonius im Herbst 40 mit starken Verbänden in Brundisium landete, fiel die Stadt. Für Antonius war die Gelegenheit zu einer bewaffneten Entscheidung günstig, doch die Soldaten zwangen beide Gegner zu einem Vertrag. Antonius, frisch verwitwet, heiratete Octavians Schwester Octavia und bereitete nun ernsthaft den Krieg gegen die Parther vor. Sextus Pompeius, inzwischen auch Herr von Sardinien und Korsika, kämpfte weiter.

Die Lage wurde für Octavian unerträglich; es kam zu offenem Aufruhr und Sympathiekundgebungen für Sextus, den „Sohn Neptuns", in Rom. Antonius forderte ebenfalls einen Ausgleich im Westen. So trafen beide Triumvirn und Sextus im Sommer 39 zusammen. Man bestätigte ihm den Besitz aller drei Inselprovinzen und gab weitere leere Versprechen ab. Eine Amnestie für sämtliche Flüchtlinge außer den Verschwörern von 44 verringerte den innenpolitischen Druck auf die Machthaber bedeutend und verschaffte Octavians Freund und bestem Feldherrn **AGRIPPA** Zeit, eine konkurrenzfähige Flotte aufzubauen. Verrat und massive Verstärkungen durch Antonius und Lepidus halfen, Sextus auf Sizilien zurückzudrängen. Im Sommer 36 folgte die Invasion. Der geschlagene Sextus Pompeius floh nach Osten und wurde von einem Legaten des Antonius hingerichtet.

Schon vorher hatte sich Octavian gegenüber Antonius deutlich kälter gezeigt, obwohl man 37 eine Verlängerung des Triumvirats vereinbarte. Antonius hatte Ägypten stark aufgewertet, was von kritischen Stimmen auf die Liaison mit Kleopatra VII. zurückgeführt wurde. Der Krieg gegen die Parther endete 36 mit schweren Verlusten. Mehr denn je war Antonius seitdem von Kleopatra und den anderen Verbündeten abhängig.

Gleich nach dem Sieg über Sextus Pompeius hatte Lepidus Sizilien für sich gefordert. Octavian ließ es auf eine Kraftprobe ankommen, worauf Lepidus von seinen Truppen verlassen wurde. Octavian, Herr der gesamten Westhälfte des Imperiums, brach jetzt seine militärischen Verpflichtungen gegenüber Antonius. Der Brüskierte unterwarf 34 Armenien, von Octavian lancierte Geschichten über Antonius' Luxusleben

MARCUS VIPSANIUS AGRIPPA, 64/63–12 v. Chr., Konsul 37 und 28–27 v. Chr., seit 23 v. Chr. Inhaber von Komponenten der Kaisergewalt; Freund, Feldherr, wichtiger Berater und späterer Schwiegersohn von Octavian-Augustus.

| Abb. 32

Reliefbild der Seeschlacht von Actium 31 v. Chr. aus der Mitte des 1. Jh. n. Chr.

in Alexandria machten die Runde. Eine echte Provokation war die Anerkennung von Caesars Sohn mit der Königin, Kaisarion.

An der Jahreswende 33/32, als die Befugnisse des Triumvirats ausliefen (beide Inhaber führten sie widerrechtlich weiter), war das **Heraufziehen eines Krieges** klar erkennbar. Bald kam es zu Drohgebärden im Senat; die amtierenden Konsuln und rund ein Drittel der Senatoren verließen Italien. Mitte 32 rückte Antonius bis nach Athen vor. In diesem Moment beging er den großen Fehler, sich von Octavia scheiden zu lassen. Das kostete ihn Sympathien – mithilfe seines Testaments, das Octavian in krimineller Weise an sich brachte, war es möglich, ihn als liebestollen Renegaten hinzustellen. Octavian zwang alle Einwohner Italiens zu einem persönlichen Treueeid und stilisierte sich als Vorkämpfer gegen den dekadenten Osten – eine Bemäntelung des bevorstehenden Bürgerkrieges.

Anfang 31 landete Octavian überraschend früh in Griechenland. Monatelang lagen sich die beiden riesigen Armeen gegenüber. Zuletzt entschied sich Antonius, mit seinen Schiffen den Durchbruch zu erkämpfen, der an Land ausblieb. Am **Tag von Actium (Aktion)**, dem 2. September 31, ging dabei praktisch die gesamte Angriffsflotte verloren; Antonius rettete sich mit Kleopatra, während seine Landarmee kapitulierte.

Da alle Randgebiete und Klientelstaaten außer Ägypten selbst die Seite wechselten, stand der Ausgang fest. Octavians Armeen rückten Anfang 30 auf Ägypten vor. Antonius tötete sich nach der letzten verlorenen Schlacht, Kleopatra kurz darauf, als letzte Verhandlungen gescheitert waren.

Die Zeit der hellenistischen Großreiche war damit vorbei. Ägypten **wurde römischer Besitz**, jedoch ohne regulären Statthalter, sondern unter persönlicher Kontrolle Octavians. Die von Antonius eingesetzten Fürsten und Könige bestätigte der neue Alleinherrscher. Er stand konkurrenzlos da, sah sich aber selbst geschaffenen Problemen gegenüber, die weit über die seines Adoptivvaters Caesar hinausgingen. Die Provinzen waren verarmt, desorganisiert und teils vom Krieg verwüstet, aus den riesigen Armeen drohten neue Gefahren, falls sie nicht adäquat versorgt wurden. Der Senat und die lokalen Aristokratien, Roms wichtigstes Herrschaftsinstrument, waren dezimiert oder verarmt; große und kleine Anhänger des Siegers wollten Belohnungen, die traumatisierte Bevölkerung ein Ende der Existenzangst. Ein besonderes Problem bildete Octavians auf nackte Gewalt gegründete Stellung: Es gab in der römischen Geschichte kein Vorbild, wie er sie in die Bedingungen einer Friedenszeit hinüberretten konnte, und das Schicksal Caesars sprach gegen ein neues Experiment mit einer unverhüllten Monarchie.

Aufgaben zum Selbsttest

- Begründen Sie die Interessen ehemaliger Sulla-Anhänger, das sullanische System teils zu demontieren, teils zu erhalten.
- Wägen Sie ab, ob die zwischen 78 und 50 v.Chr. eingesetzten innenpolitischen Mittel einen Rückfall in die Entwicklung vor dem ersten Bürgerkrieg brachten.
- Bringen Sie Argumente für die heutige Forschungsmeinung vor, wonach Caesar vor wie während seiner Alleinherrschaft im Wesentlichen destruktiv, nicht konstruktiv gewirkt habe.
- Legen Sie dar, ob – und wenn ja, inwiefern – die Bürgerkriege von 49–45, 43–36 und 31/30 v.Chr. weitere Eskalationen z.B. gegenüber den Kämpfen vor Sullas Alleinherrschaft darstellten. Verschob sich das Spektrum der Hauptbetroffenen?
- Der Dreibund, Caesar der Dictator und das (Zweite) Triumvirat sind jeweils als Zerstörer der Republik benannt worden. Diskutieren Sie die Möglichkeit dieser Zuschreibungen.

Literatur

E. Baltrusch, **Caesar und Pompeius**, Darmstadt 2004.
Ed. Meyer, **Caesars Monarchie und das Principat des Pompejus**, 3. Aufl., Stuttgart/Berlin 1922 (Ndr. Darmstadt 1978).
H. Strasburger, **Caesar im Urteil seiner Zeitgenossen**, 2. Aufl., Darmstadt 1968.
M. Jehne, **Der Staat des Dictators Caesar**, Köln/Wien 1987.
C. Meier, **Caesar**, 4. Aufl. München 1997.
R. Syme, **Die römische Revolution. Machtkämpfe im antiken Rom**, Stuttgart 1995 (orig. Oxford 1939).
P. Zanker, **Augustus und die Macht der Bilder**, 3. Aufl., München 1997.

5 | Die römische Kaiserzeit

Überblick

Im offiziellen Sprachgebrauch fand ein Übergang Roms von der Republik zu einer Monarchie niemals statt. Der Wandel äußerte sich jedoch im Ausbau der republikanischen Institutionen, vertiefter Erschließung der Provinzen sowie neuen Formen sozialer Kommunikation und herrscherlicher Legitimation, die den Kaiser langfristig immer weiter stärkten. Wiederkehrende Belastungen, vor allem innere Auseinandersetzungen und Grenzkonflikte, häuften sich im 3. Jahrhundert. Dies leitete über zum spätantiken Kaisertum, dessen Anpassungen neue Stabilität brachten, obwohl die Einheit des Imperiums bald verloren ging. Unvorhersehbar prägend für Kaiser, Eliten und Bevölkerung wurde hierbei das Christentum. Im lateinischsprachigen Westen konnte die imperiale Zentralmacht sich nicht dauerhaft halten, während dies in der griechisch-hellenistischen Osthälfte unter Verlusten gelang. Dennoch überlebte außerhalb des byzantinischen Kaiserreichs ein weites Feld römischer Gesellschafts- und Kulturtraditionen auf lokaler Ebene, das in die ‚barbarischen' Herrschaftsbildungen an der Schwelle des Frühmittelalters einging.

5.1 | Der historische Rahmen

5.1.1 | Prinzipat und spätantikes Kaisertum

Unter der „Kaiserzeit" der römischen Geschichte wird häufig allein deren erster Hauptabschnitt, die von Augustus eingeleitete Ära des Prinzipats, verstanden (ab 31/27 v. Chr.; → vgl. 4.1.1). Das Phänomen des Kaisertums setzt sich aber bruchlos in seine spätantike Ausprägung fort. Von Anfang an neigte die neue Herrschaftsform zur Dynastiebildung;

gewaltsame Machtwechsel und kinderlose Herrscher konnten das Denken in Verwandtschaftsbeziehungen (das „**DYNASTISCHE PRINZIP**") nie langfristig unterbrechen. Das Versagen der Dynastiebildung bei den „Soldatenkaisern" des 3. Jh. und ihr Wiedererscheinen in wechselnden Formen fallen bezeichnenderweise mit den Hauptveränderungen der Kaiserherrschaft selbst zusammen.

Der Prinzipat (→ 4.1.2) bezieht seinen Namen von der bewusst vagen Selbstbezeichnung *princeps*, mit der Octavian-Augustus sowohl den Vorrang im Senat als auch den in Rom beanspruchte. Genau dieser Verzicht auf ein offen monarchisches Auftreten machte den Umbau von Politik und Gesellschaft akzeptabel. Daher praktizierten die meisten Kaiser lange relative Enthaltsamkeit, was monarchische Gesten und Ansprüche betraf.

Bereits vor dem Übergang zur Spätantike hatte sich das stark verändert. Die zwei Phasen, in denen das spätantike Kaisertum sich ausprägte – unter Diocletian und der Tetrarchie, dann unter dem Dynastiegründer Constantin –, schrieben diesen Wandel fest, gingen aber noch darüber hinaus. Für alle Untertanen waren die Herrscher nun selbst göttliche Wesen, nach dem Übergang zum Christentum von Gott auserwählt und durch ein strenges Zeremoniell von den Normalsterblichen abgetrennt. Hier liegen einige Wurzeln des mittelalterlichen **GOTTESGNADENTUMS**. Tatsächlich blieben den Kaisern in vielfacher Hinsicht Grenzen gesetzt; ein direkter Konflikt mit Verwaltungseliten, den Spitzenvertretern der offiziellen christlichen Kirche, den Mitgliedern ihres Hofrats (*consistorium*) und besonders der Militärführung brachte große Risiken für sie.

Unter dem Eindruck immer heftigerer Angriffe auf die Grenzen verstärkte sich daneben zum einen die Bedeutung der **SIEGHAFTIGKEIT**, zum anderen wurde die Armee massiv aufgestockt und erschien offen als Rückgrat einer nun unverhüllten Militärmonarchie. Der Vorrang Italiens war auf eine ideelle Ausnahmestellung der Stadt Rom reduziert, den sie ab dem 4. Jh. immer stärker mit dem „zweiten Rom" Konstantinopel teilen musste. An die Stelle des oft improvisierten Geflechts aus republikanischen Ämtern, vom Kaiser besetzten Zusatzposten und einer wachsenden Verwaltungsstruktur, die den Prinzipat kennzeichnete, traten zentralisierte, personalintensive Strukturen, die durchweg am Hof zusammenliefen. Diese Bürokratie sah einem modernen Staatsapparat viel ähnlicher als die Mechanismen des Prinzipats. Nicht zuletzt dies hat das frühere Bild der Spätantike als Zeit von Verfall und Niedergang stark verändert.

DYNASTISCHES PRINZIP, die Nachfolge in der römischen Monarchie wird bevorzugt über biologische Verwandte sichergestellt. Angeheiratete und/oder adoptierte Nachfolger sind nur Behelfslösungen, falls es keine direkten männlichen Nachkommen im herrschaftsfähigen Alter gibt.

GOTTESGNADENTUM, Vorstellung, wonach der König oder Kaiser durch göttliches Recht herrscht, nicht aufgrund der Wahl oder Zustimmung von Menschen – deren Urteilen und Maßstäben er damit gar nicht oder nur teilweise unterliegt.

SIEGHAFTIGKEIT, Vorstellung, wonach der Anführer oder Herrscher ausnahmslos erfolgreich Krieg führt; begegnet auch in der Variante, wonach eben diese Gabe Kriege verhindert oder überflüssig macht.

5.1.2 Völker und Kulturen

Mit der Errichtung des Prinzipats hatte der römische Einflussbereich – Provinzgebiet, Klientelstaaten und Regionen am Rand des Gesichtsfeldes – beinahe seinen größten Umfang erreicht. Nach Augustus erweiterte sich die Zahl der Provinzen zwar noch durch Annexion und Eroberung, aber die Grenzen der bekannten Welt blieben im Wesentlichen gleich. Systematische Entdeckungsreisen gab es nicht; Händler stellten indirekte Kontakte über große Entfernungen her. Das kaiserzeitliche Rom und das China der Han-Dynastie etwa (206 v.-220 n. Chr.) wussten in groben Zügen von der Existenz des jeweils anderen und tauschten Luxusgüter aus, waren jedoch nie an direkten Kenntnissen interessiert.

Die politische Organisation des Mittelmeerraums und der angrenzenden Regionen Europas lässt leicht vergessen, dass es **eine flächendeckende „römische Kultur" nie gegeben hat**. Die Kaiser herrschten über zwischen 50 und 70 Millionen Bewohner des Imperiums, unter denen der Anteil nach römischem Muster lebender Personen, geschweige denn römischer Bürger anfangs gering war. Sie trugen eine Vielzahl von Sprachen, Kulturen und Gesellschaftsformen, die auf politisch erwünschtem Kurs zu halten eine Mischung aus Machtausübung und Flexibilität erforderte. Rom setzte dabei auf die Mitwirkung der lokalen Eliten, förderte aristokratische Herrschaftsformen und delegierte einen Großteil staatlicher Aufgaben. Darüber standen als „Reichselite" nur einige Tausend Mitglieder des Senatoren- und Ritterstandes.

Wie umfangreich die **ROMANISIERUNG** der Provinzialen ausfiel, wenn sie mit Kulturgütern vom Dachziegel bis zur Wasserleitung, der Verwaltungs- und Rechtspraxis, der Armee oder dem Lebensstil der reichsweiten Oberschicht in Berührung kamen, ist heiß umstritten (→ 5.4.2). Die Fachkontroverse um den Grad und die Formen solcher **AKKULTURATION** kreist um die Frage, worin sich die **Identität** beispielsweise eines männ-

ROMANISIERUNG, Akkulturationsprozess innerhalb der nichtrömischen Bevölkerung im Kontakt mit der römischen Kultur.

AKKULTURATION, Veränderung und Austausch, die durch längeren und intensiven Kontakt zweier Kulturen in Gang kommen. Zahlreiche Entwicklungswege sind möglich.

Info

Identität

▶ Der Begriff „Identität" bezeichnet sowohl das Selbstverständnis einer Person als Einzelwesen und als Mitglied einer Gruppe wie auch ihre Wahrnehmung durch andere (also von außen). Genauer ist es, von Identitäten zu sprechen, die je nach Situation und Bezugspunkt abwechselnd in den Vordergrund treten. Der Bewohner eines Dorfes im römischen Gallien etwa verstand sich gegenüber einem Parther vermutlich als Römer, gegenüber einem spanischen Provinzbewohner als Gallier; in anderen Kontexten war er vorwiegend Bürger einer Gemeinde, Familienvater, Schmied, Steuerzahler ... Wichtig am Identitätsbegriff ist der Versuch, daraus Schlüsse auf politisches und soziales Handeln zu ziehen.

lichen Landbewohners auf verschiedenen Ebenen äußerte und wie ‚römisch' oder ‚einheimisch' er sich selbst in welcher Situation verstand.

Die Unterschiede zwischen den vorgefundenen Kulturen verschwanden keineswegs; typisch für das Leben in den Provinzen waren eher wechselnd intensive Formen der **INTEGRATION** als eine kulturelle **ASSIMILATION**. Längst nicht jede Inschrift im Westen des Römischen Reiches ist lateinisch abgefasst, während das Griechische im Osten seine Dominanz nie einbüßte. Überall gab es im Alltag eine Fülle von Lokaldialekten und Fremdsprachen. Eine Polis in Griechenland oder einer Provinz des Ostens hatte eine andere Verfassung und Sozialstruktur als eine römisch verfasste *colonia*; die Landbewohner Ägyptens, die Kolonen Nordafrikas und die Bauern in den Nordwestprovinzen unterschieden sich in ihrer Lebensweise eher noch stärker.

Diese Vielfalt war für das kaiserzeitliche Rom eine oft lästige, aber hingenommene Realität. Sie systematisch ändern wollte die imperiale Elite nicht. Gründe, sich aktiv der römischen Kultur anzunähern, gab es dagegen viele. Besonders die lokalen Oberschichten suchten Möglichkeiten, Teil der **imperiumsweiten Eliten** zu werden, während etwa ein Soldat aus den Provinzen mit Latein als Kommando- und Schriftsprache konfrontiert war. Andere Bevölkerungsgruppen konnten mit einer wesentlich geringeren Anpassung auskommen.

Das Nebeneinander römischer und lokaler Lebensformen und Wertvorstellungen hatte problematische Seiten. Ein Extrembeispiel ist die katastrophale Geschichte der römischen Herrschaft über Judäa. Ansonsten spielte die Religion selten eine trennende Rolle. Insofern verkomplizierte sich das Leben in der Mittelmeerwelt durch die Ausbreitung des Christentums, das nur einen Gott akzeptierte.

Die Spätantike sah auch sonst wesentlich ‚buntere' Gesellschaftsformen in Städten und Provinzen als bisher: die Einwanderung vor allem germanischer Gruppen, die Übernahme von Führungspositionen durch deren Angehörige, dazu neue Formen der Berufsbindung, der Landwirtschaft und Grundherrschaft. Die städtischen Eliten büßten an Leistungsfähigkeit ein, erhielten aber andererseits Zuwachs durch die Angehörigen der christlichen Hierarchie. Die „römische Gesellschaft" in ihren örtlichen Variationen überdauerte daher die römische Herrschaft.

INTEGRATION, Einordnung in eine andere Kultur (hier die römische) unter Beibehaltung wesentlicher Teile der kulturellen Identität – als Einzelperson wie als Gruppe. Die übergreifende Kultur wird zu einer weiteren Identitätsschicht für die integrierte Person, die sie als kulturelle Verständigungsbasis anerkennt.

ASSIMILATION, Übernahme einer anderen Kultur unter grundsätzlicher Aufgabe der als wesentlich empfundenen Aspekte der eigenen Kultur. Die kulturelle Herkunftsgruppe würde bei einer gezielten Assimilation durch die vorherrschende Kultur allmählich verschwinden.

Literatur

K. Christ, **Geschichte der römischen Kaiserzeit. Von Augustus bis zu Konstantin**, 6. Aufl. München 2010.
M. Sommer, **Römische Geschichte II: Rom und sein Imperium in der Kaiserzeit**, Stuttgart 2009.
D. S. Potter (Hrsg.), **A Companion to the Roman Empire**, London 2006.
A. Cameron, **Das späte Rom**, München 1994.
R. Pfeilschifter, **Die Spätantike. Der eine Gott und die vielen Herrscher**, München 2014.

5.2 | Augustus und die frühe Kaiserzeit

5.2.1 | Die augusteische Neuordnung von Staat und Gesellschaft

Die Verwandlung des Revolutionärs und Bürgerkriegsgenerals Octavian in den **Reichsgründer Augustus** erscheint aus dem Rückblick täuschend konsequent. Tatsächlich ging der Sieger über Republikaner und seine Rivalen unter den Caesarianern eher tastend vor und erreichte jene Lösung, die sich als bemerkenswert dauerhaft erwies, schrittweise im Lauf mehrerer Jahrzehnte.

Ein kleineres Problem des Siegers (→ 4.7.4) war die Inszenierung des offiziellen Kriegsendes. Feierlich wurden die Tore des **JANUS**tempels auf dem Forum geschlossen: Das uralte – oder für uralt erklärte – Symbol besagte, im ganzen Imperium herrsche Frieden. Das Friedensbedürfnis hatte seit 44 für die Herrschenden bedrohliche Ausmaße angenommen. Drei Triumphzüge im Sommer 29 festigten den Eindruck abschließenden Erfolges, doch weitere beruhigende Gesten an die Öffentlichkeit setzten sich vier Jahrzehnte lang fort.

Schwieriger war der Eintausch des längst abgelaufenen Triumvirats gegen eine legale, aber dennoch überragende Machtstellung. Die entscheidenden Schritte folgten Anfang 27 v. Chr. dicht hintereinander. Am 13. Januar legte Octavian das Kommando über sämtliche Provinzen feierlich zurück in die Hände des Senats; damit war **die Republik offiziell wiederhergestellt** und die vorgebliche Mission des Triumvirats erfüllt. Vor einer tatsächlichen Entmachtung schützte Octavian außer seinem Konsulat die Loyalität der Armeen und seiner Parteigänger. Gleich in der nächsten Sitzung übertrug der Senat einen Teil der Provinzen erneut an Octavian – nämlich diejenigen, in denen fast alle Legionen standen oder die strategisch gelegen waren.

Die faktische Teilung des Imperiums änderte sich von da an nur noch in Details. Gut die Hälfte der Provinzen wurde vom Senat selbst jährlich mit Statthaltern beschickt, die (bis auf zwei) erst die Praetur absolviert hatten, aber den Titel Prokonsul führten. Diesen „senatorischen" Provinzen standen jene gegenüber, deren Statthalter offiziell der Princeps war; das Kommando delegierte er an senatorische Beauftragte (*legati Augusti pro praetore*), die protokollarisch unter den Prokonsuln rangierten. Die Statthalter solcher – nach heutigem Sprachgebrauch – „kaiserlichen" Provinzen waren jederzeit absetzbar, blieben aber gewöhnlich jahrelang im Amt. Zur langfristigen formalen Basis wurde ein **IMPERIUM PROCONSULARE**, das dem Herrscher mehrfach verliehen wurde – und bei Überschreiten der Stadtgrenzen nicht verfiel. Die außergewöhnlichen Imperi-

---

JANUS, Gott des Anfangs und Endes, der Schwellen und Übergänge. Mit der als ideal dargestellten Frühzeit Roms verknüpft.

IMPERIUM PROCONSULARE, Element der Kaisergewalt, mit dem der Senat Augustus und seine Nachfolger faktisch zum Statthalter weiter Teile des Reiches machte. Kaiserlicher ‚Aufgabenbereich' (*provincia*) waren die durch Legaten oder ritterliche Präfekten verwalteten Provinzen, dazu alle anfallenden Militäroperationen.

en der späten Republik, besonders für Pompeius (→ 4.7.2), waren das offenkundige Vorbild. Ob der werdende Kaiser obendrein ein ausdrückliches *imperium proconsulare maius* mit Vorrang über alle anderen Statthalter erhielt, wird heute überwiegend bezweifelt. Mit der Zeit folgte der Übergang auch der letzten nennenswerten Truppen in die Verfügungsgewalt des Princeps. Die exklusive Heeresklientel war ihm damit sicher.

Zusätzlich verlieh der Senat Octavian einen Ehrentitel, an den sich große Ansprüche banden. Man bezeichnete ihn künftig als *Augustus*, was ungefähr „der Erhabene" heißt, für römische Ohren aber nahe an der Sphäre des Heiligen und Göttlichen lag – und eine zweite Gründung der Stadt suggerierte (den Titel *Romulus* hatte man als offensichtlich monarchisch verworfen). Der Geehrte hieß für den Rest seines Lebens *Imperator Caesar Augustus*. Das widersprach dem Geist, nicht aber dem Buchstaben der republikanischen Ordnung.

Mit diesem **Formelkompromiss** freundeten sich längst nicht alle

| Abb. 33

Statue des Augustus mit Bürgertoga als Pontifex Maximus in der Haltung eines Opfernden; Marmor, gefunden 1910 an der Via Labicana in Rom, entstanden um die Wende zum 1. Jh. n. Chr.

Mitglieder der Oberschicht an. Die fortlaufenden Konsulate sorgten für Kritik, ebenso Augustus' erkennbare Absicht, eine Dynastie zu gründen. Enge Vertraute wie Agrippa fühlten sich brüskiert. Nachdem der Princeps 23 v. Chr. nur knapp eine Krankheit überlebt hatte, gab er den Konsulat ab. Damit drohte Augustus aber seine Schlüsselstellung in der Innenpolitik zu verlieren. Wieder ließ er sich deshalb die wichtigsten Kompetenzen eines Amtes übertragen, nicht das Amt selber. Schon seit 36 hatte Octavian die *sacrosanctitas* der Volkstribunen besessen (→ 4.3.1); nun verlieh die Plebs ihm – einem Patrizier! – dauerhaft die vollständige Amtsgewalt eines Tribuns (*tribunicia potestas*). Damit hatte er jederzeit die Möglichkeit zur Interzession, zur Einberufung des Senats und zur Gesetzesinitiative.

Schon 23 waren damit die Hauptelemente jenes Bündels von Kompetenzen und Ausnahmestellungen vereint, die wir als **Kaisergewalt** bezeichnen. Nach dem (natürlichen) Tod des Lepidus übernahm Augustus 13/12 v. Chr. außerdem das Priesteramt des Pontifex Maximus und damit die Rolle als Entscheidungs- und Schlichtungsinstanz, wo im komplexen Gefüge der römischen Religion Probleme auftauchten. Zusätzlich schützte er sich so vor religiös begründeten Einwänden gegen sein politisches Handeln.

Entstehung der Kaisergewalt unter Augustus	
imperium proconsulare	ab 27 v. Chr.
tribunicia potestas	ab 23 v. Chr.
pontifex maximus	ab 13/12 v. Chr.

Erst im Lauf des nächsten Jahrhunderts entwickelte sich außerdem aus verschiedenen Maßnahmen und Befugnissen, die sich auf standesgemäße Lebensweise und die öffentliche Moral bezogen, die Vorstellung einer permanenten *censoria potestas*, die dem Princeps zustehe. Eine dauerhafte Wiederbelebung der eigentlichen Censur scheiterte. Da Steuerschätzung und öffentliche Aufträge inzwischen anders geregelt wurden, die Sozialordnung aber zusehends vom Princeps überwacht wurde, war der Censor auch als Aufseher über den Senat überholt, weil der Princeps Männer seiner Wahl in den neu geschaffenen Stand der Senatoren (*ordo senatorius*) aufnehmen konnte – die Voraussetzung, zur Quaestur zu kandidieren und dadurch Senatsmitglied zu werden. Für die Kandidaten zu allen Ämtern hatte er nicht nur ein Prüfungsrecht, sondern durfte einzelne Bewerber ausdrücklich empfehlen, die damit so gut wie gewählt waren. ‚Quereinsteiger' aus dem Ritterstand konnte er durch „Zuwahl" (*adlectio*) sogar unter die Senatoren mit Amtserfahrung versetzen. Damit war der Senat zwar protokollarisch geachtet wie nie, der einzelne Senator aber vom **Wohlwollen des Augustus** und seiner Nachfolger abhängig.

Von vornherein bewies Augustus seinen Willen, die Bürgerschaft als Ganzes in eine striktere soziale Ordnung zu bringen als vorher. Privilegien wie standesspezifische Kleidung wurden nicht nur verteidigt, sondern ihren Inhabern auch aufgezwungen. Teil der demonstrativen ‚Wiederherstellung' eines geregelten Lebens war eine Fülle von Gesetzen und Verordnungen, die besonders die Oberschichten – Senatorenstand, Ritterstand und die Lokalaristokratien in den Ratsversammlungen der Städte (die *ordines decurionum*) – zu einem würdigen Verhalten drängten.

Sie wurden gegen soziale Aufsteiger, besonders freigelassene Sklaven, abgeschlossen; auch ihre Sexualmoral wurde reglementiert, Kinderreichtum gefördert. Zumindest der Nachwuchs in Senatsfamilien blieb aber weiterhin dürftig, da es bei zu vielen Kindern unmöglich war, seinen Status aus eigener Kraft zu halten.

Der Ruf nach einer strikten Moral, zum Nachteil insbesondere der Frauen, ging vermutlich von den Eliten des ländlichen Italien aus. Dem Idealbild einer sittenstrengen Gesellschaft entsprach eine demonstrative Frömmigkeit, die sich vor allem in Neubau und Renovierung zahlreicher Heiligtümer äußerte. Halbvergessene Kulte wurden wiederbelebt, teils uminterpretiert, teils neu erfunden. Religiosität und Moral waren neben militärischer Tüchtigkeit die Eckpfeiler des römischen Überlegenheitsanspruchs, wie er etwa aus den Gedichten des Augustus nahestehenden Vergil sprach. Zugleich ergaben sich hier neue Möglichkeiten zur Loyalitätsbekundung, da der Princeps und seine Familie in Gebete und Opfer einbezogen wurden. Diese Anfänge des KAISERKULTS sahen so aus, dass der lebende Princeps von römischen Bürgern ausdrücklich nicht als Gott verehrt wurde, dass aber zu diversen göttlichen Kräften gebetet wurde, die für ihn oder in ihm aktiv waren. Ein Aufstieg zum Gott wie im Fall Caesars war für die Zeit nach Augustus' Tod absehbar. In den Provinzen erhielt er nach hellenistischem Modell schon jetzt göttliche Ehren.

Zur sozialen Disziplinierung gehörte auch, dass Sklaven – aufgrund finanzieller Auflagen – später und seltener freigelassen wurden. Andererseits entwickelten sich während des Prinzipats Mindeststandards für den Umgang mit menschlichem Besitz. Frauen gelang oft der Aufstieg von der Sklavin zur Konkubine und Ehefrau eines Handwerkers oder Ladenbesitzers; Händler oder Berufsspezialisten mit unfreier Vergangenheit konnten ihre Söhne häufig in die Lokalaristokratie ‚einschleusen'. Mit Pertinax wurde 193 n.Chr. der Sohn eines Freigelassenen Kaiser; im Senat saß seinesgleichen bis dahin schon längst.

Die Trennung des Senats vom Ritterstand war abgeschlossen; beide Stände bildeten nunmehr die soziale Spitze des gesamten Imperiums. Noch am Anfang stand dagegen der Zugang von Provinzbewohnern zu diesem exklusiven Kreis. Während es darum teils heftige Diskussionen geben sollte, organisierten Augustus und seine Nachfolger zahlreiche Städte im Westen des Imperiums als *municipium* latinischen Rechts (→ 4.4.2), was den dortigen Spitzenbeamten automatisch das römische Bürgerrecht eintrug. Die wohlhabenderen dieser Provinzfamilien zum Ritterstand zuzulassen, war nur folgerichtig. Ein besonders wichtiger Weg dorthin führte über die modern oft als „Reichsdienst" bezeichneten Ämter. Römische Ritter befehligten Einheiten von Auxiliarsoldaten, übernahmen als PROKURATOREN Aufsichtsfunktionen in Finanzverwaltung und Infra-

KAISERKULT, Bezeichnung für das gesamte Spektrum religiöser Verehrung für den jeweils lebenden Princeps und seine verstorbenen Vorgänger; außer den offiziellen und vorgeschriebenen Kultformen schließt dies auch private freiwillige Initiativen ein.

PROKURATOR, lat. = frei übersetzt: Manager. Ursprünglich der – meist unfreie – Wirtschafts- und Finanzverwalter eines römischen Bürgers. Augustus verwendete eigene Sklaven und Freigelassene in großer Zahl für eine Kombination öffentlicher Aufgaben mit der Pflege seines eigenen Vermögens. Die Spitzenpositionen gingen mit der Zeit an Mitglieder des Ritterstandes über.

struktur – oder wurden sogar Statthalter kleinerer Provinzen. Die Zahl senatorischer Amtsträger blieb gegenüber diesem schnell wachsenden Apparat fast konstant. Hier bereitete sich die völlige Übernahme der militärischen Führungsfunktion durch die Ritter vor, die nach ca. 200 schnell voranschritt.

Während das ‚obere' Ende des Ritterstandes zum Reservoir künftiger Senatsfamilien wurde, gelang am ‚unteren' einigen Berufssoldaten am Ende einer langen Dienstzeit der Aufstieg. Die Kontakte dieser relativ kleinen Gruppe zum Kaiser zeigen an, dass die Armee als Ganzes eine privilegierte Stellung einnahm. Manche Forscher sprechen sogar von einer vierten Oberschicht – rund 250 000 Legionäre, noch etwas mehr Auxiliarsoldaten und einige Zehntausend Angehörige der Flotte. Jeder Soldat zählte in den Grenzprovinzen zu den Wohlhabenden und genoss schon während der Dienstzeit juristische Privilegien. Nach der Entlassung verfügte er über Geld aus Ersparnissen, der Abfindung zum Dienstende und kaiserlichen Sonderzahlungen (*donativa*). Das Abgrenzungsbedürfnis gerade des Senats gegenüber dieser Schicht grenzte an Feindseligkeit. Meutereien und die Ausrufung von Gegenkaisern erklären sich umgekehrt auch aus dem Machtgefühl – und dem Bedürfnis nach Anerkennung – des Militärs.

Noch wichtiger als die Ritter war für Augustus' Verwaltung eine weitere **Schlüsselgruppe des Prinzipats: Tausende kaiserlicher Sklaven und Freigelassener**. Durch Erbschaften, Proskriptionen und Beute war Augustus der mit Abstand größte Grundbesitzer geworden; Testamente und andere Quellen – nicht zuletzt die Enteignung Verbannter und Hingerichteter – vermehrten diesen Bestand. Damit entwickelte sich der *fiscus* („Korb"), die Kasse des Princeps, zur übermächtigen Konkurrenz der eigentlichen Staatskasse (des *aerarium*), neben der Augustus noch eine Extrakasse für das Militär und die Veteranenversorgung gründen ließ. Ohne ‚Subventionen' aus kaiserlichem Vermögen wäre das Imperium schnell insolvent gewesen. Sklaven und Freigelassene waren nicht allein als Verwalter dieser Liegenschaften beschäftigt, sie bildeten zusätzlich das Personal der Häuser und Villen des Princeps, vor allem seines Hauptsitzes auf dem Palatin (daher das Wort „Palast").

In den Spitzen des Palastpersonals wie im Kreis der Berater um den Princeps sind zudem die Anfänge eines **KAISERHOFS** zu beobachten. Seit Augustus war außerdem die informelle Rolle der Frauen im Kaiserhaus spürbar, die eigene Beziehungsgeflechte aufbauten und Einfluss in Personalfragen ausübten. Politisch aktive Frauen liefen dem römischen Verständnis von Geschlechterrollen völlig zuwider. Die Frau des Princeps – die eben deshalb nie zur ‚Kaiserin' mit offiziellem Aufgabenbereich wurde – wurde umso strenger beobachtet.

HOF, Bezeichnung für das Gefolge eines Monarchen oder Adligen, wenn Zugehörigkeit, damit verbundene Privilegien und interne Rangordnung fest geregelt sind.

Die Kaiserrolle und ihre Interpretation | 5.2.2

Wenn Römer vom Kaiser sprachen, mussten sie selbst dann noch zwischen mehreren Begriffen wählen, als die Monarchie längst fest verwurzelt war. *Caesar* (daher dt. „Kaiser"), wurde vom Eigennamen Octavians zum Gentilnamen für die Mitglieder seiner Dynastie (der heute sogenannten julisch-claudischen). Später bezeichnete *Caesar* einen Inhaber von Teilen der Kaisergewalt (→ 5.2.1) im Gegensatz zu dem oder den ‚richtigen' Kaisern im Vollbesitz aller Kompetenzen und Vorrechte (den *Augusti*). Die Alternativbezeichnung war *princeps*, dies häufig in einem politisch-zivilen Kontext, besonders wenn die Integration des Kaisers in die römischen Oberschichten betont werden sollte. Mit *imperator* (daher „emperor", „empereur" usw.) wurden der militärische Aspekt und das Sonderverhältnis zur Armee hervorgehoben. Dieser ‚additiven' Selbstdarstellung entsprechend, wurden die Elemente *Imperator Caesar Augustus* als offizielle Titel bald in die Eigennamen der Augustus-Nachfolger eingefügt.

Vage formuliert wurden auch die Machtgrundlagen – besonders die Frage, welche Gruppen wichtiger für den Erhalt der Herrschaft waren als andere. Der Charakter des **Prinzipats** als Militärmonarchie trat in Krisenzeiten unübersehbar hervor; in gewissem Sinne war die Bürgerkriegssituation nur eingefroren statt beendet worden, und mit jeder **USURPATION** drohte sie wieder aktuell zu werden. Nach wie vor stützte sich der Herrscher auf seine Verfügung über die Armee, die in der Hauptstadt vor allem in Gestalt der selbstbewussten **PRÄTORIANER** präsent war. Die militärischen Aspekte aller Ämter der republikanischen Verfassung verblassten; die Soldaten in den Legionen und den – aus Nichtbürgern der Provinzen aufgestellten – **AUXILIARVERBÄNDEN** unterstanden zwar überwiegend senatorischen Provinzstatthaltern, doch handelte es sich so gut wie durchweg um vom Kaiser direkt ernannte *legati*. Wie zahlreiche Revolten und Usurpationen zeigen sollten, hatten Prätorianer und Provinzarmeen die Möglichkeit, Kaiser zu stürzen und zu ernennen. Entsprechend systematisch wurde ein enges Verhältnis zwischen der Armee und ihrem Imperator aufrechterhalten. Versuche von Senatoren, in diese Sonderbeziehung einzudringen, wurden als Angriff verstanden und entsprechend beantwortet.

Neben der Armee zählte besonders die Bevölkerung der Hauptstadt (*plebs urbana*). Wie beim Militär stand ihre Zustimmung stellvertretend für die aller römischen Bürger des Imperiums, auch hier aber in neuer Form: Die Magistrate wählte nach Augustus allein der Senat, Volksversammlungen waren selten geworden. Stattdessen waren die Publikumsreaktionen, wenn der Princeps sich zeigte, ein Indiz für Einverständnis

USURPATION, Ausrufung eines Gegenkaisers.

PRÄTORIANER, ursprünglich die Leibgarde eines Feldherrn, die dessen Quartier (das *praetorium*) bewachte. Augustus erhöhte ihre Zahl auf neun Kohorten mit vermutlich 4500 Mann; später stieg sie weiter. Seit ihrer vollständigen Verlegung nach Rom bildeten sie dort die mit Abstand größte Militärpräsenz im grundsätzlich truppenfreien Italien.

AUXILIA, reguläre Einheiten der römischen Armee, die aber, anders als die Legionen, aus Nichtbürgern bestanden. Die unterschiedlich ausgerüsteten Auxiliartruppen ergänzten die schwere Infanterie der Legionen.

oder Kritik. Das erklärt die Ausnahmestellung Roms in der Getreideversorgung ebenso wie auf dem Feld spektakulärer Unterhaltung. Nur waren „Brot und Spiele" ebenso wie Sold und Geldgeschenke (Donative) an das Militär nicht zuletzt Gegengaben für die tagtägliche Bestätigung des kaiserlichen Herrschaftsanspruchs und das Ausbleiben von Unruhen. Eine sorglose Müßiggängerbevölkerung – wie das gängige Klischee lautet – schufen diese Subventionen keineswegs; harte Arbeit war in Rom der Normalfall.

Die dritte, in Friedenszeiten am stärksten hervortretende Schlüsselinstanz bildete der Senat. Der Kreis der Senatoren, ihrer Frauen und Kinder war nun höchster sozialer Stand; elitäres Selbstverständnis und öffentliche Respektsbekundungen erreichten einen neuen Höhepunkt. Offiziell behielt der Senat das alte Spektrum seiner Kompetenzen und delegierte lediglich einige Aufgaben an den Princeps, seinen Standesgenossen, mit dem er sich die Verantwortung für das Imperium teilte. Tatsächlich fielen mehr und mehr Entscheidungen im Kaiserpalast. Hohes Sozialprestige und militärische Schlüsselpositionen hielt der Kaiser getrennt, um den Anreiz zu Usurpationen zu senken. In einige besonders sensible Spitzenposten rückten außerdem römische Ritter ein. Die Senatsmehrheit bildeten Personen, deren Prestige überwiegend von ihrem Wohlverhalten gegenüber dem Monarchen abhing. Gab sich dieser allerdings offen autoritär, beschwor er Konflikte herauf, die seine eigene Position erschüttern konnten. .

Jeder der drei Personenkreise Armee, Plebs und Senat repräsentierte auf seine Weise die Bürgerschaft insgesamt. Ein Kaiser wurde ‚gemacht' durch die Akklamation als Imperator seitens der Soldaten, die Übertragung der Kompetenzen durch den Senat und einen entsprechenden Beschluss der Volksversammlung. In seiner Stellung hielt ihn jedoch eine Folge alltäglicher Loyalitätsbekundungen: Gehorsam der Truppen, Applaus auf den Straßen Roms oder bei Spielen, entspannte Beziehungen mit den Senatoren. Konkurrierend zum traditionellen, juristisch geprägten Blick auf die Kaisergewalt ist dieses von Egon Flaig (*1949) beschriebene **„Akzeptanzsystem"** als eigentliche Machtgrundlage bezeichnet worden; korrekter ist es, beide Aspekte des Prinzipats als einander ergänzend zu betrachten.

Hinter Militär, stadtrömischer Plebs und Senat standen andere wichtige Gruppen – wie die Ratsmitglieder (Dekurionen, griechisch Bouleuten) der Städte, die Angehörigen privilegierter Berufsgruppen oder die Provinzbewohner – an Bedeutung für die Stabilität der Kaiserherrschaft eher zurück. Dennoch waren die Kaiser für ihre Bitten und Anfragen erreichbar, teilten Vergünstigungen aus und machten sich planmäßig zur Quelle und zum Maßstab für Ansehen, Vorrechte und soziale Funk-

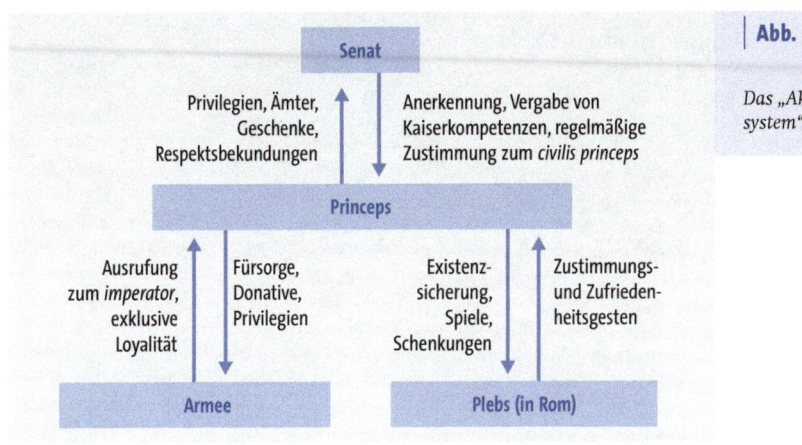

Abb. 34

Das „Akzeptanzsystem"

tionen. Gerade das erlaubte es dem Princeps, als sichtbare Verkörperung des Imperiums aufzutreten, zum – der Göttlichkeit nahen – Hoffnungsträger zu werden. Der Grad der persönlichen Nähe zum Princeps – wie leicht man etwa auf Bittgesuche Antworten erhielt und eigenen Klienten Vorteile verschaffen konnte – wurde schnell zum wichtigsten Kriterium für soziales Prestige überhaupt. In den Prozess waren die Eliten der jeweiligen Gemeinde oder Provinz automatisch eingebunden, da sie als Wortführer auftraten; hinzu kamen Senatoren und andere Mitglieder der Reichsverwaltung in der Rolle eines Patrons. Direkte Kommunikation, oft unter geringer oder gar keiner Beteiligung des zuständigen Statthalters, wurde im Lauf des Prinzipats immer häufiger. Besonders aus dem 2. Jh. n. Chr. sind durch Inschriften Hunderte von Kaiserbriefen überliefert. Vom Aufstieg des Kaisers zur obersten Gerichtsinstanz und bald auch zur wichtigsten Quelle neuen Rechts überhaupt ist diese Entwicklung nicht zu trennen.

Die experimentelle Phase der Kaiserherrschaft | 5.2.3

Rom selbst sah seinen neuen Machthaber anfangs relativ selten. Lange Zeiträume verbrachte Augustus in den Provinzen, darunter immer wieder im von Caesar eroberten Teil Galliens. Hier beschäftigte ihn der Aufbau einer Verwaltungsstruktur für die großen Ressourcen der Region. Der Nordwesten der Iberischen Halbinsel wurde im **KANTABRERKRIEG** erobert; damit war die 210 begonnene Provinzialisierung beendet (→ vgl. 4.4.3). Parallel mit der Expansion im ‚Frieden' (→ 5.4.3) ging Schritt für Schritt die Entlassung der unbezahlbaren Bürgerkriegsarmee, deren Veteranen vielfach in den Provinzen angesiedelt wurden.

KANTABRERKRIEG, 29–19 v. Chr., in Ausläufern bis ca. 16 v. Chr.; 27–25 v. Chr. durch Augustus geleitet.

Abb. 35

Aureus des Augustus; auf der Rückseite ist – im Erscheinungsbild abweichend vom Kernstück des neu gebauten Forums in Rom – der Tempel des Mars Ultor mit den von den Parthern zurückgewonnenen Feldzeichen abgebildet; geprägt 19/18 v. Chr.

Wichtig war dem Princeps auch die Eroberung der westlichen Alpenregionen, die 25 v. Chr. eine durchgehende Verbindung zwischen Gallien und Oberitalien schuf. Gleichzeitig baute Augustus seine Eingriffsmöglichkeiten in den übrigen Provinzen, den freien Städten und Klientelstaaten aus. Annexionen blieben besonders im Osten die Ausnahme. In den entstehenden Kaiserkult waren die nominell freien Gebiete fast ebenso stark eingebunden wie die Provinzen selbst.

Bedeutendster Helfer des Augustus war nach wie vor Agrippa. Seit 23 v. Chr. lief alles auf ihn als Nachfolger hinaus; er heiratete die ‚Erbtochter' Iulia und erhielt außerordentliche Vollmachten ähnlich denen des Augustus. Diesem kam es – jetzt wie später – unbedingt darauf an, die Macht an leibliche Nachkommen weiterzugeben. Das zeigte sich überdeutlich an der Adoption von Agrippas Söhnen durch den Princeps.

TIBERIUS CLAUDIUS NERO, 42 v. – 37 n. Chr., Feldzüge für Augustus 20 und 16/17 v. Chr., in Ungnade 6 v. – 4 n. Chr., Adoptivsohn mit Teilen der Kaisergewalt 4 – 14 n. Chr., Princeps 14 – 37 n. Chr.

Livias älterer Sohn aus erster Ehe, **TIBERIUS**, führte sich mit einer Intervention in Armenien ein, wo die Interessensphären Roms und des Partherreiches sich überschnitten. Einen Rachefeldzug gegen die Parther vermied Augustus gezielt, doch glückte ihm 20 v. Chr. der größte propagandistische Sieg seiner Herrschaftszeit: Der parthische Großkönig stimmte einem friedlichen Ausgleich zu, der als Unterwerfung hingestellt wurde. Festakte und zahlreiche Münzprägungen – die ein wichtiges Mittel der Kaiser wurden, auf aktuelle Ereignisse einzugehen und sich selbst darzustellen – sprachen Überlegenheitsgefühl und Friedenssehnsucht zugleich an.

Kurz darauf standen die Zeichen wie selten zuvor auf Expansion. Den Anlass bildete wohl ein militärischer Rückschlag bei der Verteidigung Galliens, verbunden mit Angriffen auf das östliche Vorfeld Italiens. 15 v. Chr. lief eine geographisch weitgespannte Kombination aus Offensiven an. Das Vorland der Ostalpen wurde erobert, weiter westlich kämpften sich Tiberius und sein Bruder Drusus bis zur Donau vor.

Das Kommando in Illyricum sollte Agrippa übernehmen, doch starb er unerwartet. Tiberius übernahm neben dem Feldzug auch die Rolle als Schwiegersohn und Helfer des Princeps. Dessen absehbare Nachfolger waren jedoch Tiberius' neue Stiefsöhne, die Augustus-Enkel Gaius und Lucius.

Auf die großen Geländegewinne – die künftigen Provinzen Raetien und Noricum – folgte keine Konsolidierung, sondern eine Serie von **VORSTÖSSEN INS GERMANENGEBIET** zwischen Rhein und Elbe. Mit Militärlagern besetzte Haupteinfallwege erleichterten Strafexpeditionen und das aggressive Werben um Verbündete; erste Markt- und Verwaltungszentren für die werdende Provinz entstanden um die Zeitenwende.

Inzwischen kam es 6 v. Chr. zum Rückzug des Tiberius aus der Politik – womit er sich offen Augustus widersetzte –, während der Aufstieg der Augustusenkel beschleunigt wurde. Für einen Misston sorgte die Verbannung ihrer Mutter Iulia unter dem Vorwurf langjährigen Ehebruchs. In dieser außenpolitisch relativ ruhigen Phase sollten Gaius und Lucius erste Herrschaftserfahrungen sammeln; dies endete unerwartet mit dem Tod beider Caesares. Tiberius wurde 4 n. Chr. von Augustus – den der Verlust tief getroffen hatte – adoptiert, gemeinsam mit dem jüngsten Kaiserenkel Agrippa Postumus. Dabei war Tiberius seinerseits angewiesen, seinen Neffen Germanicus zu adoptieren, obwohl er einen eigenen Sohn hatte, der aber, anders als Germanicus, kein leiblicher Verwandter des Princeps war.

Der wieder aufgewertete Tiberius übernahm noch 4 n. Chr. das Kommando in Germanien. Roms nächste Offensive sollte sich gegen Böhmen richten, wo der Markomannenkönig Maroboduus eine starke Koalition aus Germanenstämmen aufbaute. Im letzten Moment führte ein Aufstand in der erst kürzlich eroberten Region Pannonien zum Abbruch des Unternehmens. Kurz nachdem Tiberius und Germanicus erst 9 n. Chr. die Revolte niedergeschlagen hatten, kam es zur Vernichtung eines Großteils der in Germanien operierenden Armee – der Fundort bei Kalkriese stellt mit großer Sicherheit einen kleinen Ausschnitt dieser mehrtägigen „Varusschlacht" dar. Territorien und Infrastruktur rechts des Rheins und nördlich der Donau wurden fast vollständig geräumt, militärisch jedoch zeigte Rom weiter Präsenz im „freien Germanien". Die kurzlebige Siegerkoalition, geführt vom Cheruskerfürsten Arminius, wurde – anders als nationalromantische Stimmen der Neuzeit es darstellten – von Beutehoffnungen und dem undiplomatischen Vorgehen Roms zusammengehalten.

Damit endete die mehr als zwanzigjährige **Expansionsphase der augusteischen Zeit**. Das hohe Alter des Princeps und der absehbare Machtwechsel spielten hierbei ebenso eine Rolle wie grundsätzliche Probleme: Deutlich

VORSTÖSSE INS RECHTSRHEINISCHE GERMANIEN
Drusus: 13–9 v. Chr.,
Tiberius: 9–7 v. Chr.,
beginnende Provinzialisierung unter verschiedenen Kommandeuren: 7 v.–9 n. Chr.

weniger Soldaten mit erhöhter Dienstzeit hatten ein vergrößertes Territorium zu verteidigen. Wo spätere Kaiser das Imperium erweiterten, handelte es sich entweder um die Annexion von Klientelstaaten oder um Sonderfälle, in denen die Notwendigkeit, sich militärisch zu profilieren, häufig mit der Hoffnung auf reiche Beute zusammentraf.

Beim Tod des Princeps am 19. August 14 n. Chr. war alles für eine glatte Machtübergabe vorbereitet. Für die Urne mit der Asche des Princeps stand seit Jahrzehnten ein riesiges Mausoleum bereit, für seine Erhebung unter die Staatsgötter als *divus Augustus* waren alle Vorkehrungen getroffen.

Aufgaben zum Selbsttest

- Vergleichen Sie die Erwartungen und Versprechen zu Beginn der Herrschaft des Augustus mit den tatsächlich eingetretenen Entwicklungen bis zu seinem Tod.
- Stellen Sie diejenigen Aspekte des Prinzipats zusammen, die für eine Königsherrschaft untypisch sind, und schlagen Sie vor, welche Erwägungen im Einzelnen dazu geführt haben könnten.
- Nennen Sie Vor- und Nachteile der neuen Herrschaftsform für die Verwandten des Augustus, den Senat, den Ritterstand, die Einwohner der Stadt Rom, die Provinzbewohner und die Armee.
- Hinterfragen Sie die Verbindlichkeit der von Augustus propagierten Werte für sein politisches Handeln.
- Wägen Sie Faktoren gegeneinander ab, die für eine soziale Kontinuität bzw. für einen Umbruch von der ausgehenden Republik zum Prinzipat sprechen.

Literatur

A. K. Bowman / E. Champlin / A. J. Lintott (Hgg.), **The Cambridge Ancient History. Volume X: The Augustan Empire 43 B. C. – A. D. 69,** Cambridge 1996.
K. Galinsky (Hg.), **The Cambridge Companion to the Age of Augustus,** Cambridge 2005.
D. Kienast, **Augustus. Prinzeps und Monarch,** 4. Aufl., Darmstadt 2009.
A. Wallace-Hadrill, **Rome's Cultural Revolution,** Cambridge 2009.
(Ausstellungskatalog:) **2000 Jahre Varusschlacht. Imperium – Konflikt – Mythos,** 3 Bde., Stuttgart 2009.

Imperium und Monarchie in den ersten zwei Jahrhunderten | 5.3

Wechselnde Interpretationen des Prinzipats: | 5.3.1
die julisch-claudische Dynastie

Der Herrschaftsantritt des Tiberius missglückte teilweise trotzdem – wie es unvermeidlich war. Im Sinne der augusteischen Ordnung mussten Stellung und Zuständigkeiten des Princeps so auf den Erben übergehen, als handelte es sich um eine freie Entscheidung, ohne dass tatsächlich eine Alternative bestand. Gleichzeitig hatte Augustus selbst Tiberius mehrmals geschwächt. Der Spielraum des zweiten Princeps war damit von Anfang an beschnitten.

Erste Maßnahmen trugen zur Verunsicherung bei. Ob Agrippa Postumus noch auf Befehl des Augustus getötet wurde, ist nicht restlos zu klären. Der Senat sah sich mit Überlegungen des Tiberius konfrontiert, das Zusammenspiel mit ihm neu zu gestalten, und fühlte sich teils überfordert, teils in seiner Ohnmacht vorgeführt. Die Kommunikation blieb nachhaltig gestört. Stärker als unter Augustus wurde auch der Einfluss römischer Ritter sichtbar. Persönliche Motive und Pragmatismus des Tiberius mischten sich, als 17 n.Chr. ein Triumphzug des ihm aufgezwungenen Erben Germanicus das offizielle Ende der Operationen gegen Germanien verkündete.

Als Germanicus bereits 19 in Syrien starb, führte der Todesfall zum **Ausbruch offener Machtkämpfe**. Mehrere Netzwerke rivalisierten um die Nähe zum Princeps und seinen engsten Verwandten. Opfer der Mordgerüchte um Germanicus wurde der Tiberius nahestehende Statthalter von Syrien, Gnaeus Calpurnius Piso, den der Senat postum verurteilte – ein Text, der uns in Kopie vollständig vorliegt. Ähnliche Anklagen mehrten sich in der Folgezeit; Vergehen gegen Tiberius und sein Haus galten fast durchweg als Frevel am römischen Volk (*crimen laesae maiestatis*). Solche *maiestas*-Prozesse fanden nicht immer vor dem Senat statt, der als Gericht für Standesgenossen zuständig war, sondern wurden öfters durch den Kaiser selbst nach Rücksprache mit dessen Beratern entschieden. Beides entwickelte sich aus Senatssicht zu einem Kennzeichen schlechter Herrscher.

Aufstände in Gallien, Thrakien und Mauretanien bewältigte Tiberius relativ leicht. Die Instabilität ging von der eigenen Dynastie und der Führungsschicht aus. 23 starb der einzige leibliche Sohn des Princeps. Damit rückten die Kinder des Germanicus ins Zentrum von Nachfolgespekulationen. Nun griff ein Tiberius-Vertrauter aus dem Ritterstand

| Abb. 36

Die Tabula Hebana, eine bronzene Tafel mit Ehrendekreten zum Tod des Germanicus, gefunden in Heba (heute: Magliano, Provinz Grosseto in Italien), 1. Jh. n. Chr.

ins Geschehen ein. Aelius Seianus, der Präfekt der Prätorianer, riss gezielt Gräben zwischen Tiberius und dem Rest der Dynastie auf. 26 quartierte sich der Princeps auf der Insel Capri ein und blieb Rom für den Rest seines Lebens fern.

Die Rolle des Stellvertreters in der Hauptstadt fiel Seianus zu. Seine Helfer in Senat und Verwaltung setzten *maiestas*-Prozesse gegen prominente Senatoren in Gang, bevor es zur Deportation von Angehörigen des Germanicus kam, die ihren Haftbedingungen bald erlagen. Tiberius begrüßte den vermeintlichen Sicherheitsgewinn zunächst. Bis 31 trieb er den Aufstieg des Seianus in eine herrscherartige Position sogar voran; nach einem Kurswechsel gelang es seinen Beauftragten, den Ahnungslosen binnen Stunden festsetzen und hinrichten zu lassen. Eine neue Serie von Prozessen folgte, die bis zu Tiberius' Tod am 16. März 37 nicht mehr abriss.

Tiberius, selbst das langjährige Opfer mehrerer Nachfolgepläne mit zwei Hauptfiguren, hatte dennoch eine Lösung genau dieser Art vorgesehen; neben seinen Enkel Tiberius Gemellus trat der deutlich ältere Gaius, Sohn des Germanicus, der seit seiner Kinderzeit den Spitznamen CALIGULA („Militärsandälchen") trug. Noch im Jahr 37 stellte Gaius seinen Adoptivbruder kalt. Die Beliebtheit seines Vaters erleichterte die erste Phase der Herrschaft; Verbannte wurden zurückgerufen, Steuern gesenkt. Andererseits griff der junge Princeps zügig nach den einzelnen Komponenten der Kaisergewalt.

Gaius vertrat bereits eine Generation, die keine andere Herrschaftsform mehr kannte, und genoss die Chance zur Provokation. Daneben

CALIGULA, eigentlich C. Caesar Germanicus; 12–41 n. Chr., Princeps ab 37, 41 ermordet.

ging er gegen mögliche Gefahren so rational vor wie seine Vorläufer. Den Ruf des „Cäsarenwahns" verdankt er vor allem dem offen eingeforderten Anspruch auf göttliche Ehren oder Triumphzüge ohne militärische Leistung. Noch provokanter war das Auftreten seiner Schwester Drusilla im Stil einer Kaisergattin. Die Schmerzgrenze war für weite Teile der Elite überschritten. Mehrere Verschwörungen wurden zerschlagen, ehe ein Attentat, das Senatoren und Prätorianeroffiziere vorbereitet hatten, Anfang 41 gelang.

Aus dem Moment heraus entwickelte sich ein Ensemble von Maßnahmen, die man später immer wieder anwendete. Die Statuen des Ermordeten wurden gestürzt, sein Name aus Inschriften ausgemeißelt. Modern spricht man von einer **DAMNATIO MEMORIAE**. Angeblich wurden Forderungen erhoben, den Prinzipat abzuschaffen, doch mussten die Senatoren sich arrangieren, als die Prätorianer den Onkel Caligulas, den Drusussohn **CLAUDIUS**, als Imperator begrüßten. Mit ihm kam ein kluger, aber verhaltensauffälliger Vertreter der Familie zur Herrschaft, der in den Hintergrund gedrängt worden war, weil die römische Standardreaktion auf Körperbehinderungen in Spott und Geringschätzung bestand. Seine Personalentscheidungen bewiesen, dass Claudius sich in der Palastbürokratie bestens auskannte. Den Prätorianern wurde als Rückversicherung das erste Donativ (Geldgeschenk) der Epoche gezahlt.

Die Zwänge, der Kaiserrolle gerecht zu werden, zeigten sich bei Claudius überdeutlich. Eher beiläufig zog er Mauretanien als Provinz ein und wiederholte das in Noricum und Thrakien. Als es 42 zum Usurpationsversuch eines Statthalters kam, zeigte sich endgültig, wie sehr der Mangel an militärischem Prestige Claudius belastete. So bereiteten er und seine Ratgeber einen relativ risikoarmen Erfolg vor: die Invasion Britanniens 43, wo Rom Verbündete besaß. Erobert wurde anfangs nur ein Gebiet im Südosten der Insel, das allmählich ausgeweitet wurde.

Gegenüber dem Senat zeigte der Kaiser sich entgegenkommend; besonders nutzte er die Möglichkeit, den zwei offiziellen Konsuln jedes Jahres (*consules ordinarii*) weitere Paare aus ‚nachgewählten' *consules suffecti* folgen zu lassen. Das vergrößerte die Spitzengruppe der Senatoren, legte aber zugleich die Entwertung des Konsulats offen. Ähnlich aufschlussreich war die Vergabe des Rechts, die Kleidung eines Triumphators zu tragen – als Ersatz für den Triumph selbst, der nur noch dem Princeps zustand.

Nach dem Aderlass zwischen 23 und 41 war die **engere Kaiserfamilie stark geschrumpft**, mehr noch ihre Verwandtschaft; traditionsreiche Häuser waren sowohl gefährdet als auch gefährlich. Claudius' Ehe mit einer entfernten Verwandten, Valeria Messalina, zog Prozesse gegen die Rivalen ihrer Familie nach sich und endete 48 blutig, als Messalina einen

DAMNATIO MEMORIAE, lat. = Verdammung/Tilgung des Andenkens; moderner Begriff für die verschiedenen Strafmaßnahmen nach dem Tod von Kaisern (und verurteilten Verrätern), die jede ehrende Erinnerung an sie beseitigen sollten.

TI. CLAUDIUS NERO GERMANICUS, 10 v.–54 n. Chr., bis 37 ins Privatleben gezwungen, Konsul 37, Princeps seit 41, vergiftet 54.

TI. CLAUDIUS NERO,
ursprünglich L. Domitius Ahenobarbus, 37–68, adoptiert 50, Princeps 54–68, Suizid.

Umsturz plante. Um das dynastische Kapital zusammenzuhalten, wählte Claudius als nächste Frau seine eigene Nichte Vipsania Agrippina; neben seinen Sohn Britannicus trat Agrippinas etwas älterer Sohn, der nach seiner Adoption durch Claudius als **NERO** bekannt wurde.

Ein Hauptkritikpunkt senatorischer Quellen ist die Rolle, die Claudius angeblich als Spielball der ihn beratenden Freigelassenen eingenommen habe. Dadurch standen die „Palastsekretariate" mehr denn je im Mittelpunkt. Auch als diese Leitungsebene ab dem Ende des 1. Jh. zunehmend römischen Rittern übertragen wurde, blieb die Verwaltungsbasis in riesigem Umfang von kaiserlichen Sklaven und Freigelassenen abhängig. Die mächtigsten zählten in Geld- und Einflussfragen zur Spitze der römischen Gesellschaft.

Der Senat empfand das als empörend. Die Hauptgefahr ging jedoch von Agrippina und Nero aus, dem Claudius obendrein seine Tochter Octavia zur Frau gegeben hatte. Mutter und Sohn drängten Britannicus in den Hintergrund. Als Claudius das im Jahr 54 ausgleichen wollte, fühlte sich Agrippina stark genug, den Kaiser vergiften zu lassen. Ihre Helfer sorgten für einen glatten Einstieg des jugendlichen Princeps, durch dessen Mund Agrippina mehr Mitsprache für den Senat ankündigte.

Die später zur Glanzzeit stilisierte Frühphase Neros brachte Enttäuschungen für Agrippina, die ihren Einfluss gegen römische Geschlechterrollen, die Kaiserberater und bald auch gegen ihren Sohn nicht wie erhofft durchsetzen konnte. Britannicus wurde 55 ermordet; Nero selbst hoffte den Prinzipat zur Selbstverwirklichung als Künstler, Athlet und glänzender Monarch umdefinieren zu können. Auf Versuche, ihn abhängig zu halten, reagierte er drastisch: 59 gab er Agrippinas Tod in Auftrag. Nero als Musiker oder Schauspieler auftreten zu sehen lief für die sozialen Begriffe der Oberschicht auf Prostitution hinaus, während große Teile der Bevölkerung sich begeistert zeigten.

Kompetente Militärs verschafften Nero Siege in Britannien und Armenien, woraus sich ein Partherkrieg entwickelte. In einer glanzvollen Szene bekam der besiegte armenische König Trdat (Tiridates) 66 vom Kaiser seine Krone neu verliehen. Die Erosion der Dynastie und ihres Ansehens schritt dennoch fort. Ein verheerender Brand im Juni 64 weckte Gerüchte, Nero selbst habe Rom angezündet. Die Verfolgung der dortigen Christen sollte einen Sündenbock liefern; ihre Wirkung untergrub Nero selbst durch Wiederaufbaupläne, die große Teile der Hauptstadt zu Palastgelände machten. Die weitgespannte **PISONISCHE VERSCHWÖRUNG** scheiterte im April 65 kurz vor dem Ziel. Damit kam die Senatsopposition zunächst zum Erliegen. Nun führte Nero seinen Plan aus, durch die griechische Welt zu ziehen. Die Abwesenheit von Rom drohte ihn die Sympathien der Hauptstadtbevölkerung zu kosten.

PISONISCHE VERSCHWÖRUNG, Komplott aus zahlreichen Senatoren und hohen Offizieren, das Gaius Calpurnius Piso als Kaiser anstelle Neros vorsah.

Noch dazu befand sich seit Mitte 66 die Provinz Judäa im Aufstand. Nero beauftragte statt bekannter Generäle, die nach dem Kaiserpurpur hätten greifen können, den loyalen **VESPASIAN** mit der Kriegführung im **JÜDISCHEN KRIEG**.

Zur Krise kam es, als sich in Gallien der Statthalter Iulius Vindex erhob und unter anderem den in Spanien amtierenden **GALBA** – der vornehme Herkunft mit Kommandoerfahrung verband – mit sich zog. Weitere Statthalter fielen ab; der Senat nahm heimlich Kontakt zu Galba auf. Neros Fluchtplan scheiterte Anfang Juni 68. Seinen Verfolgern kam der Kaiser durch assistierten Selbstmord zuvor.

Mit Galbas Eintreffen in Rom schien der Konflikt beigelegt. Neros Vertraute wurden entmachtet. Der neue Princeps – der etwa siebzig war und keinen Sohn hatte – schlug einen demonstrativ strengen Kurs ein. Forderungen der Armee und eigener Anhänger begegnete er mit Härte. Am 1. Januar 69 begann eine vorbereitete Serie von Meutereien am Rhein, die zur Usurpation des Statthalters Aulus **VITELLIUS** führten. Galba reagierte mit einer hastigen Adoption; sein hierbei übergangener Helfer **OTHO**, ein langjähriger Freund Neros, war enttäuscht genug, eine Revolte in Rom zu organisieren. Die Prätorianer riefen Otho zum Imperator aus; Galba wurde am 15. Januar getötet. Es gab nunmehr zwei konkurrierende Kaiser mit starkem Rückhalt.

Der Bürgerkrieg 69 und das Reich unter den Flaviern | 5.3.2

Das „Vierkaiserjahr" 68/69 entwickelte sich damit zum Bürgerkrieg. Die Rheinlegionen machten sich marschbereit für Vitellius. Otho sammelte Truppen in Oberitalien, hauptsächlich von der Donaugrenze. Mitte April 69 ging die erste große Schlacht verloren. Otho nahm sich das Leben; Vitellius, nun als Princeps anerkannt, zog wie ein Triumphator in Rom ein.

Schon vorher riefen die Statthalter des Orients Vespasian zum Princeps aus. Sein älterer Sohn **TITUS** übernahm die weiteren Operationen in Judäa. Über den Bruder des Usurpators, den Stadtpräfekten Sabinus, bestanden ausgezeichnete Kontakte der nerotreuen Flavier in die Hauptstadt; außerdem hoffte man zu Recht auf Unterstützung durch die Donaulegionen. Den Nachschub für Vitellius unterband die Entfesselung eines Aufstandes in Gallien und bei den Auxiliartruppen der Rheinlegionen.

Die Revolte zwang Vitellius wie vorher Otho, den Angriff in Italien zu erwarten. Die Donauarmeen besiegten ihn Ende Oktober. In Rom suchte Vitellius mit Flavius Sabinus über einen Amtsverzicht zu verhandeln; Sabinus' Tötung brach alle Brücken ab. Rom wurde eingenommen, Vi-

---

TITUS FLAVIUS VESPASIANUS, 9–79, Aufsteiger in den Senat, militärisch erfahren, aber ohne große Provinzkommandos; 67 Kommandeur im Jüdischen Krieg, 69 Usurpation, ab 70 Anerkennung als Princeps.

(1.) JÜDISCHER KRIEG, 67–73/74 n. Chr.

SER. SULPICIUS GALBA, 3 v.–69 n. Chr., aus reicher Patrizierfamilie, mehrere militärische Provinzkommandos, seit 60 in Hispania ulterior; Usurpation und Anerkennung 68, ermordet 69.

A. VITELLIUS, ca. 12/15–69, Usurpation im Januar 69, Anerkennung im Juli, ermordet im Dezember.

M. SALVIUS OTHO, 32–69, Usurpation im Januar 69, Suizid im April.

TITUS FLAVIUS VESPASIANUS, ca. 39–81, Caesar und Kommandeur im Jüdischen Krieg 69, Prätorianerpräfekt und *tribunicia potestas* 71, Augustus 81.

Abb. 37

Rekonstruktionszeichnung des Kolosseum (Längs- u. Querschnitt), das den Zustand Ende des 1. Jahrhunderts zeigt, Aquarell von Peter Connolly (1998)

tellius von der wütenden Siegerarmee zu Tode gequält. Vespasian selbst erschien dort erst im Herbst 70, nach dem Ende der Strafaktionen; auch der von ihm angezettelte Bataveraufstand am Rhein war nun unter Kontrolle. Außer dem Kapitol in Rom war auch der Tempel im eroberten Jerusalem abgebrannt. Aus der Beute wurde ein Bauprogramm in Rom finanziert, dessen ehrgeizigstes Projekt das Flavische Amphitheater (das heutige Kolosseum) wurde.

Der **Prinzipat als Herrschaftsform** hatte seine Gründungsdynastie wie auch die Thronwirren überlebt; jetzt ging er auf eine Familie über, die nicht in Rom ansässig war. Der Beginn der flavischen Dynastie – gleich zwei Söhne garantierten ihre Zukunft – stand im Zeichen der Konsolidierung. Mit einer Mixtur aus Kostenabbau und kreativer Steuerpolitik trug Vespasian den Schuldenberg seiner Vorgänger ab. Teure Feldzüge unterblieben. In der Öffentlichkeit agierte eine Art Anti-Nero, direkt und unkompliziert, dazu relativ kritikfähig. Der Senat hatte zu akzeptieren, dass der Princeps und sein älterer Sohn jahrelang die ordentlichen Konsulate für sich vereinnahmten. Titus scheint die Rolle des Unbarmherzigen gespielt zu haben, wo sich Widerstand zeigte – unter anderem gegenüber einer Gruppe im Senat, die mit Argumenten der stoischen Philosophie eine radikale Umkehr zur Republik forderte. Unter den Flaviern erhöhte sich der Anteil jener Senatoren deutlich, die nicht aus Rom und Italien kamen.

Beim Tod des Kaisers Mitte 79 stand Titus so gesichert da wie kaum jemand vor ihm, konnte aber keinen legitimen Sohn aufweisen. In der unerwartet kurzen Zeit, die ihm blieb, trat er als großzügiger Helfer bei Naturkatastrophen wie dem Vesuvausbruch im Spätsommer 79, der Pompeii und Herculaneum begrub, auf. Sein natürlicher Tod im September 81 kam völlig überraschend.

Sein jüngerer Bruder **DOMITIAN** hatte seit 79 an Profil gewonnen, doch keine nennenswerte Kommandoerfahrung – also auch keine Siege – sammeln können. Das Aufholen dieses Defizits prägte seine Regierung, verbunden mit einer Reihe von Krisen an den Grenzen Roms. Nach innen trat der dritte Flavier ungleich monarchischer auf, um Stärke zu zeigen – Domitians Verhältnis zum Senat trübte sich dadurch schnell ein. Außenpolitisches Profil sollte der Krieg gegen die Chatten im heutigen Hessen bringen, in dessen Verlauf das römisch kontrollierte Gebiet rechts des Rheins auf die Wetterau erweitert wurde. Ungefähr um diese Zeit wurden die besetzten Gebiete östlich Galliens offiziell als Provinzen Germania superior und inferior bezeichnet; wann genau ihr Status als militärischer Kommandobezirk in den einer Provinz überging, ist umstritten.

T. FLAVIUS DOMITIANUS, 51–96, Caesar 69, von Vespasian bis 79 von Führungsaufgaben ferngehalten, 81 Augustus, 96 ermordet.

Freiwillig war das Ende der Kämpfe in Germanien nicht, ebenso wenig der Rückzug aus dem heutigen Schottland, in das sich die Legionen 83/84 den Weg freigekämpft hatten – beides war vor allem eine Reaktion auf die wachsende Gefahr an der mittleren und unteren Donau. Das Reich der Daker drohte dort auf Kosten römischer Klienten zu expandieren. Nach einem Dakereinfall erschien Domitian 85 selbst auf der Szene. Während er in Rom triumphierte, ging seine Invasionsarmee unter. Domitian, den viele dadurch lächerlich gemacht sahen, eilte zurück an die Donau.

Ein monumentaler Neubau der Kaiserresidenz auf dem Palatin, die **Förderung des Kaiserkults**, mehr noch vielleicht die längeren Abwesenheitsphasen, in denen Kaiser und Umgebung die große Villa beim heutigen Castel Gandolfo nutzten, missfielen vielen Senatoren mehr denn je. Der Statthalter Obergermaniens, Antonius Saturninus, griff zur Jahreswende 88/89 nach dem Kaiserpurpur. Die Nachbararmee am Niederrhein besiegte ihn umgehend.

Fatale Folgen hatte der Saturninus-Aufstand für das Bedrohungsgefühl des Kaisers. Philosophen wurden ausgewiesen, Juden (und Christen?) unter den Oberschichtsangehörigen verfolgt, mehrere Senatsmitglieder hingerichtet oder verbannt. Drohgebärden gegen Mitglieder der Palastbürokratie und sogar die Kaisergattin führten zu einer Verschwörung, in der Freigelassene, Prätorianer und Senatoren mitwirkten. Am 18. September 96 wurde Domitian kurz vor dem Aufbruch zu einem neuen Krieg an der Donau ermordet.

5.3.3 Die Krisenjahre 96–98 und die Serie der ‚Adoptivkaiser'

M. COCCEIUS NERVA, 30–98, Konsul 71 und 90, Augustus ab 96, Vertrauter mehrerer Kaiser.

Der Kandidat der Verschwörer war **NERVA**, ein durchaus ‚regimenaher', kinderloser Patrizier in hohem Alter. Seine Politik bestand in der Koexistenz von Gegnern und Nutznießern der bisherigen Ordnung. Schon bald jedoch erschien Nerva als angreif- oder manipulierbar. Spätestens als die Prätorianer eine Auslieferung der Hauptbeteiligten am Tod Domitians erzwangen, stand er unter Druck, sich einen ‚Beschützer' zu suchen. Das Rennen entschied **TRAIAN**, domitiantreuer Legat von Germania inferior und Sohn eines engen Mitarbeiters Vespasians. Ein dichtes Netz aus Senatoren und Rittern, viele wie Traian selbst aus Familien, die auf der Iberischen Halbinsel oder in der Gallia Narbonensis ansässig waren, setzte Ende Oktober 97 die Adoption dieses Kandidaten und seine Erhebung zum Caesar durch. Nerva stand bis zu seinem Tod im Schatten seines Erben. Überraschend schob der erste Kaiser aus einer Provinzfamilie seinen Einzug in Rom beinahe zwei Jahre lang auf, wohl weil er in Germanien oder gegen die Daker militärisches Profil sammeln wollte – wie vor ihm Domitian, der jetzt als Tyrann verteufelt wurde.

M. ULPIUS TRAIANUS, ca. 53–117 n. Chr., aus Italica (bei Sevilla) in der Baetica (Andalusien); Konsul 91, Caesar 97, Augustus ab 98.

Bemerkungen bei Tacitus und vor allem die Lobrede Plinius' des Jüngeren anlässlich seines Konsulats im Jahr 100 haben Traians Adoption als Teil eines neuen Herrschaftskonzepts hingestellt, das auf der Auswahl des Besten für eine von Idealen getragene Regierung beruhe. Die althistorische Forschung hat daher oft von der „Dynastie der Adoptivkaiser" oder „humanitärem Kaisertum" aus Pflichtbewusstsein gesprochen. Doch die Adoptionen nach 97 galten immer wieder engen Verwandten des Adoptierenden und wurden durch Ehen angebahnt oder ergänzt. Sie ergaben sich damit allein durch den genealogischen Zufall. Das dynastische Prinzip trat niemals wirklich in den Hintergrund: Traian, der die Macht in weiblicher Linie weitervererben musste, stellte die Frauen seiner Umgebung heraus, Antoninus Pius die Fruchtbarkeit seiner Tochter sowie seines Neffen und Adoptivsohnes Marc Aurel.

Gegenüber dem Senat traf Traian den richtigen Ton. Unumkehrbar blieb dabei die **Zentralisierung der Entscheidungen**. Rom und Italien profitierten von einem riesigen Bauprogramm (finanziert nicht zuletzt durch Kriegsbeute); fortgesetzt wurde die Koloniegründung in den Provinzen. In Erinnerung blieb Traian jedoch – wie beabsichtigt – durch die großangelegten **FELDZÜGE**, mit denen er sich als Rächer und Eroberer profilieren wollte. Das Dakerreich des Decebalus war sowohl durch seine Bodenschätze als auch wegen mehrerer römischer Niederlagen ein attraktives Ziel. Nach gründlicher Vorbereitung begannen 101 die Feindseligkeiten; Decebalus konnte den Vormarsch nicht aufhalten, erreichte jedoch einen akzeptablen Frieden. Traian dachte nicht daran,

FELDZÜGE DES TRAIAN,
1. Dakerkrieg 103–104,
2. Dakerkrieg 105–106,
Partherkrieg 113–117.

Abb. 38

Relief von der Traianssäule in Rom; der Ausschnitt zeigt eine Ansprache Traians an die Truppen während des Zweiten Dakerkrieges.

sich lange damit zu begnügen, worauf Decebalus einen Präventivschlag führte. Dennoch unterlag er. Dakien wurde als stark befestigte Provinz eingerichtet, erwies sich jedoch als Problemzone, die ständigem Druck durch benachbarte Reitervölker ausgesetzt war. Sein Cousin HADRIAN, mit Traians Großnichte Sabina verheiratet (Kinder hatte Traian nicht), war schon früh als Nachfolger abzusehen, erhielt aber keinerlei Anteil an der Kaisergewalt.

Im Schatten des groß gefeierten Dakersieges annektierten römische Truppen 106 das Nabatäerreich im heutigen Jordanien als Provinz Arabia. Die Straßen in den Ostprovinzen und die strategisch wichtigen Häfen wurden stark ausgebaut. Als der Partherkönig Osrhoes nach Armenien griff, machte Traian den Vorfall zum *casus belli*. Starke Verbände aus dem ganzen Reich wurden zusammengezogen. Die ersten Erfolge waren spektakulär. In Armenien und später in Mesopotamien wurde eine Provinzverwaltung installiert. Anfang 116 fiel die parthische Hauptstadt des Westens, Ktesiphon, und die Legionen standen am Persischen Golf; es war der Moment, da das Imperium seine größte Ausdehnung erreicht hatte.

Zugleich war es der Umschwung zur Katastrophe. Aufstände in den besetzten Gebieten fielen mit einer Revolte der jüdischen Provinzbewohner zusammen. Traian, der vom Senat vorschnell mit Ehren überhäuft worden war, musste den Großteil seiner Eroberungen räumen. Andere Regionen des Imperiums waren bedroht. Hadrian wurde im Sommer

P. AELIUS HADRIANUS, 76–138 n. Chr., früh verwaist und unter Traians Vormundschaft; umfangreiche militärische Erfahrung, (postume?) Adoption und Augustus ab 117.

117 Statthalter von Syrien, was die Rückführung der Armee einschloss. Traian selbst trat die Rückreise an, wurde aber im August 117 in Kilikien vom Tod überrascht.

Konkurrenz um die Nachfolge brauchte Hadrian nicht zu fürchten, die Umstände blieben jedoch eine Schwachstelle für ihn. Laut der offiziellen Version ernannte ihn Traian auf dem Sterbebett zum Caesar und adoptierte ihn; das war vielleicht nur eine Fiktion, wie spätere Gegner behaupteten. Hadrian, der militärisch erfahrenste Kaiser seit Tiberius, sah deutlich, dass an eine Wiederaufnahme des Partherkrieges nicht zu denken war, begab sich an die Donau und löste durch einen Gebietsverzicht den Konflikt mit den Nachbarn Dakiens. Die Verärgerung über diesen Pragmatismus war groß. Aus Sorge, es könnte zu einer Usurpation kommen, liquidierte Hadrians Prätorianerpräfekt Attianus Anfang 118 gleich vier Exkonsuln aus der Umgebung Traians. Für den toten Kaiser inszenierte dessen Erbe einen Triumph über die Parther, der einen offiziellen Schlussstrich unter den Krieg zog.

Prägend für **Hadrians Herrschaft** wurden sowohl die Intensivierung kaiserlichen Handelns als auch das Näherrücken von Kaiser und Provinzen. Seit seinem erklärten Vorbild Augustus hatte kein Princeps so viel Präsenz gezeigt. Die großen Reisen (121–125 und 128–132/133) führten Hadrian in weite Teile des Imperiums, besonders in die griechisch-hellenistische Kultursphäre: auf sie konzentrierte sich die Flut an Schenkungen, Privilegierungen und Baugenehmigungen. Der Ausbau des Städtenetzes im Westen des Imperiums erreichte ebenfalls neue Ausmaße. Zugleich überwachte Hadrian bis ins Detail die Verwaltungsabläufe, wodurch die Korrespondenz mit Städten und Einzelpersonen stark anwuchs. An die Stelle neuer Eroberungskriege setzte er den Ausbau der militärischen Infrastruktur, sichtbar vor allem im steinernen „Hadrianswall" in Nordengland. Wiederholt kam es zu lokalen Konflikten.

Für Irritationen sorgte der Umgang Hadrians mit dem Tod seines jungen Geliebten Antinoos; ähnlich einem hellenistischen Monarchen betrieb der Kaiser die imperiumsweite Verehrung des Toten als Gott. Hadrians Interesse an der griechisch-hellenistischen Kultur wirkte sich fatal aus, als der Kaiser versuchte, sie im ‚barbarischen' Judäa stärker durchzusetzen. Der blutige **BAR-KOCHBA-AUFSTAND** wurde von Rom mit allen Mitteln niedergeschlagen. Jerusalem wurde römische Veteranenkolonie, die Provinz Judäa verlor neben einem Großteil ihrer Einwohner sogar ihren Namen und wurde in *Syria Palaestina* umbenannt – weshalb der Begriff „Palästina" bis heute auf israelischer Seite abgelehnt wird.

Das **Problem der Nachfolge** überschattete Hadrians letzte Jahre. Statt eines nahen Verwandten adoptierte der Kinderlose 136 zunächst einen jungen Patrizier, Lucius Ceionius Commodus (als Aelius Caesar). Wäh-

---

BAR-KOCHBA-AUFSTAND ODER 2. JÜDISCHER KRIEG, 132–135, unter Führung von Schimon bar Kochba.

rend es Hadrian bereits sehr schlecht ging, starb der designierte Erbe am 1. Januar 138. Obendrein hatte der Kaiser den Senat schockiert, als er einen weiteren Nachfolgekandidaten und dessen Großvater, Hadrians Schwager Servianus, beseitigen ließ.

Binnen weniger Wochen stellte Hadrian eine neue, ungeahnt nachhaltige Lösung vor. Neuer Nachfolger wurde der ältere Senator Titus Aurelius Fulvus, der unter seinem Adoptivnamen **ANTONINUS** bekannt war, ein Schwiegersohn des Stadtpräfekten Annius Verus. Verus' gleichnamiger Enkel war von Hadrian seit Jahren gefördert worden; jetzt erhielt Antoninus die Anweisung, ihn seinerseits zu adoptieren, außerdem den jüngeren Lucius, den Sohn seines Vorgängers Aelius Caesar. Diese Mehrgenerationenlösung erinnerte an die Anfänge der iulisch-claudischen Dynastie. Widerstand im Senat richtete sich ausschließlich gegen Hadrian, nach dessen Tod die Erhebung zum Gott anfangs blockiert wurde.

ANTONINUS (PIUS), 86–161 n. Chr., aus einer Senatsfamilie der Gallia Narbonensis, Konsul 120, Caesar und adoptiert Februar 138, Augustus ab Juli 138.

Die lange Herrschaft des Antoninus, dem der Senat den Beinamen *Pius* verlieh, erscheint durch Überlieferungslücken ereignisloser, als sie war. Außenpolitisch wurde der Kurs Hadrians im Ganzen fortgesetzt, doch konnte der militärisch unprofilierte Antoninus auf symbolische Siege nicht verzichten. Daher kam es zur Vorverlegung des obergermanischen Limes, in Britannien zum Vorrücken nach Norden. Ansonsten sank der Stellenwert der militärischen Komponente trotz mehrerer Usurpationsversuche eher noch; keiner der beiden Adoptivsöhne sammelte Erfahrung in den Provinzen. Mehr denn je stellte Pius seine eigene Familie als Modell für die ganze römische Gesellschaft in den Vordergrund. Mit ihm begann, was oft als antoninische Dynastie bezeichnet wird. Der Kaiserneffe Marcus wurde konsequent auf die Nachfolge vorbereitet, während Lucius der Politik ferngehalten wurde.

Als Antoninus im März 161 starb, steuerte das Imperium auf eine große Krise zu. Erstmals seit langer Zeit fühlte das Partherreich sich stark genug für eine Offensive. Der designierte Nachfolger Marcus, der uns als **MARC AUREL** geläufig ist, entschied sich dafür, seinen Adoptivbruder nun doch an der Herrschaft zu beteiligen. Zum ersten Mal wurde das Imperium durch zwei rechtlich gleichgestellte Augusti regiert, von denen der Jüngere, **LUCIUS VERUS**, den Partherkrieg übernahm, assistiert von erfahrenen Beratern, was bald eine Wende im Kriegsgeschehen herbeiführte. Marc Aurel widmete sich der zivilen Koordination aus dem Zentrum.

MARCUS AURELIUS ANTONINUS, urspr. M. Annius Verus, 121–180, Neffe des Antoninus, adoptiert 138, Caesar 139, Augustus ab 161.

LUCIUS AURELIUS VERUS, urspr. L. Ceionius Commodus, 130–169, adoptiert 138, Konsul 154, 161 Augustus.

Der Friedensschluss bestätigte dennoch nur den Vorkriegszustand, da schon vor dem gemeinsamen Triumph beider Kaiser im Herbst 166 neue Gefahr drohte, während die heimkehrenden Truppen eine verheerende Epidemie einschleppten. Die in engem Kontakt zu Rom stehenden Stammesverbände im Vorfeld des Imperiums entlang der mittleren und

1. MARKOMANNEN-KRIEG (gegen zahlreiche Stämme), 167–175.

unteren Donau – besonders Markomannen, Quaden und Jazygen – gerieten unter Druck aus dem Hinterland, als eine ganze Reihe von Ethnien teils nach Westen verdrängt wurde, teils aktiv die attraktiven Grenzregionen ansteuerte. Rom sah sich im **1. MARKOMANNENKRIEG** einer großen Allianz aus Neuankömmlingen und Alteingesessenen gegenüber. Diesmal brachen beide Augusti 168 feierlich in den Krieg auf. Die verwundbare Ostgrenze Italiens wurde stark gesichert. Im Frühjahr 169 kehrte der Hof nach Rom zurück, doch auf der Reise starb Lucius Verus.

Der Krieg im Norden eskalierte. Es kam zu verheerenden Einfällen in mehrere Grenzprovinzen und wiederholten Niederlagen römischer Armeen; plündernde Germanen gelangten bis vor die Tore Athens und in den Nordosten Italiens. Am Rhein und in Nordafrika nutzten andere Gegner die Notlage. Marc Aurel konnte das Krisengebiet jahrelang nicht verlassen.

Angesichts der Bedrängnis stiegen qualifizierte Führungskräfte unter Umgehung der sozialen Spielregeln auf. Marcus selbst verheiratete seine Tochter Lucilla, Witwe des Lucius Verus, an den Ritter Claudius Pompeianus, wohl auch mit dem Hintergedanken, so könne keine Konkurrenz für den einzig überlebenden Kaisersohn **COMMODUS** entstehen. Städte und Regionen litten unter den Folgen der Kriegsbelastung und der Seuche. In dieser Situation erhob sich 175 Avidius Cassius, der erfolgreiche Koordinator des Partherkrieges. Marcus verstand die kurzlebige Usurpation als Signal, Commodus schnellstmöglich zum vollwertigen Nachfolger aufzubauen. Ende 176 teilten sich beide den Triumph über Germanen und Sarmaten.

L. AURELIUS COMMODUS, 161–192, Caesar 166, Augustus 175, Alleinherrscher seit 180, 192 ermordet.

2. MARKOMANNENKRIEG, 177–180.

Auf die wieder aufflammenden Konflikte entlang der Donau reagierte Marcus mit einer Kriegserklärung. Im August 177 zogen beide Augusti gegen **MARKOMANNEN** und Quaden in den Kampf. Ein dichtes Netz römischer Stützpunkte wurde bis nach Nordmähren vorgetrieben. Nach einer Erkrankung Marc Aurels, die am 17. März 180 tödlich endete, schloss Commodus zügig Frieden, um schnell Rom zu erreichen, dicht gefolgt von einem kaum mehr greifbaren „Dritten Markomannenkrieg". Hauptsorge des jungen Kaisers war es, seine Autonomie zu sichern und unter Beweis zu stellen. Das misslang. Bis heute sieht man Commodus' Herrschaftszeit als – teils blutige – Abfolge der Einflüsse wechselnder Berater. Statt auf Marc Aurels senatorische Ratgeber setzte Commodus auf Vertraute eigener Wahl wie den Prätorianerpräfekten Tigidius Perennis, später den Freigelassenen Cleander.

Problematisch war die Selbststilisierung des Kaisers als neuer Hercules. Aus der Sicht der Oberschicht erinnerten solche Auftritte, als sie durch Tierjagden und Wagenfahren in der Arena ergänzt wurden, fatal an Nero; der Zeitzeuge Cassius Dio berichtet von Drohgebärden gegenüber dem Senat, während Volk und Armee weiter zum Kaiser hielten. Ein Teil des Palastpersonals und der Prätorianerpräfekt Aemilius Laetus fühlten sich bedroht und führten am 31.12.192 überraschend einen Mordanschlag auf Commodus aus. Ein Nachfolger stand nicht einmal in den Plänen der Verschwörer bereit.

Aufgaben zum Selbsttest

- Argumentieren Sie, welche persönlichen Voraussetzungen in einer – friedlichen oder militärischen – Nachfolgekrise den Ausschlag geben, damit ein Kandidat sich erfolgreich durchsetzt.
- Umreißen Sie, von den Fällen gestürzter und abgelehnter Herrscher ausgehend, die Erwartungen an Verhalten und Leistungsbilanz eines „guten" Kaisers.
- Erörtern Sie die seit der Antike geäußerte Kritik, der Prinzipat sei nur als Abfolge von Kaiserbiographien darzustellen und werde dadurch nur einseitig erfasst.

Literatur

A. Eich, **Die römische Kaiserzeit. Die Legionen und das Imperium,** München 2014.
C. Wells, **Das Römische Reich,** München 1985.
A. K. Bowman / P. Garnsey / D. Rathbone (Hrsg.), **The Cambridge Ancient History XI: The High Empire. AD 70–192,** Cambridge 2000.
A. Winterling, **Caligula. Eine Biographie,** München 2004.
B. Levick, **Vespasian,** London / New York 1998.
B. W. Jones, **The Emperor Domitian,** London 1992.
G. Seelentag, **Taten und Tugenden Traians. Herrschaftsdarstellung im Prinzipat,** Stuttgart 2004.
A. R. Birley, **Marcus Aurelius. A Biography,** 2. Aufl., London 1987.
O. Hekster, **Commodus. An emperor at the crossroads,** Amsterdam 2003.

Die Integrationsleistung des Römischen Reichs | 5.4

Das Konzert der mediterranen Gesellschaften | 5.4.1

Die Stellung des Princeps mit seiner bewusst mehrdeutig gestalteten Machtbasis (→ 5.2.1) entwickelte sich erst allmählich zur Institution. Ähnlich vielschichtig stand es mit dem Machtbereich des Prinzipats selber. Von „römischem Staat", „römischer Gesellschaft" zu sprechen ist gefährlich unpräzise, weil diese Begriffswahl eine Einheitlichkeit nahelegt, die gar nicht existierte, und obendrein die moderne Differenzierung zwischen Politischem und Sozialem voraussetzt.

In römischen Augen war der Kaiser der Exponent des *populus Romanus*, der dank seiner Sonderstellung Herrschaft und Bestand dieses Volkes sicherte – das desto exklusiver, je mehr Zeit verging. Der Herrschaftsbereich selbst, **das Imperium**, war jedoch **ein Konglomerat von Einzelstücken**.

Italien, das seit Augustus geschlossen privilegierte Kernland, war gleichförmiger als je zuvor, aber nicht annähernd homogen. Die Spannungen zu Rom waren reduziert worden, die regionalen Eliten in den Senat eingerückt und miteinander eng verknüpft. Seit dem Tod des Augustus verstand sich Italien als politische Einheit, deren Vorrechte besonders der Senat verteidigte. Bis zur Mitte des 2. Jh. blieben römische und italische Senatoren gegenüber den Familien aus den Provinzstädten in der Mehrheit.

Im Rest des Imperiums sah es ungleich komplizierter aus. Politischrechtlich existierte ein Mosaik aus den eigentlichen Provinzen – ob sie nun von Prokonsuln regiert wurden oder von kaiserlichen Legaten und Präfekten – und nominell unabhängigen Gebieten, beispielsweise Athen oder (anfangs) der Lykische Bund im südwestlichen Kleinasien.

Eine Sonderrolle nahmen Gebiete ein, deren Herrscher sich den kaiserlichen Direktiven mehr oder weniger stark unterordneten. Die Forschung spricht von **„Klientel-" oder „Klientelrandstaaten"**. Deren Bindung ans Imperium – die Elemente der Verwaltung und des Kaiserkults nach dem Muster römischer Provinzen einschloss – konnte mit der Zeit so stark werden, dass ein gleitender Übergang zum Provinzstatus möglich wurde. Dieser Schritt war aber kein generelles Ziel; an vielen Stellen ersparten solche ‚Satellitenstaaten' dem Imperium eine teure Militärgarnison. Zwischen Rom und dem Partherreich senkte eine Pufferzone die Intensität von Konflikten zwischen den beiden Großmächten. Auch auf die – ökonomisch durchaus leistungsfähigen – Stammesherrschaften nördlich der Donau, meist Germanen wie die Quaden und Markomannen oder sarmatische Ethnien wie Roxolanen und Jazygen, wirkten die Kaiser ein. Hier wollten sie die Entstehung größerer Machtkonzentrationen verhindern, um Interventionen überflüssig zu machen.

Diese Eigenheiten trugen dazu bei, die **Grenzen des römischen Herrschaftsbereichs deutlich unschärfer** zu halten als bei neuzeitlichen Staaten. Zu unterscheiden sind:
- das permanent besiedelte Territorium, in dem regelmäßig Recht gesprochen und Steuern eingezogen wurden;
- ein saisonal oder ausnahmsweise, etwa für Weidewirtschaft, genutztes Gebiet;
- die vorgelagerte Zone, in der Neuansiedlungen verhindert, Wanderbewegungen kontrolliert wurden;

– schließlich die äußerste Grenze aller je erhobenen Gebietsansprüche. Sie alle fielen nur ausnahmsweise zusammen. Die durch Kastelle oder sogar durchlaufende Befestigungen gesicherten Grenzlinien (*limes*, Pl. *limites*) an Flüssen oder über Land markieren durchweg keine Staatsgrenzen im heutigen Sinn.

In diesen Grenzen lag zwar ein zentral gelenktes Imperium, aber keine einheitliche „römische Gesellschaft". Genau darin bestand eine der Hauptgefahren für die Stabilität der Herrschaft über die Provinzen, wie sich schon während der Republik gezeigt hatte. Flächendeckende Untersuchungen fehlen, doch je nach Definition kann man von mehreren Dutzend unterschiedlicher Gesellschaftstypen ausgehen, die der römischen Sozialstruktur und ihren Normen gegenüberstanden. Nomadenstämme, Oasensiedlungen, Tempelstaaten unter Priesterdynastien oder Dörferlandschaften ohne Zentralort fanden sich ebenso als Teil des Imperiums wieder wie ehemalige Monarchien, autonome oder teilautonome Poleis.

Selbst innerhalb einer einzelnen Provinz waren die Unterschiede markant. Die Präsenz von Römern und Italikern – als Einzelne oder im Militär, stellenweise auch als Kolonisten – verschärfte die potenziellen Spannungen noch, wie sich gegen Mithradates VI. gezeigt hatte (→ 4.6.4). Gerade die relative Rechtlosigkeit aller Provinzbewohner hatte Widerstand gegen Rom geweckt.

Rom durchdringt sein Herrschaftsgebiet: Formen der Integration und Machtausübung

| 5.4.2

Eine Monopolstellung besaß die römische Gesellschaft nicht, war aber im ganzen Imperium präsent – über ansässige oder stationierte Römer, vor allem jedoch in Gestalt jener Mitglieder lokaler Eliten, die zugleich den beiden oberen römischen Ständen, Senatoren- und Ritterstand, angehörten. Die römische Sozialstruktur verklammerte dadurch von oben her die Einzelgesellschaften der Provinzen, Regionen und Städte. Auch Mitglieder örtlicher Stadträte und angesehener Familien, die weder Senator noch Ritter waren, genossen ein offizielles Ansehen, das sie und ihre

| Abb. 39

Kaiserliche Integrationsaufgaben in den Gesellschaften des Imperiums

Angehörigen an dritter Stelle der reichsweiten Sozialhierarchie einordnete – man spricht von den *ordines decurionum*, den (tausend oder mehr einzelnen) „Ständen" der Decuriones, Bouleuten – und wie die Ratsmitglieder sonst noch bezeichnet wurden.

Wie in Rom und Italien bezogen sich persönliches Ansehen und Prestige mehr und mehr auf den Kaiser. Mehr denn je war es außerdem gängig, dass ein Senator oder Ritter als Patron von Städten oder Einzelpersonen auftrat wie in der späten Republik (→ 4.5.2); vorteilhafte Entscheidungen zu ihren Gunsten konnte er meistens nur durch den Kaiser erreichen. Drittens aber wurde es immer üblicher, dass die lokalen Eliten direkt mit dem Princeps korrespondierten; im Fall der „freien Städte" handelte es sich um deren Außenpolitik, doch auch Provinzstädte im engeren Sinn schickten Briefe oder eine Delegation, wenn Thronwechsel oder Herrscherjubiläen, Grenzstreitigkeiten oder der Wunsch nach einer Baugenehmigung vorlagen. Der Zeitverbrauch der Kaiser für diese Beziehungspflege war enorm.

Auf Provinzebene wurde das Zusammenwirken der lokalen Führungsschichten dagegen bewusst minimiert. Sie kamen in regionalen Versammlungen zu Zwecken des Kaiserkults zusammen und richteten Spiele aus; Aufgaben als politische Vertretung hatten diese Gremien (*concilia*, griech. *koina*; häufig mit „Provinziallandtage" übersetzt) ausdrücklich nicht, schon um antirömische Zusammenschlüsse zu verhindern.

Der stets mögliche **Kontakt zum Kaiser erhöhte das Ansehen** eines Lokalaristokraten, der umgekehrt die Macht des Princeps vor Ort greifbar machte, indem er als Ratsmitglied und Magistrat zivile Hoheitsaufgaben erfüllte. Mehr und mehr örtliche Familien entsandten Mitglieder nach Rom oder als kaiserliche Funktionäre in andere Provinzen. Lokales und überlokales Ansehen ließen sich auf diese Weise immer stärker ineinander übersetzen und bildeten eine Art sozialer Währung, deren letzter Garant der Kaiser selbst war. Er anerkannte Vorrangstellungen, traf juristische Regelungen, teilte Geschenke und persönliche Ehrungen aus. Teils ergriff er die Initiative dabei, teils – und das vermutlich öfter – reagierte er auf Anfragen und Bitten von der Peripherie. Fergus Millar (*1935) hat diese Verfahrensweise als „petition and response" gekennzeichnet, was zu einer Debatte geführt hat, ob Eigeninitiative oder Reagieren der Normalfall war.

Die **Entwicklung solcher Direktbeziehungen** machte das Imperium stärker denn je zur Städtezivilisation, der Tradition der mediterranen Kulturen folgend. Genau dies entlastete die römische Provinzverwaltung entscheidend. Die Stadt als Haupteinheit der Verwaltung – und das hieß praktisch: die städtische Aristokratie – erledigte Steuereinzug, Warenaustausch und einen Großteil der Rechtsprechung. Mit ihrem Lokalbürgerrecht, ihren Jahresbeamten und dem senatsähnlichen Rat war sie analog zu Rom und den dortigen Gegebenheiten organisiert.

An vielen Orten musste ein solches **Städtenetzwerk** erst geschaffen oder den römischen Bedürfnissen kompatibel gemacht werden. In keltisch geprägten Gebieten – wie Gallien oder Teilen der südlichen Grenzprovinzen entlang der Donau – gab es befestigte stadtartige Höhensiedlungen (*oppida*) in unterschiedlicher Dichte, zugleich Wohnsitze führender Adliger, Handwerks- und Handelszentren. So ging man schon unter Augustus daran, die Stammesstruktur umzuformen: Durch Zerteilen oder Zusammenlegen entstanden Einheiten gewünschter Größe. Eine solche *civitas* (je nach Kontext als „Stadtgemeinde" oder „Stamm" zu übersetzen) wurde häufig mit künstlich geschaffenen Zentren ausgestattet. Viele dieser *civitas*-Hauptorte entwickelten im Lauf der Jahrzehnte Stadtcharakter. Die verschiedenen Höhensiedlungen der Treverer etwa, eines selbstbewussten gallischen Stammes, verkümmerten zugunsten des neuen Hauptorts Augusta Treverorum (Trier) im Moseltal. Auch Orte ohne nachweisbare politische Zentralfunktion entstanden teils geplant und staatlich gelenkt. So zeigen die ältesten Funde im römischen Aachen eine Erstbesiedlung, wohl aus dem inneren Gallien, auf einem von vornherein systematischen Straßennetz. Noch bewusster vollzog sich die Einrichtung von *civitates* und Hauptorten rechts des Rheins, nachdem unter Domitian der Winkel zwischen Rhein und Donau Provinzgebiet wurde.

In den Grenzprovinzen entstanden Städte und Siedlungen auch im Umfeld des Militärs, als sich dessen Lager in permanente Anlagen verwandelten. Man spricht bei diesen „Lagervorstädten" von *canabae* im Fall der großen Legionslager und von Lager-*vici* für die kleineren Kastelle. Bäder, Bordelle, Gaststätten und Läden fanden sich hier ebenso wie Partnerinnen und Kinder vieler Soldaten, die überwiegend erst nach der Dienstzeit legal Ehen schließen konnten. Oft kam es zur Entwicklung ziviler ‚Zwillingssiedlungen', so etwa der *Colonia Ulpia Traiana* (Xanten) neben dem Legionsstandort Vetera (Birten) oder des *municipium* Carnuntum (Petronell), das später Kolonie wurde, nahe dem gleichnamigen Legionslager (bei Bad Deutsch-Altenburg).

Zahlreiche Provinzstädte erwarben mit der Zeit einen Rechtsstatus, der einigen oder allen Mitgliedern der Stadtgemeinde zum römischen Bürgerrecht verhalf. (Längst nicht alle freien Einwohner von Stadt und Umland zählten automatisch zur lokalen Bürgerschaft mit Stimmrecht!) Die Rechtsform des *municipium* (→ 4.4.2) ging mit dem latinischen Bürgerrecht einher; die Magistrate, je nachdem auch alle Ratsmitglieder, erwarben das volle römische Recht, das sich damit in der Decurionenschicht schnell ausbreitete. Noch begehrter war die Aufwertung zur *colonia*, womit häufig die offizielle Deduktion (Ansiedlung) von Legionsveteranen einherging; in diesem Fall waren die stimmfähigen Gemeindemitglieder durchweg römische Bürger.

Mit **Militär, Städtewesen und städtischen Eliten** sind die wichtigsten Faktoren genannt, die das Provinzleben auf lange Sicht der Kultur und Sozialstruktur Italiens annäherten. Schneller kam es – in den Grenzprovinzen vorwiegend durch die Armeeangehörigen und ihre Konsumansprüche – zu einem Transfer von Techniken und Bedarfsgütern. Ihre Kombination mit der Elitefunktion der römischen Bürger führte im Nordwesten des Imperiums innerhalb von einer bis zwei Generationen zur archäologisch nachweisbaren Übernahme mediterraner Essgewohnheiten, Haushaltsartikel und Bauformen. Der Eintritt zahlreicher Einheimischer in die Auxiliarverbände der Armee – die sie nach üblicherweise 25 Jahren als römische Bürger wieder verließen – half beim Verbreiten der lateinischen Umgangssprache und römischer Verhaltensmuster, etwa der Anlage von Grabmonumenten mit Inschriften. Im Lauf der Zeit wuchs dadurch höchstwahrscheinlich das Empfinden vieler Provinzialer, Angehörige statt Untertanen des Imperiums zu sein.

In der Forschung werden die geschilderten Vorgänge als **Romanisierung** bezeichnet – ein Begriff, der in den letzten Jahren teils stark kritisiert worden ist. Auslöser hierfür ist die anhaltende Debatte um Globalisierung und Migration in modernen Gesellschaften – Fragen der Integration und des Selbstverständnisses sind höchst gegenwärtig. Entweder-oder-Entscheidungen für oder gegen die Ursprungskultur standen selbst bei Annahme des römischen Bürgerrechts selten an, Assimilationsdruck oder -angst war kein flächendeckendes Phänomen. Schon die Verehrung lokaler oder exotischer Götter der Provinzen durch Römer, teils als ‚Übersetzung' in eigene Gottheiten (*interpretatio Romana*), zeigt, wie wenig ein fundamentaler Gegensatz vorlag.

Konflikte zwischen Nachbarstädten und -stämmen wurden in Friedenszeiten auf diplomatischem Weg entschieden oder mündeten in eine friedliche Konkurrenz um Ehrentitel und Prestigebauten. Zu einem – allerdings sehr blutigen – Grundsatzkonflikt mit der vorherrschenden Kultur kam es lediglich in Judäa, teils auch mit der jüdischen Bevölkerung der Nachbargebiete. Ansonsten erwies sich die kaiserzeitliche Politik zur Durchdringung und nachhaltigen Kontrolle der Provinzen – im Zusammenspiel mit fortschrittlichen Kulturtechniken – als starker Integrationsfaktor. Aufstände gegen die römische Herrschaft ebbten nach einer kritischen, sehr gewaltsamen Anfangs- und Konsolidierungsphase meistens ab und lebten selbst in Bürgerkriegszeiten selten auf. Die Mischung aus Kooperation mit den Eliten und sichtbaren Vorteilen überwog auf Dauer die ärgerlichen Seiten der römischen Präsenz wie Steuerdruck, Machtdemonstrationen und fremde Rechtsnormen.

Die pax Romana und die Legitimation des Kaisertums | 5.4.3

Nicht zuletzt garantierte die starke Zentralgewalt ungekannt lange Friedensphasen, die mit Wohlstand einhergingen und eine kulturelle Prägekraft entfalteten, welche weit über die Antike hinausreichen sollte. Noch in den stürmischen Zeiten des 3. Jahrhunderts wirkten diese positiven Erfahrungen stabilisierend. Im Unterschied zum heutigen Friedensbegriff steht *pax* allein für Frieden und Prosperität nach innen, nicht etwa den Verzicht auf Krieg. Eine konstante Expansion wurde auch und gerade nach Actium vielmehr erwartet – sie galt als Indiz für Stärke, Überlegenheit und inneren Zusammenhalt. Bis in die Spätantike wurden Kaiser, die sich dieser Erwartung entzogen, in den Quellen kritisiert. Seit Augustus stellte man konsequent heraus, der Princeps sei permanent siegreich, auch wenn er das gerade nicht durch Kriege unter Beweis stellte; allerdings blieb ein spürbarer Druck, militärisches Profil zu erwerben, besonders wenn der jeweilige Kaiser keine Kommandoerfahrung mitbrachte.

Auch sonst wurden dem Princeps immer mehr Tugenden und Qualitäten zugesprochen. Er wurde je länger, je mehr der Erwartungsträger schlechthin. In der Nachfolge der hellenistischen Herrscher war Freigebigkeit eine Schlüsseleigenschaft, das Vorbild für die Aktivität städtischer Großer, die zum Dank für ihre Spenden und Stiftungen als Wohltäter (griech. *euergetēs*, daher die von Paul Veyne [*1930] geprägte Bezeichnung „**Euergetismus**" für diese soziale Mechanik) die Anerkennung ihres Vorrangs durch die Mitbürger erhielten und zugleich untereinander um solche Ehren konkurrierten.

Damit war der vorgeführte Konsens der römischen Bevölkerung und Gesellschaft zugleich ein kommunikativer Vorgang (→ 5.4.2). Genau in

Aufgaben zum Selbsttest

- Beschreiben Sie das Problempotenzial in der Binnenstruktur des Imperiums für eine zentrale, allgemein akzeptierte Herrschaftsform.
- Erörtern Sie Formen der „Repräsentation" der Gebiete innerhalb der Peripherie im imperialen Zentrum (der Stadt Rom und dem personellen Umfeld des Princeps). Wie weit decken sie sich mit dem heutigen Verständnis politischer oder sozialer Partizipation?
- Erläutern Sie die gegenseitigen Abhängigkeiten zwischen dem Kaiser und herausgehobenen Schlüsselgruppen im Sozialgefüge.
- Entwickeln Sie ein Spektrum von (absichtlichen oder unabsichtlichen) Formen zur Heranführung der beherrschten Teile des Imperiums an die offiziell herrschende Kultur und Sozialstruktur.

diesem Licht sind das Gewähren juristischer Privilegien für Soldaten und Veteranen, die Lebensmittelversorgung Roms und das dichte Unterhaltungsprogramm zu sehen – hier ging es um mehr als Bestechung der „Massen". Kritik dieser Art nimmt durchweg eine senatsnahe Perspektive ein. Auch die Senatoren wurden aber ‚bestochen', nämlich durch den Vorrang des Senats im Prestigegefüge und das stetig wachsende Spektrum an kaiserlichen Posten und Vergünstigungen.

Literatur

J. Bleicken, **Verfassungs- und Sozialgeschichte des römischen Kaiserreiches**, Band 1, 4. Aufl., Paderborn 1995; Band 2, 3. Aufl., Paderborn 1994.
G. Alföldy, **Römische Sozialgeschichte**, 4. Aufl., Stuttgart 2011.
J. F. Gardner, **Frauen im antiken Rom. Familie, Alltag, Recht**, München 1995.
F. Jacques/J. Scheid, **Rom und das Reich. Erster Band: Staatsrecht, Religion, Heerwesen, Verwaltung, Wirtschaft**, Nachdr. Hamburg 2008; Erstaufl.: **Rom und das Reich in der Hohen Kaiserzeit. Die Struktur des Reiches**, München 1998.
C. Lepelley/P. Cabanes (Hgg.), **Rom und das Reich. Zweiter Band: Die Regionen des Reiches**, Nachdr. Hamburg 2006; Erstaufl. München 2001.
F. Millar, **The Emperor in the Roman World (31 BC-AD 337)**, 2. Aufl., London 1992.
P. Veyne, **Brot und Spiele. Gesellschaftliche Macht und politische Herrschaft in der Antike**, Frankfurt a. M. 1988.
E. Flaig, **Den Kaiser herausfordern. Die Usurpation im Römischen Reich**, Frankfurt a. M. 1992.
J. Osterhammel, **Die Verwandlung der Welt. Eine Geschichte des 19. Jahrhunderts**, München 2009, 603–672 (exzellente Entfaltung des Imperiumsbegriffs und der Strukturprobleme von Imperien).

5.5 | Die Umbruchzeit des 3. Jh. n. Chr. und die diokletianisch-konstantinischen Reformen

5.5.1 | Der Bürgerkrieg 193–197 und die Severer

P. HELVIUS PERTINAX, 126–193, Militär- und Verwaltungskarriere im Ritterstand, senatorischer Kommandeur und Statthalter in vielen Ämtern 171– ca. 189, Konsul 175, Stadtpräfekt unter Commodus, Augustus 193, ermordet.

Zu Beginn des Jahres 193 schien eine schnelle Normalisierung der Lage möglich. Statt der Verwandten der antoninischen Dynastie setzte sich PERTINAX durch, einer der fähigsten Männer der Zeit vor 180. Den Sohn eines Freigelassenen unterstützten viele andere Vertraute Marc Aurels; schnell zeigte sich jedoch seine Angreifbarkeit durch soziale Vorurteile. Fatal war, dass Pertinax nur die Hälfte des den Prätorianern versprochenen Donativs zahlen konnte. Ihr Präfekt organisierte schon am 28. März 193 eine Meuterei; Pertinax und sein Sohn wurden getötet. Einen kurzen Machtkampf entschied der bereits sechzigjährige Senator DIDIUS IULIANUS für sich, ein weiterer Veteran der Germanenkriege; hierbei kam es zu einem Bietergefecht um den Beistand der Prätorianer, das spätere Historiker als ‚Versteigerung des Reiches' zum Sinnbild der Verfallszeit erhoben.

In den Provinzarmeen löste die Vorzugsbehandlung der Garde große Unruhe aus. Darin sahen gleich mehrere jüngere Statthalter ihre Chance. Kurz nach Eintreffen der Nachrichten aus Rom ließ sich der Legat von Pannonia inferior, **SEPTIMIUS SEVERUS**, zum Kaiser ausrufen; gut eine Woche später tat der Statthalter Syriens, Pescennius Niger, dasselbe. Aus Britannien drohte Severus, der den kürzeren Anmarschweg nach Rom hatte, ein Angriff. Severus beseitigte die Gefahr, indem er dem dortigen Legaten Clodius Albinus den Caesartitel anbot. Ein schneller Vorstoß über die Alpen ließ den Widerstand in Italien zerbröckeln: Noch ehe der Usurpator Rom erreicht hatte, ließ der Senat Iulianus fallen. Severus tauschte die Prätorianer gegen eigene Legionäre aus, zahlte der Armee ein riesiges Donativ und zeigte sich ansonsten versöhnlich. Fast umgehend begannen die Kampfhandlungen mit dem etwa gleich starken Pescennius Niger. Severus schlug ihn im Frühjahr 194 vernichtend auf dem Alexander-Schlachtfeld von Issos, womit das „Fünfkaiserjahr" 192/193 vorerst abgeschlossen war.

Nach innen trat eine Atempause ein. Septimius Severus, bislang selbst erklärter Rächer des Pertinax, stellte sich nun als Adoptivsohn – und politischer Erbe – Marc Aurels hin. Bei der Festigung seiner Macht im Osten half die Ehe mit Iulia Domna, deren Familie die regional einflussreichen Priesterfürsten des syrischen Emesa (Homs) stellte. Severus' Abstammung aus Leptis/Lepcis Magna in Nordafrika war nicht prestigeträchtig genug; nicht lange danach ließ er seinen älteren Sohn Bassianus (unter einem Spitznamen als „**CARACALLA**" bekannt) sogar den Namen Marc Aurels annehmen. Zugleich erhielt der junge Mann den Caesartitel – ein Signal, dass Clodius Albinus jetzt entbehrlich war. Die Beziehungen verschlechterten sich, bis Albinus Ende 195 zum *hostis* erklärt wurde und sich im Gegenzug zum Augustus ausrufen ließ. Severus hatte bis dahin den Parthern weite Teile des nördlichen Mesopotamien abgenommen.

Albinus landete wohl im Herbst 196 in Gallien. Angesichts des Krieges im Osten hatte Severus nicht sein volles Militärpotenzial, so dass er im Februar 197 bei Lugdunum (Lyon) nur knapp einer Katastrophe entging. Nach dem Sieg startete er eine Säuberungsaktion im Senat, die den Zorn über die hohen Verluste im Militär ableiten sollte. Als der Konflikt mit dem Partherreich 197 erneut offen ausbrach, ging Severus einige Schritte weiter. Eine seiner drei neu ausgehobenen Legionen bezog nahe Rom Quartier. Das Kommando dieser Einheiten ging an römische Ritter, nicht an Senatoren, ebenso der Befehl über das südliche Mesopotamien – rückblickend begann damit die Verdrängung der Senatoren aus der militärischen Führung.

M. DIDIUS SEVERUS IULI-ANUS, 133–193, Konsul ca. 175, mehrmaliger Statthalter, Augustus 193, ermordet.

L. SEPTIMIUS SEVERUS, 145–211, Konsul 190, Augustus ab 193.

L. SEPTIMIUS BASSIANUS, später M. Aurelius Antoninus, genannt „Caracalla" (Bezeichnung für den von ihm häufig getragenen Kapuzenumhang), 188–217, Caesar 195, Augustus 197/198, Alleinherrscher 212, ermordet.

P. SEPTIMIUS GETA,
189–211, Caesar
197/198, Augustus
209/210, 211 ermordet.

Die neue Dynastie ließ sich in Abwesenheit feiern; Caracalla wurde vom Senat zum Augustus, der jüngere **GETA** zum Caesar erhoben. Severus selbst blieb bis 202 im Osten, um den Kriegswillen des schwer angeschlagenen Partherreiches zu dämpfen. Eine wichtige Figur wurde sein Prätorianerpräfekt und Landsmann Fulvius Plautianus, der zum Schwiegervater Caracallas avancierte. Bald zeigten sich jedoch Auflösungserscheinungen. Nicht nur waren beide Kaisersöhne verfeindet, Plautianus wurde 205 unter Umsturzvorwürfen vernichtet. Der Machtkampf Caracallas mit Geta war nur vertagt. Trotz schlechter Gesundheit intervenierte ihr Vater, als es im Norden Britanniens zu Kämpfen kam, und unternahm von Eboracum (York) aus die weitesten Vorstöße seit über einem Jahrhundert.

Als Septimius Severus am 4. Februar 211 seiner Krankheit erlag, begann wie 161 ein doppelter Prinzipat. Nur hatte keiner von beiden Augusti die Mittel, seinen Vorrang durchzusetzen, oder die Absicht zur Kooperation. Nach kaum einem Jahr lösten sie die Machtfrage gewaltsam. Ob der Mord an Geta dessen eigenen Anschlagsplänen zuvorkam, ist nicht mehr zu klären. Während die Armee sich fügte, freundeten sich weder Senat noch Plebs mit dem Brudermörder an. Weder Repressalien noch mehrere ‚Charmeoffensiven' Caracallas änderten daran viel.

Mehr noch als sein Vater suchte der Kaiser seinen **Rückhalt beim Militär**. Der von Severus bereits erhöhte Sold stieg um spektakuläre 50 %, mit ihm die Inflation und der Steuerdruck. Ein Schritt von großer rechtlicher Tragweite, eine Verfügung von 212, die fast allen männlichen Reichsbewohnern das römische Bürgerrecht verlieh – als *Constitutio Antoniniana* bekannt –, wird heute vor allem als Maßnahme gesehen, um den Einzugsbereich der (nur für Bürger geltenden) Erbschaftssteuer auszuweiten. Mit ihr ging die Konkurrenz von Individuen, Städten und Gemeinden um den Bürgerrechtsstatus zu Ende; auch der Unterschied zwischen Legionären und Auxiliarsoldaten verschwamm. Für das Ansehen des Einzelnen zählte inzwischen vorwiegend, ob er den drei oberen Ständen (Senat, Ritter, Dekurionen) oder dem Militär angehörte, dem als *honestiores* („die Ehrbaren") geltenden Bevölkerungsteil, und nicht der unter *humiliores* („Niedrigere") verbuchten Mehrheit, der obendrein härtere Strafen drohten.

Jenseits von Rhein und Donau begannen sich – auch als Folge immer neuer römischer Interventionen – mächtigere Zusammenschlüsse aus Einzelstämmen zu bilden. Gegen den ersten aktiven Gegner dieser Art, die Alamannen, führte der Kaiser im Sommer 213 einen kurzen Prestigefeldzug. Sein Hauptinteresse lag jedoch in einer Fortsetzung der Siegesserie gegen die geschwächten Parther ab 216. Auf dem Vormarsch nach Carrhae (Harrân) organisierte der Prätorianerpräfekt Macrinus am 8. April 217 die Ermordung Caracallas; der Bedeutungsverlust der Garde mochte hier ebenso mitspielen wie die Angst vor überzogenen Kriegszielen.

MACRINUS ließ sich zum Augustus ausrufen. Als Nichtsenator aus Mauretanien hatte er wenig Sozialprestige vorzuweisen. Riskant war, dass Macrinus Anfang 218 zudem einen enttäuschenden Frieden schloss. Nach dem Senat waren damit auch die Soldaten vor den Kopf gestoßen. Erste Unruhen nutzten die Überlebenden der severischen Dynastie – ihre Frauen – geschickt. Iulia Maesa, Schwägerin des Septimius Severus, hatte ihre beiden Töchter Soeaemias und Mam(m)aea an prominente Ritter aus den östlichen Provinzen verheiratet; der Sohn von Soeaemias war gut fünfzehn Jahre alt und hatte das Familienamt als Hohepriester des Gottes Elagabal in Emesa übernommen. Ihn stellten Maesa und ihre Mitverschwörer einer Legion als unehelichen Sohn Caracallas vor. Weitere Einheiten folgten; Macrinus verlor Thron und Leben.

Zu eigenständigem Handeln war der junge Kaiser (nach seinem Gott als „**ELAGABAL**" bekannt) noch kaum fähig; militärische Vorstöße unterblieben. Maesa und Soaemias installierten Aufsteiger ihrer Wahl in den wichtigsten Ämtern; das weckte tief sitzende Ängste vor ‚Weiberherrschaft', besonders im brüskierten Senat. Als der neue Herrscher Profil zu zeigen suchte, geschah das auf dem Gebiet der Religionspolitik. Sein Lokalgott sollte künftig die höchste Gottheit überhaupt sein; es kam zu einer **HEILIGEN HOCHZEIT** zwischen Elagabal und der für die Severer wichtigen Mond- und Stadtgöttin von Karthago, Tanit/Caelestis. In den Augen vieler drohte das den Zorn der Götter heraufzubeschwören. Maesa und Soaemias konnten den Kaiser nicht umstimmen. Einen Teilerfolg verbuchten sie, indem Elagabal eine Nachfahrin Marc Aurels heiratete; zugleich adoptierte er Mitte 221 Alexianus, den Sohn seiner Tante Mamaea. Der zum Caesar ernannte Ersatz-Thronfolger erhielt den Namen Alexander, der Caracalla in Erinnerung rief, und wurde zum Liebling der Prätorianer und der Armee. Elagabal erkannte, dass er einen Rivalen installiert hatte. Mordversuche an Alexander scheiterten, dann revoltierte ein Teil der Hauptstadtgarnison. Elagabal und seine Mutter Soaemias wurden am 11. März 222 zu Tode gequält.

Plausibel ist die Behauptung der Quellen, es habe sich um eine ‚Notbremse' von Iulia Maesa gehandelt, damit die Dynastie nicht stürzte. Mit dem überlebenden Kaiser (als **SEVERUS ALEXANDER** in die Überlieferung eingegangen) begann man am selben Punkt wie 218. Senat und Militär hatten Vertreter in einer Art Regentschaftsrat, mit dem Mamaea – Maesa starb nach kurzer Zeit – für den dreizehnjährigen Augustus die Geschäfte führte. Helfer wie der Statthalter und Geschichtsschreiber Cassius Dio wurden fallen gelassen, wenn sie dem Militär nicht mehr vermittelbar waren.

M. OPELLIUS MACRINUS, 164/166–218: Karriere als Ritter im Reichsdienst, Prätorianerpräfekt ab 212, Augustus 217; als Gefangener liquidiert.

VARIUS AVITUS, später M. Aurelius Antoninus, genannt „Elagabal", 203/204–222; 218 Augustus, 222 ermordet.

HEILIGE HOCHZEIT, Ehe eines Götterpaares; kann als Bericht Teil der Mythologie sein. Als feierliche Verbindung zweier Kulte vollzieht sie sich häufig teils als Ehe, teils als ritualisierter Geschlechtsakt zwischen menschlichen Stellvertretern.

NEUPERSISCHES REICH
(Dynastie der Sas(s)aniden), 224–642 n. Chr.

C. IULIUS VERUS MAXIMINUS, genannt „Thrax" (der Thraker), ca. 172/180–238, Präfekt in militärischen Führungspositionen aus dem Ritterstand, ab 235 Augustus, 238 ermordet.

Die Erpressbarkeit konnte leicht den Eindruck einer Marionettenherrschaft wecken. Ausgerechnet in dieser Lage brach das Partherreich, Roms Rivale im Osten, zusammen und wurde durch das ungleich gefährlichere **NEUPERSISCHE REICH** ersetzt, das 230/231 Mesopotamien eroberte. Alexander musste Stärke zeigen. Die römische Gegenoffensive endete mit einem verlustreichen Fehlschlag, der als Sieg hingestellt wurde.

Noch vor Alexanders Triumphzug im Herbst 233 nutzten die germanischen Anwohner der Rheingrenze die Abwesenheit vieler Truppen zu Plünderungen. Um keinen allzu mächtigen Feldherrn entsenden zu müssen, wurde ein neuer Feldzug unter Alexander selbst vorbereitet – den Mamaea begleitete, womit die Schwäche des Augustus offensichtlich wurde. Der Versuch, einen Waffengang durch Gespräche zu vermeiden, brachte die Armeen der Region auf. Schließlich revoltierten Rekruten aus Pannonien; ihr Präfekt, der Thraker **MAXIMINUS**, wurde (wohl am 19. März 235) zum Kaiser ausgerufen, Alexander und Mamaea ermordet. Die severische Dynastie, zuletzt eine Herrschaft starker weiblicher Kaiserverwandter, war nach einer langlebigen letzten Phase erloschen.

5.5.2 Die ‚Reichskrise': soziale Kontinuität, politische Notlagen

SOLDATENKAISER, als Oberbegriff für die Kaiser zwischen 235 und 284 gebraucht; zutreffend für ihre starke Abhängigkeit vom Militär, dagegen waren keineswegs alle Herrscher – wie oft behauptet – aus den unteren Rängen der Armee aufgestiegen.

Maximinus brachte dieselben sozialen Handicaps wie Macrinus mit, doch nach dem Tod aller engen Verwandten seines Vorgängers war er nicht so verwundbar. Noch dazu wollte die Armee einen tatkräftigen Kaiser sehen. Rasch begann er den vorbereiteten Germanenfeldzug, in dessen Verlauf römische Truppen bis mindestens zur Elbe vorstießen und auf dem Rückweg ein Gefecht am Harzhorn bei Kalefeld gewannen, dessen Spuren seit 2008 freigelegt werden. Bei Repressalien gegen Verbündete der letzten Dynastie wurden angeblich auch christliche Würdenträger ein Ziel. Zwar zeigte sich Maximinus gewillt, die üblichen Formen einzuhalten, die Kontakte zum Senat waren dennoch lockerer als je zuvor. Sein Sohn Maximus wurde zum Caesar ernannt; eine erfolgreiche Dynastiegründung war wahrscheinlich. Mit neuen Operationen an der Donau fuhr der Mann, den die moderne Forschung als ersten **SOLDATENKAISER** zählt, neue Erfolge ein. Inzwischen drangen jedoch die Perser im nördlichen Mesopotamien vor.

Die Situation ist aus der Rückschau für das nächste halbe Jahrhundert und noch für weite Teile der Spätantike typisch. Rom war dabei, gegen die Akteure und Bevölkerungsverschiebungen jenseits seiner Grenzen in die Defensive zu geraten; regelmäßig gab es mehrere Krisenherde. Das Tagesgeschäft der Kaiser militarisierte sich damit zwangsläufig, zivile Aspekte traten zurück. Das Band zu den lokalen Eliten, aber auch zu Senat und stadtrömischer Bevölkerung lockerte sich, weil der

Herrscher jahrelang an bedrohten Punkten blieb. Für Grenz- und Krisengebiete, die er nicht persönlich überwachen konnte, wuchs die Invasionsgefahr durch den Abzug von Truppen; das steigerte dort das Bedrohungsgefühl, den Unmut der Provinzarmeen – und die Chancen für Usurpatoren. Nur mehrere Inhaber der Kaisergewalt zugleich konnten die nötige ‚Allgegenwart' sichern. Dafür brauchte ein Kaiser erwachsene Söhne oder Verwandte, falls er nicht zur riskanten Adoption eines Helfers greifen wollte. Niederlagen oder eine verweigerte Zahlung waren ähnlich gefährlich.

Gerade die wohlhabenden Stände und Regionen wehrten sich gegen den wachsenden Steuerdruck. Einer von vielen kleinen Tumulten in Nordafrika eskalierte Anfang 238 zu einer kurzlebigen Usurpation, worauf sich ein Senatsausschuss an der Spitze Italiens gegen den Kaiser stellte. Der Angriff des Maximinus blieb vor Aquileia stecken; hier wandten sich die eigenen Truppen im Frühjahr 238 gegen ihn. Mit **GORDIANUS III.**, einem Nachkommen der Prätendenten von 238, war kurz darauf ein dreizehnjähriger Junge der ‚Alleinherrscher' und überlebte mehrere Usurpationen. Mitglieder des ehemaligen Verteidigungskomitees wehrten die nun permanente Gefahr an der Donaugrenze ab. Ein Perserfeldzug sollte die Handlungsfähigkeit des Kaisers beweisen, doch eine katastrophale römische Niederlage gegen König Shapur (Sapor) I. begrub Anfang 244 alle Hoffnungen. Gordianus fiel entweder im Kampf oder sein Prätorianerpräfekt Philippus ließ ihn töten. Als Kaiser („**PHILIPPUS ARABS**") schloss dieser eilig Frieden und rettete Teile von Armenien und Mesopotamien; seine Verwandten kommandierten im Orient und an der unteren Donau. Anders als Maximinus zeigte Philippus sich bald in Rom, wo er demonstrativ die Nähe zu Volk und Senat suchte; eine ganze Serie von Usurpationen beendete die kurze Stabilisierung. Der neue Kommandeur an der Donau, **DECIUS**, nutzte seine Erfolge gegen Karpen und Goten, um selbst nach dem Purpur zu greifen. Er vernichtete Philippus bei Verona im Herbst 249.

Der Senator Decius schlug einen Konsolidierungskurs ein; um ihn religiös abzusichern, befahl der Kaiser, alle Reichsbewohner hätten den Göttern nachweislich zu opfern. Die wachsende christliche Minderheit weigerte sich, worauf Decius die erste systematische Christenverfolgung auf Reichsebene auslöste. Bei Abrittus (Rasgrad) wurde das römische Heer samt dem Kaiser 251 vernichtet, als es die Goten stellen wollte.

Während weite Teile Syriens an die Perser fielen, wehrte man im Westen neue Angriffe ab; als Kaiser nachhaltig durchsetzen konnte sich jedoch erst **VALERIAN**, der seinem Sohn **GALLIENUS** den Krieg im Westen überließ; er selbst blieb ab etwa 255 permanent im Osten. Gegen Shapur I. kam es zu verbissenen Feldzügen ohne Ende. An Rhein und

M. ANTONINUS GORDIANUS, 225/226–244, Caesar 238, Augustus 238, eventuell ermordet.

M. IULIUS PHILIPPUS, genannt „Arabs" (der Araber), ca. 205–249, Prätorianerpräfekt 241, Augustus 244, ermordet 249.

C. MESSIUS Q. DECIUS VALERINUS, ca. 190/200–251, Konsul vor 232, Statthalter von Moesien und Pannonien, Usurpator 248/249, Augustus 249, 251 gefallen.

P. LICINIUS VALERIANUS, ca. 200–(nach?) 260, Konsul vor 238, Usurpation und Augustus 253, gefangen genommen 260, starb in persischer Hand.

P. LICINIUS EGNATIUS GALLIENUS, ca. 220–268, Caesar und Augustus 253, Alleinherrscher ab 260, ermordet 268.

GALLISCHES SONDERREICH, 260–274.

PALMYRENISCHES TEIL-/SONDERREICH, 260–272, Königstitel 262, offizieller Bruch mit Rom 269.

Donau wurden grenznahe Provinzen verwüstet. Nicht zuletzt deshalb verschärfte sich ab 257 die Christenpolitik: Im ‚Atheismus' des neuen Glaubens sahen viele einen Grund für die Krisen.

Das Jahr 260 wurde zu einer **einmaligen Katastrophenserie**. Im Frühjahr stießen die – wohl alamannischen – Juthungen bis nach Oberitalien vor. Dann erlitt Valerian eine vernichtende Niederlage bei Edessa und fiel lebend in Shapurs Hand; ob der Perserkönig ihn hinrichten ließ oder gefangen setzte, ist umstritten. Die Rheinarmee errichtete mit dem sog. **GALLISCHEN SONDERREICH** eine Herrschaft, die neben Gallien bald auch die Iberische Halbinsel und Britannien umfasste. Im Osten wuchs dem Fürstentum **PALMYRA** die Loyalität Ägyptens, Syriens und Kleinasiens in einem Maß zu, das Roms Kontrolle zumindest relativierte.

Angesichts von Militärrevolten im verbleibenden Teil des Imperiums wurde unter Gallienus der – oft als systematische Reform verkannte – Ausschluss der Senatoren vom Kommando über die Armeen zum Normalfall. Die alten Standesgrenzen verschoben sich damit entscheidend, der Senat büßte seine politische Sachkompetenz zusehends ein. Zugleich begann der Kaiser eine zentrale Militärreserve zu bilden, mit der er in Krisenfällen die Provinzarmeen verstärken konnte. Nach mehreren neuen Invasionen revoltierte Aureolus, Chef der Reservearmee in Mailand, 268. Gallienus konnte ihn zwar einschließen, doch fürchtete seine Armee, vor der Festung auszubluten. Eine Offiziersverschwörung organisierte den Mord am langlebigsten Kaiser seit Septimius Severus. So endete nach 15 Jahren die 253 gegründete Dynastie.

M. AURELIUS CLAUDIUS, ca. 214–270, Augustus ab 268.

L. DOMITIUS AURELIANUS, 214(?)-275, Usurpator und Augustus ab 270, ermordet.

Die Verschwörer stellten die nächsten Kaiser: Auf den militärisch erfolgreichen **CLAUDIUS (II.)** und dessen Bruder folgte **AURELIAN**. Er überstand eine Kombination von Invasionen und Aufständen nur knapp. Sein Entschluss, Rom und weitere Städte Italiens mit Mauern zu umgeben, verriet das Ausmaß der Bedrohungen. Trotz der permanenten Krise an der Donau entschied sich der Kaiser zum Versuch, das schwächere der abgespaltenen Teilreiche wiederzugewinnen. Zur Entlastung gab er im Frühjahr 272 Dakien endgültig auf. Palmyra fiel nach wenigen Monaten. Die Finanzkraft der zurückgewonnenen Regionen stärkte den Herrscher, mehr noch seine in jüngster Zeit einmalige Siegesserie. Tatsächlich unterwarf er schon 274 das Gallische Sonderreich mit unerwartet geringen Verlusten. Der Winter 274/275 sah energische Aktivitäten in Verwaltung und Gesetzgebung; besonders die Religion sollte zum Integrationsfaktor werden. Als Hauptgott des offiziellen Kultes etablierte Aurelian den „unbesiegbaren", also militarisierten Sonnengott (*Sol invictus*), was die Person des Kaisers näher an den Status eines lebenden Gottes rückte. Für 275 bereitete Aurelian einen Perserkrieg vor, wurde aber vorher ermordet.

Eine neue Serie kurzlebiger Kaiser und Umstürze entschied zuerst PROBUS, Oberbefehlshaber der Orientarmee, für sich. Nach der Abwehr mehrerer Germanenstämme und Usurpatoren wollte er sich den Persern zuwenden, doch auch er wurde mitten in den Kriegsvorbereitungen getötet.

M. AURELIUS PROBUS, 232–282, Usurpator und Augustus ab 276, 282 ermordet.

Das Machtvakuum füllte sein Prätorianerpräfekt Aurelius Carus. Er brachte den großen Vorteil mit, in Carinus und Numerianus zwei Söhne zu besitzen, die ihm Aufgaben abnehmen konnten. Nach einem Sieg an der Donau zog Carus im Frühjahr 283 gegen die Perser. Die symbolträchtige Residenzstadt Ktesiphon fiel noch im Sommer – keinen Monat später war Carus tot. Numerianus setzte die Kampagne fort, brach sie Anfang 284 jedoch ab; auf dem Rückweg fand man ihn tot auf. Dem Chef der Gardekavallerie (*protectores*), Diocles, gelang es, sich am 20. November in Nikomedia zum neuen Kaiser ausrufen zu lassen. Gegen den Mann, der sich jetzt DIOCLETIANUS nannte, marschierte Carinus mit den Westarmeen Anfang 285 auf. Am Margus (der Morava) in Moesien standen sich beide Armeen gegenüber. Der Sieg ging an Carinus – da trat der dritte in einer Serie mysteriöser Todesfälle ein: Carinus wurde von eigenen Soldaten ermordet.

C. AURELIUS VALERIUS DIOCLETIANUS, ca. 245–313, Usurpation und Augustus ab 284, Iovius (Jupitersohn) 286, Abdankung und Senior Augustus 305.

Das Militär, immer wieder bestrebt, Teil der Lösung zu sein, war gerade deswegen Teil des Problems. Zwar lebte keineswegs die gesamte Bevölkerung des Imperiums im permanenten Ausnahmezustand, doch auch abseits der Grenzprovinzen waren viele wohlhabende Gebiete – wie Kleinasien und Oberitalien – Opfer von Raubzügen geworden. Die Bedeutung Roms und anderer traditioneller Zentren sank erkennbar, während Verwaltungssitze in der Nähe bedrohter Grenzen oder an wichtigen Militärstraßen – etwa Mailand, Sirmium oder Nikomedia – als langjährige Residenzen dienten. Besonders die Städte und ihre Oberschichten litten; Inflation und Militärausgaben schmälerten die Leistungsfähigkeit. Die grenznahen Regionen verzeichneten einen Einwohnerschwund, der mit gefangenen ‚Barbaren' nur bedingt kompensiert wurde. Von einem Zusammenbruch der römischen Wirtschaft oder Gesellschaft kann aber keine Rede sein; angesichts der Dauerbelastung zeigten sie sich erstaunlich robust und anpassungsfähig.

Diocletian und die erste Tetrarchie | 5.5.3

Nichts deutete 284/285 allerdings darauf hin, dass für die nähere Zukunft mehr zu erwarten war als neue Zyklen von Usurpationen, Grenzkriegen, Verwüstungen und Abspaltungstendenzen. Diocletian stand der alten Vielzahl von Gefahrenherden gegenüber: Außer den Stämmen entlang der Donau sowie der Drohung aus dem Perserreich hatte sich

Abb. 40

Gruppe der Tetrarchen (Diocletian und seine Mitherrscher Maximian, Constantius I. und Galerius); die Statue aus Porphyr stammt aus der Zeit Ende 3./Anfang 4. Jh. n. Chr. und befand sich ursprünglich in Konstantinopel; dort wurde sie 1204 von Kreuzfahrern geraubt, nach Venedig gebracht und an einer Ecke des Markusdoms eingebaut.

M. AURELIUS VALERIUS MAXIMIANUS, ca. 250–310, Caesar 285, Augustus 286, Herculius (Sohn des Hercules) 287, Abdankung als Senior Augustus 305, eigenmächtige Reaktivierung 306, neue Abdankung 308, Aufstandsversuch 310, angeblicher Suizid.

in Gallien die Rebellenbewegung der Bagauden – revoltierende Bauern, vielleicht auch örtliche Milizen – etabliert.

Diocletian hatte keine Söhne. Pragmatisch entschloss er sich noch 285, seinen langjährigen Vertrauten **MAXIMIANUS** als Caesar gegen die Bagauden zu schicken. Als eigene Residenz wählte er Nikomedia (İzmit), das mit seiner Lage an den See- und Landwegen zwischen Europa und Kleinasien wie geschaffen war, um Donau und Euphrat zugleich im Auge zu behalten. Die Perser verhielten sich ruhig, was der Kaiser nutzte, um eine Verteidigungszone aus Kastellen und befestigten Städten zum Schutz Syriens zu errichten.

Den Westen hatte er Maximian überlassen, der zum Augustus und nominellen Bruder Diocletians aufstieg. Adoptiert wurden in gewisser Weise beide Kaiser – von den Göttern, wie ihr Titel nun beanspruchte. Der Kaiserkult hatte seinen Höhepunkt erreicht. Nicht zufällig wurden der Fußfall und der Kuss des kaiserlichen Gewandsaums nun feste Bestandteile des Hofzeremoniells.

Ein schwerer Rückschlag rief Diocletian in den Westen zurück: Britannien fiel 287 ab. Mehrere Anläufe Maximians zur Wiedereroberung scheiterten blamabel; auch Ägypten erlebte neue Unruhen. Diocletians Antwort war so überraschend wie wirksam. Jeder der beiden Augusti ernannte 293 einen Offizier, der nicht mit ihm verwandt war, zum Caesar: **CONSTANTIUS (I.)** im Westen und **GALERIUS** im Osten. Aus der improvisierten Ersatzdynastie wurde damit ein auf Dauer berechnetes System. Die jüngeren Mitglieder des Kollegiums, das wir als **Tetrarchie** („Viererherrschaft") bezeichnen, waren als Adoptivsöhne – und, wo dies möglich war, zugleich Schwiegersöhne – die designierten Nachfolger. Jeder Personalwechsel brachte automatisch einen loyalen General ins Amt. Vier Kaiser konnten Präsenz in den Gefahrenzonen zeigen, und von Anfang an war ihre Zuständigkeit regional gedacht: „Hauptstädte" im offiziellen Sinn gab es nicht, nur vier Höfe mit dem entsprechenden Personal, für das jeweils mehrere Kaiserstädte passend ausgebaut wurden. Eindrucksvoll war der abschreckende Effekt auf mögliche Thronräuber. Ein unlösbares Problem fiel zunächst nicht auf: Die meisten Tetrarchen hatten schon jetzt leibliche Söhne, und die Ergänzung der Adoptionen durch Eheallianzen zeigte, wie mächtig das dynastische Denken blieb.

296 eroberte Constantius Britannien zurück. Verloren blieb das vor 275 aufgegebene Territorium zwischen Rhein und Donau. Dann gingen beide Kaiser des Ostens gegen den Perserkönig Narseh vor. Der Erfolg war spektakulär; 298 gewann Rom das wichtige Nisibis und das Zweistromland. Herrschaft und Grenzen im Osten waren so sicher wie seit 217 nicht mehr. Auch in Europa ging die Initiative langsam auf die Armeen der Tetrarchen über.

Hinter den Erfolgen stand eine Vielzahl von Einzelmaßnahmen, mit denen ein grundlegender Umbau der Verteidigungsstruktur aus der Prinzipatszeit begann (→ vgl. 5.4.2). Schon länger hatten die Kaiser ihre Leibgarde verstärkt und zusätzliche Kavallerieverbände aufgebaut. Unter den Tetrarchen begann nun eine Zweiteilung der ganzen Armee. Mobile Eliteverbände (*comitatenses*, „die Begleitenden") bewegten sich mit dem Kaiser oder einem von ihm entsandten General durch seine Region. Stationär blieben die *limitanei* („Grenztruppen"), deren Abwehrfunktion gegen Plünderzüge oder kleinere Feindseligkeiten durch ein tiefes Netzwerk aus Straßen und Befestigungen unterstützt wurde. Die Gesamtzahl

FLAVIUS VALERIUS CONSTANTIUS, ca. 250–306, Prätorianerpräfekt Maximians seit 288, Caesar 293, Augustus 305.

C. GALERIUS VALERIUS MAXIMIANUS, ca. 250/260–311, Caesar 293, Augustus 305.

der Soldaten wuchs deutlich; auch deswegen wurde die römische Armee bunter – als Söldner, als Verbündete unter dem Befehl eines Stammesfürsten oder auf der Grundlage eines Unterwerfungsvertrages dienten zahlreiche Germanen im Heer, immer öfter auch als hohe Offiziere. Mit der Umstrukturierung verloren die Statthalter ihre militärische Funktion, besonders weil Diocletian die Zahl der Provinzen durch Teilung beinahe verdoppelte; Revolten auf solcher Basis waren wenig aussichtsreich. Sogar Italien wurde außer Rom selbst in die Provinzstruktur eingebunden.

Eine **Steuerreform** sollte den gestiegenen Geldbedarf auffangen: Das Reichsgebiet wurde in regelmäßigen Bewertungszyklen – den Indiktionen, deren zuletzt fünfzehnjähriger Rhythmus in der mittelalterlichen Zeitrechnung überlebte – in einem kombinierten Verfahren nach der Kopfzahl der Arbeitsfähigen und nach beackertem Land besteuert (*capitatio-iugatio*). Diese in Naturalien gezahlte Grundsteuer ernährte wortwörtlich die Armee. Schon deswegen wurde starker Zwang auch auf freie Bauern ausgeübt, ihren Boden nicht zu verlassen. Den Bargeldbedarf – in einer neuen, nicht so inflationsanfälligen Währung – deckten vor allem die Oberschichten; in jeder Stadt hatten die **KURIALEN** das Steueraufkommen an den Staat vorzuschießen und selbst zu sehen, wie sie ihr Geld von den einzelnen Steuerzahlern zurückbekamen.

Stabile Wirtschaftsverhältnisse suchte Diocletian durch Befehle und Verordnungen herzustellen. Entsprechend ging es nicht allein um die verlässliche Finanzierung der staatlichen Institutionen und das Vermeiden von Aufständen, als 301 das berühmte Höchstpreis**EDIKT** offizielle Tarife für Waren, Löhne und Dienstleistungen festsetzte. Die – insgesamt wirkungslose – Maßnahme war Teil einer Politik, die alten Traditionen folgte: Erhaltung und Wiederherstellung der öffentlichen Moral mit den Mitteln der Zeit.

KURIALE, spätantiker Begriff für die Mitglieder der Stadträte, die Dekurionen.

EDIKT, öffentliche Bekanntmachung eines Magistrats, besonders des Kaisers, das entweder erklärt, wie er bestimmte Rechtsregeln anwenden will, oder einen Befehl an die Empfänger formuliert.

5.5.4 | Der Konflikt von Staat und Christentum

Wie sich seit Decius gezeigt hatte, schloss das die Organisation der religiösen Betätigung ein. Jetzt zählte die Teilnahme jedes einzelnen Bürgers und Untertanen; dazu passte ein ‚zentralistischeres' Verständnis der Götterwelt, wo die Rolle eines obersten Gottes (wie Jupiter oder Sol) deutlich wuchs, während sich die längst weitverbreitete Fusion verschiedener Kulttraditionen (**SYNKRETISMUS**) im Denken der Zeit leicht zur Gleichsetzung zahlreicher Gottheiten oder zur Annahme steigerte, in all den verschiedenen Göttern und Kulten verehre man nur einen einzigen Gott.

Die meisten Glaubensrichtungen – einschließlich der beliebten Mysterien- und Erlösungskulte, die ein qualitätvolles persönliches Weiterle-

SYNKRETISMUS, Entstehung einer neuen Religion oder Glaubensrichtung durch Kombination verschiedener Elemente älterer Gottheiten und Kulte.

ben versprachen – konnten in diesem Spektrum leicht existieren. Ganz anders stand es um die streng **MONOTHEISTISCHEN** Religionen: Während etwa ein besonderer Verehrer der Isis die Existenz und den Kult aller übrigen Gottheiten nicht infrage stellte, waren sie im Blickwinkel eines Juden oder eines Christen bestenfalls Wahnvorstellungen, wenn nicht gar Mächte des Bösen, die sich dem einen Gott widersetzten. Die Verehrung von Götterbildern und die blutigen Tieropfer bestärkten diesen Verdacht gegen die ‚heidnischen' (**PAGANEN**) Kulte. Umgekehrt stellte die Anbetung eines bildlosen Gottes für die Mehrheit der an Kultbilder gewöhnten Reichsbewohner eine Absurdität dar: Konnte es einen solchen Gott geben? Besonders misstrauisch machten aber die sozialen Konsequenzen. Die **POLYTHEISTISCHE** pagane Religion forderte wenig Intensität, war aber allgegenwärtig. Ein Christ war beim Besuch eines Wagenrennens mit Götterstatuen konfrontiert und bekam auf dem Markt Fleisch angeboten, das von Opfertieren stammte. Seine Besucher bemerkten das Fehlen des Hausschreins mit Kaiser-, Götter- und Ahnenfigürchen, das fehlende Opfer von Wein und Speisen beim Essen. Erst recht verweigerten sich Christen der Geste, Weihrauchkörnchen vor dem vielfach präsenten Bild des Kaisers zu verbrennen. Es lag nahe, dass eine solche Person ein – todeswürdiger – Verräter war.

Während für die jüdischen Einwohner Sonderregeln galten und die beiderseitige Intoleranz sich meist in Grenzen hielt, war das neue, **expansive und aktiv missionierende Christentum** nie eine offiziell zugelassene Religion (*religio licita*). Schon früh stand die Todesstrafe darauf, wenn ein Christ gegen die Aufforderung eines Magistrats an seinem Glauben festhielt. Christ zu sein war lebensgefährlich, nicht automatisch tödlich. Häufig genug kam es zu Denunziationen und lokalen Christenverfolgungen, wobei vom Auftreten der **MÄRTYRER** vor Gericht und bei ihrer Hinrichtung eine Werbewirkung für den neuen Glauben ausging.

Umgekehrt entgingen zahlreiche Christen den Gefahren auf anderem Weg: Sie tauchten unter oder arrangierten sich mit der lokalen Obrigkeit. Das populäre Bild einer in den Katakomben lebenden Kirche stimmt nicht; die paradoxe Haltung des paganen Staats zu den Christen ließ es außer in akuten Verfolgungen zu, dass ihre Gemeinden private Versammlungsräume und erste Kirchenbauten nutzten. Ein einheitliches Christentum gab es nicht; schon früh konkurrierten zahlreiche Glaubensrichtungen mit der Mehrheitskirche, die sich hierarchisch um ihre Bischöfe und den **KLERUS** aufbaute. Diocletians Forderung nach unbedingter Loyalität und religiöser Geschlossenheit nahm spätestens 302 die aus Persien kommende Glaubensgemeinschaft der **Manichäer**, eine starke Konkurrentin des Christentums, ins Visier. Doch bald beanspruchten die Christen das Hauptaugenmerk, schon wegen ihrer – gera-

MONOTHEISMUS, Religion, die nur einen einzigen als wahren Gott verehrt.

PAGANUS, lat. = Dörfler, ursprünglich „Zivilist" in der Militärsprache, später christlich auf Anhänger des Götterglaubens (dt. „Heiden") umgedeutet. Negativ besetzt, aber als Gegenbegriff zum Christentum Teil der Fachsprache.

POLYTHEISMUS, Religiöses System, das eine Vielzahl von Gottheiten in unterschiedlichen Hierarchien kennt.

MÄRTYRER, („Zeugen" des Glaubens): Christen, die für ihr Bekenntnis getötet werden; die Überlebenden von Haft, Verbannung oder Folter hießen *confessores* („Bekenner").

KLERUS, KLERIKER, ‚Hauptberufliche' Priesterschaft im Christentum, die seit dem 2.Jh. die Gemeinden leitet und auf Stadtebene einem Bischof untersteht; dem Klerus gegenüber stehen die Laien (das ‚Kirchenvolk').

de in den östlichen Provinzen – hohen Zahl. Diocletian, der seine lange Herrschaftszeit bald beenden würde, wollte seine Nachfolger nicht dem Zorn der Götter aussetzen.

Info

Manichäer
▶ Die vom Perser Mani Mitte des 3. Jh. gegründete Religion verband christliche und buddhistische Elemente mit persischen Traditionen; durch Mission verbreitete sie sich schnell auch im Römischen Reich. Aus ihrer Sicht war die Welt das Schlachtfeld einer guten göttlichen Macht mit einer beinahe gleich starken bösen. Den antiken Alltag störte besonders ihre radikale Ablehnung der Sexualität. Im Konflikt mit dem Manichäismus nahm das spätantike Christentum vermutlich Impulse aus dieser Religion auf.

303 ordnete **Diocletian eine reichsweite Verfolgung** an, die erstmals auf die Substanz zielte: Nicht nur wurden Kirchengebäude und Grundbesitz beschlagnahmt, vor allem sollten alle Mitglieder des Klerus gezwungen werden, das Kirchenvermögen und besonders die heiligen Schriften auszuliefern. Wer nicht opferte, wurde hingerichtet, als Mitglied der höheren Stände enteignet und verbannt. Christen waren von öffentlichen Ämtern – in die sie längst eingezogen waren – ausgeschlossen. Ähnliches hatte das Imperium noch nie erlebt; die Reaktionen waren gemischt.

IOVIUS, lat. = Sohn des Jupiter; Beiname des Kaisers Diokletian.

Am 20. November 303 begingen Diocletian und Maximian triumphal das zwanzigste Regierungsjubiläum des **IOVIUS**. Es leitete zudem den Wechsel in der Staatsführung an die beiden Caesares ein. Noch nie war ein Kaiser freiwillig zurückgetreten und hatte es überlebt. Als Diocletian und der nicht ganz rückzugswillige Maximian am 1. Mai 305 die Geschäfte abgaben, war dies keine eigentliche Abdankung; mit dem Titel *Senior Augustus* wollte Diocletian – dessen Kaisergewalt nur ruhte und allen Nachfolgern an Autorität überlegen blieb – den Fortbestand seiner Ordnung überwachen.

5.5.5 Constantin und die Rückkehr zur dynastischen Herrschaft

C. FLAVIUS VALERIUS CONSTANTINUS, 272/273–337, Tribun, 306 Ausrufung zum Augustus, Anerkennung reichsweit als Caesar, ca. 310 als Augustus, „Maximus Augustus" 312, Alleinherrscher 324.

Erste Differenzen zeigten sich fast sofort: Während Galerius, Augustus des Ostens, mit seinem neuen Caesar Maximinus Daia die Christenverfolgung noch intensivierte, fuhr Constantius im Westen deren Umfang zurück. Die oft beteuerte Eintracht der Tetrarchen schwächte sich ab. Immerhin hatte sich kein dynastisches Element eingeschlichen: Maximians Sohn Maxentius kam nicht zum Zug, ebenso wenig die Söhne des Constantius aus verschiedenen Verbindungen. Bis nach dem Herrscherwechsel war der militärisch profilierte **CONSTANTIN**, sein – vielleicht illegitimer – Sohn, am Hof in Nikomedia gehalten worden. Schon am 25. Juli 306 meldete sich das dynastische Element jedoch mit Macht zurück. Constantius erlag in Eboracum (York) einer Krankheit. Umgehend ließ sich Constantin dort zum Augustus ausrufen. Im lange vernachlässigten Rom folgte Maxentius diesem Beispiel. Im Hintergrund der Ereignisse lauerte außerdem der Senior Augustus Maximian.

Galerius erkannte Constantin zumindest als Caesar an – und damit die Möglichkeit, das Kaisertum zu vererben. Einen Bürgerkrieg vermied er damit, eine Lücke im System war dennoch geschaffen. Maxentius wurde dagegen zum *hostis* erklärt; sein Vater Maximian, der seine alten Befugnisse wieder beanspruchte, tötete den legitimen Augustus des Westens 307. Der Bürgerkrieg war damit in vollem Gang. Maximian verheiratete seine Tochter Fausta mit Constantin; damit gab es im Westen gleich drei Augusti, zählte man Maxentius mit. Ein groß angelegter Krieg zwischen West- und Ostkaisern drohte.

In dieser Situation griff Diocletian noch einmal ein. Der Senior Augustus – gegen den kein Rivale seiner Armeen sicher sein konnte – zitierte für den Herbst 308 alle Inhaber der Kaiserwürde nach Carnuntum. Die große Konferenz ließ es bei der Nichtanerkennung des Maxentius und beim (erneuten) Rücktritt Maximians. Statt Constantin ernannte Diocletian gegen seine eigenen Regeln den erprobten Diplomaten **LICINIUS** aus dem Stand zum Augustus. Carnuntum hinterließ eine bedrohliche Menge Unzufriedener. Constantins Gast und Schwiegervater versuchte 310 noch einmal die Rückkehr an die Macht und endete kurz darauf als – angeblicher? – Selbstmörder; Repressalien der übrigen Kaiser unterblieben.

311 verschärfte sich die Krise weiter. Kurz vor seinem Tod erließ Galerius ein **TOLERANZEDIKT**, das den Christengott (neben den zahllosen bisherigen) als wirksamen Faktor anerkannte. Während für die Christen damit die schwerste Zeit vorüber war, kam es zwischen Maximinus Daia, dem rechtmäßigen Nachfolger des Galerius, und Licinius – dessen Bereich zum Großteil in der Hand des Maxentius war – beinahe zum Krieg.

Im Gegenzug suchte Licinius das Bündnis mit Constantin, der in unterkühlten Beziehungen zu Maxentius stand. Im Winter 311/312 brachen die Feindseligkeiten aus. Diesmal war Maxentius' starke Armee unterlegen. Der bedrängte Herrscher Italiens ging am 28. Oktober 312 bei Saxa Rubra („Schlacht an der Milvischen Brücke") nördlich von Rom unter. In der Rückschau christlicher Autoren und Constantins selbst wurde daraus einige Jahre später ein Machtbeweis Gottes an seinen auserwählten Herrscher.

Die Stufen und Zeitabstände, in denen sich Constantins Hinwendung von paganen Vorstellungen zum Christentum vollzog (einerseits poli-

VALERIUS LICINIANUS LICINIUS, ca. 263–324, Augustus 308, 324 verbannt, hingerichtet.

TOLERANZEDIKT, staatlicher Beschluss zur Duldung einer Religion oder Glaubensrichtung.

Abb. 41

Bildnis Kaiser Constantins mit Helm – darauf ein Christusmonogramm – und einem Schild mit paganem Motiv, Silbermedaillon, aus Ticinum (heute: Pavia), um 315

tisch-pragmatisch, andererseits in seinem persönlichen Bekenntnis), und die mehrdeutigen Anhaltspunkte der antiken Überlieferung zählen zu den meistumkämpften Forschungsfeldern der Alten Geschichte überhaupt – ähnlich steht es mit der Frage, welche Tragweite die „KONSTANTINISCHE WENDE" hin zur Annäherung zwischen Kaiserherrschaft und Christentum besaß. Die meisten Nachrichten aus der theologischen und kirchenhistorischen Literatur, aber auch die paganen Constantinkritiker spiegeln überwiegend

„KONSTANTINISCHE WENDE", der Begriff bezeichnet den Aufstieg des Christentums von der verfolgten zur staatlich privilegierten Religion (und späteren Staatsreligion), insbesondere mit Blick auf Constantins persönliche Glaubensentwicklung.

das Endstadium, den ersten christlichen Kaiser, während wohlinformierte Zeitgenossen im Lauf der langen Regierungszeit gezwungen waren, mehrere Politikwechsel und offizielle Neudeutungen nachzuvollziehen. Obendrein musste Constantin daran gelegen sein, die große pagane Mehrheit in Bevölkerung, Funktionärsschicht und Militär ‚mitzunehmen', so wie er umgekehrt aus politischen Gründen bereits auf die Geschlossenheit der christlichen Kirche drängte, als er sich mit hoher Wahrscheinlichkeit noch gar nicht als Christ begriff. Die knapp 25 Jahre nach dem Sieg über Maxentius waren eine lange Übergangs- und Transformationszeit.

Die Fortsetzung der christenfreundlichen Haltung empfahl sich schon deshalb, weil Maximinus Daia als Christengegner auftrat. Constantin hatte nicht die Absicht, Licinius die ihm zustehenden Gebiete des Maxentius zu überlassen; der Verbündete sollte sich auf Kosten Daias vergrößern. Besiegelt wurde die Allianz im Frühjahr 313 in Mediolanum, wo beide Augusti das Toleranzedikt des Galerius bekräftigten (mit dem dieses „Mailänder Edikt" oft verwechselt wird). Zu dieser Zeit intervenierte Constantin in Nordafrika bereits – vergeblich – im Streit zwischen den fundamentalistischen **DONATISTEN** und der christlichen Mehrheitskirche. Das Interesse an klaren Ansprechpartnern machte den Kaiser zum Unterstützer der orthodoxen Partei und einer Kirchenform, die imperiumsweit organisiert war.

Zwischen April und Juli 313 fiel Licinius im Machtbereich Daias ein und eliminierte seine gesamte Familie. Beide verbliebenen Augusti wollten nun erkennbar die Alleinherrschaft. Ein erster Schlagabtausch brachte Geländegewinne Constantins in Europa. Die anschließende Ruhephase endete 324: Constantins Armee, begleitet von einer Flotte unter dem Kommando des ältesten Kaisersohnes Crispus, zerschlug bei Adrianopel und Chrysopolis die Herrschaft des Licinius, der im Osten nominell durch den siebenjährigen Halbbruder des Crispus, den neu ernannten Caesar **CONSTANTIUS (II.)**, ersetzt wurde. Mit dem etwas älteren Constantin II. sicherten damit drei Caesares die Nachfolge des Alleinherrschers. Constantin, der nun offen als bekennender Christ auftrat, hatte erstmals seit einem Jahrhundert die Macht über das Gesamtreich in einer Hand. Das Kaiserhaus selbst war die Ausnahme: 326 ließ Constantin Crispus hinrichten, womit als Erben die drei Söhne seiner Frau Fausta übrig blieben. Nur kurz darauf wurde Fausta getötet. Erst 333 erhob Constantin auch ihren jüngsten Sohn **CONSTANS** zum Caesar.

Das Hauptaugenmerk der Jahre ab 324 galt der Innen- und Religionspolitik. Hier stach das ökumenische **KONZIL** von Nicaea (Nikaia) 325 hervor, auf dem sich ein zuvor undenkbarer Anblick bot – der Kaiser bei einer Versammlung der christlichen Bischöfe, vor denen er seine Rolle als „Bischof für die äußeren (außerkirchlichen) Angelegenheiten" definiert haben soll. In Kirchenfragen einzugreifen, zögerte er aber ebenso wenig.

Bleibend machte Constantin ein Richtungsstreit zu schaffen, auf den bereits das in Nicaea formulierte Glaubensbekenntnis antwortete, das bis heute den Großteil der christlichen Konfessionen verbindet. Der **ARIANISMUS**streit – ob Christus der Sohn Gottes im vollen Sinn oder nur das höchste aller göttlichen Geschöpfe gewesen sei – war nur der erste von mehreren **DOGMEN**konflikten der folgenden Jahrhunderte, die vor allem in der Osthälfte des Reiches weite Teile der Gesellschaft erfassten. Tief greifende Unterschiede in der religiösen Grundhaltung ganzer Provinzen kamen hier zum Tragen und förderten letzten Endes die Auflösung der römischen Welt.

Das äußere Leben christianisierte sich in kleinen Schritten. Privilegien für den christlichen Klerus und eine Vielzahl großer Kirchenbauten veränderten den Alltag. In der Führungsschicht wuchs der Anteil der Christen durch Beförderung und Bekehrung rasch, nicht so sehr in der Senatsaristokratie. Auch die Bildungsschicht der Gelehrten und Philoso-

DONATISMUS, christliche Glaubensrichtung, wonach moralisch anfechtbare Personen – vor allem solche, die in der Verfolgungszeit Kompromisse eingegangen waren – als Priester amtsunfähig waren.

FLAVIUS IULIUS CONSTANTIUS, 317–361, Caesar 324, Augustus 337, Alleinherrscher 350.

FLAVIUS IULIUS CONSTANS, 320–350, Caesar 333, Augustus 337, ermordet.

KONZIL, Versammlung entscheidungsberechtigter Kirchenvertreter einer Region, fast durchweg der Bischöfe; ein ökumenisches Konzil vereinigt Vertreter aus der ganzen Kirche.

ARIANISMUS, nach ihrem wichtigsten Vertreter Areios (Arius) benannte Ansicht, wonach Christus nur ein Gott ähnliches, aber nicht Gott gleiches Wesen zukommt.

DOGMA, verpflichtender Glaubenssatz für die Mitglieder einer Religionsgemeinschaft.

phen – mit der christliche Intellektuelle konkurrierten – stand den überkommenen Glaubensformen nahe.

Für die neue Ausrichtung der Kaiserherrschaft suchte sich Constantin eine neue Residenz und fand sie in Byzantion. Nach jahrelangem Ausbau war Konstantinopel, die erste christlich geprägte Stadt des Reiches, Mitte 330 bezugsfertig für den Kaiserhof. Auch sonst führte Constantin die unter Diocletian begonnenen Reform- und Umbauprozesse fort.

Eine Überraschung brachte das Jahr 335, das dreißigste Herrscherjubiläum. Zwei Jahre, nachdem Constans zum Caesar erhoben worden war, führte Constantin die Söhne seines Halbbruders in sein Herrschaftskonzept ein. Der ältere, Dalmatius, wurde nun ebenfalls Caesar, sein Bruder Hannibalianus erhielt an der Ostgrenze eine Sonderrolle – er war als „König der Könige" Anwärter auf die Herrschaft in Armenien, wenn nicht gar Rivale der Sassanidendynastie in Persien. Die Beziehungen zum energischen König Shapur II. verschlechterten sich, bis er zuletzt präventiv in Armenien und Mesopotamien einmarschierte. Nach kurzer Krankheit und der Taufe durch einen arianischen Bischof starb Constantin überraschend am 22. Mai 337. Auch er wurde offiziell noch zum Gott erhoben, Nachrufe von christlicher Seite feierten ihn als Auserwählten Gottes – eine Deutung, die Constantin selbst massiv vorangetrieben hatte. Die Folgen der längsten Herrschaftszeit seit Augustus rücken seine historische Bedeutung in die Nähe des ersten Princeps.

5.5.6 | Das neue Reich der Spätantike

Die Forschung des 19. und der ersten Hälfte des 20. Jh. konzentrierte sich auf späte Republik und Prinzipat. Vielfach überließ man spätantike Themen der Kirchengeschichte oder der Mediävistik, und das mit nicht nur unterschwelliger Geringschätzung.

Der **Aufschwung der Spätantikeforschung** hat die Akzente hier nachhaltig verschoben. Reine Katastrophenszenarien werden überwiegend nicht mehr vertreten (anders als im medial vermittelten Geschichtsbild der Öffentlichkeit!). Heute bestimmt der Gegensatz zwischen zwei Richtungen die Diskussion. Die eine sieht in der spätantiken Entwicklung die erfolgreiche Antwort auf eine Krisensituation, jedoch unter Einwirkung weiterer Vorgänge, die später teils zur Auflösung, teils zum Zusammenbruch der Strukturen führten. Dem gegenüber wird vielfach die Anpassungsleistung der spätantiken Politik und Gesellschaft an neue Rahmenbedingungen betont, die sich in neuen, durchaus stabilen Lebensformen äußere. Ein positiver Ertrag der Debatte ist schon jetzt die Abkehr von Denkfiguren wie dem „Untergang" der römischen Herrschaft oder Kultur insgesamt.

Legt man den Fokus der Betrachtung auf die Kaiser, ihre Armee und ihre nächste Umgebung, dann sind Krisenzeichen nicht zu übersehen: dynastische Streitigkeiten, eine erhöhte Zahl an Usurpationen und Bürgerkriegen, das Erscheinen fremdgesteuerter „Kinderkaiser", die Herausforderung der Zentralmacht durch Invasionen und Landnahmen. Phänomene wie Inflation und Geldknappheit, Landflucht, lokale Aufstände und immer schärfer formulierte Gesetze erscheinen dann leicht als Rückschritt gegenüber den Verhältnissen im Prinzipat.

Je stärker dagegen **ein strukturgeschichtlicher Blickwinkel** gewählt wird – auf die Mitglieder der Führungs- und Bildungsschicht insgesamt, auf die Lebensverhältnisse in Städten und ländlichen Regionen „in der Fläche" –, desto eher tritt die **Kontinuität** hervor. Der Geldverkehr etwa brach ebenso wenig zusammen wie der Fernhandel oder das Bildungssystem. Der Wechsel von Trägerschichten für bestimmte Funktionen lässt sich auch als Zeichen für die **Elastizität des Systems** werten. In manchen Fällen wird selbst die Auswirkung von Bürgerkriegen und Invasionen gering veranschlagt.

Die Einschätzungen sind hier noch sehr im Fluss, nicht zuletzt, weil kontroverse Forschungstraditionen und -schulen zusammentreffen, aber auch, weil mit dem Christentum wie dem Islam zwei bis heute prägende Faktoren beteiligt sind. Gerade die komplexe Frage nach dem Verhältnis zwischen Religion und Gesellschaft macht die ‚wiederentdeckte' Spätantike zu einem besonders attraktiven Arbeitsfeld.

Trotz der Bürgerkriegsphasen hatten die unerwartet langen Amtszeiten der seit 283 amtierenden Kaiser es ermöglicht, das Selbstverständnis ihres Amtes wie auch die Struktur des Imperiums tief greifend zu verändern. Der konservativ-pagane Diocletian hatte natürlich nicht erwartet, die Macht an einen Einzelherrscher alten Stils abzugeben, der sich zum Christen entwickelte. Dennoch überwog die **Kontinuität in der Amtsauffassung**. Die Verwandlung des für viele Gruppen erreichbaren Princeps (→ 5.2.2) in einen durch Zeremoniell, Palastmauern und Ehrfurcht „abgeschlossenen" Monarchen (*princeps clausus*) war unumkehrbar. Göttersöhne durch Adoption zu sein, beanspruchten Constantin und seine Nachfolger nicht mehr, wohl aber schrieben sie sich eine Berufung durch Gott in ein Amt zu, das den Auftrag einschloss, für das Gedeihen des christlichen Glaubens zu wirken. Beim entrückten Auftreten – dem Fußfall, dem Weg durch viele Räume, dem rituellen Schweigen in Gegenwart des Kaisers auf seinem Thron – blieb es.

Fast noch deutlicher machte dies die Existenz eines Hofes, die unter Constantin feste Züge annahm. Das Palastpersonal aller Ebenen samt seinen Erben war von Steuern und Kriegsdienst befreit. Die politische Macht in allen Herrschaftsbereichen übte ein kleiner Personenkreis aus, der in Dauerkontakt zum Kaiser stand; jeder dieser Männer war Vorgesetzter einer zentral organisierten Beamtenhierarchie. Sie bildeten den Kern des *consistorium* (des „Kronrats"), das an die Stelle der flexiblen kaiserlichen Beraterrunde getreten war. Vorrang und Protokoll im Hofpersonal (*militia palatina*, (Kriegs-) Dienst im Palast) waren strikt und quasimilitärisch geregelt.

An erster Stelle unter den permanent anwesenden Funktionären rangierte der *magister officiorum*, dem der Schriftverkehr mit Beamten, Bittstellern und in rechtlichen Zweifelsfällen unterstand. Fremde Gesandte fielen ebenfalls in sein Ressort, außerdem aber die *agentes in rebus*, eine Militäreinheit, die Ermittlungs- und Denunziantendienste leistete, sowie die kaiserlichen Gardetruppen, die *scholae palatinae*, die an die Stelle der 312 endgültig aufgelösten Prätorianer traten. Später wurde der *magister officiorum* auch noch für die Rüstungsbetriebe zuständig.

Hinter ihm rangierte der ebenfalls von Constantin geschaffene Posten des *quaestor sacri palatii* (in der Fachliteratur gern mit QSP abgekürzt), des kaiserlichen ‚Justizministers', der Gesetze und Erlasse ebenso vorbereitete wie Ernennung und Entlassung der Beamten. Von ihm gingen die berühmten Rechtssammlungen der Spätantike aus, besonders die Elemente des **CORPUS IURIS CIVILIS**.

CORPUS IURIS CIVILIS, mehrteilige, 528–534 publizierte Sammlung von Entscheidungen und Lehrbuchauszügen in systematischer Ordnung, die vom Erscheinen an das gesamte gültige Recht der Zeit repräsentierte, zum Inbegriff des Römischen Rechts schlechthin wurde und bis in die Gegenwart nachwirkt.

Es folgte der *comes sacrarum largitionum* (CSL). Anders, als der Name verriet, kontrollierte der „Begleiter für kaiserliche Spenden" als Quasi-Finanzminister sämtliche Prägestätten des Reiches, die Steuereinnahmen in Münzform, die Zölle, Bergwerke und Manufakturen für Hofkleidung. Bei den „Spenden" selbst handelte es sich um eine von Constantin eingeführte Goldzahlung, die seine Soldaten alle fünf Jahre erhielten. Dies zeigte am besten, wie stark das Militär nun hervortrat. Schließlich unterstand dem *comes rerum privatarum* (CRP) das gewaltige Dienst- und Privatvermögen des Kaisers, das durch Erbschaften, mehr noch durch Enteignungen stetig anwuchs. Im Zuge der Christianisierung wurde zusätzlich der Besitz der Tempel konfisziert.

Auffällig ist der **Faktor der Absicherung und gegenseitigen Kontrolle**, der in der Trennung verschiedener Finanzzweige bestand. Das setzte sich auf militärischer Ebene fort: Die persönliche Leibgarde des Kaisers, die auf Gallienus zurückgehenden *protectores domestici*, stand unter anderem Kommando als die *scholae palatinae*. Keinem der vier Hofämter unterstand jenes Personal, das für Bewachung und Bedienung des Kaisers zuständig war. Hier setzte der Kaiser freigelassene Eunuchen ein, von denen er sich aufgrund der Isolation von allen übrigen Eliten hohe Loyalität versprach. Der Obereunuch, der *praepositus sacri cubiculi* (PSC), hatte einen Einfluss auf die Reichspolitik, der zu seiner protokollarischen Stellung in keinem Verhältnis stand.

Stark gewandelt hatte sich unter Constantin die Aufgabe des *praefectus praetorio* (PPO), der seine Rolle im 2. und 3. Jh. stark erweitert hatte: militärisch zu einer Funktion als Armeechef des Kaisers, zivil um weitreichende Befugnisse als Gerichtsinstanz. Constantin stellte die Weichen für ein neues Amtsverständnis. Nun stieg der Prätorianerpräfekt zum obersten Vorgesetzten der – entmilitarisierten – Provinzstatthalter in einem Reichsteil auf, den eine Zwischeninstanz aus „Stellvertretern" (*vicarii*) als Chefs einer Teilregion (Diözese genannt) unterstützte. Die Untergebenen der Präfektur trieben die meisten Steuern ein; ihre zweite Hauptaufgabe blieb die Rechtsprechung, bis hinauf zum Präfekten als letzter Instanz.

Innerhalb dieser Amtsapparate gab es relativ große Aufstiegschancen, andererseits etablierten sich mit der Zeit regelrechte Funktionärsdynastien. Die spätantike Bürokratie finanzierte sich zur Entlastung des Staatshaushalts weithin über Gebühren; das Grundgehalt war entsprechend bescheiden. Mit Schmiergeldern wurde stillschweigend, später ganz offiziell gerechnet, während die Ämter selbst praktisch nur durch Zahlungen an Vorgesetzte und Palastfunktionäre erreichbar waren. Christliche Bewerber hatten grundsätzlich bessere Chancen, was erklärte Heiden aber keineswegs ausschloss.

Im militärischen Bereich erreichte die Differenzierung in mobile *comitatenses* und ortsfeste *limitanei* ihren Abschluss. Die Bedeutung der Kavallerie war stark gestiegen. Größere Verbände oder Kommandoabschnitte unterstanden verschiedenen *duces* und *comites*; aus den Titeln sollten sich im Übergang zum Mittelalter Adelstitel entwickeln (vgl. das französische *comte* und *duc*). Als neues Oberkommando schuf Constantin zwei zum Hof gehörende **HEERMEISTER**, zu denen nach seinem Tod drei regional gebundene Kommandos kamen. Aus diesem Kollegium gingen gegen Ende des 4. Jh. Einzelpersonen hervor, die den reichsweiten Oberbefehl und wiederholt auch die eigentliche Macht beanspruchten. Germanen waren unter ihnen bald in der Mehrheit – nicht zuletzt, weil Reichsbewohner mit Bürgerstatus für den Kriegsdienst schwer zu begeistern waren. Besonders germanische Söldner traten einzeln oder auf der Grundlage eines Bündnisvertrages (*foedus*, wonach sie *foederati* genannt wurden) kollektiv in römische Dienste, was ihren Anführern römische Offizierstitel eintrug. Die Ansiedlung von Germanen in geschlossenen Gruppen (sogenannte *laeti* oder *gentiles*) auf römischem Boden schritt auch deshalb voran. Aus der Zivilverwaltung hielt man sie dagegen per Gesetz fern, weil dem Denken der Germanen eine abstrakte Loyalität zum Imperium statt zur Person des einzelnen Kaisers oder Vorgesetzten fremdblieb. Insofern blieb die Integration bedrohlich unvollständig.

HEERMEISTER (MAGISTRI MILITUM), höchste Berufssoldaten der spätrömischen Armee.

Der Gegensatz zwischen Stadt und Land schließlich vertiefte sich aus strukturellen Gründen. Im Prinzipat fungierte die Stadt als Verwaltungs- und Dienstleistungszentrum für die Einwohner der Umgebung. Die sozialen Verschiebungen bis zum Beginn der Spätantike hatten den Großgrundbesitz – voran die kaiserlichen Domänen und die Güter der Senatoren – massiv wachsen lassen, während die Lokalaristokratien nun an Auszehrung litten. Der Staat kreierte immer neue Aufgabenfelder und Dienstpflichten für sie. So entzog sich, wer konnte, der Mitgliedschaft im Stadtrat. Die **Leistungskraft der Städte schrumpfte** dadurch unaufhaltsam. Wie sehr man sich um ein Aufrechterhalten des täglichen Lebens mühte, oft erfolgreich, ist aber unverkennbar. Gerade auf der Ebene der Einzelstadt gab es keinen ‚Untergang' des Römischen Reiches; das vertraute Leben setzte sich unter burgundischer, gotischer oder auch arabischer Herrschaft zu weiten Teilen fort.

Auf dem Land war der typische Bewohner nun Pächter oder Landarbeiter, oft auch Sklave. Besonders häufig belegt – und in der Forschung diskutiert – ist der sich verschlechternde Rechtsstatus der **KOLONEN**. Flucht vor Steuer- und Pachtschulden, aber auch Vertreibung durch den Pachtherrn waren derart häufig, dass die kaiserliche Gesetzgebung – der die Versorgungssicherheit mit Agrarprodukten über alles ging – die „Bindung an die Scholle" für Kolonen und deren Kinder verfügte. Für die Steuerschuld des Kolonen, entlaufen oder nicht, haftete der Grundbesitzer. Hier liegt eine **Wurzel für die frühmittelalterliche Grundherrschaft**.

Auch in den Städten bahnten sich insofern ‚mittelalterliche' Zustände an, als die kollegialen Führungsstrukturen im Lauf der Jahrzehnte litten und dann zerfielen. Immer wichtiger wurde – besonders, wo die übergeordnete staatliche Struktur verschwand – der Bischof als Integrationsfigur, auch auf politischer Ebene.

Zu den größten **Verlierern zählte der Senat** als Ganzes. In Rom war der Kaiser nicht mehr präsent, so wichtig die Stadt symbolisch für das Kaisertum blieb, wie ihre Eroberung 410 und 455 zeigen sollte. Senator zu werden, stellte seit Constantin eine Belohnung für bewährte Funktionäre dar; ihre Zahl schwoll auf rund 2000 an, von denen die wenigsten in Rom lebten. Senatssitzungen und republikanische Ämter hatten fast jede praktische Bedeutung verloren. Ungebrochen war jedoch das Traditions- und Standesbewusstsein der – im Schnitt überaus reichen – Senatoren. Ihr harter Kern saß in der Tat seit mehreren Generationen im Senat und stellte eine Bildungselite dar, zu deren Niveau ein Funktionär mit militärischem Hintergrund nicht über Nacht aufschließen konnte – selbst die Mitglieder des Kaiserhauses. Auch deswegen hielten sich Sympathien mit dem alten Glauben hier länger als anderswo; christliche Vertreter fanden sich dennoch selbst in alteingesessenen Senatsfamilien schon früh.

KOLONEN, Pachtbauern auf privaten und kaiserlichen Gütern.

Die religiöse Situation | 5.5.7

Neben den Bruchlinien zwischen Bürokratie, Militär und Zivilbevölkerung, Römern und Nichtrömern stand seit Beginn des 4. Jh. das Neben- oder Gegeneinander von Christen, Paganen und der jüdischen Bevölkerungsgruppe, das sich schon bald durch die Gegensätze der verschiedenen christlichen Strömungen verkomplizierte. Die Motive, Christ zu werden, waren vielfältig: Opportunismus spielte eine Rolle, aber die Stärken des neuen Glaubens – Barmherzigkeit und Armenfürsorge, persönliche Gottesbeziehung – waren unverkennbar. Noch ehe die Obrigkeit begann, pagane Kulthandlungen aus der Öffentlichkeit zu drängen, und am Ende des Jahrhunderts das Christentum schließlich zur Staatsreligion erhob, gewöhnten sich weite Bevölkerungsschichten daran, Christsein als die Normalität zu sehen. Intoleranz fanatischer Vorreitergruppen und Übergriffe gegenüber Nichtchristen wurden nur teilweise bestraft, steigerten sich aber ungleich seltener zu Mord und Totschlag als früher die Christenverfolgungen. Dennoch, ein Großteil der Reichsbevölkerung lebte **friedlich in einer religiös gemischten Umwelt**; Familien mit teils christlichem, teils paganem Anteil waren an der Tagesordnung. Schleichende Übernahme älterer Kultpraktiken erleichterte den Glaubenswechsel, während rigorose Formen der christlichen Praxis – wie das asketische Leben der ersten Einsiedler und Mönchsgemeinschaften – religiösen Eliten vorbehalten blieben.

Die christliche Hierarchie profitierte von dieser Entwicklung. Das Hilfspersonal und die Gemeindestrukturen differenzierten sich, während der Bischof selbst soziales Ansehen und Zutritt zu staatlichen Funktionären gewann. So wurde die Zugehörigkeit zur Spitze des christlichen Klerus rasch für die Oberschichten attraktiv. Juristische Vorrechte und Steuerprivilegien für Bischöfe und Presbyter (Priester) kamen hinzu.

Oberhalb der Bischofsebene gab es keine eigentliche Zentralinstanz. Regionale Klerikerversammlungen (Synoden) und umfassende Konzilien der Bischöfe traten an ihre Stelle; hier bildeten sich oft führende Rollen bestimmter Bischofssitze heraus. In Glaubensstreitigkeiten genoss die Stimme des Bischofs von Rom besonderen Respekt, gefolgt von Metropolen wie Karthago, Alexandria, Antiochia und Jerusalem; die Aufwertung Konstantinopels steigerte das Gewicht des dortigen Amtsträgers. Die Kombination der alten Führungsrolle Roms mit dem Fehlen ‚störender' Kaiser stärkte die dortigen Bischöfe, die bald den Primat (Vorrang) über die Gesamtkirche reklamierten, außerhalb Italiens jedoch nur von Fall zu Fall durchsetzen konnten. Vom Konzept eines Papsttums in der seit dem Hochmittelalter üblichen Tragweite lässt sich vor dem mittleren

5. Jh. nicht sprechen; die Realisierung dieser Ambitionen lag erst recht noch weit in der Zukunft.

In kirchenpolitischen Fragen war die Rolle des Kaisers meist ungleich wichtiger als die jedes Einzelbischofs. Selten setzte er Bischofsernennungen direkt durch, wohl aber Verurteilungen und Absetzungen. In die Kirchenstruktur regierte der Kaiser besonders in Konstantinopel so konstant hinein, dass man ihn oft als das eigentliche Kirchenoberhaupt bezeichnet hat – die heutigen orthodoxen Kirchen sind über weite Teile ihrer Geschichte dieser Tradition gefolgt. Die **ZWEIGEWALTENLEHRE** wurde erst von Papst Gelasius I. 494 – nach dem Untergang der westlichen Kaiserherrschaft – formuliert.

Ein besonderes Problem stellten die verschiedenen Lagerbildungen innerhalb der Hierarchie und der christlichen Bevölkerung dar. Jeder neue Dogmenstreit war eine zutiefst persönliche Glaubens- und Gewissensentscheidung: Auf die falsche Seite zu treten, würde das eigene Seelenheil kosten. Genau das ließ auch viele ‚einfache' Gläubige Stellung beziehen. Wenn der jeweilige Disput obendrein noch an die lokal übliche Glaubens*praxis* anknüpfte oder politische Konsequenzen haben konnte, wurde es gefährlich.

Die Donatisten (→ 5.5.6) blieben ein anhaltendes, aber regionales Problem, in dem sich überspitzte Integritätsforderungen an den Klerus mit Aversionen der nordafrikanischen Provinzbevölkerung gegen die römische Obrigkeit trafen. Ernster wurde die Frage beim Arianismusstreit (→ 5.5.6). Die Herabstufung Christi zu einer Art Übermensch war theologisch leichter zu vermitteln als das Gegenmodell, die komplexe **DREIFALTIGKEIT**slehre; sie wies obendrein eine unverkennbare Affinität zum Anspruch der Kaiser auf, einmalige Auserwählte Gottes zu sein. Der alternde Constantin und mehr noch seine Söhne stellten sich daher jahrzehntelang auf die Seite der Arianer, ehe die Nachfolgedynastie der Gegenposition, wonach Christus mit dem Vater wesensgleich ist, zum Durchbruch verhalf.

Zum Streitthema des 5. Jh. wurde dann, wiederum von theologischen Disputen in Ägypten und Syrien ausgehend, der Dissens um die Frage, wie das Verhältnis zwischen Gott und Mensch in der Person Christi zu denken war. Das eine Extrem vertraten – in den damaligen Kampfbegriffen gesprochen – die **„Nestorianer" (Dyophysiten)**, die das unverbundene Nebeneinander einer göttlichen und einer menschlichen Natur lehrten, das andere, **„monophysitische"** (richtiger: miaphysitische), besagte, es gebe letzten Endes nur eine einzige Natur (griech. *mia physis*) in Christus, in der sich Göttliches und Menschliches vereinten. Das Konzil von Chalkedon verwarf 451 beides und lehrte eine komplexe Zwischenposition: Christus als wahrer Mensch *und* wahrer Gott zugleich mit zwei weder

---

ZWEIGEWALTENLEHRE, Existenz einer gleichberechtigten Bischofsautorität neben der weltlichen Obrigkeit, von der sie religiös autonom ist.

DREIFALTIGKEIT (TRINITÄT), Glaubenssatz der großen Mehrheit aller christlichen Bekenntnisse, wonach der eine Gott untrennbar die drei Personen Vater, Sohn (Jesus Christus) und Heiliger Geist einschließt.

trenn- noch vermischbaren Naturen. Dies führte zu einer Serie von Abspaltungen auf beiden Flügeln der so formulierten Orthodoxie, die bis tief ins 7. Jh. immer wieder von Folgedebatten erschüttert wurde. Ein kaiserlicher Kompromissversuch mit Zwangscharakter von 482 brachte alle Parteien auf, voran die römische Kirche im kaiserlosen Westen, und führte zu einer ersten, dreißigjährigen Kirchenspaltung zwischen Ost und West.

Nicht nur zeichnete sich schon hier das 1054 endgültig gewordene SCHISMA zwischen lateinischer (katholischer) West- und orthodoxer Ostkirche ab. Einerseits war der Kaiser motiviert, wenn nicht genötigt, in Glaubensstreitigkeiten zu handeln, andererseits fehlte ihm die theologische Kompetenz, ja sogar das Durchsetzungsvermögen. Wo große Minderheiten oder gar die Mehrheit der unterlegenen Position anhingen, lockerten sich die Bindungen an das Kaisertum überhaupt. Als Nestorianer verurteilte Christen wanderten ins Perserreich aus. Die miaphysitische Mehrheit in Ägypten – Vorläuferin der heutigen Kopten – unterwarf sich lieber dem vordringenden Islam als der Staats- und Kirchenobrigkeit in Konstantinopel. Die afrikanischen Donatisten machten ihren Frieden mit der Invasion der (arianischen) Vandalen, während sie ihren jahrhundertelangen Streit mit dem Katholizismus fortsetzten. Insofern hatten die Glaubenskonflikte ihren Anteil am dauerhaften Verlust großer Gebiete gerade im Osten des Imperiums, wo sie ihren intellektuellen Brennpunkt hatten – anders als im Großteil der Westhälfte, wo die Mehrheitskirche über die wachsende politische Zersplitterung hinweg integrierend wirkte.

SCHISMA, griech. = Spaltung, hier: Spaltung einer Religionsgemeinschaft, die das tägliche Leben betrifft, aber ohne grundlegende Differenzen in den Glaubensinhalten – kommt dies hinzu, betrachten beide Teile einander als Anhänger einer Irrlehre (Häresie).

Aufgaben zum Selbsttest

- Stellen Sie Aspekte der Zeit zwischen 192 und 284 zusammen, die als Indizien für eine Militarisierung und Regionalisierung des Imperiums sowie einen Wandel in Selbstverständnis und Auftreten der Kaiser dienen können.
- Argumentieren Sie, ob und inwiefern sich solche Vorgänge als Anpassung an neue Herausforderungen interpretieren lassen.
- Stellen Sie das tetrarchische Herrschaftskonzept dem dynastischen Modell gegenüber, und zeigen Sie systematisch Stärken und Schwächen beider Mechanismen auf, auch im Hinblick auf die zeitgenössische Problemlage.
- Diskutieren Sie die Anwendbarkeit des Begriffs „Reform" für die aus heutiger Sicht richtungsweisenden oder -verändernden Maßnahmen Diocletians und Constantins.

Literatur

K. P. Johne / U. Hartmann / T. Gerhardt (Hgg.), **Die Zeit der Soldatenkaiser: Krise und Transformation des Römischen Reiches im 3. Jahrhundert n. Chr. (235–284)**, 2 Bände, Berlin 2008.
A. Demandt, **Die Spätantike. Römische Geschichte von Diocletian bis Justinian 284–565 n. Chr.** (Handbuch der Altertumswissenschaft), 2. Aufl., München 2007.
W. Kuhoff, **Diokletian und die Epoche der Tetrarchie: Das römische Reich zwischen Krisenbewältigung und Neuaufbau (284–313 n. Chr.)**, Frankfurt a.M. 2001.
A. Demandt / A. Goltz / H. Schlange-Schöningen (Hgg.), **Diokletian und die Tetrarchie. Aspekte einer Zeitenwende**, Berlin / New York 2004.
K. Rosen, **Konstantin der Große. Kaiser zwischen Machtpolitik und Religion**, Stuttgart 2013.
N. Lenski (Hg.), **The Cambridge Companion to the Age of Constantine**, 2. Aufl. Cambridge 2011.

5.6 | Das christliche Kaiserreich

5.6.1 | Innere Krisen und Außenpolitik im 4. Jh.

FLAVIUS CLAUDIUS IULIANUS, (genannt „Apostata" = griech. der Abtrünnige), ca. 331–363, Caesar 355, einseitiger Augustus-Anspruch 360, Alleinherrscher ab 361; 363 tödlich verwundet.

ORTHODOX/KATHOLISCH, die Bezeichnungen werden in der Spätantike noch parallel verwendet. Sie bezeichnen die ‚Mehrheitskirche' im Römischen Reich, die sich in Glaubenskonflikten darauf beruft, die „rechtgläubige" (orthodoxe) und „universale" (katholische) Gesamtkirche zu sein.

Bald nach Constantins Tod kam es in der Hauptstadt und ihrer Umgebung zu einer Mordserie. Angehörige des Militärs töteten die Seitenverwandten der drei Kaisersöhne, vor allem Hannibalianus und den Caesar Dalmatius. Von den Nachkommen des Constantius Chlorus überlebten außer den Constantinsöhnen, denen die Tat mindestens sehr nützlich war, nur der etwa elfjährige Gallus, Cousin und Schwager Constantius' II., und sein jüngerer Halbbruder JULIAN.

Die drei Erben, die am 9. 9. 337 zu Augusti erklärt wurden, traten gleichrangig auf und teilten das Reichsgebiet untereinander; besonders der Älteste, Constantin II., war mit Spanien, Gallien und Britannien bald nicht mehr zufrieden. Als Constans, sein Nachbar im mittleren Reichsteil, sich neuen Forderungen verweigerte, startete Constantin 340 eine Invasion Italiens. Bei Aquileia verlor er die Schlacht und sein Leben.

Constans regierte damit den gesamten Westen. **Zwischen den beiden Reichshälften wuchsen die Unterschiede** in Regierungsstil und Problemlage. Anders als der tief in die Tagesgeschäfte involvierte, weiter proarianische Constantius II. hielt sich Constans politisch eher heraus, steuerte aber religiös einen gegen die Donatisten gerichteten, **ORTHODOXEN** Kurs. Zwar hatte auch das Ostreich mit gefährlichen Barbaren wie den Goten zu rechnen, doch der Kriegszustand mit dem Perserreich prägte die dortige Militärstrategie.

350 geriet die Lage im Westen außer Kontrolle. In Gallien revoltierte Magnentius, ein Offizier mit germanischen Vorfahren; Constans wurde auf der Flucht getötet. Nun griff Constantius, selbst bisher kinderlos, auf

Gallus zurück und erhob ihn 351 zum Caesar. 353 marschierte er in Gallien ein und beendete die Revolte. Diese Erfahrungen machten Constantius so empfindlich gegen potenzielle Usurpatoren, dass er wiederholt hohe Militärs töten ließ, dann sogar Gallus. Ende 355 machte er Julian zum Caesar und übertrug ihm die Verteidigung Galliens. Ein Rombesuch des Constantius stellte 357 einen der letzten Höhepunkte für die ins Abseits geratene Metropole dar. In den folgenden Jahren setzten persische Erfolge den römischen Osten unter Druck. Als Constantius vom militärisch erfolgreichen Julian Verstärkung forderte, fiel es dem Caesar leicht, sich zum Augustus ausrufen zu lassen. Nur Constantius' überraschender Tod im November 361 verhinderte den Bürgerkrieg.

Julian „der Abtrünnige", mit knapp dreißig Jahren der allseits anerkannte Herrscher, hatte sich vom Christentum distanziert; auf dem Thron brach der hochgebildete Mann mit der neuen Religion. Die Privilegien für Kirchenfunktionäre wurden widerrufen, innerchristliche Spaltungen gefördert, während Julian versuchte, das Heidentum attraktiver zu machen. Sein Programm einer moralischen Erneuerung blieb jedoch selbst vielen Paganen fremd. Währenddessen begann der Kaiser einen erfolglosen Perserfeldzug; auf dem Rückzug wurde Julian am 26. Juni 363 tödlich verletzt. Die polarisierende kurze Herrschaft hatte die Militanten unter den Christen gestärkt.

Da Constantins Dynastie keinen direkten Erben hatte, wählte die Armeeführung einen Nachfolger, den orthodoxen Offizier Iovianus. Unter Aufgabe von Nisibis und des römischen Anspruchs auf Armenien schloss er Frieden mit Persien, starb aber im Februar 364. An seiner Stelle ernannten die führenden Offiziere **VALENTINIANUS (I.)**, der kurz darauf seinen Bruder **VALENS** zum Mitaugustus erhob. Beide teilten sich das Reichsgebiet nach dem bis 350 gültigen Schema auf. Valens, überzeugter Arianer, sah sich schon 365 der Usurpation eines entfernten Constantin-Verwandten gegenüber und geriet gleichzeitig in schwere Kämpfe mit den Persern. Der orthodoxe, aber relativ tolerante Valentinian übernahm den Westen, wo er mit verheerenden Alamanneneinfällen konfrontiert war. Sein Heermeister Theodosius („der Ältere") zerschlug Invasionen und Usurpationen, ehe der Argwohn des Kaiserhofes zu seiner Hinrichtung führte. Kurz zuvor war im November 375 der Gründer der valentinianischen Dynastie gestorben.

VALENTINIANUS I., 321–375; Militärtribun, ab 364 Augustus.

VALENS, ca. 328–378, Protector, ab 364 Mitaugustus, 378 gefallen.

FLAVIUS GRATIANUS, 359–383, Augustus ab 367, 383 getötet.

Der Druck auf die Grenzen: die „Völkerwanderung" und ihre Vorläufer

| 5.6.2

Als im Westen nominell die Söhne Valentinians auf den Thron kamen – der Augustus **GRATIAN** war sechzehn, der kleine **VALENTINIAN II.** gerade vierjährig –, stand hinter dem Kinderkaiser tatsächlich die Macht des

VALENTINIANUS II., 371–392, Augustus ab 375, (Selbst-?) Mord 392.

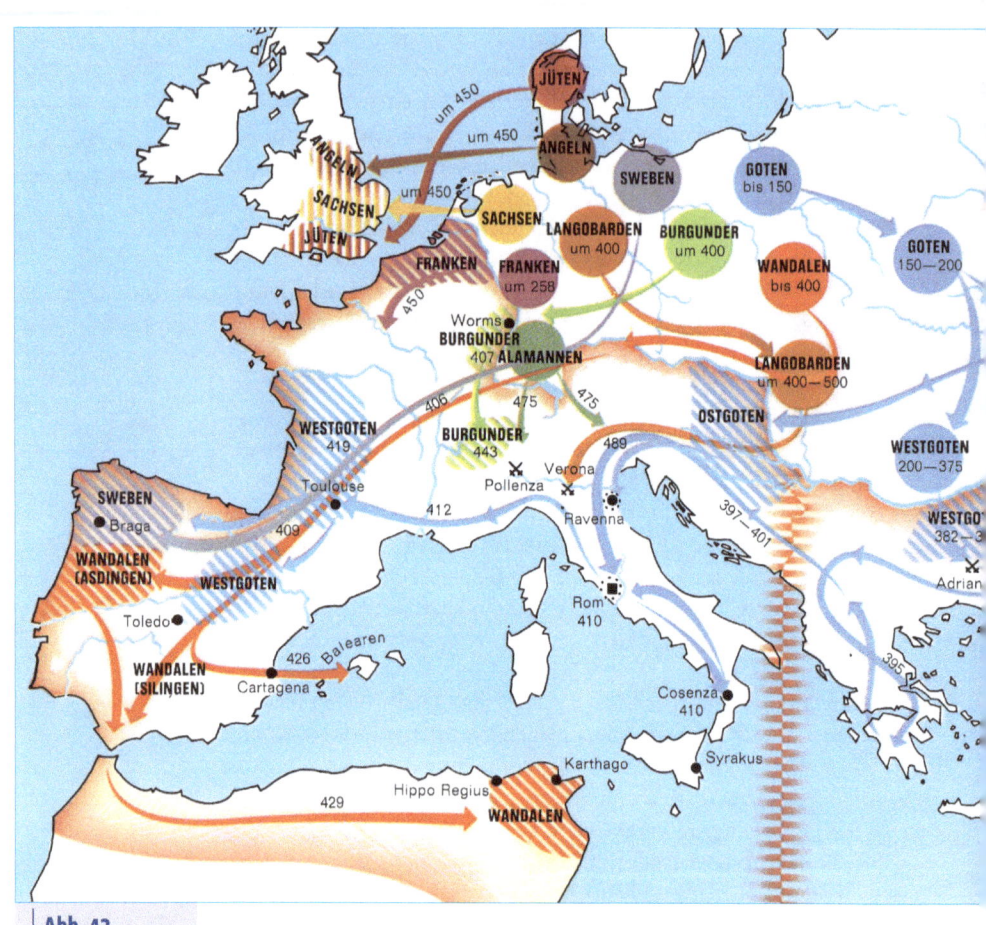

Abb. 42

Die Völkerwanderung im 4.–6. Jh.

Heermeisters Merobaudes; der ältere Gratian ließ sich durch ihn zumindest stark beeinflussen. Unwissentlich schwächten die Beteiligten die Staatsstruktur in einem kritischen Augenblick.

375 gilt als Epochenjahr der traditionell als „Völkerwanderung" bezeichneten Ereignisse, die das Gesicht vor allem des westlichen Mittelmeerraums veränderten und die römische Kaisermacht dort durch eine Gruppe von Stammesherrschaften ersetzten. Die **Wanderungsvorgänge** erstreckten sich über einen Großteil Asiens und hatten weit früher eingesetzt – als erste Welle gelten vielfach die Germanenkriege Marc Aurels (→ 5.3.4). Die Suche nach Ackerland, Herrschaftsmöglichkeiten, Beute oder fortschrittlicher Technologie traf mit inneren Entwicklungen zusammen.

Gruppen, die in älteren Werken als „Stämme" oder gar „Völker" rangieren, präsentieren sich weder literarisch noch archäologisch als ge-

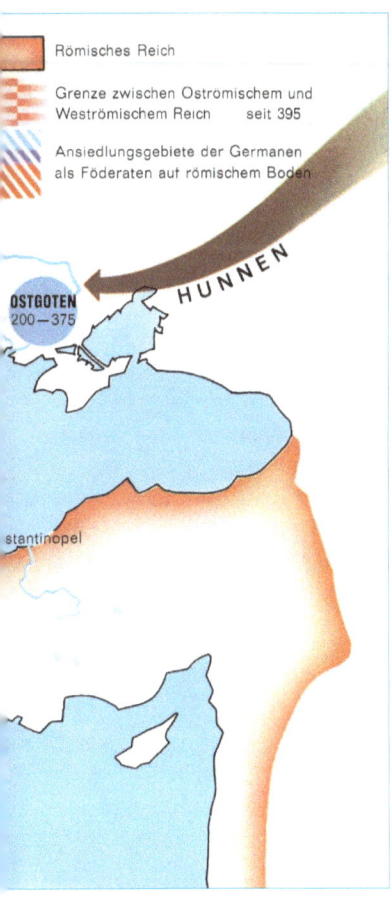

Römisches Reich

Grenze zwischen Oströmischem und Weströmischem Reich seit 395

Ansiedlungsgebiete der Germanen als Föderaten auf römischem Boden

schlossene Einheiten, geschweige denn als Vorläufer neuzeitlicher Völker und Nationen – so verstand sie die Geschichtsschreibung besonders des 19. Jh. Im Licht der modernen ETHNOGENESE-Forschung verdeckt der Begriff „Stamm" oder *gens* eine ungeheure Dynamik. Die politische Organisation, die innere Struktur und das Selbstverständnis etwa der Goten oder Hunnen änderten sich im Lauf ihrer Westwanderung dramatisch, von ihrer Zusammensetzung zu schweigen; es gab immer neue Teilungen und Verschmelzungen, wie etwa die – zufällig dauerhaft gewordene – Spaltung in WEST- und OSTGOTEN. Herkunftskriterien waren dabei reichlich irrelevant, sodass es (beispielsweise) zahlreiche Hunnen gab, die weder als Hunnen geboren noch einer – wie auch immer verstandenen – hunnischen Kultur lebenslang verbunden waren.

‚Römische' und ‚barbarische' Obrigkeiten kämpften gegen das Problem an, eine unerwünschte Mischung von Eroberern und Eroberten zu begrenzen – wobei es nicht um Biologie, sondern um verschiedene Statusprivilegien der einzelnen Gruppen ging.

ETHNOGENESE, wörtlich „Stammes-/Volksentstehung"; die Entstehung ethnischer Identitäten als politische und kulturelle Akteure in Spätantike und Frühmittelalter.

WEST-/OSTGOTEN, irreführende Eindeutschung von Visigothi (‚edle Goten') und Ostrogothi (‚strahlende Goten'), den zwischen ca. 400 und 450/490 formierten ‚Endprodukten' einer komplizierten Teilungsgeschichte des gotischen Gesamtverbandes.

Die Westwanderung der Hunnen in den Jahrzehnten vor 375 setzte mehrere andere Ethnien in Bewegung, die teils als Unterworfene verdrängt wurden (wie die meisten Vorläufer der späteren Ostgoten) oder durch Ausweichen unabhängig bleiben wollten (wie die angehenden Westgoten). Aus geographischen Gründen lief diese Bewegung auf die römischen Grenzen zu, die nach wie vor gegen Masseneinwanderung verteidigt wurden.

Als wichtigste und bestorganisierte Gruppe erschien die Mehrheit der ‚freien' Goten, angeblich 200 000 Menschen, 376 auf dem nördlichen Donauufer. Nach längeren Verhandlungen gestattete Valens einem Teil die Ansiedlung. Dank der Korruption römischer Lokalbeamter brach kurz darauf offener Krieg aus; Teile der gotischen Söldner Roms liefen über. In seinem Eifer, allein einen Sieg zu erringen, suchte Valens die erste Gelegenheit. Dies führte zur katastrophalen Schlacht bei Adrianopel am 9. August 378. Der Kaiser fiel, die römische Kontrolle über den nördlichen Balkan ging verloren. Konstantinopel war eine belagerte Stadt. Fremdenfeindliche Massaker einerseits und Fälle von Verrat oder Desertion andererseits gehörten seitdem zum Bild.

Eilig ernannte Gratian Anfang 379 einen Berufsmilitär zum Augustus im Osten. THEODOSIUS (I.), Sohn des gestürzten Heermeisters, begegnete der chaotischen Lage mit einer Mixtur aus Härte und Zugeständnissen – die siegreichen Goten etwa erhielten Land zugewiesen und ergänzten die geschwächte römische Armee. In der Zwischenzeit ging Theodosius scharf gegen die Arianer vor. Die Orthodoxie war seit 381 Staatsreligion, während der Staatsapparat zur Verfolgung der konkurrierenden Kirchen eingesetzt wurde.

THEODOSIUS (I.), 346/47–395, Augustus 379, Alleinherrscher 394.

Das Brüderpaar, das die valentinianische Dynastie fortführte, stand im Schatten des Ostkaisers. Im Frühjahr 383 rief die unzufriedene Armee in Britannien einen Gegenkaiser aus, Magnus Maximus. Die gallischen Truppen liefen zu ihm über. Am 25. August 383 wurde der flüchtende Gratian in Lugdunum (Lyon) ermordet. Theodosius, der sich weiterhin als Beschützer und später als Fortsetzer der Dynastie darstellte, hatte längst eigene Zukunftspläne.

5.6.3 Theodosius I. und die unbeabsichtigte Reichsteilung von 395

Für eine sofortige Gegenoffensive war Magnus Maximus zu gut etabliert. Religionsstreitigkeiten gab es in Italien, der Domäne Valentinians II. Hier beantragte der Heide Symmachus, Stadtpräfekt von Rom, die Wiederaufstellung des von Augustus im Senatssaal errichteten Altars für die Siegesgöttin Victoria. Dem widersetzte sich AMBROSIUS, Bischof von Mailand. Die gute Überlieferungslage macht den Streit um den Victoriaaltar zur wichtigen Etappe in der Auseinandersetzung zwischen den Religionen. Ambrosius ging sogar offen gegen Versuche des Arianers Valentinian vor, seine Glaubensrichtung besserzustellen. 387 vertrieb Magnus Maximus den Kaiser aus Italien. Jetzt ging Theodosius zur Offensive über. Valentinian übernahm nominell wieder die Herrschaft im Westen, während Theodosius faktisch als Senior Augustus agierte – sein Sohn ARCADIUS vertrat ihn im Osten.

AURELIUS AMBROSIUS, 339–397, als Provinzpräfekt 374 zum Bischof gewählt, bedeutendster Theologe des Westens in seiner Generation.

ARCADIUS, ca. 377–408, Augustus 383, nominell eigenständig ab 395.

Neue Konflikte warteten in der Religionspolitik. Nach regionalen Wellen von Tempelschließungen und -zerstörungen verbot der Kaiser 391 die Kulte überhaupt. Zugleich sah sich der katholische Herrscher neuen Ansprüchen seiner Kirche gegenüber. Übergriffe auf Juden in Mesopotamien ließ er unter dem Druck des Ambrosius ungestraft. Nicht so fragwürdig war die Reaktion des Bischofs auf die blutige Niederschlagung eines Aufruhrs in Thessalonike 390: Ambrosius verweigerte dem Kaiser öffentlich die Kommunion, bis er für seine Mitschuld am Blutvergießen offiziell Kirchenbuße geleistet hatte.

391 kehrte Theodosius in den Osten zurück. Das Kommando in der Westhälfte führte der fränkische Heermeister Arbogast. Nach kurzer Zeit kam es zu einer tödlichen Kraftprobe des Generals mit Valentinian II.; Arbogast inthronisierte 392 einen nominell christlichen Gegenkaiser. Am Fluss Frigidus (heute die Vipava/Wippach in Slowenien) kam es im September 394 zu einer zweitägigen Schlacht, in der sich Theodosius unter hohen Verlusten durchsetzte. Die Debatte um den Stellenwert des Ereignisses ist in vollem Gang; gegen den Mitte des 20. Jh. formulierten Konsens, am Frigidus habe ein energischer paganer Selbstbehauptungswille gekämpft, stehen Modelle einer weit früheren Resignation oder Anpassung, die ihrerseits vielfach die Militanz der christlichen Mehrheit überschätzen.

Theodosius begnadigte seine politischen Widersacher und stellte seinen zehnjährigen Sohn **HONORIUS** als Augustus der Westprovinzen vor, dazu seine vielleicht fünfjährige Tochter Galla Placidia, die Enkelin Valentinians I. Aus dieser Demonstration dynastischer Kontinuität riss ihn am 17. Januar 395 der Tod. Der biographische Zufall hinterließ genau zwei Erben, von denen Arcadius nur sehr bedingt, Honorius gar nicht zu eigenen Entscheidungen imstande war. Die Kompetenzteilung zwischen Ost und West war schon mehrmals vorgekommen und hatte sich stets als reversibel erwiesen. Noch nie hatten allerdings sämtliche Herrscher auf die Kompetenz ihrer Untergebenen vertrauen müssen. So wurde die Abstimmung zwischen den beiden Höfen in Mailand und Konstantinopel wichtig wie noch nie. Genau hier lag die Bruchstelle, die

HONORIUS, 384–423, Konsul 386, Augustus 393.

Aufgaben zum Selbsttest

- Gewichten Sie den Stellenwert innerchristlicher Kontroversen im Verhältnis zu den christlich-paganen Spannungen, und beurteilen Sie die Einflüsse beider Phänomene auf die kaiserliche Herrschaftsausübung.
- Beschreiben Sie die Unterschiede beim spätantiken Umgang mit germanischer Gruppen im Vergleich zu den Romanisierungsvorgängen im Prinzipat (→ 5.4.2).
- Bewerten Sie Erfolge und Misserfolge bei der Sicherung einer Kontinuität innerhalb der Dynastien bis 363 sowie ab 364, und nennen Sie mutmaßliche Ursachen dafür.

sich – kombiniert mit den Kulturdifferenzen und unterschiedlichen Sicherheitsproblemen in West und Ost – zu einem Auseinandersteuern der Reichshälften vertiefte. Diese Entwicklung lag nahe, war aber – wie die Sonderreichsbildungen des mittleren 3. Jh. – weder unumgänglich noch prinzipiell unumkehrbar.

Literatur

P. Rousseau (Hg.), **A Companion to Late Antiquity**, Chichester 2009.
A. Cameron / P. Garnsey (Hgg.), **The Cambridge Ancient History, vol. 13: The Late Empire, A. D. 337–425**, Cambridge 1997.
K. Rosen, **Julian. Kaiser, Gott und Christenhasser**, Stuttgart 2006.
H. Leppin, **Theodosius der Große. Auf dem Weg zum christlichen Imperium**, Darmstadt 2003.
A. Cameron, **The Last Pagans of Rome**, Oxford 2011.

5.7 | Das Ende der Antike

5.7.1 | Getrennte Wege und die Krise der Zentralgewalt: Ost- und Westreich bis 455

Rein rechtlich stand nunmehr Arcadius als Augustus von 17 Jahren dem Osten vor, faktisch würde er jahrelang auf eine Regentschaft angewiesen sein. Für Honorius im Westen musste diese Funktion noch länger bestehen. Ausgeübt wurde sie dort vom fähigen Heermeister Stilicho, einem Vandalen, der mit Theodosius' Nichte Serena verheiratet war. Fast sofort kam es zu Spannungen mit den führenden Beamten im Osten. Von nun an konnte ein Reichsteil nicht auf die Unterstützung des anderen rechnen; die Goten unter Alarich wurden im Gegenteil geradezu gegen das Westreich gelenkt.

Stilicho beurteilte die neue Lage so pessimistisch, dass er für einen Sieg über Alarich und die Verteidigung Italiens mindestens temporär den Verlust der Grenzprovinzen riskierte. Darum zog er 401 fast alle Truppen aus Britannien und vom Rhein ab. Weil Mailand zu unsicher war, wechselte der Kaiserhof ins gut verteidigte Ravenna. Zum Jahreswechsel 406/407 brach die Herrschaft über die Nordwestprovinzen zusammen. Vandalen, Alanen, Sueben und Burgunder setzten über den Rhein und plünderten das Innere Galliens. Der letzte von mehreren Usurpatoren in Britannien, Constantin (III.), errichtete ein gallisches Sonderreich und überließ die Insel sich selbst. Statt Trier wurde das geschütztere Arelate (Arles) Verwaltungszentrum Galliens.

Honorius, der sich dem Einfluss Stilichos entziehen wollte, sah seine neue Chance gekommen, als 408 sein Bruder Arcadius unerwartet starb.

Ein Ausgleich mit dem Osten schien möglich; Stilicho sah sich selbst als Regenten für Honorius' Neffen **THEODOSIUS II.** in Konstantinopel. Germanenhass und die Angst vor einem verlustreichen Krieg in Gallien führten zur Meuterei der Westarmee, der Stilicho und zahlreiche Funktionäre zum Opfer fielen. Ein Gemetzel an den Angehörigen germanischer Verbündeter schloss sich an.

In völliger Selbstüberschätzung suchte Honorius den Konflikt mit Alarich. Dabei stand Constantius III. kurz vor einer Invasion Italiens; in seinem Rücken drangen Alanen, Sueben und Vandalen auf die Iberische Halbinsel vor. Der Kontrollverlust hatte das Ausmaß des mittleren 3.Jh. erreicht, ja überschritten. Alarich belagerte ab 408 dreimal in drei Jahren Rom – die einstige Hauptstadt enthielt verlockende Reichtümer. Im dritten Anlauf kam es am 24. August 410 zur **Einnahme Roms** durch die Westgoten. Die wichtigsten Kirchen wurden verschont, da die Eroberer christianisiert waren.

Der Fall Roms ging weit über einen Gesichtsverlust hinaus. Mit dem Glauben an die Unbesiegbarkeit des Imperiums geriet auch der Glaube an die Ewigkeit und Einmaligkeit der römischen Herrschaft ins Wanken, der Christen und Heiden verband. Göttliche Strafen waren eine naheliegende Erklärung; viele Christen befürchteten den Anbruch des Weltendes. Hier griff der bedeutendste Theologe der neuen Generation ein, **AUGUSTINUS**. In aller Schärfe erklärte er Roms Gedeih oder Verderb zur heilsgeschichtlich nebensächlichen Angelegenheit. Die Mehrheit der christlichen Denker vollzog diesen radikalen Schritt nicht mit.

Im Osten war der Kinderkaiser Theodosius II. unangefochten; auch die äußeren Bedrohungen hielten sich in Grenzen. Für Kontinuität sorgten die Kaiserschwester Pulcheria, ihre Schwägerin Eudokia und eine Reihe ziviler Spitzenbeamter. Erschütterungen gingen vom staatlichen Glaubenszwang und den Verfolgungen militanter Bischöfe und Mönche gegen Andersgläubige aus.

Beinahe hätte das geschrumpfte Westreich 410 Nordafrika verloren; Alarich, der die Invasion geplant hatte, starb jedoch. Immerhin kamen Truppen aus der Osthälfte zu Hilfe: Die Feindseligkeiten der Teilreiche gehörten der Vergangenheit an. Nach neuen Usurpationen erschienen die Westgoten in Südgallien; ihr Anführer Athaulf heiratete 414 Galla Placidia und wurde damit zu einer Gefahr erster Größe. Athaulfs Ermordung 415 beseitigte die größten Sorgen; die Goten kehrten in ein Bündnisverhältnis mit Rom zurück und gaben Galla Placidia frei. Mit ihrem Sohn, dem zweijährigen **VALENTINIAN (III.)**, floh sie 423 nach Konstantinopel, weil es zum offenen Streit mit Honorius gekommen war. Die materielle Basis der Herrschaft im Westen war labiler als je zuvor: Wo sich Germanenstämme niedergelassen hatten, blieben Steuern und Lie-

THEODOSIUS II., 401–450, Augustus ab 402, Herrscher des Ostens 408; Tod nach Jagdunfall 450.

AUGUSTINUS, 354–430, Rhetor und Philosoph, Manichäer, 387 getauft, 395 Bischof von Hippo Regius; wirkungsreichster westlicher Kirchenlehrer der Spätantike.

FLAVIUS PLACIDIUS VALENTINIANUS, 419–455, Caesar 424, Augustus des Westens ab 425, ermordet 455.

ferungen an das Reich beinahe aus, während Plünderungen und Kriegslasten auch die noch direkt kontrollierten Gebiete (Italien, Südgallien und Africa) geschwächt hatten.

Nach dem Tod des Honorius 423 erkannte Theodosius II. in der Hoffnung, das Reich in seiner Hand zu vereinigen, nur zögernd Valentinian III. an. Galla Placidia und ihr Sohn installierten sich in Ravenna. Ostrom ging religionspolitischen Turbulenzen entgegen, in denen ab 428 der Streit um die Natur Christi (→ 5.5.7) mit der Privatfehde zwischen dem Patriarchen Kyrillos von Alexandria und seinem Widersacher Nestorios in Konstantinopel verschmolz.

Um den Platz des De-facto-Regenten im Westen kam es zu blutigen Auseinandersetzungen, aus denen 430 der diplomatisch versierte Militär Aëtius hervorging. Eine Folge der Wirren war die Landung der Vandalen unter Geiserich in Africa 429, die die Provinz von Westen her schrittweise eroberten. Konsequent sicherte Aëtius den Machtkern der Kaiserherrschaft; Angriffe der Westgoten auf Arles konnte er abwehren, anders als die Expansion der Franken, während er die Burgunder durch einen vernichtenden Schlag vom Wohlwollen Roms abhängig machte. In Africa suchte der Feldherr den Ausgleich mit Geiserich.

Ostrom hatte mit den Persern zu kämpfen. Die Hauptdrohung für beide Reichsteile stellte seit dem Ende der 430er-Jahre aber der **Aufstieg der Hunnen** dar. Zwei ihrer Herrscher, die Brüder Attila und Bleda, dehnten ihre Herrschaft auf den Großteil der verschiedenen Hunnenvölker aus, zogen aber zusätzlich immer weitere Stämme in ihr Herrschaftssystem, das Mitte der 440er-Jahre große Teile Mittel- und Osteuropas erfasste. Von einem „Hunnenreich" kann nicht die Rede sein; zahlreiche persönliche Gefolgschaftsverhältnisse summierten sich zu einem Machtinstrument, das Attila nach seinem Sieg über Bleda um 445 virtuos einsetzte.

Mit dem Tod des Theodosius II. kam es 450 zu einem politischen Umschwung auf mehreren Gebieten. Die Frauen des Kaiserhauses nahmen die Nachfolgeregelung in die Hand, statt Valentinian III. als Alleinherrscher anzuerkennen. Freiräume dazu öffneten sich, weil das Militär nicht so übermächtig wie im Westreich war; neben dem Heermeister Aspar standen die Spitzen von Hofstaat und Zivilverwaltung, die Kirchenführung, der Senat von Konstantinopel sowie die politisierten Unterstützergruppen bei den Spielen im Hippodrom, die „Zirkusparteien", deren Klüngel weite Bereiche des öffentlichen Lebens durchdrang.

Die Wahl fiel auf den orthodoxen Tribunen Marcian. Umgehend betrieb er die Verurteilung der ägyptischen Glaubensposition als Monophysitismus auf dem Konzil von Chalkedon. Zugleich erzwang er die Gleichstellung der Patriarchen von Konstantinopel und Rom, was im

Westen für Empörung sorgte. Gegenüber Attila stellte der neue Kaiser die Tribute ein und rüstete auf.

Als neues Ziel wählte Attila den Westen, wo er sich 451 zum Verlobten der Kaiserschwester Honoria erklärte und in ihrem Namen das halbe Reich, darunter Gallien, forderte. Gegen die hunnische Allianz bot Aëtius ein Bündnis aus Gallorömern und Germanenvölkern auf, das auf den Katalaunischen Feldern in der Champagne den Vorstoß aufhielt; Attila zog sich zurück. Seinem überraschenden Tod 453 folgte der unerwartet **schnelle Zerfall der Hunnen.** Die Entlastung der oströmischen Armee war spürbar, andererseits wurden chaotische Kleinkriege beiderseits der Grenzen zum Dauerzustand.

Aëtius, nun vermeintlich unangreifbar, setzte bei Valentinian III. eine Eheallianz durch. Umgekehrt war der Kaiser der Ansicht, jetzt ohne ihn auskommen zu können, und ermordete Aëtius eigenhändig. Militär und Senat waren empört, im Frühjahr 455 rächten sich die Angehörigen des Toten am Letzten der theodosianischen Dynastie. Der Nachfolger zwang die Kaiserwitwe Eudoxia zur Heirat; sie rief Geiserichs Unterstützung an. Ungleich gründlicher als Alarich plünderten die Vandalen zwei Wochen lang Rom. Anschließend eroberte der Vandalenkönig den Rest Afrikas, fasste Fuß auf Sizilien und nahm Korsika und Sardinien. Das Westreich war auf Italien, Teile Galliens und des westlichen Donauraums reduziert, die Lage mit eigener Kraft nicht wiederherzustellen.

Die germanischen Staatenbildungen und das Ende des Weströmischen Reiches | 5.7.2

Italiens Küste war nun permanent vandalischen Raubzügen ausgesetzt. Im Kampf gegen die Piraterie stieg Ricimer zum neuen Heermeister auf; nach dem Tod mehrerer Marionettenkaiser überließ er, um Hilfe gegen Geiserich zu bekommen, dem Osten die Wahl des Nachfolgers und erhielt 467 Marcians Schwiegersohn Anthemius zugewiesen.

Dieser Mann war im Osten 457 leer ausgegangen, als Theodosius starb. Der Heermeister Aspar schlug stattdessen den Offizier **LEON** vor, den erstmals der Patriarch von Konstantinopel krönte. 468 sollte zum Jahr des gemeinsamen Vandalensieges beider Reiche werden, stattdessen vernichtete Geiserich die kombinierte Flotte. Die Verschuldung des Hofes stieg enorm. Im weiter geschwächten Westen zerstritten sich Kaiser und Heermeister, bis es 472 zum Bürgerkrieg kam. Die Ostgoten in Pannonien forderten die Zuweisung einer noch nicht ausgeraubten Gegend; halb berechnend, halb hilflos schickte der Kaiser sie teils nach Italien, teils nach Thrakien. Anderthalb Jahre lang hielt sich dort Ricimers Neffe Gundobad samt einem neuen Schattenkaiser in Italien, dann

LEON (I.), ca. 401–474, Augustus ab 457.

landete 474 der vom Ostreich gebilligte neue Kandidat. Statt gegen die expandierenden Westgoten in Gallien vorzugehen, vertrieb der General Orestes 475 den Kaiser und setzte seinen halbwüchsigen Sohn Romulus („Augustulus") ein. Schon 476 sah Orestes sich mit der Forderung der in Italien wohnenden *foederati* konfrontiert, ein Drittel des Landes an sie abzutreten. Schon um von der italischen Bevölkerung nicht gestürzt zu werden, lehnte er ab, worauf die Germanen einen ehemaligen kaiserlichen *protector*, Odovacar (deutsch meist „Odoaker"), zum König ausriefen. Orestes fiel im Kampf, den harmlosen Romulus schickte Odovacar am 4. September 476 in lebenslangen Hausarrest.

Das Römische Reich im Westen war damit aus praktischer Sicht **untergegangen**. So gut wie das gesamte Territorium war in Einzelreiche der germanischen *gentes* zerfallen, ergänzt um einige Quasi-Fürstentümer unter Lokaladligen oder ehemaligen Militärbefehlshabern. Rein rechtlich konnte natürlich Konstantinopel die Gesamtherrschaft beanspruchen. Durchzusetzen war dies nicht mehr. Zwischen 475 und 477 hatte ein Aufstand den Isaurier **ZENON** – den neuen Kaiser – aus seiner Hauptstadt vertrieben. Zwei gotische Armeen in Thrakien bildeten ein ständiges Risiko.

ZENON (TARASIS, Sohn des Kodissas), 425/430–491, Heermeister 471, Augustus ab 474.

Odovacar hatte eine starke Geste gewählt: Auf kaisergleiche Insignien wie das Purpurgewand verzichtete er. Von Zenon erbat er nur den Titel *patricius*, der im Westen den ranghöheren der beiden Heermeister markierte; von sich aus trat er als König Italiens auf. Damit war Odovacar bei Italikern wie Germanen hinreichend legitimiert. Praktische Erfolge musste er bei der ‚Barbarenabwehr' zeigen. Geiserich kaufte er Sizilien ab; angesichts immer neuer Invasionsgefahren evakuierte er dagegen Noricum und überließ das Vorland der Alpen seinem Schicksal. In Gallien stand Syagrius, Sohn eines Heermeisters, nominell zu Rom, bis er 486 dem Franken **CHLODWIG** unterlag – jenem expansiven König, der seit 482 daranging, die fränkischen Teilreiche zu vereinigen.

CHLODWIG (I.), 466–511, erster merowingischer Herrscher, Aufstieg zum alleinigen König der Franken, getauft nach 496.

Ein tastender Versuch Odovacars, seinen Sohn zum Caesar zu machen, verschärfte die Spannungen mit Konstantinopel. Zenon nutzte die Gelegenheit, einen unbequemen Nachbarn abzulenken: Theoderich herrschte seit 481 über beide Gotenheere in Thrakien. Für ihn wie Zenon war es vorteilhaft, wenn sie Odovacar angriffen. Dieser Krieg endete 493 mit einem Vertrag, der die Herrschaft über Italien teilte – gefolgt von einem Verrat Theoderichs.

ANASTASIOS (I.), ca. 430–518, höherer Hofbeamter, Augustus ab 491.

Zenon war bereits 491 gestorben; Senat und Armee übergingen seine Verwandten und wählten den Palastfunktionär **ANASTASIOS** zum Nachfolger. Daraus entwickelte sich ein blutiger Aufstand ganz Isauriens; die Armee des Kaisers beseitigte die Isaurier als politischen Faktor. Zugleich schob sich mit den Bulgaren ein neues Reitervolk über die Donau vor.

Ein Unsicherheitsfaktor war Italien, das unter Theoderich die erste Friedensphase seit gut achtzig Jahren erlebte und an Stärke gewann. Die tolerante Religionspolitik zeigte große Erfolge. Der König begann seinen Einflussbereich zu erweitern, indem er andere Herrscher in Ehebündnisse zog. Franken, Burgunder, Westgoten, Vandalen und Thüringer waren ihm so verpflichtet – was zumindest Chlodwig nicht daran hinderte, sich weiter zu vergrößern. Umgekehrt gab Anastasios die ideelle Vorherrschaft über die westlichen Völker nicht auf. Die Religion blieb eine Achillesferse des vitalen Kaisers. Um Haaresbreite entging er 512 der Absetzung durch einen Volksaufstand gegen seine miaphysitische Kirchenpolitik. Äußere und innere Konflikte drohten sich erneut zu entladen, als Anastasios 518 starb.

Justinians Griff nach dem Westen und sein Scheitern | 5.7.3

Den kurzen Machtkampf entschied Iustinus, Kommandeur der kaiserlichen Leibwache, für sich. Mit ihm kam ein Orthodoxer auf den Thron, der seine gesamte Politik religiös ausrichtete, womit der Arianer Theoderich fürchten musste, jetzt das Ostreich und die Kirche Italiens gegen sich zu haben – anders als die orthodoxen Frankenkönige. Wenn Theoderich sich Hoffnungen auf eine westeuropäische Führungsrolle gemacht hatte, waren sie früh erloschen. 506 waren die Alamannen vom expandierenden Frankenreich unterworfen worden; 507 fiel der nächste Schlag gegen die Westgoten, die ein Reich in Spanien aufbauten und Theoderich später als Herrscher anerkannten. Bis zu Clodwigs Tod 511 war ganz Gallien bis auf die Bretagne und die Mittelmeerküste unterworfen.

Theoderichs letzte Jahre ließen Unsicherheit erkennen, wem er noch trauen konnte. Justin und sein aufstrebender Neffe JUSTINIAN, der designierte Nachfolger, erschienen trotz freundlicher Gesten als Gefahr. Ein möglicher Verbündeter für Byzanz bot sich ausgerechnet in Gestalt der Vandalen an, deren König Hilderich durch ein Massaker unter der progotischen Fraktion Position bezog. Der Tod hinderte Theoderich 526 an einer Vergeltungsaktion.

FLAVIUS PETRUS SABBATIUS IUSTINIANUS (I.), ca. 482–565, Heermeister 521, Augustus ab 527.

Im folgenden Jahr trat Justinian das Erbe seines Onkels an, unterstützt durch seine Gattin Theodora, eine politisch provozierend aktive (und entsprechend verteufelte) Frau, die sich den Miaphysiten im Reich als Identifikationsfigur anbot und maßgeblich mitverantwortlich für den Bestand der längsten Kaiserherrschaft seit Constantin war.

Zunächst prägte ein Krieg mit Persien die Regierungszeit; in seinem Schatten besetzten Justinians Truppen 528 Schlüsselpositionen auf der Krim. Mit knapper Not entging der Kaiser Anfang 532 dem (Nika-)

Abb. 43

Kaiser Justinian mit Gefolge (von re. nach li.: zwei Diakone, Erzbischof Maximian, der Kaiser, zwei Patrizier, Leibwache); Mosaik, vor 547, Ravenna, San Vitale, Presbyterium, Nordwand der Apsis

Aufstand in seiner eigenen Residenz; Teile Konstantinopels wurden zerstört. Eine Geste der Stärke war gefragt. So entschied Justinian sich unerwartet zu einer Kampagne gegen Germanenreiche im westlichen Mittelmeerraum. Das Vandalenreich mit seiner Flotte gefährdete die Sicherheit Ostroms am meisten. Eine Expeditionsarmee unter dem Heermeister Belisarius konnte wider Erwarten bis Anfang 534 das gesamte Gebiet erobern. Justinian selbst bezeichnete sich vorab als Sieger über alle namhaften Stämme auf dem Boden des Westreiches; angesichts des Blitzfeldzuges war das keine völlige Prahlerei.

Gleich nach dem Vandalensieg waren **Pläne zur Rückeroberung Italiens** angelaufen. Das Ostgotenreich, von Thronwirren geschwächt, konnte nun von zwei Seiten zugleich angegriffen werden. Ein militärischer Spaziergang wurde es diesmal nicht. Rivalitäten zwischen Belisar und dem Oberkämmerer Narses zogen den Krieg weiter in die Länge, ehe der Heermeister 540 Ravenna in seine Gewalt brachte. Die Siegesnachricht krönte die Erfolgsserie Justinians. Eine neue Glanzzeit schien anzubrechen.

In dieser Lage entschied sich der Perserkönig Chosrau (Chosroes) I. zum Bruch des Friedens von 532. Mitte 540 stieß er bis weit nach Syrien vor; Fall und Plünderung der Metropole Antiochia alarmierten die Ostprovinzen. Der Großteil der römischen Truppen wurde an die Perserfront verlegt; das wiederum begünstigte ein Wiederaufflammen des Gotenkriegs in bisher unbekannter Brutalität. Katastrophal wirkte sich in dieser Lage der erste bekannte Ausbruch der Beulenpest aus. Justinian und sein persischer Gegenspieler zählten zu den Erkrankten. Die Folgen für Bevölkerung und Sozialleben der spätantiken Welt sind kaum zu beziffern. Ein Strategiewechsel in der Außenpolitik vollzog sich mit der radikalen Verkleinerung der Armee. Die Zahlung von Unterstützungsgeldern wurde wichtiger denn je.

Belisar verlor 549 das Kommando in Italien, wo kurz darauf Narses die Leitung und schließlich die Initiative gewann. Der gotische Widerstand zerbröckelte. Anders als Africa war das einstige Herz des Imperiums ein entvölkertes, verwüstetes Land. Kompromissangebote Justinians verhinderten nicht die Abkehr der miaphysitischen Mehrheit in den Ostprovinzen von der kaisertreuen (melkitischen) Kirche in Ägypten, Syrien und Armenien – dafür entfachten sie Streit mit den westlichen Katholiken, der bis zu kaiserlichen Zwangsmaßnahmen gegen den Papst eskalierte und die oströmische Herrschaft unbeliebt machte. Nur kleine Erfolge erntete Justinian in Spanien, wo er von Streitigkeiten unter den Westgoten zu profitieren suchte. Immerhin brachten römische Truppen Andalusien unter Kontrolle. Die Grenze des Möglichen war damit erreicht, wenn nicht schon überschritten. Auf dem Balkan nahm der Kaiser in Kauf, dass die Nachbarstämme regelmäßig durch die unterbesetzten Grenzen brachen. Erst 561 endete der lange Perserkrieg, der keinen Durchbruch gebracht hatte. Der kinderlose Justinian fühlte sich offenbar nicht fest genug im Sattel, um seine Nachfolge zu regeln. Erst eine Palastintrige brachte seinen Neffen Justin II. auf den Thron, als Justinian am 14. November 565 starb.

Falls Rom untergegangen ist – wann? | 5.7.4

Aus rein praktischen Gründen ist die Geschichte des schrumpfenden Aktionsradius der römischen Zentralgewalt(en) stellvertretend für die spätantike Geschichte insgesamt verfolgt worden. Eine ähnliche Überlegung bestimmt das Schlussdatum. Der eindrucksvolle, aber stecken gebliebene Versuch Justinians, der Entwicklung entgegenzuwirken, bildet nicht nur aus der Rückschau einen Einschnitt. Er folgte *ost*römischen Interessen und stieß zumindest bei den Eliten der wiedereroberten Provinzen nicht auf Begeisterung; die Arrangements zwischen Germanen und länger ansässigen Provinzialen waren so wenig rückgängig zu machen wie die germanische Landnahme selbst.

Letzten Endes markierten Justinians Kriege nicht den Beginn eines neuen Aufstiegs, sondern eine Überforderung der militärischen wie finanziellen Ressourcen. Seine Eroberungen brachen keineswegs wie ein Kartenhaus zusammen, doch sie stellten kein Imperium im alten Sinn wieder her. Die praktische Bedeutung des Lateinischen war schon unter Justinian auf dem Rückzug. Die Kultur, für die das neue Reichszentrum stand, war die Fortsetzung der griechisch-hellenistischen Literatur und Philosophie. Konstantinopels Mauern bildeten die stärkste Festung der Welt, aber sie wurden regelmäßig auf die Probe gestellt, und weder das europäische Kernland des Reiches noch Anatolien kannten militärische Sicherheit. Sogar das Selbstverständnis als Insel der Kultur wurde der komplexen Realität kaum gerecht: Primitiv war das Perserreich schon jetzt nicht, zu schweigen von den kultivierten Einwohnern Italiens, Galliens und Nordafrikas.

Genau das erleichterte den erneuten, diesmal endgültigen Verlust der Rückeroberungen. Schon 568 drangen die Langobarden in Italien ein und eroberten knapp die Hälfte. Die slawischen Stämme, die auf den Balkan einwanderten, besonders aber ein verheerender Krieg mit Persien ab 602, der beide Reiche auszehrte, banden alle Kräfte. Ägypten und Syrien, aus denen ein Großteil der Steuereinnahmen kam, fielen schon kurz darauf einer unvorhergesehenen Entwicklung zum Opfer: der Expansion der zum Islam bekehrten Araber. Das Perserreich ging unter, das Oströmische Reich behauptete sich auf ein Drittel seiner Fläche geschrumpft und **richtete seine innere Struktur aufs militärische Überleben aus**.

Der Bruch mit den politisch-sozialen Formen der Spätantike war eine Anpassung an die neuen Verhältnisse, in denen das Kaiserreich ein Staat unter anderen war – wenngleich mit glanzvoller Vorgeschichte und ‚Erbstücken' im westlichen Mittelmeerraum. Sie konnten nicht alle verteidigt werden; 625 verlor man den Brückenkopf in Spanien, 698 fiel Nordafrika. Weit länger hielt sich Sizilien, das schrittweise im 8. und 9. Jh. arabisch wurde. Aus dem südlichen Drittel Italiens verschwand die byzantinische Macht zwischen 1030 und 1071.

Eine Geschichte der Antike im vollen Umfang hätte sich mit den inneren und äußeren Problemen des sassanidischen Perserreiches ebenso zu beschäftigen wie mit den Germanenreichen und Stammesterritorien beiderseits der ehemaligen Grenzen, den oströmisch-byzantinischen Vasallenstaaten und Verbündeten vom Kaukasus bis in die Arabische Wüste, mit den Königreichen Axum und Äthiopien – und Weiterem. Für all diese Fälle würde sich das Ende der Antike je anders datieren lassen, ganz zu schweigen vom Unterschied zwischen Westen und Osten. Im meistdiskutierten Fall, der Frage nach dem Ende des Römischen Reichs, sind Epochenjahre in großer Zahl vorgeschlagen worden. Genau das zeigt am besten, wie wenig es einen großen, überall wahrnehmbaren Umbruch gibt, vergleichbar etwa mit den Jahren 1945 oder 1989–1991.

Zur weiteren Auswahl zählen Daten, die mit dem Herrschaftsantritt Diocletians einsetzen (283), gestützt auf die seitdem hervortretenden Eigenschaften der spätantiken Politik und Gesellschaft. Das Christentum ist als Kriterium für den Beginn des Mittelalters genannt worden, deshalb die Daten 312 und 325 – Constantins Sieg als Signal einer reichsweiten Tolerierung der Religion, das Konzil von Nicaea als Meilenstein staatlicher Förderung und Intervention. Der Sprung zu den Optionen für eine ‚lange' Spätantike – etwa mit dem Schlusspunkt der Völkerwanderung, der Langobardeninvasion 568 – bildet ein immer häufiger gewähltes Datum. Für den Osten allein hat die islamische Expansion zwischen 632, dem Tod Mohammeds, und 641/642, der Einnahme Ägyptens, vor allem die verbliebenen Kontakte nach Westen stark reduziert. Sehr weit ging der Vorschlag, erst die Errichtung eines auf neu definierte Art „römischen" Kaisertums im Westen durch Karl den Großen als Zäsur gelten zu lassen. Gelegentlich wurde sogar 1453 in die Debatte geworfen – mit der Folge, dass die Spätantike gleich in die Frühe Neuzeit überginge... Ernster Hintergrund dieser Intervention ist, dass die Geschichtswissenschaft zu lange die römische Kultur mit dem Westreich gleichgesetzt und Byzanz als eine Art degeneriertes Nachspiel abgewertet hat.

Viele dieser Datierungsversuche enthalten unausgesprochen ein Modell, wie man sich das Ende der Antike zu denken hat. Bis weit ins 20. Jh. sah man den sprichwörtlichen „Untergang des Römischen Reiches" durch äußere Feinde (die Germanen, die Araber) oder ‚Auflösungserscheinungen' (Christentum, autoritäre Monarchie, Bürokratie, Konzentration des Reichtums, Mangel an Kriegseifer und Sexualmoral...), entsprechend den entgegengesetzten eigenen Zielvorstellungen für die Gegenwart. Moderne Erklärungsversuche ziehen stattdessen ein Bündel aus Ereignissen und langfristigen Veränderungen heran. Ein beträchtlicher Teil der Forschung bevorzugt es, von der „Trans-

| Abb. 44

Silberdenar Karls des Großen (800–814), Umschrift: KAROLVS IMP AVG (Karolus Imperator Augustus); abgebildet ist Karl mit Lorbeerkranz und Kaisermantel, Durchmesser 20 mm.

formation" oder „Verwandlung" der antiken in die mittelalterliche Welt zu sprechen, da die wichtigsten Verschiebungen weder überall zugleich auftraten, noch antike Strukturen, Denkmuster und Lebensbedingungen einfach verschwanden. Dabei kommt es oft zum Gegenextrem, dass Einbußen an Wohlstand und kulturellem Leben, Kriegsfolgen und Bevölkerungsschwund relativiert werden.

Jenseits davon bahnt sich ein Konsens an, dass wir es mit einer Art **Engpass** zu tun haben. **Katastrophale Ereignisse** bilden Bestandteile einer Welle von Veränderungen, die jedoch weder schlagartig noch unumkehrbar verlief. Politikfehler, Handeln auf Risiko oder zum Schaden anderer (etwa die oströmische Diplomatie zum Nachteil des Westreiches), knappe Ressourcen, aber auch das Zusammentreffen verschiedener Krisen wirkten sich aus. Die Spielräume der Beteiligten wechseln dabei sehr. Gegen die tendenzielle Verschlechterung des europäischen Klimas in der Spätantike konnte ein römischer Kaiser nichts tun, gegen kontinentweite Wanderbewegungen wenig, gegen den eigenen Finanzbedarf oder eine unangenehme Personalentscheidung nicht immer besonders viel.

Das mittelalterliche Europa verarmte gegenüber der Spätantike jedenfalls – gemessen an Bevölkerungszahlen und am lokal erreichbaren Grad der Existenzsicherung, an Organisation, kulturellem Wissen, technischen Möglichkeiten und Austausch mit anderen Regionen. Die Verluste übertrafen, was an Gewinnen und Eigenleistungen hinzukam. Nicht allein Goten, Franken, Vandalen oder Araber sorgten für das Verschwinden eines Großteils der schriftlichen antiken Überlieferung, sondern die Ausprägung von Kulturformen, die nicht die nötigen Ressourcen abzweigen konnten oder wollten. Weniger Einwohner bedeuteten viel weniger Spezialisten für ‚Luxusgüter' wie Steinbauten, Wissen oder zentrale Verwaltungsinstanzen. Es hat sich dennoch niemals auch nur annähernd um einen Totalverlust, eine Gedächtnislöschung gehandelt. Im Gegenteil weist gerade die voraussichtlich endlose Debatte um die Epochengrenze darauf hin, wie viele Veränderungsprozesse sich über Jahrhunderte hin vollzogen. Der Kontinuität soll daher das letzte Wort gehören.

5.7.5 „Mittelalterliches" im spätantiken Europa – „Antikes" im Mittelalter

Die antike Kultur riss im Verständnis der Bildungsschicht niemals ab. Sie führte – an der Breite des früheren Schriftgebrauchs gemessen – eine Nischenexistenz, aber in der Kombination weltlicher und religiöser Eliten hielt sich auch im stärker betroffenen Westen ein Grundverständnis von Basiswissen und überliefernswerter Literatur, vereint mit der Auffassung, Bildung sei etwas an die örtlichen Verhältnisse nicht Gebundenes. Dies desto leichter, als Wissen nun mehr als zuvor ein religiös orientiertes Wissen war – schließlich dominierten zwei Buchreligionen. Die Universalität des Christentums half insofern ganz wesentlich die Universalität der Bildung zu erhalten, zumindest im innerlateinischen oder innergriechischen Binnenraum. Für die islamische Welt galt in vieler Hinsicht Ähnliches. Mit dem Anbruch von Humanismus und Renaissance trat die ‚weltweite' Gelehrtengemeinschaft geradezu als eine Art Parallelreligion auf.

Auf der alltäglichen Ebene entfernten sich die einzelnen Provinzvarianten des Lateinischen langsam voneinander; die Vorläuferinnen der romanischen Sprachen der Gegenwart konnten sich gegen die – meist germanischen – Idiome der neuen Eliten gut halten und sie ihrerseits beeinflussen: Es waren eben ziemlich kleine ‚Völker' gewandert. Die Alltagstechniken entwickelten sich zurück, aber gerade hier blieben katastrophale Abstürze aus: Römische Straßen wurden nicht mehr auf dem alten Niveau unterhalten, benutzt jedoch sehr wohl; antike Städte nahmen bescheidenere Formen an, ohne verlassen zu werden. Auf dem Land hatte gerade die Spätantike – mit ihrem Steuereinzug über die Vornehmen und dem Berufszwang – Anfänge des Lehnswesens, der Grundherrschaft und der Leibeigenschaft gebracht; auch die Sklaverei verschwand nicht.

Die starke Zersplitterung der Rechts- und Eigentumsverhältnisse, die Aufteilung herrschaftstypischer Funktionen wie Münzrecht, Abgaben, Gerichtsbarkeit, militärischer Schutz und Dienstzwang haben ebenfalls spätantike Wurzeln: Es lag im Interesse der germanischen Herrscher, die Mitglieder ihrer *gens* von „Römern" und anderen abgegrenzt zu halten. Damit hatte schon die spätantike Gesellschaft vielerorts mehr von einem Personenverband als von einer bürokratisch erschlossenen Staatsbevölkerung. Was wir Staatsorgane nennen würden, litt am meisten und reduzierte sich bald überwiegend auf persönliche Treue- und Gefolgschaftsbeziehungen – und auf eine in vielen Dingen spätantikrömische Vorstellung, wie umfassend und von Gott privilegiert die Stellung eines Herrschers zu sein hatte.

Wohl nichts ist am frühen und hohen Mittelalter (spät)antiker als die innige Verbindung von Politik und Religion. Mit dem Aufkommen des Christentums war die Glaubensform zu etwas Lebenswichtigem geworden. Das blieb sie auch, als es zum Normalfall wurde, Christ zu sein. Wer von wo aus missionierte, wann sich welche Glaubensrichtungen durchsetzten, entschied ebenso über den Verlauf der spätantiken Reichebildung mit wie später über die Formierung der europäischen Staatenwelt: Die arianische Germanenmission, die ostfränkische und

KONTINGENZ, Nicht-Zwangsläufigkeit einer Entwicklung oder eines Ereignisses; der typische Fall für die meisten historischen Situationen. Ein kontingentes Phänomen ist kein reines Zufallsergebnis, doch an seiner Stelle hätte sich aus der offenen Ausgangssituation etwas ganz anderes ergeben können.

byzantinische Slawenmission wirkten ebenso tief greifend wie der historisch **KONTINGENTE** Umstand, dass im 5. und 6. Jh. im Westen und in der Mitte allein germanisch geprägte Ethnien erfolgreich Herrschaften bilden konnten. Mit dem offiziellen Ende der Völkerwanderung hörten Plünderzüge und Landnahmen in großem Stil keineswegs auf. Awaren und Bulgaren, Magyaren und Wikinger sind nur einige Beispiele.

Die Gewissheit, dass schwer bewaffnete Reiter die Schlachten entschieden, hatte ein Pendant in der spätantiken Militärtechnik – ohne das Rittertum vorwegzunehmen. Glaubensaspekte wirkten in außenpolitischen Konflikten, ohne dass sich dies schon ins Konzept des Glaubenskriegs gesteigert hätte. Nie mehr verstummt ist die Frage nach der Rolle des Herrschers für und in der Kirche. Während der Völkerwanderung trafen germanische „Königsheil"-Vorstellungen auf die göttliche Erwähltheit des Kaisers. Seit Constantin wurden ganz verschiedene **religionspolitische Interpretationen der Kaiserrolle** durchgespielt: oberste Autorität auch in Fragen der Rechtgläubigkeit, bischofsähnliche Instanz, Christ unter Christen, der sich Kritik, ja Sanktionen gefallen lassen musste. Im Osten führte die Entwicklung eher zur Unterordnung der Kirchenstruktur, im Westen pochten Kirchenvertreter auf die Autonomie ihrer Entscheidungen. An eine Trennung von Kirche und Staat dachte schon deswegen niemand, weil der abstrakte Begriff eines Staats, von den jeweils vorliegenden Personen und Verhältnissen unabhängig, noch gar nicht entstanden war. Als er es dann tat, spielten antike Vorstellungen und Modelle abermals eine große Rolle.

Viele plastisch-bildliche Ausdrücke sind für das Ende der Antike schon benutzt worden: Untergang, Zerfall, Desintegration einerseits, Wandel, Entwicklung, Übergang andererseits. Einen Begriff zwischen

Aufgaben zum Selbsttest

- Nennen Sie Belastungen, die zur Desintegration speziell des Westreiches seit 395 beitrugen, gewichten Sie ihre Bedeutung, und nehmen Sie Stellung zur jeweiligen Möglichkeit, sie zu vermeiden oder auszugleichen.
- Führen Sie Gründe für die fortbestehende römische Herrschaft im Ostreich an, und diskutieren Sie die Übertragbarkeit solcher Faktoren auf den Westen.
- Wägen Sie ab, inwieweit die gentilen Herrschaftsbildungen im Westreich konstruktive und/oder destruktive Züge aufweisen.
- Erörtern Sie den sachlichen und methodischen Kontext neuerer Vorschläge aus der Fachwissenschaft, auf die Epochengrenze zwischen Spätantike und Frühmittelalter künftig zu verzichten.

Ruin und so bruch- wie müheloser Anpassung vorzuschlagen, wäre nicht leicht; er müsste Narbenbildung und beschädigtes Weiterwachsen mit einschließen. Ein besonders knorriger Baum wäre vielleicht die passende Metapher: mit Brandspuren auf der Rinde und tiefen Spalten, mit abgebrochenen oder abgehackten Ästen gleich neben frisch ausgetriebenen in allen Größen und in alle Richtungen. Entwurzelt, so viel steht fest, wurde der Baum Antike jedenfalls nicht.

Literatur

A. Cameron/B. Ward-Perkins/M. Whitby (Hgg.), **The Cambridge Ancient History, vol. 14: Late Antiquity. Emperors and Successors, A.D. 425–600**, Cambridge 2001.
P. Heather, **Invasion der Barbaren. Die Entstehung Europas im ersten Jahrtausend nach Christus**, 2. Aufl., Stuttgart 2011.
M. Meier, **Anastasios I. Die Entstehung des Byzantinischen Reiches**, Stuttgart 2009.
H. Leppin, **Justinian. Das christliche Experiment**, Stuttgart 2011.
A. Demandt, **Der Fall Roms. Die Auflösung des Römischen Reiches im Urteil der Nachwelt**, 2. Aufl., München 2014.
H. Leppin, **Das Erbe der Antike**, München 2010.
M. Meier/S. Pätzold/(Hgg.), **Chlodwigs Welt. Organisation von Herrschaft um 500**. Stuttgart 2014.

Literaturempfehlungen

Allgemein verweisen wir auf H. Blum/R. Wolters, **Alte Geschichte studieren**, 2. Aufl., Konstanz 2011, und die dort empfohlene Literatur, insbesondere zu Quellenkunde, Methodik und historischen Spezialwissenschaften.

1. Fachlexika

G. Wissowa u. a. (Hgg.), **Paulys Real-Encyclopädie der classischen Altertumswissenschaft. Neue Bearbeitung** (RE), 49 Bände, Stuttgart u. a. 1893–1978.

H. Cancik/H. Schneider (Hgg.), **Der Neue Pauly. Enzyklopädie der Antike** (DNP), 16 (Allgemeiner Teil) + 5 Bände (Rezeptionsgeschichte). Stuttgart/Weimar 1996–2003; seitdem erscheint eine Reihe thematisch unabhängiger Überblickswerke als „Ergänzungsbände".

H. Beck u. a. (Hgg.), **Reallexikon der germanischen Altertumskunde** (RGA), 2. Aufl., 35 Bände, Berlin u. a. 1973–2007.

F. J. Dölger/Th. Klauser u. a. (Hgg.), **Reallexikon für Antike und Christentum** (RAC), Stuttgart 1950 ff.

R. Bagnall u. a. (Hgg.), **Encyclopedia of Ancient History** (EAH), 13 Bände, Malden, Mass. 2012.

2. Darstellungen der gesamten Geschichte der Antike

The Cambridge Ancient History, 2. Aufl., 14 Bände, Cambridge u. a. 1961–2005 (Bände 1-2 3. Aufl. 1970–1975).

3. Darstellungen der griechischen Geschichte

J. Bleicken, **Die athenische Demokratie**, 4. Aufl., Paderborn 1995.

H.-J. Gehrke, **Geschichte des Hellenismus**, 4. Aufl., München 2008 (OGG 1a).

R. M. Errington, **A History of the Hellenistic World. 323–30 B.C.**, Malden, Mass. 2008.

W. Schuller, **Griechische Geschichte**, 6. Aufl., München 2008 (OGG 1).

M. Stahl, **Gesellschaft und Staat bei den Griechen**, 2 Bände, Paderborn 2003.

E. Stein-Hölkeskamp, **Das archaische Griechenland. Die Stadt und das Meer**, München 2015.

K.-W. Welwei, **Griechische Geschichte. Von den Anfängen bis zum Beginn des Hellenismus**, Paderborn u. a. 2011.

4. Darstellungen der römischen Geschichte

J. Bleicken, **Geschichte der römischen Republik**, 3. überarb. Aufl., München 1988 (OGG 2).

W. Blösel, **Die Römische Republik. Forum und Expansion**, München 2015.

H. Brandt, **Geschichte der römischen Kaiserzeit. Von Diokletian und Konstantin bis zum Ende der konstantinischen Dynastie (284–363)**, Berlin 1998.

K. Bringmann, **Geschichte der römischen Republik von den Anfängen bis Augustus**, 2. Aufl., München 2010.

W. Dahlheim, **Geschichte der römischen Kaiserzeit**, 3. überarb. und erw. Aufl., München 2003 (OGG 3).

J. Martin, **Spätantike und Völkerwanderung**, 3. überarb. und erw. Aufl., München 1995 (OGG 4).

G. Woolf, **Rom. Die Biographie eines Weltreiches**, Stuttgart 2015.

6. Monographien zu Gesellschaft und Wirtschaft der Antike

G. Alföldy, **Römische Sozialgeschichte**, 4. Aufl., Stuttgart 2011.

W. Burkert, **Griechische Religion der archaischen und klassischen Zeit**, 2. überarb. und erw. Aufl., Stuttgart 2010.

S. Dixon, **The Roman Family**, Baltimore 1992.

H.-J. Drexhage u. a., **Die Wirtschaft des römischen Reiches (1.–3. Jahrhundert). Eine Einführung**, Berlin 2002

Th. K. Hubbard (Hg.), **A Companion to Greek and Roman Sexualities**, Malden, Mich. 2013.

H. Kloft, **Die Wirtschaft der griechisch-römischen Welt. Eine Einführung**, Darmstadt 1992.

G. De Martino, **Wirtschaftsgeschichte des alten Rom**. München 1985.

F. Kolb, **Die Stadt im Altertum**, München 1984 (diverse Nachdrucke).

Ch. Mann, **Militär und Kriegführung in der Antike**, München 2013 (Enzyklopädie der griechisch-römischen Antike 9).

J. Rüpke, **Die Religion der Römer**, München 2001.

T. Scheer, **Griechische Geschlechtergeschichte**, München 2011.

W. Schmitz, **Die griechische Gesellschaft. Eine Sozialgeschichte der archaischen und klassischen Zeit**, Heidelberg 2014.

W. Schmitz, **Haus und Familie im antiken Griechenland**, München 2007.

M. Sommer, **Wirtschaftsgeschichte der Antike**, München 2013.

L. Thommen, **Umweltgeschichte der Antike**, München 2009.

S. von Reden, **Antike Wirtschaft**, Berlin 2015 (Enzyklopädie der griechisch-römischen Antike 10).

8. Antike Rechtsgeschichte

M. Gagarin, **Early Greek Law**, Berkeley / Los Angeles 1986.

W. Kunkel/R. Wittmann, **Staatsordnung und Staatspraxis der römischen Republik, Band 2: Die Magistratur**, München 1995.

Literaturempfehlungen

R. Sealey, **The Justice of the Greeks**, Ann Arbor 1994.

G. Thür, **Recht im antiken Griechenland**, in: U. Manthe (Hg.), Die Rechtskulturen der Antike, München 2003, 191–238.

F. Wieacker, **Römische Rechtsgeschichte, Band 1: Einleitung, Quellenkunde, Frühzeit und Republik**, München 1988.

F. Wieacker, **Römische Rechtsgeschichte, Band 2: Die Jurisprudenz vom frühen Prinzipat bis zum Ausgang der Antike im weströmischen Reich und die oströmische Rechtswissenschaft bis zur justinianischen Gesetzgebung**, München 2006.

9. Handbücher zur griechischen und römischen Literatur
B. Zimmermann (Hg.), **Handbuch der griechischen Literatur der Antike**, München 2011 ff.

R. Herzog/P. L. Schmidt (Hgg.), **Handbuch der lateinischen Literatur der Antike**, München 1989 ff.

10. Buchreihen mit Handbüchern zu einer Vielzahl von Themen aus der Antike
Blackwell Companions to the Ancient World, Malden, Mass. 2004 ff.

Cambridge Companions to the Ancient World, Cambridge 2004 ff.

Oxford Handbooks (die Serien ‚Archaeology' und ‚Classical Studies'), Oxford 2008 ff.

11. Atlanten
J.A.Talbert, **Barrington Atlas of the Greek and Roman World**, Princeton 2000.

A.-M. Wittke/E. Olshausen/R. Szydlak (Hgg,), **Historischer Atlas der antiken Welt** (Der Neue Pauly, Erg.-Bd. 2., Stuttgart 2007 (Sonderausgabe 2012).

Glossar

Abkürzungen bei römischen Namen:
C. = Gaius; L. = Lucius; M. = Marcus;
P. = Publius, T. = Titus; Ti. = Tiberius

ADSTRAT → Substrat

AENEAS, mythischer Verwandter des trojanischen Herrscherhauses, der beim Fall Trojas entkam. Als Wegbereiter der Gründung Roms symbolisiert er göttlichen Beistand, den Anspruch auf alte Tradition und das Bewusstsein der Römer, eine komplexe Entstehungsgeschichte zu haben.

AGOGE, von griech. *agein* = ziehen führen; hier: Erziehung.

AGON, griech. = Wettkampf.

AGORA, griech. = Versammlung, Versammlungsplatz, Markt.

AGRIPPA, mit vollem Namen: Marcus Vipsanius Agrippa, 64/63–12 v. Chr., Konsul 37 und 28–27 v. Chr., seit 23 v. Chr. Inhaber von Komponenten der Kaisergewalt; Freund, Feldherr, wichtiger Berater und späterer Schwiegersohn von Octavian-Augustus.

AKKULTURATION, Kultureller Wandel, der aus dem Kontakt und Austausch zweier verschiedener Kulturen entsteht, falls mindestens eine der beiden sich dadurch tiefgreifend verändert.

AMBROSIUS, mit vollem Namen: Aurelius Ambrosius, 339–397, als Provinzpräfekt 374 zum Bischof gewählt, bedeutendster Theologe des Westens in seiner Generation.

ANASTASIOS (I.), ca. 430–518, höherer Hofbeamter, Augustus ab 491.

ANTIKE, von lat. *antiquus* = alt; Altertum.

ANTIOCHOS III., 242–187 v. Chr., König 223–187 v. Chr.

ANTONINUS (PIUS), 86–161 n. Chr., aus einer Senatsfamilie der Gallia Narbonensis, Konsul 120, Caesar und adoptiert Februar 138, Augustus ab Juli 138.

APOIKIE, von griech. *apo* = von ... weg und *oikos* = Haus; Niederlassung fern der Heimat, Auswanderersiedlung.

ARCADIUS, ca. 377–408, Augustus 383, nominell eigenständig ab 395.

ARCHAISCH, von griech. *archaios* = alt.

ARCHON, von griech. *archein* = herrschen; hier: athenischer Oberbeamter.

ARETE, griech. = Tugend, Tauglichkeit.

ARIANISMUS, nach ihrem wichtigsten Vertreter Areios (Arius) benannte Ansicht, wonach Christus nur ein Gott ähnliches, aber nicht Gott gleiches Wesen zukommt.

ASSIMILATION, Übernahme einer anderen Kultur unter grundsätzlicher Aufgabe der als wesentlich empfundenen Aspekte der eigenen Kultur. Die kulturelle Herkunftsgruppe würde bei einer gezielten Assimilation durch die vorherrschende Kultur allmählich verschwinden.

AUGUSTINUS, 354–430, Rhetor und Philosoph, Manichäer, 387 getauft, 395 Bischof von Hippo Regius; wirkungsreichster westlicher Kirchenlehrer der Spätantike.

AURELIAN, mit vollem Namen: L. Domitius Aurelianus, 214(?)–275, Usurpator und Augustus ab 270, ermordet.

AUSHEBUNG, veraltete Bezeichnung für „Einberufung".

AUTARKIE, von griech. *autarkeia* = Selbstgenügsamkeit.

AUTOCHTHON, von griech. *autos* = selbst; *chthon* = Erde, Gegend; aus dem Lande selbst hervorgegangen, eingeboren.

AUTONOMIE, von griech. *autos* = selbst und *nomos* = Gesetz; Selbstbestimmung, politische Unabhängigkeit.

AUXILIA, reguläre Einheiten der römischen Armee, die aber anders als die Legionen aus Nichtbürgern bestanden. Die unterschiedlich ausgerüsteten Auxiliartruppen ergänzten die schwere Infanterie der Legionen.

BAR-KOCHBA-AUFSTAND ODER 2. JÜDISCHER KRIEG, 132–135, unter Führung von Schimon bar Kochba.

BULE, von griech. *bulesthai* = wollen, verlangen; Ratsgremium.

BUNDESGENOSSENKRIEG, Hauptkampfhandlungen 91/90–88 v. Chr., Ausläufer bis 87/86 v. Chr.

BÜRGERKRIEG, 49–44 v. Chr., geführt von Caesar gegen Pompeius und die Staatsorgane der Republik.

BÜRGERKRIEG, 88/87–82 v. Chr., geführt von Sulla und optimatischen Senatskräften gegen Senatoren und italische Aristokraten um Marius und Cinna, Hauptphase 83–82 v. Chr. Weitere Kämpfe bis zum Ende des Sertorius-Krieges 71 v. Chr.

CAESAR, mit vollem Namen: C. Iulius Caesar, 101/100–44 v. Chr.; Konsul 59, 48 und 46–44 v. Chr., Dictator 49 und 48, seit 46 auf zehn Jahre, 44 v. Chr. auf Lebenszeit, ermordet.

CALIGULA, eigentlich: C. Caesar Germanicus; 12–41 n. Chr., Princeps ab 37, 41 ermordet.

CARACALLA, mit vollem Namen: L. Septimius Bassianus, später M. Aurelius Antoninus; der Spitzname „Caracalla" leitete sich von dem von ihm häufig getragenen Kapuzenumhang ab; 188–217, Caesar 195, Augustus 197/198, Alleinherrscher 212, ermordet.

CATO, mit vollem Namen: M. Porcius Cato (Censorius; auch: Cato der Ältere), 234–149 v. Chr.; Konsul 195 v. Chr., Censor 184 v. Chr., vertrat als Politiker wie Autor traditionelle Werte.

Glossar

CHLODWIG (I.), 466–511, erster merowingischer Herrscher, Aufstieg zum alleinigen König der Franken, getauft nach 496.

CICERO, mit vollem Namen: Marcus Tullius Cicero, 104–43 v. Chr., Konsul 63 v. Chr.

CLAUDIUS, mit vollem Namen: Ti. Claudius Nero Germanicus, 10 v.–54 n. Chr., bis 37 ins Privatleben gezwungen, Konsul 37, Princeps seit 41, vergiftet 54.

CLAUDIUS GOTHICUS, mit vollem Namen: M. Aurelius Claudius, ca. 214–270, Augustus ab 268.

COMMODUS, mit vollem Namen: L. Aurelius Commodus, 161–192, Caesar 166, Augustus 175, Alleinherrscher seit 180, 192 ermordet.

CONSTANS, mit vollem Namen: Flavius Iulius Constans, 320–350, Caesar 333, Augustus 337, ermordet.

CONSTANTIN, mit vollem Namen: C. Flavius Valerius Constantinus, 272/273–337, Tribun, 306 Ausrufung zum Augustus, Anerkennung reichsweit als Caesar, ca. 310 als Augustus, „Maximus Augustus" 312, Alleinherrscher 324.

CONSTANTIUS I., mit vollem Namen: Flavius Valerius Constantius, ca. 250–306, Prätorianerpräfekt Maximians seit 288, Caesar 293, Augustus 305.

CONSTANTIUS II., mit vollem Namen: Flavius Iulius Constantius, 317–361, Caesar 324, Augustus 337, Alleinherrscher 350.

CORPUS IURIS CIVILIS, mehrteilige, 528–534 publizierte Sammlung von Entscheidungen und Lehrbuchauszügen in systematischer Ordnung, die vom Erscheinen an das gesamte gültige Recht der Zeit repräsentierte, zum Inbegriff des Römischen Rechts schlechthin wurde und bis in die Gegenwart nachwirkt.

DAKTYLUS, von griech. *daktylos* = Finger; Plural: Daktylen; ein Versfuß, der aus einem langen (betonten) und zwei kurzen (unbetonten) Teilen besteht.

DAMNATIO MEMORIAE, lat. = Verdammung/Tilgung des Andenkens; moderner Begriff für die verschiedenen Strafmaßnahmen nach dem Tod von Kaisern (und verurteilten Verrätern), die jede ehrende Erinnerung an sie beseitigen sollten.

DECIUS, mit vollem Namen: C. Messius Quintus Traianus Decius ca. 190/200–251, Konsul vor 232, Statthalter von Moesien und Pannonien, Usurpator 248/249, Augustus 249, 251 gefallen.

DEKARCHIE, von griech. *deka* = zehn und *archein* = herrschen; Zehnmännerherrschaft.

DEMOGRAPHIE, von griech. *demos* = Volk und *graphein* = schreiben; Bevölkerungskunde.

DEMOKRATIE, von griech. *demos* = Volk und *kratein* = stark sein, herrschen; Volksherrschaft.

DIADOCHEN, von griech. *diadochos* = Nachfolger; die Offiziere Alexanders des Großen, die nach seinem Tod das Reich unter sich aufteilten.

DIÄT, von griech. *diaita* = Leben, Lebensweise, Lebensunterhalt; hier: Aufwandsentschädigung für politische Tätigkeiten im demokratischen Athen.

DIDIUS IULIANUS, mit vollem Namen: M. Didius Severus Iulianus, 133–193, Konsul ca. 175, mehrmaliger Statthalter, Augustus 193, ermordet.

DIKASTERION, von griech. *Dike* = Recht, Gerechtigkeit; Gericht.

DIOCLETIAN, mit vollem Namen: C. Aurelius Valerius Diocletianus, ca. 245–313, Usurpation und Augustus ab 284, Iovius (Jupitersohn) 286, Abdankung und Senior Augustus 305.

DOGMA, fest definierter Glaubenssatz, den zu teilen für die Mitglieder einer Religionsgemeinschaft Pflicht ist.

DOKIMASIA, von griech. *dokimazein* = untersuchen, prüfen; hier: Amtsprüfungsverfahren.

DOMITIAN, mit vollem Namen: T. Flavius Domitianus, 51–96, Caesar 69, von Vespasian bis 79 von Führungsaufgaben ferngehalten, 81 Augustus, 96 ermordet.

DONATISMUS, christliche Glaubensrichtung, wonach moralisch anfechtbare Personen – vor allem solche, die in der Verfolgungszeit Kompromisse eingegangen waren – als Priester amtsunfähig waren; die Fachliteratur bezeichnet sie abwechselnd als „katholisch" und „orthodox", beides aber noch nicht im heutigen Sinn.

DREIFALTIGKEIT (TRINITÄT), Glaubenssatz der großen Mehrheit aller christlichen Bekenntnisse, wonach der eine Gott untrennbar die drei Personen Vater, Sohn (Jesus Christus) und Heiliger Geist einschließt.

DYNASTISCHES PRINZIP, die Nachfolge in der römischen Monarchie wird bevorzugt über biologische Verwandte sichergestellt. Angeheiratete und/ oder adoptierte Nachfolger sind nur Behelfslösungen, falls es keine direkten männlichen Nachkommen im herrschaftsfähigen Alter gibt.

EBROVERTRAG, Abkommen ca. 225 v. Chr. zwischen Hasdrubal und der römischen Republik, nach dem der Fluss Iber die römischen und karthagischen Einflussbereiche trennen sollte. Die Identifikation des Flusses ist hochumstritten, der heutige Ebro nur eine von mehreren Möglichkeiten.

EDIKT, öffentliche Bekanntmachung eines Magistrats, besonders des Kaisers, das entweder erklärt, wie er bestimmte Rechtsregeln anwenden will, oder einen Befehl an die Empfänger formuliert.

EKKLESIA, von griech. *ekkalein* = herausrufen; Volksversammlung.

Glossar

ELAGABAL, (nach dem von ihm verehrten Gott so benannt) mit richtigem Namen: Varius Avitus, später M. Aurelius Antoninus, 203/204–222; 218 Augustus, 222 ermordet.

EPITAPHIOS, von griech. *epi* = darauf, dabei, dazu und *taphos* = Grab, Leichenfeier; eigentlich Adj.: zur Leichenfeier gehörig; hier ist *logos* = Rede zu ergänzen: Leichenrede auf die Gefallenen.

EPOS, von griech. *eipein* = sagen; Heldengedicht.

ETHNOGENESE, von griech. *ethnos* = Volk; *genesis* = Entstehung, Werdung; Entstehungsprozess einer Gruppe, die sich am Ende dieses komplexen Vorgangs als Volk, Stamm oder ähnliche Gemeinschaft begreift. Typisch ist, dass sich diese Identität auf gemeinsame Abstammung oder die Taten von Einzelpersonen der Vorzeit beruft. Bezeichnet die Entstehung ethnischer Identitäten als politische und kulturelle Akteure in Spätantike und Frühmittelalter.

ETHNOZENTRISMUS, von griech. *ethnos* = Volk; Haltung, die die eigene Kultur zum Maßstab der Bewertung anderer erhebt.

ETRUSKER, Bewohner der heutigen Toskana, die von engen Kulturkontakten zu Griechen und Phönikern profitierten. Ab ca. 800 v. Chr. dominieren ihre Stadtkönigreiche Nord- und Mittelitalien.

EXEMPLUM, lat. = Beispiel (auch im Negativen), das als Leitlinie für das eigene Verhalten dienen kann.

FELDZÜGE DES TRAJAN, 1. Dakerkrieg 103–104, 2. Dakerkrieg 105–106, Partherkrieg 113–117.

FRÜHE KAISERZEIT, RÖMISCHE 31/27 v. Chr.–96 n. Chr.

FRÜHE REPUBLIK, RÖMISCHE ca. 510/500–367/264 v. Chr.

GALERIUS, mit vollem Namen: C. Galerius Valerius Maximianus, ca. 250/260–311, Caesar 293, Augustus 305.

GALLIENUS, mit vollem Namen: P. Licinius Egnatius Gallienus, ca. 220–268, Caesar und Augustus 253, Alleinherrscher ab 260, ermordet 268.

GALLISCHES SONDERREICH 260–274.

GENTIL, GENTILIZISCH, von lat. *gens* = Sippe, Geschlecht; hier: die Strukturierung einer Gesellschaft nach Sippenverbänden.

GESCHICHTSTELEOLOGISCH, von griech. *telos* = Ziel, Zweck, *logos* = Wort, Lehre; Vorstellung, dass die Entwicklung der Geschichte einen Zweck habe.

GESETZ, lat. = *lex*: von einer Volksversammlung (nicht vom Senat!) beschlossener Rechtsakt.

GETA, mit vollem Namen: P. Septimius Geta, 189–211, Caesar 197/198, Augustus 209/210, 211 ermordet.

GORDIAN II., mit vollem Namen: M. Antoninus Gordianus, 225/226–244, Caesar 238, Augustus 238, eventuell ermordet.

GOTTESGNADENTUM, Vorstellung, wonach der König oder Kaiser durch göttliches Recht herrscht, nicht aufgrund der Wahl oder Zustimmung von Menschen – deren Urteilen und Maßstäben er damit gar nicht oder nur teilweise unterliegt.

GRACCHUS, GAIUS, mit vollem Namen: C. Sempronius Gracchus, 153–121 v. Chr., Volkstribun 123 und 122 v. Chr.

GRACCHUS, TIBERIUS, mit vollem Namen: Tiberius Sempronius Gracchus, 162–133 v. Chr., Volkstribun 133 v. Chr.

GRATIAN, mit vollem Namen: Flavius Gratianus, 359–383, Augustus ab 367, 383 getötet.

HADRIAN, mit vollem Namen: P. Aelius Hadrianus, 76–138 n. Chr., früh verwaist und unter Traians Vormundschaft; umfangreiche militärische Erfahrung, (postume?) Adoption und Augustus ab 117.

HANNIBAL, ca. 247–183 v. Chr.; karthagischer Stratege (Oberkommandierender) 221–200 v. Chr., im Exil seit 195 v. Chr.

HARMOST, von griech. *harmozein* = ordnen, befehligen; Statthalter, Befehlshaber.

HEERMEISTER (MAGISTRI MILITUM), höchste Berufssoldaten der spätrömischen Armee.

HEGEMON, von griech. *hegeisthai* = anführen, befehligen; Anführer.

HEILIGE HOCHZEIT, Ehe eines Götterpaares; kann als Bericht Teil der Mythologie sein. Als feierliche Verbindung zweier Kulte vollzieht sie sich häufig teils als Ehe, teils als ritualisierter Geschlechtsakt zwischen menschlichen Stellvertretern.

HELIAIA, von griech. *eilein* = sich zusammendrängen; eigentlich: Versammlung; hier: Kollegium der Richter.

HELLENISMUS, von griech. *hellenizein* = griechisch sprechen, jemanden (sprachlich) zum Griechen machen.

HETAIREN, PEZHETAIREN, von griech. *hetairos* = Gefährte und *pezos* = zu Fuß gehend, Fußgänger; (Königs)Gefährten (zu Fuß).

HETAIRIE, von griech. *hetairos* = Gefährte; Gefolgschaft.

HEXAMETER, von griech. *hex* = sechs und *metron* = Maß; Versmaß, das aus sechs Versfüßen besteht, in der Regel aus sechs Daktylen.

HISTORIOGRAPHIE, von griech. *historia* = das Erforschen und *graphein* = schreiben; Geschichtsschreibung.

Glossar

HOF, Bezeichnung für das Gefolge eines Monarchen oder Adligen, wenn Zugehörigkeit, damit verbundene Privilegien und interne Rangordnung fest geregelt sind.

HOMINES NOVI, lat., Sing.: *homo novus* = erster Konsul einer Familie, häufig auch für den ersten Senator einer Familie gebraucht.

HONORIUS, 384–423, Konsul 386, Augustus 393.

HOPLITENPHALANX, von griech. *hoplon* = Rüstung und *phalanx* = Reihe, Block: Schlachtreihe der Schwerbewaffneten.

IMPERIUM PROCONSULARE, Element der Kaisergewalt, mit dem der Senat Augustus und seine Nachfolger faktisch zum Statthalter weiter Teile des Reiches machte. Kaiserlicher ‚Aufgabenbereich' (*provincia*) waren die durch Legaten oder ritterliche Präfekten verwalteten Provinzen, dazu alle anfallenden Militäroperationen.

INTEGRATION, Einordnung in eine andere Kultur (hier die römische) unter Beibehaltung wesentlicher Teile der kulturellen Identität – als Einzelperson wie als Gruppe. Die übergreifende Kultur wird zu einer weiteren Identitätsschicht für die integrierte Person, die sie als kulturelle Verständigungsbasis anerkennt.

INTERZESSION, lat. = dazwischentreten, einschreiten. Jeder Magistrat kann gegen Maßnahmen eines Kollegen interzedieren, jeder Volkstribun gegen alle regulären Magistrate.

IOVIUS, lat. = Sohn des Jupiter; Beiname des Kaisers Diokletian.

ISONOMIA, von griech. *isos* = gleich und *nomos* = Gesetz; Verfassung, in der alle gleichberechtigt sind.

ITALIKER, in der Fachliteratur die Einwohner Italiens, soweit sie weder Römer noch eingewanderte Griechen waren. Von ‚Italienern' spricht man erst ab der Renaissance.

IULIAN, mit vollem Namen: Flavius Claudius Iulianus (genannt „Apostata" = griech. der Abtrünnige), ca. 331–363, Caesar 355, einseitiger Augustus-Anspruch 360, Alleinherrscher ab 361; 363 tödlich verwundet.

JANUS, Gott des Anfangs und Endes, der Schwellen und Übergänge. Mit der als ideal dargestellten Frühzeit Roms verknüpft.

(1.) JÜDISCHER KRIEG 67–73/74 n. Chr.

2. JÜDISCHER KRIEG → Bar-Kochba-Aufstand.

JUGURTHA, ca. 160–104 v. Chr., 118/16 v. Chr. Teilherrscher, 112 v. Chr. Alleinherrscher des Königreichs Numidien. Im Krieg mit Rom 112–105 v. Chr.

JUPITER (IUPPITER), Hauptgott der römisch-latinischen Götterwelt, Schutzherr des Latinerbundes (Iuppiter Latiaris) und der Stadt Rom (Iuppiter Optimus Maximus; Tempel auf dem Kapitol zusammen mit seiner Frau Iuno und seiner Tochter Minerva).

JUSTINIAN I., mit vollem Namen: Flavius Petrus Sabbatius Iustinianus (I.), ca. 482–565, Heermeister 521, Augustus ab 527.

KAISERKULT, Bezeichnung für das gesamte Spektrum religiöser Verehrung für den jeweils lebenden Princeps und seine verstorbenen Vorgänger; außer den offiziellen und vorgeschriebenen Kultformen schließt dies auch private freiwillige Initiativen ein.

KAISERZEIT, RÖMISCHE 31/27 v. Chr.– 6. Jh. n. Chr.

KANDIDAT, Bewerber um eine Magistratur erschienen in einer besonders weißen Toga, *toga candida*, die ihnen den Namen gab.

KANTABRERKRIEG, 29–19 v. Chr., in Ausläufern bis ca. 16 v. Chr.; 27–25 v. Chr. durch Augustus geleitet.

KARTHAGO, gegründet im 9./8. Jh. v. Chr. als phönikische Kolonie, unabhängige Handels- und Seemacht seit 539 v. Chr., Wirtschaftszentrum des westlichen Mittelmeers.

KLASSISCH, von lat. *classicus* = einer (Steuer-)klasse (classis) zugehörig; hier: erstklassig, erstrangig.

KLERUCHEN, von griech. *kleros* = Landlos; nicht-ägyptische Söldner, die durch die Vergabe eines Landloses an die ptolemäischen Könige gebunden werden sollten.

KLERUS, KLERIKER, ‚hauptberufliche' Priesterschaft im Christentum, die seit dem 2. Jh. die Gemeinden leitet und auf Stadtebene einem Bischof untersteht; dem Klerus gegenüber stehen die Laien (das ‚Kirchenvolk').

KLIENTELFÜRSTEN, Herrscher formell unabhängiger Gebiete, die praktisch aber römischen Vorgaben unterlagen und damit aus heutiger Sicht als Teil des imperialen Systems erscheinen. Ihre Beziehungen zu führenden Politikern, später dem Kaiser, erinnern stark an eine römische Klientel.

KOINÉ EIRÉNE, von griech. *koinos* = gemeinsam und *eirene* = Frieden; allgemeine Friedensordnung.

KOINON, von griech. *koinos* = gemeinsam; Zusammenschluss, Bundesstaat.

KOLONEN, Pachtbauern auf privaten und kaiserlichen Gütern.

KOLONIE, von lat. *colere* = (be)bauen, pflegen; *colonia* = Pflanzstadt im Sinne von Neugründung.

KÖNIGSZEIT, RÖMISCHE, traditionell 753–510/509 v. Chr., moderne Datierung ca. 750–510/500 v. Chr.

„KONSTANTINISCHE WENDE", der Begriff bezeichnet den Aufstieg des Christentums von der verfolgten zur staatlich privile-

Glossar

gierten Religion (und späteren Staatsreligion), insbesondere mit Blick auf Constantins persönliche Glaubensentwicklung.

KONTINGENZ, Nicht-Zwangsläufigkeit einer Entwicklung oder eines Ereignisses; der typische Fall für die meisten historischen Situationen. Ein kontingentes Phänomen ist kein reines Zufallsergebnis, doch an seiner Stelle hätte sich aus der offenen Ausgangssituation etwas ganz anderes ergeben können.

KONZIL, Versammlung entscheidungsberechtigter Kirchenvertreter einer Region, fast durchweg der Bischöfe; ein ökumenisches („weltweites") Konzil vereinigt Vertreter aus der ganzen Kirche.

KOSMOS, griech. = Ordnung, Schmuck, Welt(ordnung); hier: Aufbau von Staat und Gesellschaft.

KURIALE, spätantiker Begriff für die Mitglieder der Stadträte, die Dekurionen.

LEON (I.), ca. 401–474, Augustus ab 457.

LICINIANUS LICINIUS, mit vollem Namen: Valerius Licinianus Licinius, ca. 263–324, Augustus 308, 324 verbannt, hingerichtet.

LIVIUS, mit vollem Namen: Titus Livius, ca. 64/59 v. Chr. – 12/17 n. Chr. Seine Römische Geschichte in 143 Büchern ab urbe condita (= seit Gründung Roms) verdrängte als Standardwerk alle Vorgänger. Knapp 25% des Werkes sind überliefert.

LUCIUS AURELIUS VERUS, urspr. L. Ceionius Commodus, 130–169, adoptiert 138, Konsul 154, 161 Augustus.

MACRINUS, mit vollem Namen: M. Opellius Macrinus, 164/166–218: Karriere als Ritter im Reichsdienst, Prätorianerpräfekt ab 212, Augustus 217; als Gefangener liquidiert.

1. (RÖMISCH-) MAKEDONISCHER KRIEG, 215–205 v. Chr.

2. MAKEDONISCHER KRIEG, 200–296 v. Chr.

3. (RÖMISCH-) MAKEDONISCHER KRIEG, 171–168 v. Chr.

MANIPULARTAKTIK, statt der geschlossenen Phalanx operieren kleinere Teile der Legionen (manipuli, je ca. 160–200 Mann) flexibel gegen den Gegner.

MARC AUREL, mit vollem Namen: Marcus Aurelius Antoninus, urspr. M. Annius Verus, 121–180, Neffe des Antoninus, adoptiert 138, Caesar 139, Augustus ab 161.

MARCUS AEMILIUS LEPIDUS, ca. 90–12 v. Chr., Konsul 46, Pontifex maximus seit 44, Triumvir 43–36 v. Chr.

MARCUS ANTONIUS, ca. 85–30 v. Chr.; Konsul 44 und 34 v. Chr., Triumvir 43–33 v. Chr.

MARIUS, mit vollem Namen: C. Marius, 158/57–86 v. Chr., Konsul 107, 104–100 und 86 v. Chr.

1. MARKOMANNENKRIEG (gegen zahlreiche Stämme) 167–175.

2. MARKOMANNENKRIEG, 177–180.

MÄRTYRER, („Zeugen" des Glaubens): Christen, die für ihr Bekenntnis getötet werden; die Überlebenden von Haft, Verbannung oder Folter hießen confessores („Bekenner").

MAXIMIAN, mit vollem Namen: M. Aurelius Valerius Maximianus, ca. 250–310, Caesar 285, Augustus 286, Herculius (Sohn des Hercules) 287, Abdankung als Senior Augustus 305, eigenmächtige Reaktivierung 306, neue Abdankung 308, Aufstandsversuch 310, angeblicher Suizid.

MAXIMINUS, mit vollem Namen: C. Iulius Verus Maximinus, genannt „Thrax" (der Thraker), ca. 172/180–238, Präfekt in militärischen Führungspositionen aus dem Ritterstand, ab 235 Augustus, 238 ermordet.

METÖKE, von griech. meta = mit und oikein = wohnen; Mitwohner im Sinne von Ausländern mit Aufenthaltsberechtigung, die aber keine politischen Rechte besaßen.

MIGRATION, von lat. migrare = wandern; hier: Völkerwanderung.

MITHRADATES VI. EUPATOR, ca. 134–63 v. Chr., König von Pontos seit 114/13 v. Chr.

1. MITHRADATISCHER KRIEG, 89–85 v. Chr.

3. MITHRADATISCHER KRIEG, 74–63 v. Chr.

MITTLERE KAISERZEIT, RÖMISCHE 96–192/235 n. Chr.

MITTLERE REPUBLIK, RÖMISCHE 367/264–133 v. Chr.

MONOTHEISMUS, Religion, die nur einen einzigen als wahren Gott verehrt.

NEODAMODEN, von griech. neos = neu und dorisch: damos = Volk; Neubürger.

NERO, mit vollem Namen: Ti. Claudius Nero, ursprünglich L. Domitius Ahenobarbus, 37–68, adoptiert 50, Princeps 54–68, Suizid.

NERVA, mit vollem Namen M. Cocceius Nerva, 30–98, Konsul 71 und 90, Augustus ab 96, Vertrauter mehrerer Kaiser.

NEUPERSISCHES REICH (Dynastie der Sas(s)aniden), 224–642 n. Chr.

NOBILIS, lat. = frei übersetzt: „jemand, den man kennen muss". Mitglied einer Familie, die in der aktuellen oder vorausgehenden Generation einen Konsul hervorgebracht hat.

OCTAVIAN, für die Zeit zwischen 44 und Anfang 27 v. Chr. in der Forschung verwendeter Name für den späteren Augustus, 63 v. Chr.–14 n. Chr. Der als C. Octavius Geborene hätte nach seiner postumen Adoption durch Caesar, wenn er der übli-

Glossar

chen Namenspraxis gefolgt wäre, C. Iulius Caesar Octavianus geheißen.

OIKOS, griech. = Haus.

OLYMPIONIKE, von griech. *nike* = Sieg; Sieger beim Wettkampf in Olympia.

ONTOLOGIE, vom griech. Partizip für *einai* = sein und *logos* = Wort, Lehre; Lehre vom Wesen der Dinge.

OPTIMATEN, eine Gruppe im Senat – meist die Mehrheit –, die den unumstrittenen Vorrang des Senats als der Besten (*optimi*) in der römischen Sozialordnung und Politik forderte, dazu die Unterordnung des Einzelsenators unter die Standesinteressen.

ORAL, von lat. *os* = Mund; mündlich.

OSTRAKISMOS, von griech. *ostrakon* = Scherbe; Scherbengericht.

OTHO, mit vollem Namen: M. Salvius Otho, 32–69, Usurpation im Januar 69, Suizid im April.

PAGANUS, lat. = Dörfler, ursprünglich „Zivilist" in der Militärsprache, später christlich auf Anhänger des Götterglaubens (dt. „Heiden") umgedeutet. Negativ besetzt, aber als Gegenbegriff zum Christentum Teil der Fachsprache.

PAIDES BASILIKOI, von griech. *pais* = Kind, Knabe und *basileus* = König; Königsknaben, königliche Knaben.

PALATIAL, von lat. *palatium* = Palast.

PALMYRENISCHES TEIL-/SONDERREICH 260–272, Königstitel 262, offizieller Bruch mit Rom 269.

PATRIZIER, Erbliche Adelsschicht des archaischen Rom, zusammengeschlossen im Senat.

PENTEKONTAETIE, von griech. *pentekonta* = fünfzig, und *etos* = das Jahr; Zeitraum von fünfzig Jahren.

PERIÖKEN, von griech. *peri* = um ... herum und *oikein* = wohnen; Umwohner.

PERIPHERIE, von griech. *peri* = um ... herum und *pherein* = tragen; Umkreis, Randgebiet.

PERTINAX, mit vollem Namen: P. Helvius Pertinax, 126–193, Militär- und Verwaltungskarriere im Ritterstand, senatorischer Kommandeur und Statthalter in vielen Ämtern 171 – ca. 189, Konsul 175, Stadtpräfekt unter Commodus, Augustus 193, ermordet.

PHILHELLENEN, PHILHELLENISMUS, Bezeichnung für eine grundsätzliche Sympathie für Griechen und die griechische Kultur unter Römern, modern manchmal als weitreichendes oder gar selbstloses ‚Bekenntnis' interpretiert.

PHILIPP V. VON MAKEDONIEN 238–179 v. Chr., König 221–179, bedeutendster Herrscher in der Spätzeit der Antigoniden-Dynastie.

PHILIPPUS ARABS, mit vollem Namen: M. Iulius Philippus, genannt „Arabs" (der Araber), ca. 205–249, Prätorianerpräfekt 241, Augustus 244, ermordet 249.

PHILOLOGIE, von griech. *philos* = Freund und *logos* = Wort; Sprach- und Literaturwissenschaft.

PHRATRIE, von indogerm. *bráther* = Bruder; Bruderschaft.

PHYLE, von griech. *phyein* = (er)zeugen, wachsen lassen; Stamm.

PISONISCHE VERSCHWÖRUNG, Komplott aus zahlreichen Senatoren und hohen Offizieren, das C. Calpurnius Piso als Kaiser anstelle Neros vorsah.

PLEBS/ PLEBEJER, das ‚einfache Volk' Roms im Gegensatz zu den Patriziern, das von politischen und religiösen Führungspositionen zunächst ausgeschlossen war. Zur Plebs zählten spätestens um 500 v. Chr. auch reiche, angesehene Familien.

POLYTHEISMUS, Religiöses System, das eine Vielzahl von Gottheiten in unterschiedlichen Hierarchien kennt.

POMERIUM, verkürzte Form von lat. *postmoerium* = hinter der Mauer; Bezeichnung für die Grenze zwischen dem römischen Stadtgebiet und dem Umland.

POMPEIUS, mit vollem Namen: Gnaeus Pompeius Magnus, 106–48 v. Chr., Konsul 70, 55 und 42 v. Chr.

PONTIFEX MAXIMUS, Leiter des Priesterkollegiums der Pontifices, das über Fragen der traditionellen Kulte und religionspraktische Zweifelsfälle in Rom entschied. Eine Verwendung zu politischen Zwecken war möglich; wie fast alle wichtigen Priesterämter wurde auch dieses ‚nebenberuflich' von Senatoren wahrgenommen.

POPULAREN, Bezeichnung für römische Politiker, die ihre Initiativen – jeweils mit dem Anspruch, das Interesse des Volkes zu stärken – hauptsächlich durch Volkstribune und Anträge in der Volksversammlung, nicht über Senatsverhandlungen, verfolgten.

PRÄTORIANER, ursprünglich die Leibgarde eines Feldherrn, die dessen Quartier (das *praetorium*) bewachte. Augustus erhöhte ihre Zahl auf neun Kohorten mit vermutlich 4500 Mann; später stieg sie weiter. Seit ihrer vollständigen Verlegung nach Rom bildeten sie dort die mit Abstand größte Militärpräsenz im grundsätzlich truppenfreien Italien.

PRINZIPAT, 31/27 v. Chr. – 192/235 n. Chr.

PROBULEUMA, von griech. *pro* = vorher, zuvor und *buleuma* = Ratsbeschluss; Vorbeschluss.

PROBUS, mit vollem Namen: M. Aurelius Probus, 232–282, Usurpator und Augustus ab 276, 282 ermordet.

PROKURATOR, lat. = frei übersetzt: Manager. Ursprünglich der – meist unfreie – Wirt-

Glossar

schafts- und Finanzverwalter eines römischen Bürgers. Augustus verwendete eigene Sklaven und Freigelassene in großer Zahl für eine Kombination öffentlicher Aufgaben mit der Pflege seines eigenen Vermögens. Die Spitzenpositionen gingen mit der Zeit an Mitglieder des Ritterstandes über.

PROMAGISTRATE, lat. *pro magistrato* = „anstelle eines" Magistrates; ein Propraetor, Prokonsul oder Proquaestor konnte vom Senat bei Bedarf eingesetzt werden, unterlag aber nicht den meisten Beschränkungen der regulären Magistrate.

PROPYLÄEN, von griech. *pro* = vor und *pyle* = Tor, Pforte; Vorhof, Toranlage.

PROSKRIPTIONEN, lat. *proscribere* = ein Schriftstück aushängen. Bezeichnung für öffentliche Ächtungs- und Todeslisten. Für die Ergreifung der aufgeführten Personen – tot oder lebendig – wird ein Anteil ihres Vermögens versprochen; sie selbst verlieren ohne jedes Verfahren alle Rechte und ihren Besitz, ihre Nachkommen den Zugang zu öffentlichen Ämtern.

PROTOGRIECHEN, von griech. *protos* = der erste, früheste; Frühgriechen.

PROVINCIA, Zuständigkeitsbereich eines Magistrats, sowohl inhaltlich als auch territorial – daher die heutige Bedeutung von „Provinz".

PRYTANIE, von griech. *prytanis* = Vorsitzender; in der athenischen Demokratie Funktion und zugleich Dauer Ratsvorsitzes.

PSEPHISMA, von griech. *psephos* = Stimmstein; Volksversammlungsbeschluss.

PUBLICANI, Zoll und Steuerpächter aus dem Ritterstand. Die Censoren vergaben die Einziehung öffentlicher Abgaben in den einzelnen Provinzen an diejenige *publicani*-Gesellschaft, die für ihre Dienstleistung den geringsten Pauschalbetrag forderte. Betrug in Form überhöhter Steuerforderungen war an der Tagesordnung.

1. PUNISCHER (RÖMISCH-KARTHAGISCHER) KRIEG, 264–241 v. Chr.; Punier, lat. *poeni* = Phöniker; andere Bezeichnung für die Karthager.

2. PUNISCHER (RÖMISCH-KARTHAGISCHER) KRIEG, 218–201 v. Chr.

3. PUNISCHER (RÖMISCH-KARTHAGISCHER) KRIEG, 149–146 v. Chr., Belagerung und Vernichtung Karthagos.

PYRRHOS, (I., ca. 320–272 v. Chr.), Cousin Alexanders des Großen, König von Epeiros und zeitweise von Makedonien seit 297 v. Chr.

REDISTRIBUTION, von lat. *distribuere* = zuteilen, verteilen; hier: die Wiederverteilung zuvor eingezogener Güter und Waren.

REPETUNDENPROZESS, Verfahren gegen ehemalige Statthalter und ihre Mitarbeiter. Dem Namen nach ein Mittel gegen Korruption und Amtsmissbrauch, in der Praxis ein Routineangriff von Senatoren und finanziell aktiven Rittern gegen Rivalen.

REPUBLIK, RÖMISCHE ca. 510/500–31/27 v. Chr.

RHETRA, von griech. *eirein* = sagen, reden; Vertrag, Gesetz.

ROMANISIERUNG, Akkulturationsprozess innerhalb der nichtrömischen Bevölkerung im Kontakt mit der römischen Kultur.

RÖMISCHER IMPERIALISMUS, Bezeichnung für die Ausweitung von Roms Herrschaft in der Mittleren und Späten Republik; vor allem denn gebraucht, wenn eine systematische Expansion als politisches Hauptziel unterstellt wird.

2. SAMNITENKRIEG, 326–304 v. Chr.; in seinem Verlauf zeigte sich bereits die Praxis der römischen Politik, für Erfolge einen Preis an Menschenleben zu zahlen, der andere Staaten zum Kollaps gebracht hätte.

3. SAMNITENKRIEG, 298–290 v. Chr.; die Samniten unterlagen am Ende und mussten sich zur römischen Heeresfolge verpflichten.

SATRAP von griech. *satrapes* aus altpersisch *ḫsaçapavan* = Reichs- oder Herrschaftsschützer.

SATRAPIE, von griech. *satrapeia* = Amtsbereich eines Satrapen.

SCHISMA, griech. = Spaltung, hier: Spaltung einer Religionsgemeinschaft, die das tägliche Leben betrifft, aber ohne grundlegende Differenzen in den Glaubensinhalten – kommt dies hinzu, betrachten beide Teile einander als Anhänger einer Irrlehre (Häresie).

SCHULDKNECHTSCHAFT, sklavereiähnliches Abhängigkeitsverhältnis eines zahlungsunfähigen Schuldners; entweder fußend auf einem Gerichtsurteil oder auf der freiwilligen Verpflichtung des Schuldners.

SCIPIO, mit vollem Namen: P. Cornelius Scipio Aemilianus, 185–129 v. Chr.; Konsul 147 und 134 v. Chr., Censor 142 v. Chr.; Zerstörer von Karthago 146 v. Chr. (daher „Africanus minor") und Numantia 133 v. Chr. („Numantinus").

SCIPIO DER ÄLTERE, mit vollem Namen: P. Cornelius Scipio Africanus Maior, 235–183 v. Chr., Prokonsul 211, Konsul 205 und 194 v. Chr.

SENATSBESCHLUSS, lat. *senatus consultum*, abgekürzt: SC; politische Weisung des Senats mit qualifizierter Mehrheit.

SENATUS CONSULTUM ULTIMUM, lat. = frei übersetzt: die Verhängung des Ausnahmezustandes. Der (optimatisch dominierte) Senat fordert die Magistrate auf, alles für den Schutz der Republik Nötige zu tun, und verzichtet auf seinen sonst üblichen Kontrollanspruch. Um ein ‚Notstandsrecht', wie man oft liest, handelt es sich nicht, da den erwarteten Gewaltakten keinerlei Grenzen gesetzt werden.

Glossar

SEPTIMIUS SEVERUS, mit vollem Namen: L. Septimius Severus, 145–211, Konsul 190, Augustus ab 193.

SEXTUS POMPEIUS, ca. 67–35 v. Chr., letzter überlebender Sohn des Pompeius Magnus; 44–36 v. Chr. Sammelpunkt für Republikaner und Bürgerkriegsopfer.

SIEGHAFTIGKEIT, Vorstellung, wonach der Anführer oder Herrscher ausnahmslos erfolgreich Krieg führt; begegnet auch in der Variante, wonach eben diese Gabe Kriege verhindert oder überflüssig macht.

SOLDATENKAISER, als Oberbegriff für die Kaiser zwischen 235 und 284 gebraucht; zutreffend für ihre starke Abhängigkeit vom Militär, dagegen waren keineswegs alle Herrscher – wie oft behauptet – aus den unteren Rängen der Armee aufgestiegen.

SPÄTANTIKE, 284 n. Chr. – 6. Jh.

SPÄTE REPUBLIK, RÖMISCHE 133–31/27 v. Chr.

STAND, soziale Gruppe, die sich durch fest definierte Regeln, Verhaltensweisen, Kleidung usw. vom Rest der Gesellschaft abschließt.

STASIS, von griech. *histastahi* = stellen, aufstellen, sich hinstellen; Aufstand, Parteienstreit.

SUBSTRAT, ADSTRAT, von lat. *stratum* = Schicht; ein Substrat ist eine darunterliegende, also ältere Schicht, ein Adstrat eine Anlagerung.

SULLA, mit vollem Namen: L. Cornelius Sulla, ca. 138–78 v. Chr., aus einem unbedeutenden Familienzweig, Konsul 88 und 80 v. Chr., Dictator 82–81(?) v. Chr.

SYMMACHIE, von griech. *syn* = zusammen, mit und *machesthai* = kämpfen; Waffenbündnis.

SYMPOSION, von griech. *syn* = mit, zusammen und *pinein* = trinken; Zechgelage.

SYNCHRONISMUS, von griech. *syn* = mit, zusammen und *chronos* = Zeit; Gleichzeitigkeit zweier Ereignisse.

SYNHEDRION, von griech. *syn* = mit, zusammen und *hedra* = Sitz, Rat; Versammlung.

SYNKRETISMUS, Entstehung einer neuen Religion oder Glaubensrichtung durch Kombination verschiedener Elemente älterer Gottheiten und Kulte.

SYNOIKISMOS, von griech. *syn* = mit, zusammen und *oikos* = Haus; Siedlungszusammenlegung.

SYRISCH-RÖMISCHER KRIEG, 192–188 v. Chr.

SYSKENION, von griech. *syn* = zusammen, mit und *skene* = Zelt, Behausung; Zeltgemeinschaft.

TARQUINIER, etruskische Adelsfamilie, die in Rom mehrere Könige stellte und ihren Thronanspruch vorübergehend vererben konnte, aber auch in anderen Städten präsent war.

THALASSOKRATIE, von griech. *thalassa* = Meer, *kratein* = stark, mächtig sein, herrschen; Seeherrschaft.

THEODOSIUS (I.), 346/47–395, Augustus 379, Alleinherrscher 394.

THEODOSIUS II., 401–450, Augustus ab 402, Herrscher des Ostens 408; Tod nach Jagdunfall 450.

TIBERIUS, mit vollem Namen: Tiberius Claudius Nero, 42 v.–37 n. Chr., Feldzüge für Augustus 20 und 16/17 v. Chr., in Ungnade 6 v.–4 n. Chr., Adoptivsohn mit Teilen der Kaisergewalt 4–14 n. Chr., Princeps 14–37 n.Chr.

TIMOKRATIE, von griech. *time* = Ehre, Preis, Vermögen und *kratein* = stark sein, herrschen: Herrschaft nach Vermögen.

TITUS, mit vollem Namen: Titus Flavius Vespasianus, ca. 39–81, Caesar und Kommandeur im Jüdischen Krieg 69, Prätorianerpräfekt und *tribunicia potestas* 71, Augustus 81.

TOLERANZEDIKT, staatlicher Beschluss zur Duldung einer Religion oder Glaubensrichtung.

TRAIAN, mit vollem Namen: M. Ulpius Traianus, ca. 53–117 n. Chr., aus Italica (bei Sevilla) in der Baetica (Andalusien); Konsul 91, Caesar 97, Augustus ab 98.

TRIUMVIRAT, SOG. ERSTES, private Allianz zwischen Caesar, Pompeius und Crassus, die 59–54/53 v. Chr. die römische Politik dominierte; nicht mit dem per Gesetz begründeten „Zweiten") Triumvirat von 43 v. Chr. zu verwechseln.

TRIUMVIRAT, SOG. ZWEITES, 43–38 v. Chr. (verlängert bis 33) per Gesetz geschaffenes Führungsgremium aus Antonius, Lepidus und Octavian mit quasi diktatorischen Vollmachten. Titel: *tresviri rei publicae constituendae* („Dreierkollegium zur Wiederstellung der Republik").

ÜBERGANGSZEIT DES 3. JAHRHUNDERTS, 192/235–284 n. Chr.

USURPATION, Ausrufung eines Gegenkaisers.

VALENS, ca. 328–378, Protector, ab 364 Mit-Augustus, 378 gefallen.

VALENTINIANUS I., 321–375; Militärtribun, ab 364 Augustus.

VALENTINIAN II., 371–392, Augustus ab 375, (Selbst-?) Mord 392.

VALENTINIAN III., mit vollem Namen: Flavius Placidius Valentinianus, 419–455, Caesar 424, Augustus des Westens ab 425, ermordet 455.

VALERIAN, mit vollem Namen: P. Licinius Valerianus, ca. 200–(nach?)260, Konsul

Glossar

vor 238, Usurpation und Augustus 253, gefangengenommen 260, starb in persischer Hand.

VESPASIAN, mit vollem Namen: Titus Flavius Vespasianus, 9–79, Aufsteiger in den Senat, militärisch erfahren, aber ohne große Provinzkommandos; 67 Kommandeur im Jüdischen Krieg, 69 Usurpation, ab 70 Anerkennung als Princeps.

VITELLIUS, mit vollem Namen: Aulus Vitellius, ca. 12/15–69, Usurpation im Januar 69, Anerkennung im Juli, ermordet im Dezember.

VORSTÖSSE INS RECHTSRHEINISCHE GERMANIEN Drusus: 13–9 v. Chr., Tiberius:
9–7 v. Chr., beginnende Provinzialisierung unter verschiedenen Kommandeuren: 7 v.– 9. n. Chr.

WEST–/OSTGOTEN, irreführende Eindeutschung von Visigothi (‚edle Goten') und Ostrogothi (‚strahlende Goten'), den zwischen ca. 400 und 450/490 formierten ‚Endprodukten' einer komplizierten Teilungsgeschichte des gotischen Gesamtverbandes.

ZENON (TARASIS, Sohn des Kodissas), 425/430–491, Heermeister 471, Augustus ab 474.

ZWEIGEWALTENLEHRE, Existenz einer gleichberechtigten Bischofsautorität neben der weltlichen Obrigkeit, von der sie religiös autonom ist.

ZWÖLFTAFELGESETZ, erste Kodifikation (Sammlung) des römischen Rechts, die auf zehn, später zwölf Bronzetafeln öffentlich aufgestellt wurde und dadurch von allen Schriftkundigen nachprüfbar war.

Bildnachweis

Umschlagbild: ullstein bild
Abb. 1: akg-images
Abb. 2: akg-images
Abb. 3: akg-images
Abb. 4: akg-images
Abb. 5: schreiberVIS, Bickenbach
Abb. 6: Jens Bartels, Zürich
Abb. 7: aus: Putzger–Atlas und Chronik zur Weltgeschichte, Cornelsen Verlag, 2002, S. 35, Karte IV
Abb. 8: akg-images / Nimatallah
Abb. 9: schreiberVIS, Bickenbach
Abb. 10: schreiberVIS, Bickenbach
Abb. 11: akg-images / Bible Land Pictures / Jerusalem, Photo by: Z. Radovan
Abb. 12: Hermann Kinder/ Werner Hilgemann: dtv-Atlas Weltgeschichte Bd. 1. Grafiken von Harald und Ruth Bukor. © 1964, 2000 dtv Verlagsgesellschaft mbH & Co. KG, München
Abb. 13: Jens Bartels, Zürich
Abb. 14: schreiberVIS, Bickenbach
Abb. 15: akg-images
Abb. 16: Akademisches Kunstmuseum– Antikensammlung der Universität Bonn; Foto: R. Dylka
Abb. 17: F. Harbin, lizenziert unter CC BY 3.0 über Wikimedia Commons
Abb. 18: Akademisches Kunstmuseum– Antikensammlung der Universität Bonn (Inv.-Nr. 1115)/ www.arachne.uni-koeln.de FA-S8498-01_3000471.jpg
Abb. 19: akg-images / Erich Lessing
Abb. 20: aus: Putzger–Atlas und Chronik zur Weltgeschichte, Cornelsen Verlag, 2002, S. 42 Karte I
Abb. 21: aus: Putzger–Atlas und Chronik zur Weltgeschichte, Cornelsen Verlag, 2002, 43 Karte III
Abb. 22: akg-images / Erich Lessing
Abb. 23: akg-images / Pirozzi
Abb. 24: akg-images / De Agostini Picture Lib. / G. Nimatallah
Abb. 25: aus: Putzger–Atlas und Chronik zur Weltgeschichte, Cornelsen Verlag, 2002, 44 Karte II
Abb. 26: bpk / Münzkabinett, SMB
Abb. 27: Martin Kraft, Lizenz: CC BY-SA 3.0 via Wikimedia Commons
Abb. 28: akg-images / Peter Connolly
Abb. 29: akg-images
Abb. 30: SHEILA TERRY / SCIENCE PHOTO LIBRARY
Abb. 31: akg-images
Abb. 32: agefotostock.com / José Lucas
Abb. 33: bpk / Scala
Abb. 34: schreiberVIS, Bickenbach
Abb. 35: Museum August Kestner Hannover, Inv.-Nr. Mü Slg. Kestner 69
Abb. 36: akg-images / De Agostini Picture Lib. / A. Dagli Orti
Abb. 37: akg-images / Peter Connolly
Abb. 38: aus: Conrad Cichorius: Die Reliefs der Traianssäule, Zweiter Tafelband: Die Reliefs des Zweiten Dakischen Krieges, Tafel LXXVII: Ansprache Traians an die Truppen (Szene CIV), Verlag von Georg Reimer, Berlin 1900
Abb. 39: Jörg Fündling, Aachen
Abb. 40: Nino Barbieri; lizenziert unter CC BY 2.5 über Wikimedia Commons
Abb. 41: akg-images
Abb. 42: Hermann Kinder/Werner Hilgemann: dtv-Atlas Weltgeschichte Bd. 1. Grafiken von Harald und Ruth Bukor. ©1964, 2000 dtv Verlagsgesellschaft mbH & Co. KG, München
Abb. 43: akg-images / Erich Lessing
Abb. 44: bpk / Münzkabinett, SMB / Lutz Jürgen Lübke

Register

A. Vitellius 237
Achäer 30
Achaia 72
Achaiischer Städtebund 131, 134, 138, 184, 188
Achijawa 30 f.
Achill 39 f., 42
Ackergesetz 193
Ackerland 50, 54, 58
Actium 216
Adel → Aristokratie
Ädil 162 f., 169 f.
Adoption 157, 243
Adoptivkaiser 145, 240 ff.
Adria 152
Adrianopel, Schlacht bei 280
Aeneas 150
Aetius 284 f.
Ägäis 19, 53, 132, 141
Agamemnon 26
ager publicus 176, 192
ager romanus 176
Agiaden 69
Ägina 89
Agoge 71
Agora 48
Ägypten 10, 25, 29, 32, 111, 141, 147, 206, 209, 215 f.
Aigai 120
Aigospotamoi 108
Aischylos 83, 92
Aitolischer Städtebund 132, 138, 183
Akklamation 228
Akkulturation 151, 220
Akropolis 26, 63, 90 f.
Akzeptanzsystem 228
Alamannen 254
Alarich 282, 285
Albanisch 22
Alexander I., der Große 15 f., 44, 46, 119 f., 122 f., 127 ff., 137, 141, 182
Alexander IV. 130
Alexandria 138
Alkibiades 107
Alkmaioniden 63
Alpen 198
Alphabet 37
Alter Orient 10
Altes Testament 30
Alyattes 75

Amasis 75
Amorges 108
Amphipolis 106
Amt 48, 50
Ämterlaufbahn 163, 170
Amyklai 67
Amyntas I. 120
Anatolien 32
Annexion 232
Annuität 167
Antalkidas 112
Antalkidasfrieden 112
Antigoniden 131 ff.
Antigonos II. Gonatas 131
Antigonos III. Doson 134
Antigonos Monophthalmos 131
Antike 144, 147, 149, 175, 251, 290 ff.
Antiocheia 138
Antiochos III. 134, 183, 185
Antiphon 108
Antiquar 156
Antoninus (Pius) 243
Apella 68
Apennin 151
Apoikie 54 f.
Araber 290
Arabia (Provinz) 241
Arabien 141
Arados 53
Aralsee 77
Arbeitsteilung 47
Arbogast 281
Archaik, archaisch 16 f., 44, 57
Archäologie 21, 147, 153
Archelaos I. 120
Archidamischer Krieg 105
Archidamos II. 105
Architektur 46
Archon 63
Archont 95 f.
Areopag 95
Argeaden 119
Arginusen 108 f.
Argos 72, 88
Arianismus 267
Aristagoras von Milet 79
Aristogeiton 64
Aristokratie 42, 51 f., 54, 73, 93 f., 97, 155 f., 248

Aristophanes 92
Aristoteles 46, 48, 65, 92
Arkadien 19, 33, 88
Arkadier 72, 114
Armee (römische) 145, 198 f., 226 ff.
Armenien 215, 236, 241
Arrhidaios 130
Artaphernes 79 f., 82
Artaxerxes I. 89
Artaxerxes II. 110, 112
Artaxerxes III. Ochos 126
Asia (Provinz) 196
Askalon 32
Assimilation 221. 250
Astyages 76
Athen 19, 49 ff., 85 ff., 102, 103 ff., 112
Athene 51
Attaliden 131, 134
Attika 19, 82, 102, 105
Attila 284
Augustinus 283
Augustus 219 f., 222 ff., 232 f.
Aurelius Ambrosius 280
Autarkie 48
autochthon 19
Autonomie 48, 116, 138
Auxiliarsoldaten 225 ff., 254

Baktrien 135
Balkan 20, 22, 180
Bank- und Finanzwesen (römisches) 186
Barbar 119
Bar-Kochba-Aufstand 242
Barsine 130
Bauern 42, 50, 55, 66, 192
Bauprogramm, perikleisches 90
Befund 34
big-men society 42, 120
Biographien 147
Bischof 263
Bithynien 131, 187, 204
Bodenreform 67
Boiotien 19, 26
Böotischer Städtebund 113
Bosporus 77, 108, 141
Brasidas 106
Britannien 208, 236, 242 f., 282

Bronzezeit 13, 31, 35, 41, 149
Bulgarisch 22
Bundesgenossen 176 f.
Bundesgenossenkrieg 113, 200
Bundesgenossensystem 144, 175 ff., 196, 199 f.
Bürger 46 f., 67 f.
Bürgergemeinde 46 f., 140
Bürgerkrieg 62, 93, 144, 193, 201, 208, 237, 252
Bürgerrecht, athenisches 103
Bürgerrecht, römisches 153, 175, 199 f., 202, 250, 254
Burgunder 284
Bürokratie 121, 219
Byzantinisches Kaiserreich 218
Byzantion 86

C. Aurelius Valerius Diocletianus (= Diocletian) 259 ff., 264
C. Caesar Germanicus (= Caligula) 234
C. Flaminius 181, 190
C. Flavius Valerius Constantinus → Constantin
C. Galerius Valerius Maximianus (= Galerius) 260 f.
C. Iulius Caesar 144 f., 206 ff., 209 ff.
C. Iulius Verus Maximinus (= Maximinus) 256
C. Marius 176, 198 f., 200
C. Messius Q. Decius Valerinus (= Decius) 257
Caesar (Amtsbezeichnung) 227
Caesarianer 209 ff.
Caligula → C. Caesar Germanicus
Cannae 181
Caracalla → L. Septimius Bassianus
Carnuntum 265
Cassius Dio 244
Cato 185, 191
Censor, Censur 162, 170, 203
Chadwick, John 27
Chaironeia 113
Chalkidischer Städtebund 112, 125

Register

Chalkis 50
China 220
Chios 108
Chlodwig 286
Christen 239, 273
Christentum 16, 146, 262 f., 269, 273, 293
Christenverfolgung 257, 264, 273
Cicero 176
Cimbern 198 f.
civitas 249
comitatenses 261
consistorium 219, 270
Constantin 146, 219, 264 ff.
consules suffecti 235
curiae 153, 155 ff.
cursus honorum → Ämterlaufbahn

Daker, Dakien 239, 258
damnatio memoriae 235
Dardaner 134
Dareios I. 77 f., 80
Dareios II. Ochos 110
Dareios III. 128 f.
Dark Ages 17
Datis 81
Dekarchie 109 f.
Dekeleia 108
dekeleischer Krieg 108
Dekurionen 228, 262
Delisch-attischer Seebund 86 ff.
Delos 87, 188 f.
Delphi 82
delphische Amphiktyonie 123 f.
Demetrios II. 134
Demographie 13
Demokratie 88, 97 f., 102 f., 108, 110
Demosthenes 108, 125
Deutsch 21
Diadochen 131 ff.
Dialekt 21, 33
Diäten 96
Dictator 163, 171, 202, 204, 209 ff.
Diocletian 146
Diodor 140

Dionysios von Halikarnassos 149
Diözese 271
Disziplinierung, soziale 225
Dominat 146
Donatismus, Donatisten 267, 274
Donativ 228, 252 f.
Doppelkönigtum 69, 72
Dorer 19, 33
Dorf, Dörfer 27, 36, 47, 50 f., 52, 67, 94, 99, 141, 220 f., 247
Drakon 60
Dreros 50, 60
Dritter Heiliger Krieg 124
Droysen, Johann Gustav 16
Dynastie 136
Dynastie, flavische 145, 238 ff.
Dynastie, julisch-claudische 145, 233 ff., 243
Dynastie, severische 145
dynastisches Prinzip 219

Edikt 262
Ehe, Ehegesetze 161 f.
Eisen 38, 53
Eisenzeit 149
Ekklesia → Volksversammlung
Elagabal → Varius Avitus
Elimeia 120
Elis 88
Elite 58 f., 61 f., 69, 139, 190, 221, 248, 256
Emporion 36, 54
England 22
Epameinondas 114
Ephesos 85, 108
Ephialtes 88
Ephoren 69 f.
Epidamnos 105
Epidemie 106
Epigraphik 18, 147
Epitaphios 126
Epoche 9
Epos 38 f.
equites → Ritter
Eratosthenes 140
Erechtheion 90 f.
Eretria 50
Erinnerung 34
Ethnogenese 23, 151, 279

Etrusker 10, 84, 150, 154, 158, 173
Euböa 82
Euergetismus 251
Euphrat 29
Euripides 92
Europa 292
Eurotas 66 f.
Eurymedon 88
Eurypontiden 69
Evans, Arthur 17, 23
exemplum 165
Expansion 251

Fernhandel 141, 180
Flavius Claudius Iulianus (= Iulian) 276 f.
Flavius Iulius Constantius (= Constantius [II.]) 267
Flavius Petrus Sabbatius Iustinianus 287 ff.
Flavius Valerius Constantius (= Constantius [I.]) 260 f.
Flotte (karthagische) 179
Flotte (römische) 179, 226
Flotte (athenische) 97, 107 ff.
Forum Romanum 194 f.
Frauen (Rom) 191, 225 f.
Freigelassene 153, 225, 239
Freiheit 65, 75 ff., 83, 88, 102, 110, 113, 116, 122, 127, 161, 247
Friede von Apameia 135, 183
Fünfhundertscheffler 59, 61

Gaius Gracchus 195 f.
Galla Placidia 281, 284
Gallien, Gallier 149, 198, 230, 233, 239, 253, 277
Galliersturm 159
Gallisches Sonderreich 258
gedrosische Wüste 129
Geiserich 284
Gelon 84
gens 153, 156 f., 161, 164 f., 293
Geographie 56, 140
Gericht 162, 195 ff., 200, 202, 205
Germanen 10 f., 231, 244, 246, 252, 256, 259, 262, 271, 278, 283, 285 f., 288 ff.

Germanien 208, 231, 239
Geront 68
Gerusia 68 ff.
Gesandschaft 30
Geschichte 140
Geschichtsschreibung → Historiographie
Geschlechterrollen 226
Gesellschaft (homerische) 41
Gesellschaft (römische) 160 ff., 197, 247, 251
Gesetz 144, 167, 202, 208, 214, 223
Gesetzgeber 59
Getreide 178
Getreideverteilungen 210
Gewaltenteilung 167
Gladiatoren 151
Gnaeus Pompeius 202 f., 204, 206 f., 212 f.
Goten 279, 283 f., 286
Götter 148, 157, 175
Gottesgnadentum 219
Grabbeigaben 26, 52
Griechenland 25, 75 ff., 123 f., 132, 150 f., 153, 183 f., 185 f., 189, 191, 201, 209
Großer Satrapenaufstand 116
Grundherrschaft 272
Gyges 75
Gylippos 107

Hadrianswall 242
Hamilkar 179
Handel 34, 42, 57, 67, 141
Handelsrouten 179
Handwerker 27, 42, 52, 67, 192
Hannibal 171, 180 f., 183
Harmodios 64
Harmosten 109
Harzhorn, Gefecht am 256
Hattusa 29 f.
Hattusili III. 29
Heeresklientel 199, 223
Heeresreform 198 f.
Heeresversammlung 155
Heermeister 271
Hegemonie 109 f., 115, 127, 144, 175
Heiligtum 51 f., 140
Hekataios von Milet 92

Register

Hektor 39
Helena 38
Hellene 119
Hellenismus 16, 18, 129 ff.
Hellespont 79, 108
Heloten 66 f., 72, 106
Herakles 130, 150
Heraklit von Ephesus 55 f.
Herodot 33 ff., 73, 79 f., 97
Herrensitze 26
Herrschaft der Vierhundert 108
Herrscherkult 110, 136
Hesiod 50
Hetairien 51
Hethiter 29 f., 35
Hexameter 40
Himera 84
Hindukusch 77
Hipparchos 64
Hippias 64
Histiaios 79
Historiographie 18, 56, 75, 104, 147
Hofhaltung 120
Homer 17, 30 f., 36, 39 f., 49 f.
homines novi 164
Homoioi 68
Hopliten 57 ff., 103, 106, 155
Humanismus 293
Humboldt, Wilhelm von 15 f.
Hunnen 284

Identität 22, 51, 148, 150, 220
Illyrer 120 ff., 180
Illyricum 198
Immunität, politische 171, 196
imperator 199
Imperialismus, römischer 184
Imperium (Herrschaftsbereich) 186, 201, 215, 220, 222; 233, 241 f., 246
imperium proconsulare 222, 224
imperium 157 f.
Indien 44
Indogermanisch 20
Indus 129
Inschriften → Epigraphik
Integration 221, 245, 250

Intentionale Geschichte 20
Interzession 162, 223
Invasion 32
Ionien 79
Ionier 33
Ionischer Aufstand 80
Iovius → Jupiter
Isagoras 73
Isiskult 263
Islam 269
Isonomia 97
Issos 128 f.
Isthmos von Korinth 82
Italien 163, 166, 173, 190, 200, 283
Italien 32, 141
Italiker, italisch 147, 150, 178
Iteration 167
Ithaka 39
Iulia Domna 253
Iulia 230

Janus 222
Judäa 221, 242
Juden 239, 273
Jugurtha 198
Jupiter 156, 194, 262, 264
Justinian → Flavius Petrus Sabbatius Iustinianus

Kadesch 29
Kaisergewalt 224, 257
Kaiserhof 226
Kaiserkult 225, 239
Kalender 210
Kalliasfrieden 89
Kallimachos 140
Kambyses 77
Kampanien 54, 158, 173
Kandidat 170
Kappadokien 76
Karien 116
Karl der Große 291
Karthago 53, 82, 84, 144, 158, 178 ff., 255
Kaufleute 186
Kelendris 53
Kelten 10, 152, 173
Keramik 24
Kimon 88 f., 96
Kleinasien (Westküste) 19 f., 36, 78, 86, 129

Kleisthenes 73, 93
Kleombrotos 114
Kleomenes I. 73
Kleon 106
Kleopatra VII. 215 f.
Kleruchen 137
Klerus 263
Klientelfürsten 206
Klientelstaat 198, 216, 232, 246
Klientelsystem, Klienten 153
Knidos 111
Knossos 17, 23 ff.
Koine Eirene 114
Kolb, Frank 31, 47
Kollegen, Kollegialität 167
Kolonen 272
Kolonie, griechische 54 f., 105, 152
Kolonie, römische (Bürgerkolonie) 175 ff.
Kolonie, römische (Latinerkolonie) 175, 177
Kolonisation 33, 44, 51 ff., 57
Kolonisation, griechische 150
Kolosseum 238
Kommunikation, soziale 218
Komödie 92, 140
König 27, 68, 140
Königsfrieden → Antalkidasfrieden
Königszeit / Königsherrschaft 143, 154 ff.
Konon 111
Konsens 197, 251
Konstantinische Wende 266
Konstantinopel 219, 281, 283
Konsul, Konsulat 144, 163 f., 168 f., 203, 208, 235
Konsulartribun 162
Konsularverfassung 166 ff., 172
Kontingenz 294
Kontinuität 12, 137, 163, 269
Konzil 267
Konzil von Chalkedon 274, 284
Korfmann, Manfred 31
Korinth 44, 104 f.
Korinthischer Bund 127
korinthischer Krieg 111
Korkyra 104 f.

Koroneia 89
Kreta 17, 23 ff., 50; 54
Kriegsdienstverweigerung 189
Kriegsgefangene 205
Kriegsschuldebatte 179
Krise 25 59
Kroisos 76
Ktesiphon 241
Kultur, griechische 140, 185
Kultur, römische 220
Kumulation 167
Kunaxa 111
Künstler 42, 52
Kurialen → Dekurionen
Kykladen 131
Kylon 63
Kyme 54, 84
Kynosura 67
Kypselos 62
Kyrenaika 131
Kyros II. 76 f.
Kythera 25
Kyzikos 108

L. Aurelius Commodus (= Commodus) 244
L. Cornelius Cinna 201
L. Cornelius Sulla 198, 201 ff.
L. Domitius Aurelianus (= Aurelian) 258
L. Licinius Lucullus 204 f.
L. Septimius Bassianus (= Caracalla) 253
L. Septimius Severus (= Septimius Severus) 253
Lakedaimonier 66
Lakonien 26, 66
Lamachos 107
Landnot 193
Langobarden 290
Latein 221
Latiner, Latium 149, 151, 154, 158 f., 173
Latinerkrieg 159, 176
Lefkandi 36 f.
Legalität 209
Legion 160
Legitimation 184, 218, 251
Legitimität 81, 136
Lehnswesen 293
Lelantischer Krieg 50

Register

Leonidas 82
Leuktra 114
Libanon 53
Limes, obergermanischer 243
limitanei 261
Limnai 67
Linear A 24
Linear B 24 ff., 33
Linguistik 20 f., 149
Literatur, griechische 140
Literatur, lateinische 159
Livia 230
Livius 149
Lokalaristokratie 224 f.
Losverfahren 96, 100
Lucius Aurelius Verus (= Lucius Verus) 243
Lukaner 173
Luxusgüter 53
Lyder 75
Lydien 73
Lykurg 60, 66
Lynkestis 120
Lysander 108 ff.

M. Aemilius Lepidus 214
M. Antonius 212 ff.
M. Aurelius Valerius Maximianus (= Maximian) 260 f., 264
M. Cocceius Nerva (= Nerva) 240
M. Didius Severus Iulianus (= Didius Iulianus) 252 f.
M. Licinius Crassus 202, 204, 206 f.
M. Livius Drusus 200
M. Opellius Macrinus (= Macrinus) 255
M. Salvius Otho (= Otho) 237
M. Tullius Cicero 205, 207, 214
M. Ulpius Traianus (= Traian) 240
M. Vipsanius Agrippa 215
magister equitum 163, 171
Magistrat 162, 166 ff., 202, 227, 249
Magna Graecia 54, 149
Magnesia 135
maiestas-Prozesse 233
Mailand 259, 281 f.

Makedonien 81, 116, 118 ff., 134, 136, 175, 182
Makedonischer Krieg, dritter 134, 187
Makedonischer Krieg, erster 134, 182
Makedonischer Krieg, zweiter 134, 183
Manichäer 263 f.
Mantineia 115
Marathon 82 ff.
Marcus Aurelius Antoninus (= Marc Aurel) 243
Mardonios 81
Markomannen 244
Märtyrer 263
Massilia 54
Mauern, lange 85, 105 f., 112
Mauretanien 233, 235
Maussolos 113
Maxentius 264 f.
Meder 76
Medizin 140
Megale Hellas 54
Megalopolis 114
Megara 89, 105
Menander 140
Mentalität 44
Mesoa 67
Mesopotamien 129, 131, 241, 253
Messenien 26, 115
Methoden 11
Metöken 102 f.
Midas 75
Migration 19
Milet 25, 80, 85, 108
Millawanda 30
Miltiades 79, 89
Minoer, minoisch 23 ff.
Minos (Kg.) 23
Missernten 34
Mitanni-Reich 29
Mithradates VI. Eupator 201, 204, 206, 247
Mithradatischer Krieg, dritter 204
Mithradatischer Krieg, erster 202
Mittelalter 292
Mittelitalien 159
Mittelmeer 11

Mobilität, soziale 59
Mommsen, Theodor 145
Monarch, Monarchie 46, 62, 135, 139, 143, 209, 211, 227, 233, 269
Mönche 273
Monetarisierung 141
Monophysiten 274, 284
Monotheismus 263
Moral 156, 171, 191, 224 f.
mos maiorum 165
municipium 176 f., 249
Münzen 18, 57, 123, 141
Münzprägung 147
Mutterland 54
Mykale 85
Mykene, mykenisch 17, 25 f., 31, 33
Mythos, Mythologie 19, 23 f., 38, 40, 51, 136, 148

Nagidos 53
Naturkatastrophe 25
Naxos 73
Nebukadnezar II. 75
Neodamoden 66
Nestor 49
Nestorianer 274
Neuassyrisches Reich 54, 75
Neubabylonisches Reich 75
Neupersisches Reich 256
Nichoria 36
Niebuhr, Barthold Georg 149
Nikias 106 f.
Nikomedia 259, 261
Nil 32
Nobilität 144, 163 ff., 190, 192, 199, 205
Nordafrika 53 f., 178, 181 f., 192, 198, 204, 209, 253
Notion 108
Nubien 29
Numantia 189

Octavia 216
Octavian 144, 212, 219, 222 f. (→ Augustus)
Odovacar 286
Odysseus 39 f.
Oikos 49
Oinophyta 89
Oligarchie 153

Olympische Spiele 119
Olynth 112
Optimaten 195 ff.
Orestis 120
Orthagoras 62
Osker 149
Ostrakismos 95 f.
Ostrom 282 ff., 289 f.

P. Aelius Hadrianus (= Hadrian) 241 f.
P. Cornelius Scipio Aemilianus 189
P. Cornelius Scipio Africanus 182, 190
P. Helvius Pertinax (= Pertinax) 225, 252
P. Licinius Egnatius Gallienus (= Gallienus) 257 f.
P. Licinius Valerianus (= Valerian) 257
P. Septimius Geta (= Geta) 254
Pagan 263, 273
Pagenkorps 121
Paionen 122
Palast 23 f.
Palästina 76, 242
Palastwirtschaft / Palastökonomie 24, 27, 32, 36
Palatin 153
Pamphylien 88
Pangaiongebirge 123
panhellenische Ideologie 128
Papst, Papsttum 273
Papyri 18, 147
Pari 38
Parmenion 128
Parthenon 90
Parther 135, 206, 215, 230, 243, 253
Partikularismus 116
pater familias 157
Patriziat, Patrizier 144, 153, 155, 157, 160 ff.
Patroklos 39
Pausanias 86
pax romana 251
Peisistratos 63 f.
Pella 120
Peloponnes 19, 25
Peloponnesischer Bund 72 f.

Register

Peloponnesischer Krieg 20, 85, 103 ff., 150
Penelope 39
Perdikkas III. 120
Perdikkas 130
Pergamon 183
Periander von Korinth 75
Perikles 89, 94, 100
Perioden 143 f.
Periöken 66 f., 72
Perser, Persien 10, 44, 76 ff., 108, 111, 116, 126 f.
Perserkriege 15, 65, 81 ff., 110, 119
Perseus 134, 187 f.
Persischer Golf 241
Personenverband 293
Phaiaken 39
Phalanx 57 ff., 84, 89, 114, 123, 154, 183
Phaleron 105
Pharao 29
Phaselis 53
Philhellene 185
Philipp II. 44, 113, 118 ff.
Philipp III. 130
Philipp V. 134, 183, 185, 187
Philippi 123
Philippi, Schlachten bei 214
Philister 32
Philokratesfrieden 125
Philologie 140
Philosophenschule 140
Philosophie 55
Philosophie, stoische 238
Phoker 124
Phönizier 10, 53
Phratrie 48 f.
Phryger 32, 75
Phrynichos 108
Phyle 48 f., 99, 155
Phylenreform 93
Pindar 52
Piraterie 205 f.
Piräus 47, 105
Pitane 67
Pithekussai 54
Pithoi 24
Plataiai 83
Platon 65, 92
Plebejer 144, 161, 166, 210
Plebiszit 144

Plebs 155, 161, 227, 229
Pleistoanax 89
Plutarch 60, 66, 68
Polis 15, 46 ff., 57 ff., 69 ff., 85 ff., 137, 144, 177
Polybios 140, 147, 166 f., 186
Polykrates von Samos 75
Polytheismus 263
pomerium 168, 172
pontifex maximus 207, 224
Pontos 131, 201, 204, 206
Populare 196
Poteidaia 105
Praetor 163, 168 f., 203, 222
Prähistorie 17
Prätorianer 227, 239
Priamos 39
Primat 273
princeps clausus 269
princeps 145, 219, 229, 232, 247
Prinzipat 145, 218, 238, 245
Probuleumata 99
Prokonsul 222
Prokurator 225
Promagistrat 144 f., 166, 171
Propyläen 90
prorogatio 171
Proskriptionen 202, 214
Protagoras von Abdera 91
provincia 169
Provinz 144, 169, 180, 191, 203, 205, 221 f., 225, 246 ff.
Provinziallandtage 248
Prytanie 99
Psammetich I. 75
Psammetich II. 75
Pseudo-Xenophon 97
Ptolemaios 131, 135
Ptolemäerreich 183 f.
Ptolemaios I. 131
Publicani 196, 199
Pulcheria 283
Punische Kriege 134, 165, 178 ff.
Pyrrhos von Epeiros 174
Pythagoras von Samos 55

Q. Fabius Maximus (Cunctator) 181

Quaestur, Quaestor 163, 170. 203, 224
Quellen 15, 17 f., 26, 31 f., 49, 58, 110

Ramses II. 29
Rat der 500 94, 99
Rat 48, 50
Ravenna 282
Rechenschaftspflicht 101
Recht 60, 64 f., 101
Recht, römisches 161 f., 249, 270
Rechtsprechung 169, 248
Reichshälften 276
Reichskrise 256
Reichsteilung 280
Religion, römische 151, 160, 225, 262, 273
Religionspolitik 280 f.
res publica 157, 167
Ressourcenverwaltung 24
Revolution 197, 201
Rhetorik 140, 147
Rhetra 68, 70
Rhodos 25, 54, 108, 140, 183, 188
Rhoxane 130
Ritter (römische) 155; 165, 180, 190 f., 194, 199, 202, 205, 224 ff.
Ritter 61
Rom (Stadt) 143, 154, 156, 159, 168 f., 172, 190, 194, 227, 238, 256, 259, 283
romanische Sprachen 22
Romanisierung 178, 220, 250
Römische Kaiserzeit 218
Römische Republik 143, 157 f., 204 ff., 222
Römisches Reich 134, 146
Rotation 96, 99
Rumänisch 22

Sabiner 149
sakral 156 f., 172
Salamis 82 f.
Salzhandel 151
Samniten 149, 159
Samnitenbund 159
Samnitenkrieg, dritter 174

Samnitenkrieg, zweiter 173
Samos 90
Sardinien 53, 179
Sassaniden 256
Satrapie 77 f.
Schisma 275
Schrift 13, 17, 24, 26, 36 f., 39, 46, 53
Schuldknechtschaft 57, 60, 161
Schwarzes Meer 44, 54, 201
Seevölker 32 f.
Segesta 107
Seleukiden 131, 134 f., 183, 187, 206
Seleukos I. 131
Senat, Senatoren 144, 156 f., 160 ff., 168 f., 191, 194 ff., 199 f., 202 f., 214 ff., 222 ff., 228 f., 239, 252 f., 256, 272
Senatsbeschluss 167
senatus consultum ultimum 197, 199, 207
Ser. Sulpicius Galba (= Galba) 237
Serbokroatisch 22
Sextus Pompeius 210, 213 f.
Side 53
Siedlungskontinuität 36
Sieghaftigkeit 219
Sikyion 73
Sippen 48
Sipylos 135
Sizilien 53 f., 84, 107 ff., 141, 149, 179, 214
Sklaven 65, 83, 102, 153, 192; 205, 225, 293
Slavenaufstand 205
Smyrna 36
socii → Bundesgenossen
Sokrates 92
sol invictus 258
Soldatenkaiser 145, 256
Söldner 63, 106, 111, 179 f., 271
Solon 60 f.
Sondergericht 195
Sophisten 91
Sozialprestige 161
Sozialstruktur 18, 24, 27, 37, 41 f., 57 f., 138 f., 221, 247
Spanien 53 f., 180, 189, 204, 209 f.

Register

Sparta 64, 66 ff., 82, 85 ff., 103 ff., 111, 134
Spartacus 205
Spartiaten 66 f.
Spätantike 146 f., 163, 218 f., 221, 256, 268 ff., 293
Speisegemeinschaft 71
Sphakteria 106
Spiele (Rom) 166, 169, 228
Sprachwissenschaft → Linguistik
Staatsfeind 201
Staatsstreich 207
Stadt 11, 46 f., 221, 224, 242, 247 ff., 272
Städtezivilisation 248
Stadtrecht 249
Stämme 150
Stand 161, 224
Ständekämpfe 161 f., 166
Stasis 57
Statthalter 144, 222
Steuerklasse 61, 162
Steuern 77
Steuerreform 262
Stilicho 282
Stimmrecht 176
Stratege 94, 100
Streitwagen 41
Südrussland 20
Suppiluliuma I. 29
Susa 79
Symposion 51
Synkretismus 262
Synode 273
Synoikismos 51
Syrakus 107
Syrien 29, 32, 132, 135, 141
Syrische Kriege 135
Systemkollaps 34

T. Flavius Domitianus (= Domitian) 239
T. Quinctius Flaminius 183, 190
Tanagra 89
Tarent 152
Tarquinier 154
Telemachos 39
Tempel 52
Terror 199, 202
Tetrarchen, Tetrarchie 146, 259 f.
Teutonen 198 f.
Thalassokratie 25
Thales von Milet 55
Thapsus 210
thebanische Hegemonie 114
Theben 29, 113 ff.
Themistokles 82, 89, 96
Theoderich 286
Theodora 287
Theodosius I. 280
Theodosius II. 283
Theognis von Megara 59
Thera 25
Thermopylen 82
Theseus 51
Thespier 82
Thessalien 19, 26, 89, 116, 134
Theten 97
Thrakien 81, 222, 233
Thrasybulos 112
Thukydides 19, 85, 92, 100, 103 f., 106 f.
Ti. Claudius Nero (= Nero) 236
Ti. Claudius Nero Germanicus (= Claudius) 235 f.
Tiber 151

Tiberius Claudius Nero (= Tiberius) 230, 233 f.
Tiberius Sempronius Gracchus 144, 193 ff.
Timokratie 61
Tiryns 17, 26
Titus Flavius Vespasianus (= Titus) 237 f.
Titus Flavius Vespasianus (= Vespasian) 237
Toleranzedikt 265
Tontafel 24 ff.
Tradition 150
Tragödie 92
Treueeid 216
tribunicia potestas 223 f.
Tribus 155 f., 162
Tribut 77, 87, 90
Triumph 166
Triumvirat, erstes 207
Triumvirat, zweites 214, 216
Troia 17, 31
Trojanischer Krieg 150
Tyrann 59, 79, 81, 115
Tyrannis 62, 64 f., 72, 151
Tyros 53
Tyrtaios 58

Überlieferung, mündliche 34
Ugarit 32
Ukraine 20, 78
Umbrer 173
Urbanisierung 121
Usurpation 227, 257, 277
Utopie 72

Vandalen 275, 288
Varius Avitus (= Elagabal) 255
Varusschlacht 231
Veii 158 f.
Ventris, Michael 27

Verbannung 96
Verfassung (römische) 160 ff., 167, 203
Verfassung 61 f., 94 ff., 98 f., 102
Vergil 150, 187
Veteranen 198, 202, 213, 252
Veteranenversorgung 199
Via Appia 173
Vipsania Agrippina 236
Völkerwanderung 11 f., 32, 277 f.
Volksbeschluss → Plebiszit
Volksgerichte 98, 101
Volkstribun 144, 162, 169 f., 223
Volksversammlung 68 f., 98 f., 101, 155, 170, 227

Waffen 24
Wahl 69, 95 f., 100, 102, 155 f.
Wanderung 21, 32 ff.
Weihgeschenke 52
Westrom 282 ff.
Winckelmann, Johann Joachim 15 f.
Wirtschaft 41, 139
Wissenschaft 140

Xenophon 76, 115
Xerxes 80, 82, 84, 128

Zagora 36
Zama 182
Zentralgewalt 282, 289
Zerstörungshorizont 21
Zeugiten 62
zweiter attischer Seebund 113
Zwölftafelgesetz 162
Zypern 33, 79